Sementeira de luz

Sementeira de luz

PELO ESPÍRITO
NEIO LÚCIO

PSICOGRAFIA DE
FRANCISCO CÂNDIDO XAVIER

ORGANIZAÇÃO DE
WANDA AMORIM JOVIANO

VINHA DE LUZ
SERVIÇO EDITORIAL

Belo Horizonte
2018

VINHA DE LUZ
SERVIÇO EDITORIAL

EDIÇÃO: Vinha de Luz — Serviço Editorial
Departamento Editorial da Casa de Chico Xavier
Av. Álvares Cabral, 1777 | 20º andar | Sala 2006
Santo Agostinho | 30170-001 | Belo Horizonte | MG
(31) 2531-3200 | 2531-3300 | 3517-1573
www.vinhadeluz.com.br — informacoes@vinhadeluz.com.br
www.casadechicoxavier.com.br — informacoes@casadechicoxavier.com.br

COORDENAÇÃO EDITORIAL
Célia Maria de Oliveira Soares | Geraldo Lemos Neto | Luiz Augusto da Costa | Wanda Amorim Joviano

PROJETO GRÁFICO | CAPA | DIAGRAMAÇÃO | ILUSTRAÇÕES
Luiz Augusto da Costa

VINHETAS ILUSTRATIVAS
Da obra de Gustave Doré (1832|1883)

DIGITAÇÃO
Célia Maria de Oliveira Soares | Luiz Augusto da Costa | Silvana Amaral da Costa

REVISÃO TÉCNICA
Célia Maria de Oliveira Soares | Geraldo Lemos Neto

1ª edição - abr | 2006 | 2.000 exemplares
2ª edição - jun | 2006 | 2.000 exemplares
3ª edição - dez | 2008 | 2.000 exemplares
4ª edição - abr | 2012 | 1.000 exemplares
5ª edição - abr | 2015 | 500 exemplares
6ª edição - fev | 2018 | 500 exemplares

Dados Internacionais de Catalogação na Publicação (CIP)
(Câmara Brasileira do Livro, SP, Brasil)

Lúcio, Neio
Sementeira de luz / pelo Espírito Neio Lúcio ;
psicografia de Francisco Cândido Xavier ; organização
de Wanda Amorim Joviano. -- 6. ed. -- Belo Horizonte ,
MG : Vinha de Luz , 2018 .

Bibliografia
ISBN 978-85-63716-35-4

1. Espiritismo 2. Psicografia I. Xavier, Francisco
Cândido. II. Joviano, Wanda Amorim. III. Título.

18-12464   CDD-133.93

Índices para catálogo sistemático:
1. Mensagens psicografadas : Espiritismo 133.93

Epígrafe

Santuário da Saudade

Deste jardim da saudade
À doce luz da oração
Elevam-se as claridades
Do templo do coração.

Filhos que lembram seu pai
E um pai que recorda os filhos,
Para cuja alma bondosa
São sempre os mais ternos brilhos.

Cultivem a flor de luz
Desse jardim de lembrança
Nas alvoradas da fé,
Da paz, do amor, da esperança.

E um dia, depois da Terra,
O hostiário da saudade
Há de pulsar no Infinito,
No dia da Eternidade.

Casimiro Cunha [1]

(14|12|1937)

———•———

[1] Nota da organizadora: natural de Vassouras | RJ, Casimiro Cunha figura entre os poetas cujos poemas integram o livro *Parnaso de além-túmulo*, psicografado por Chico Xavier, desde a primeira edição, em 1932. Era cego por acidente, ocorrido quando contava 16 anos. Tinha apenas instrução primária. Era espírita confesso. Compareceu inúmeras vezes ao culto doméstico "Arthur Joviano", deixando sua presença registrada em carinhosas poesias, como em "Boa Noite", em 22 de dezembro de 1938. Eu, então com 12 anos, acabara de arrumar a mesa em que se realizaria a reunião e, enquanto meus pais - Rômulo e Maria - conversavam com Chico Xavier, em outro local, escrevi "boa noite" em uma folha de bloco e me retirei. No dia seguinte, fui presenteada com inesquecíveis versos, posteriormente publicados no livro *Cartas do Evangelho - poesias mediúnicas de Casimiro Cunha*, pela Editora LAKE | SP.

Dedicatória

Ao
espírito de Célia
(Alcíone),
nosso preito de eterno
amor e gratidão!

Sumário

Mensagens

1944

Prefácio espiritual

Meus amigos, muita paz!

O culto do amor a alguém, sob a inspiração do Cristo, é o culto do amor ao Cristo simbolizado em alguém. Esta é a característica da igreja nos corações que formastes sobre a memória do amigo que hoje se faz lembrado.

Dele não tivestes uma palavra que não pudesse converter-se em verbo iluminativo para todos.

A ele não endereçastes qualquer solicitação que não pudesse transformar-se em apelo ao Mestre divino, dentro do interesse comum.

Nunca fostes constrangidos a aceitar-lhe as ideias.

Nunca constrangestes o leal companheiro a aprovar-vos nas diretrizes que elegestes por norma de ação.

Todo erro nesse intercâmbio sempre foi benéfico ensinamento que, de imediato, ou com a ajuda do tempo, se fez claro ao nosso olhar.

E assim, amando o que vos é invisível aos olhos da carne, valorizastes o amor na realidade eterna.

A ligação criada ou consolidada em quinze anos de liberdade construtiva constitui, por isso, para vós outros, um tesouro de inapreciável amor.

Não fostes defrontados pelo afago e sentistes a proteção verdadeira.

Não encontrastes a lisonja e observastes a aprovação edificante.

Não recebestes auxílios tangíveis e guardais a perfeita consciência das bênçãos recolhidas.

Não tateastes corpo algum que vos proporcionasse a impressão da solidez nos pontos de vista esposados e, no entanto, instintivamente, verificais a presença de uma alma iluminada e enobrecida a ofertar-vos indefinível segurança. Não ouvistes vozes com os tímpanos da carne e escutastes a divina mensagem do coração que amais, e que vos ama, na sublimada acústica do templo interior.

E, pouco a pouco, à maneira dos viajantes que se acolhem à embarcação preferida, vos reconhecestes distantes da praia.

Encaminhando-vos aos portos da renovação, cada dia assinalais diferença apreciável na viagem.

Tudo o que representava lastro inútil ou bagagem imperfeita vem sendo confiado ao mar da comunidade ou reajustado para fins mais nobres.

Cada semana nos oferece novas perspectivas de luz, de transformação, de horizontes dilatados.

A compreensão aclarou-se com recursos mais altos e conseguis separar o continente do passado a distância.

Há esses milagres no amor para quem sabe entendê-lo nos fundamentos em que o Cristo no-lo legou.

Um coração transubstanciou-se em veículo sagrado e nele vos refugiastes, porque, por sua vez, o carro vivo e sublime jazia ligado a vós.

E assim a vossa romagem da Terra para o Universo, do círculo para o Infinito, da particularidade para a humanidade se faz harmoniosa e bela, guardando tudo o que é santo, nobre, bom e útil para a fixação de vossos valores pessoais na obra do Eterno para a qual gravitamos quando o espírito acorda para a glorificação da verdadeira vida.

São estas as palavras que me ocorrem no aniversário comemorado nesta noite!

Prossegue! Prossigamos! O caminho é vasto, a luta é árdua e a instalação do Senhor no santuário íntimo é o objetivo para que possamos brilhar Nele com a mesma intensidade com que Ele se propõe a resplandecer em nós. Louvores ao amigo que vos reencontrou! Louvores a vós que conseguistes e quisestes reencontrá-lo. E que sobre nós reine Jesus, hoje e sempre!

Emmanuel [1]

Nota da organizadora: mensagem psicografada por Francisco Cândido Xavier, em Pedro Leopoldo, Minas Gerais, em 14 de dezembro de 1949.
[1] Nota do editor: vide à p. 31 maiores informações sobre a reencarnação de Emmanuel no século XXI.

Introdução

Trazer a lume a quinta edição desta *Sementeira de luz* é para todos nós motivo de imensa alegria.

Wanda Amorim Joviano realizou, em 2006, com a primeira edição desta obra, o compromisso da fiel depositária dessas luminosas revelações espirituais que estiveram sob a sua guarda e de sua família desde os idos dos anos 30 na antiga cidade de Pedro Leopoldo, berço natal de Chico Xavier em Minas Gerais. E foi ele mesmo, Chico Xavier, em espírito, depois da sua desencarnação, quem nos solicitou gentilmente entrássemos em contato com a estimada irmã, agora vivendo na cidade do Rio de Janeiro. Um amigo comum, Fernando Hermanny Peixoto Costa, nos cedeu o seu telefone e, desde então, a partir de 2003, restabelecemos uma amizade genuína, nascida nas fontes de um passado distante, porém vivo, em nossos corações.

O elo que nos une e reuniu novamente é o elo do amor e da reverência profundos àquele que foi e continua sendo entre nós o apóstolo da renovação humana – Chico Xavier – missionário do Consolador prometido aos homens pela palavra insuperável de nosso Mestre e Senhor Jesus há quase dois mil anos!

Desse contato de almas irmãs no ideal nasceu este livro, que resgata para a história do Espiritismo preciosas informações da Espiritualidade, patenteadas pela inigualável mediunidade de Chico Xavier.

Semanalmente, às quartas-feiras, a partir de 1935, Francisco Cândido Xavier comparecia ao culto do Evangelho no lar de Dr. Rômulo Joviano e D. Maria Joviano, pais da jovem Wanda. Durante as preces habituais, diversos amigos espirituais se manifestaram pela psicografia de Chico. Emmanuel, Abílio Machado, Augusto de Lima, Casimiro Cunha e outros tantos escreveram pelas mãos de Chico Xavier. Mas é Arthur Joviano, pai de Dr. Rômulo, quem se destaca na assistência amorosa e desvelada pelos que ficaram na retaguarda do mundo terrestre, escrevendo-lhes as belíssimas páginas de consolação e esclarecimento que ora transformamos em livro para deleite de todos.

A comunidade espírita já o conhece como NEIO LÚCIO, autor de alguns livros da psicografia de Chico Xavier. É a mesma personalidade de Cneius Lucius, do romance *50 anos depois*, e de Jaques Duchesne Davenport, do romance *Renúncia*, sobre quem encontramos a referência carinhosa de Emmanuel, psicografada em 14 de dezembro de 1949 pelo Chico, e que constitui o prefácio espiritual desta obra.

À medida que o leitor descortinar as encantadoras mensagens de Neio Lúcio, acompanhará com prazer as notícias da Espiritualidade Maior no próprio desenvolvimento das revelações que surgiram pela psicografia de Chico Xavier. Verificará a história espírita, não sob a ótica dos homens, mas da dos que lhe foram agentes partícipes – os espíritos. Acompanhará os momentos da recepção de *Paulo e Estêvão* e a alegria da Vida Maior quando a obra foi concluída. Neio Lúcio nos relata a reunião da Espiritualidade com as veneráveis personalidades dos próprios Paulo de Tarso e José Barnabé, em momentos de profunda emoção.

O leitor se achará surpreso com as revelações dos personagens de dois dos romances de Emmanuel e a estreita ligação entre eles: *50 anos depois* e *Renúncia*, por abrigarem as mesmas personalidades em momentos distintos da história humana. É a irrevogável lei do progresso incessante envolvendo os seres humanos pelas vidas sucessivas na escola da reencarnação.[1]

---

[1] Nota do editor: vide página 29 | Reencarnações.

Também o leitor seguirá as notícias do apareci-mento de André Luiz, pseudônimo de Carlos Chagas,[2] que fora encarregado por uma comissão de sábios da Espiritua-lidade Maior para levantar o espesso véu que se interpunha entre os homens e a vida espiritual. E assim acompanhará com alegria o surgimento de suas primeiras obras: *Nosso Lar, Os Mensageiros, Missionários da Luz* e *Obreiros da Vida Eterna.*

Os proventos deste *Sementeira de Luz* foram do-ados por Wanda Joviano às atividades filantrópicas e educati-vas do Lar Espírita André Luiz (LEAL), da cidade de Petrópolis, Estado do Rio de Janeiro, fundado em 3 de janeiro de 1960 pela nobre seareira Sra. Suzana Maia Mousinho, sob a orien-tação de Chico Xavier, a pedido dos espíritos de André Luiz, José Thomaz de Porciúncula - 1º Governador de Petrópolis - e Franklin Dória - Barão de Loreto, Governador do Maranhão.

A Vinha de Luz Editora da Casa de Chico Xa-vier e do Grupo Espírita Scheilla, ambos de Pedro Leopol-do, muito se alegra ao responsabilizar-se pela quinta edição desta obra, que ora ofertamos à comunidade espírita com a alma e o coração.

Belo Horizonte, 2 de abril de 2015.[3]

Geraldo Lemos Neto

Editor

—•—

Notas do editor: [2] o médium Chico Xavier solicitou à Sra. Suzana Maia Mousinho que providenciasse, junto a um artista plástico seu colega no Ministério da Educa-ção, e frequentador da Escola de Belas Artes, um retrato do espírito de André Luiz e que, para tal, se baseasse na estátua do cientista Dr. Carlos Chagas, localizada na praia de Botafogo, na cidade do Rio de Janeiro. Após a feitura do quadro, o mé-dium Chico Xavier escreveu em seu verso que aquele era o espírito de André Luiz, e o dedicou à Sra. Suzana. [3] No dia em que comemoramos o 105º aniversário de nascimento de Chico Xavier.

Anotações familiares

Rômulo e Maria casaram-se em 27 de dezembro de 1923, após curto período de namoro e noivado, como acontece no reencontro de almas gêmeas. O casal passou a residir na então longínqua cidade de Ponta Grossa, Paraná, e ia ao Rio de Janeiro de vez em quando. E para lá rumaram em fins de 1924 para o nascimento do primogênito Roberto. Cerca de sessenta anos depois, foi encontrado, entre os livros deixados por Rômulo Joviano, um exemplar de *O Livro dos Espíritos*, de Allan Kardec, edição da Federação Espírita Brasileira (FEB), de 1924 e, dentro, a seguinte anotação: *"Adquirido na FEB, no Rio de Janeiro, em 27|12|1924"*. E mais adiante: *"Comecei a leitura deste livro em Ponta Grossa, um ano depois de meu casamento. A Maria muito contribuiu para conhecê-lo, devido às referências ao Sr. Bittencourt, da Rua da Passagem"*.

Mais tarde, soube-se que dentre as mencionadas referências estava a de que Júlia, mãe de Maria, sofreu por muitos anos de terrível enxaqueca e que fora curada com receita do médium Ignácio Bittencourt. Durante os anos em que o casal residiu em Ponta Grossa, Maria medicou os filhos - Roberto e eu - com receitas do referido médium. Telegrafava para a mãe solicitando consulta ao médium e Júlia, de posse da receita, adquiria os medicamentos homeopáticos e os enviava, pelo correio, para Ponta Grossa. Assim, Rômulo retomou, nesta vida, os estudos espíritas que, certamente, começara nas vidas anteriores!

Em agosto de 1930, Rômulo voltou a ser designado diretor da Fazenda Modelo de Criação do Ministério da Agricultura, em Pedro Leopoldo | Minas Gerais, cargo que deixou em 1923 para exercer igual atribuição em Ponta Grossa, Paraná. Fausto, irmão de Rômulo, era vizinho de Chico Xavier na cidade de Pedro Leopoldo. Testemunhando sua árdua luta diária como vendedor em um armazém, e conhecendo suas possibilidades intelectuais, resolveu conseguir-lhe trabalho no escritório da Fazenda de que o irmão era diretor, e onde ele também trabalhava. Quando Rômulo encontrou, nesta vida, Chico Xavier, já podia conversar sobre os assuntos espíritas em que trabalhariam, estudariam, trocariam ideias, enfim, partilhariam daí por diante, quase diariamente. Às quartas-feiras, à noite, o Chico comparecia ao lar de Rômulo e Maria para as reuniões do "Grupo Doméstico Arthur Joviano".

Dos 10 primeiros anos dessas reuniões foram selecionadas as mensagens aqui reunidas. Rogamos ao nosso divino e amado Mestre Jesus abençoar o inesquecível vovô Arthur, cujo sublimado amor evola destas mensagens qual bendito perfume, abençoando também as mãos pelas quais elas passaram: as do querido Chico, a quem devemos o registro de cada letra, de cada palavra e de cada pensamento, as da vovó Júlia, que as datilografou quando, anualmente, nos visitava na Fazenda em Pedro Leopoldo, e as do papai Rômulo e da mamãe Maria, que as ordenaram, relacionaram e guardaram, legando-nos esta herança de incalculável valor, que desejamos, agora, dividir com o público amigo.

Wanda Amorim Joviano

Organizadora

Nota da organizadora: em 2002, todo o material componente deste livro foi carinhosamente analisado por Rubens Fernandes Carneiro, presidente da Escola Jesus Cristo em Campos dos Goitacazes | RJ, ao qual agradeço imensamente pelas preciosas sugestões e observações em torno dos textos apresentados.

Neio Lúcio

Figura ímpar no livro *50 anos depois*, é nele referido como trazendo ao seu redor uma atmosfera de amor e veneração, uma personalidade vibrante de cultura e generosidade, com tradições de nobreza e lealdade, sendo respeitado como um dos sagrados expoentes da educação antiga, em seus princípios mais austeros e mais simples. No acervo de seus serviços à coletividade, contavam-se providências a favor dos escravos que ensinavam as primeiras letras aos filhos de seus senhores, além de muitas obras de benemerência social. Sabe-se ainda que ele mesmo e a neta querida, Célia, estimavam ensinar, também, os filhos dos escravos.

A súplica de Neio Lúcio ao Senhor, quanto à melhor maneira de sacrificar-se pelos filhos bem-amados, como consta no final do livro *50 anos depois*, foi atendida com a oportunidade de reencarnação de seu grupo familiar, relatada no livro *Renúncia*. Nesse livro, vamos encontrá-lo na personalidade de

Jaques Duchesne Davenport

O professor residia em antigo parque, que adquirira para a localização da sua escola, de proporções vastas, destinada à preparação de crianças de ambos os sexos, antes do acesso aos monastérios do tempo, consagrados ao serviço educativo.

Dois séculos se passaram

Arthur Joviano nasce em 1862, em Barra Mansa | RJ. Espírito sempre fiel ao ideal do ensino e da educação, foi responsável pela primeira reforma do ensino primário no Estado de Minas Gerais. Professor de Português do Ginásio Mineiro e da Escola Normal de Barbacena, lugares obtidos em brilhantes concursos, exerceu, por longos anos, o cargo de diretor da Escola Normal Modelo e a Cátedra de Português em Belo Horizonte | MG.

Transferindo-se, depois, para a cidade do Rio de Janeiro, então Distrito Federal, trabalhou como Inspetor de Ensino e como Superintendente da Instrução Pública do Distrito Federal.

Em Belo Horizonte e no Rio de Janeiro, existem escolas com o seu nome.

Nota da organizadora: o quadro da página seguinte teve como referência as edições: *Há 2000 anos...*, 1987 - 22. ed.| *50 anos depois*, 2003 - 31. ed. | *Renúncia*, 1992 - 20. ed. Segundo Flávio Mussa Tavares, filho de Clóvis Tavares - renomado estudioso e autor espírita -, "*é interessante anotar também a confirmação de que meu pai foi realmente Rúfio Propércio no 50 anos... e que na primeira visita de Dr. Rômulo à Escola Jesus Cristo, fundada por meu pai, declarou que visitava 'o amigo que o havia, em outra época, trazido de volta a Jesus'. Muitos entenderam que fosse a sua conversão ao Espiritismo, mas Dr. Rômulo se referia à visita de Rúfio à sua casa e ao seu primeiro contato com o Cristianismo, que o levou de volta à Célia*".

Reencarnações

Há 2000 anos	Pág.	50 anos depois	Pág.	Renúncia	Pág.	Século XX
Públio Lentulus	18	Nestório	20	Padre Damiano	187	Emmanuel (Espírito)
Pompílio Crasso	396	Helvídio Lucius	12	Cirilo Davenport	35	Rômulo Joviano
		Caio Fabricius	11	Henrique de Saint Pierre	409	Frank
		Fábio Cornélio	14	D. Inácio Ortegas Vilamil	44	Aurélio Amorim
		Júlia Spinter	32	D. Margarida F. de Saint-Megrin e Vilamil	58	Júlia Amorim
		Alba Lucínia	15	Madalena Vilamil	40	Maria Joviano
		Helvídia	15	Beatriz	306	Wanda Joviano
		Célia	15	Alcíone	157	
		Irmão Marinho	264	Me. Maria de Jesus Crucificado	437	
		Cneio Lucius	16	Jaques Duchesne Davenport	66	Arthur Joviano
				Felícia	69	Francisca R. Joviano
		Cláudia Sabina	17	Susana Duchesne	35	Flora Joviano
		Lólio Úrbico	14	Antero de Oviedo Vilamil	45	Roberto Joviano
				Robbie	237	
		Túlia Cevina	29	Colete	48	Aurélia Amorim
		Ciro	43	Pólux	14	Alexander Seggie
				Carlos Clenaghan	245	
				Frei José do Santíssimo	450	
		Rúfio Propércio	297	Menandro	13	Clóvis Tavares
				Padre Guilherme	288	
		Hatéria	29			Zina Joviano
		Pausanias	46			Fausto Joviano
		Plotina	87			Lúcia Joviano
		Silano Plautius	163			Mário Amorim
		Lésio Munácio	237			Batuíra

Emmanuel

Reencarnação no século XXI

"Conforme atestam várias pessoas que conviviam na intimidade com o médium Chico Xavier, por afirmativas dele mesmo, o espírito do benfeitor Emmanuel já está entre nós, na face da Terra, pela via da reencarnação. Num desses depoimentos, da Sra. Suzana Maia Mousinho, presidente e fundadora do Lar Espírita André Luiz (LEAL), de Petrópolis | RJ, amiga do médium desde 8 de novembro de 1957, Francisco Cândido Xavier lhe confidenciou detalhes sobre a reencarnação de Emmanuel, que voltaria à Terra no interior do Estado de São Paulo, no seio da família constituída pelo casal D. Laura e Sr. Ricardo, personagens do livro Nosso Lar, de André Luiz. Tempos depois, novamente o estimado médium Chico Xavier tornou a tocar no assunto em pauta com D. Suzana, afirmando ter presenciado o retorno à vida física de seu benfeitor no ano de 2000, vendo, então, confirmadas as previsões espirituais a respeito. Esse fato está em sintonia com depoimentos públicos do médium mineiro em três ocasiões distintas, veiculados em dois de seus livros publicados, a saber:

a) no livro Entrevistas, (IDE, 1971), quando, respondendo à questão 61, sobre a futura reencarnação de Emmanuel, Chico Xavier disse: "Ele (Emmanuel) afirma que, indiscutivelmente, voltará à reencarnação, mas não diz exatamente o momento preciso em que isso se verificará. Entretanto, pelas palavras dele, admitimos que ele estará regressando ao nosso meio de espíritos encarnados no fim do presente século (XX), provavelmente na última década";

b) também no livro A Terra e o Semeador, (IDE, 1975), quando, respondendo à pergunta de número 33, Chico Xavier disse:

"Isso tem sido objeto de conversações entre ele (Emmanuel) e nós. Ele costuma dizer que nos espera no Além, para, em seguida, retornar à vida física"; e

c) assim também vamos observar outra confirmação de Chico sobre o assunto no livro organizado pela Dra. Marlene Nobre, e editado em 1997 pela Folha Espírita, cujo título é Lições de Sabedoria, que traz à página 171 da segunda edição a pergunta de Gugu Liberato a Chico Xavier: "É verdade que o espírito Emmanuel, que lhe ditou a base do Espiritismo prático no Brasil, se prepara para reencarnar?" Ao que Chico respondeu: "Ele diz que virá novamente, dentro de pouco tempo, para trabalhar como professor".

Também uma vez, conversando comigo em Uberaba, e falando sobre a volta de Emmanuel, Chico nos confidenciou: 'Geraldinho, o nosso compromisso, meu e de Emmanuel, com o Espiritismo na face da Terra tem a duração de três séculos e só terminará no final do século XXI.'"

Em 26 de setembro de 1973, Chico Xavier concedeu entrevista à apresentadora Hebe Camargo na TV Gazeta de São Paulo, na qual revelou ser objeto de sua conversação com Emmanuel a reencarnação de seu guia espiritual na Terra: "Isso tem sido objeto de conversação entre ele (Emmanuel) e nós, e ele costuma dizer que nos espera no mundo do Além para, em seguida, retomar a vida física. Ele até costuma me dizer: 'Quando eu estiver na vida física e vocês estiverem fora do corpo físico, vocês vão ver como é difícil entrarmos em comunicação com vocês e como é difícil orientar vocês para o bem'".

Divaldinho Mattos, de Votuporanga, São Paulo, amigo íntimo de Chico Xavier e dirigente da Didier Editora, ao ler os artigos anteriores publicados pela imprensa espírita testemunhou, em contato telefônico com a Vinha de Luz, a respeito do tema. Divaldinho Mattos relatou que, em conversa presenciada por inúmeras pessoas do Brasil inteiro, num almoço na casa de Chico em Uberaba, nos idos do ano 2000, Chico afirmara para todos que o espírito de Emmanuel já havia retornado ao mundo físico pela via da reencarnação.

Outro depoimento público acerca da reencarnação do seu benfeitor Emmanuel encontra-se no duplo DVD "Chico Xavier Inédito — de Pedro Leopoldo a Uberaba", organizado por Oceano Vieira de Melo e lançado em 2007 pela Versátil. No segundo DVD estão reunidos vários testemunhos de 2007, entre eles o do confrade Dr. Elias Barbosa, de Uberaba, que declara textualmente: *"Eu me lembro dele (Chico) falar uma vez, e para todo mundo, não foi só para mim não, que quando ele desencarnasse o Emmanuel iria reencarnar. Isto é o que ele falou: "O nosso Emmanuel, gente, vai voltar! Está só à espera de eu partir..."*

Como sabemos que Chico Xavier, no fim da sua vida física, tinha recebido uma extensão de tempo, concretizada numa nova moratória, permanecendo, por isso, mais tempo entre nós, segue outro depoimento, bastante esclarecedor, e que, por causa disso mesmo, se reveste da maior importância: D. Suzana Maia Mousinho e sua nora, D. Maria Idê Cassaño Mousinho, contaram que Chico Xavier lhes revelara, em outubro de 1996, que a filha da D. Maria Idê estava grávida e que as duas em breve seriam respectivamente bisavó e avó. Chico acrescentou ainda que o espírito de Emmanuel se tinha empenhado pessoalmente, em conjunto com o benfeitor espiritual do LEAL, Wilton Ramos Oliva, na seleção das características genéticas da futura criança (Carlos Augusto), para lhe garantirem sucesso na reencarnação. Esse ato do espírito de Emmanuel – segundo Chico Xavier lhes explicou – tinha sido o último dele na crosta terrestre, pois a partir daí (fins de 1996) Emmanuel subira aos planos mais altos da vida espiritual para, durante aproximadamente dois anos, se preparar para a sua própria reencarnação, a fim de regressar à vida física no início do século XXI.

Sônia Barsante, residente em Uberaba |MG e frequentadora do Grupo Espírita da Prece, de Chico Xavier, contou que num determinado dia do ano 2000, estando ela e outros companheiros reunidos com Chico, este se tinha ausentado em transe mediúnico durante alguns instantes. Ao regressar, Chico contou-lhes alegremente que tinha ido em desdobramento espiritual até uma cidade do Estado de São Paulo visitar um bebê, que era o espírito de Emmanuel, já reencarnado. E rematou dizendo a todos os que estavam presentes: "Vocês ainda vão reconhecê-lo!"

No dia 22 de agosto de 2010, em entrevista concedida à RedeTV!, no Programa Transição, Nena Galves, amiga de Chico Xavier, da cidade de São Paulo, relatou o que segue: "(...) nos estranha muito, dentro do movimento, que livros de Emmanuel ainda estejam saindo com a assinatura desse espírito. Porque o Chico não disse só a mim. Disse a várias pessoas que Emmanuel estava reencarnado. Nos disse também que acompanhou a reencarnação de Emmanuel no mundo espiritual, assim como acompanhou também a de sua mãe, Maria de São João de Deus, e também a de filhos de alguns amigos nossos. Chico acompanhava a vinda desses espíritos e acompanhou a de Emmanuel. Então Chico disse que ele estava reencarnado, que era necessário que isso acontecesse para quando ele passasse para o mundo espiritual. Tanto é que alguns anos antes de Chico desencarnar já não recebia mais Emmanuel. E foi por isso que ele falou, porque eu perguntei a ele: 'Chico, você não está mais recebendo Emmanuel. Por quê?' Então ele falou. (...)"

A Rede Globo transmitiu no programa Fantástico do dia 12 de setembro de 2010 extensa reportagem sobre Chico Xavier, mencionando a reencarnação de Emmanuel. Sobre o assunto, Divaldinho Mattos revelou: "Em uma noite, era aproximadamente uma e vinte da madrugada, ele (Chico Xavier) fez um relato de que Emmanuel aparecera dizendo que iria reencarnar. (...) A verdade é que ele está reencarnado no Estado de São Paulo e vai agir na educação. Quem sabia onde estava reencarnado Emmanuel? Somente Francisco Cândido Xavier".[1]

---

[1] Nota da editora: texto constante do livro *Deus conosco*, à página 43 da quarta edição. Vide dados tipográficos da referida obra em *Bibliografia indicada*, à página 670.

Galeria
de fotos

Sementeira de luz

Do álbum de família

$\mathcal{A}$rthur Joviano nasceu em Barra Mansa, Rio de Janeiro, em 1862. Em seu documento de identificação não consta o dia do nascimento. Casou-se com Francisca da Rocha, em 30 de novembro de 1891. Tiveram 9 filhos, sendo que uma menina desencarnou ainda criança. Mais tarde, adotaram como filho um menino, José de Araújo.

$\mathcal{D}$a esquerda para a direita, de pé: Aurélio de Amorim, pai de Maria Amorim Joviano, referido nas mensagens como "o General", Arthur, Rômulo Joviano e Francisca. Sentados: Júlia Amália da Silva Pêgo, avó de Maria - ao seu lado -, Júlia Pêgo de Amorim, mãe de Maria, e o menino Roberto Amorim Joviano, nascido em 1924.

*D*a direita para a esquerda, sentados: Maria, Rômulo e Wanda Amorim Joviano. De pé: Francisco Cândido Xavier.
Fotografia feita nos jardins da Fazenda Modelo, em Pedro Leopoldo, Minas Gerais. O cãozinho é o Fly, mencionado na mensagem da página 208.

*D*a direita para a esquerda, sentados: Júlia, Aurélio e Maria. De pé: Rômulo, Chico Xavier e Wanda.

*M*aria e Rômulo retratados em 27 de dezembro de 1948, quando completaram 25 anos de casamento | Bodas de Prata.

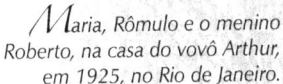

*M*aria, Rômulo e o menino Roberto, na casa do vovô Arthur, em 1925, no Rio de Janeiro.

*F*ilhos e viúva de Arthur Joviano (da esquerda para a direita): Albino, Zina, Francisca, Martha, Célia e Flora, quando viajaram para os Estados Unidos.

*J*osé de Araújo, filho adotivo de Arthur e de Francisca, com Fly.

*F*austo Joviano com a esposa Jandira e a primogênita Francisca Marta, em 14 de junho de 1939.

Jandira com o filho Arthur, nascido em 1952.

A família no dia do batizado do pequeno Arthur (da esquerda para a direita): Vivili, irmã de Jandira, Lúcia, irmã de Fausto, Jandira, Fausto, Célia, Francisca, com Arthur, e Flora. Na frente: Francisca Marta e Laura Elvira, segunda filha de Fausto, nascida em 1940.

*R*ômulo Joviano estudou nas universidades de Reading, na Inglaterra, e em Edinburgh, na Escócia, nos anos de 1913 a 1916. Tendo saído da Inglaterra para a Escócia, recebeu de seus amigos ingleses um cartão, aqui reproduzido. Na foto, entre os rapazes que estão de pé, na frente, temos, da esquerda para a direita, em segundo e terceiro lugares, respectivamente: Frank, reencarnação de Caio Fabricius (**50 anos depois**) e de Henrique de Saint Pierre (**Renúncia**), e Alexander Seggie, reencarnação de Ciro (**50 anos depois**) e de Padre Carlos Clenaghan (**Renúncia**). Ambos desencarnaram na Primeira Grande Guerra (1914|1918). Essas revelações foram feitas por amigos espirituais à época da recepção psicográfica dos romances de Emmanuel, através de Chico Xavier.

Da Fazenda em que
Chico Xavier trabalhou

Fazenda em Pedro Leopoldo | MG,
sede da Inspetoria Regional
da Divisão de Fomento da Produção
Animal do Ministério da Agricultura.

Convenção dos Funcionários | 1950
(localizados em diferentes cidades de Minas Gerais)

Técnicos, da esquerda para a direita, de pé: *Fausto Paulo Werner, João Jardim, José de Paula, José de Souza Carrusca, Dr. Ribeiro, Rômulo Joviano, Thomaz Heath Dalton, Hermam Rehaag, Francisco Cândido Xavier, Edgar Bittencourt, Darwin de Rezende Alvim, Oswaldo Alvarenga. Abaixados: Vicente Picorelli Neto, Policarpo Rocha Filho, Aristides Pinto Paiva, David Nadler, Pedro Bertolucci, Dirceu Portella e um visitante, amigo de Dirceu Portella.*

Administrativos, da esquerda para a direita, de pé: *Hélio Gonçalves Moreira, Angelo Viana, Nelson Sbampato, Vicente de Paula Silva, Wanda Amorim Joviano, Célia Barroso Miranda, Alcindo de Oliveira, Francisco Cândido Xavier, Antônio de Oliveira, Francisco Mavignier. Abaixados: Pedro Alcantara Campos, Jaime Evangelista Martins, José dos Santos Moreira, Orlando Pereira Bern, Hildefonso Vieira Mendes, José de Araújo (e o cãozinho Fly), Carlos Alberto de Miranda, José Hildefonso Torres e Guilherme Augusto.*

Fazenda Modelo, em Pedro Leopoldo, Minas Gerais: na edificação central localizavam-se os escritórios. No segundo andar, à esquerda, vê-se a janela da sala em que trabalhavam Chico Xavier, Wanda e Oswaldo Gonçalo do Carmo.

Casa em que, por mais de 15 anos, residiu a família de Rômulo e Maria Joviano. As duas janelas, à esquerda, faziam parte do então escritório de Rômulo, onde, às quartas-feiras, à noite, realizava-se o "culto doméstico" do Evangelho, sempre com a presença de Chico Xavier.

As edificações principais da Fazenda eram ornamentadas por plantas trepadeiras, buganvílias de variadas cores, sendo que na Cavalariça chegou-se a colecionar sete diferentes tonalidades, com mudas trazidas de diversas cidades do Estado de Minas Gerais.

Criação de bovinos. Vacas de raça leiteira, saindo do Estábulo, após a ordenha.

Estábulo: de forma quadrangular, tinha ao centro um grande silo para armazenamento de forragem para os animais.

Criação de ovinos.

Os irmãos Wanda, nascida em 1926, e Roberto, na porteira de entrada da Fazenda Modelo, em Pedro Leopoldo, Minas Gerais.

Roberto montando "Derby", magnífico exemplar da raça "Mangalarga Marchador".

Wanda montando o cavalo "Vespasiano", exemplar da raça "Árabe".

46

Galeria
de documentos

Sementeira de luz

De Arthur Joviano

GABINETE DE IDENTIFICAÇÃO E ESTATISTICA CRIMINAL

CARTEIRA DE IDENTIDADE

Attesto, de accordo com o § 3º do art. 5.º, do Regulamento que baixou com o Decreto n. 12.193, de 6 de setembro de 1916, que a presente carteira de identidade pertence ao cidadão brasileiro :

Nome *Arthur Joviano (Prof.)*

Filho de *José Fernandes Joviano*

e de *D. Anna Leocadia de Joviano*

Naturalidade *Barra Mansa (E. do Rio)*

Nascido em de *Janeiro* de 1 8 *6 2*

Estado civil *casado*

Instrucção *superior*

Profissão *professor*

Estatura 1 m. *69* cents.

Côr {
da cutis *branca*
dos cabellos *grisalha*
dos bigodes *grisalha*
da barba *usa feita*
dos olhos *castanha mediana*
}

Observações *bossas frontaes avultadas.*

A presente carteira vale somente para fins eleitoraes e não terá valor de folha corrida.

Bello Horizonte, *10* de *Fevereiro* de 19 *17*.

(Assignatura do identificado)

(Assignatura do Director)

J. D.

(Polegar dir. do identificado)

(Polegar dir. do Director)

CIDADE DE BARBACENA

Fundador — Emilio Gonçalves
Proprietario e Diretor — Paulo Emilio Gonçalves

| ANO 46º. | ASSINATURAS Ano . . . $30,00 Semestre . . $18,00 Pagamento adeantado | DIARIO VESPERTINO Terça-feira, 9 de Novembro de 1943 | Redação e Oficina Rua 15 de Novembro, 139 Numero avulso $0,20 | NUM. 4790 |

A nova regulamentação do Imposto de Renda

Disposições que os interessados devem conhecer

Pela circular nº 12 a Associação Comercial está lavando ao conhecimento de seus associados que o "Diario Oficial da União", de 1º, publicou o inteiro teor do Decreto Lei nº 5.844, de 23-9-1943, que dispõe sobre a cobrança e o lançamento do Imposto de Renda. Esse Decreto, que é extenso e minucioso, dispõe na sua primeira parte, sobre a tributação dos prazos fixos.

Recomendando aos associados a sua leitura, a Associação Comercial chama a especial atenção dos comerciantes para a parte abaixo reproduzida, que se refere ao critério adotado no novo e recente estatuto legal relativo ao sistema de lançamento e cálculo do citado Imposto de Renda das "pessoas jurídicas":

"As pessoas jurídicas pagarão, sobre os lucros apurados, e o imposto adicional de 2%, e o imposto adicional de 2%, exceto as sociedades civis que pagarão, sobre o seu capital mais o imposto proporcional de 3%, e o imposto adicional de 2%. Em ambos os casos, o critério adotado para o recente estatuto legal relativo ao sistema do lançamento e cálculo do citado Imposto de Renda das "pessoas jurídicas".

A Associação Comercial, está à disposição dos interessados.

A luta na Italia
Indicios do desespero

Do Q. G. Aliado em Argel — Na opinião dos círculos oficiais aliados, tanto a destruição do porto de Cuota, quanto o bombardeio do Vulcano—cuja autoria o comando aliado negou formalmente— constituem indícios do desespero alemão ante a impossibilidade de deter o avanço na espetacular, mas metódica das forças aliadas.

REGRESSOU O GOVERNADOR BENEDITO VALADARES

Acompanhado de seu assistente militar, Cel. Cancio de Albuquerque, regressou ontem, a Belo Horizonte, tendo viajado pelo avião de carreira da Panair, o Governador Benedito Valadares.

O Chefe do Governo Mineiro teve concorrido desembarque, comparecendo ao aeroporto da Pampulha membros do Conselho Administrativo, os secretários e outras altas autoridades da administração estadual; o prefeito da Capital e o comandante geral e o chefe do Estado Maior da Força Policial; jornalistas e numerosas outras pessoas.

O Ministro João Alberto, Coordenador da Mobilização Econômica, usando das atribuições que lhe confere o decreto-lei n. 4.750 de 26 de setembro de 1942, resolveu designar, de acordo com o inciso 3 da parágrafo n. 153, e devidamente autorizado pelo Presidente da República, o Interventor Ernani do Amaral Peixoto para exercer a função de chefe do Serviço de Abastecimento de Carga, Leite, Manteiga Sal, Farinha de trigo e derivados, com autonomia necessária ao prefeito complemento da sua missão.

Compram-se

Moveis usados em perfeito estado. —Rua 15 — N. 126. —Casa de Moveis —

Maridinho de luxo

DIA 19 NO APOLO

Está marcado para o dia 19 do corrente, o espetáculo teatral das senhoras locais, com a peça "Maridinho de Luxo", em 3 atos, de autoria de Sá comediógrafo José Wanderley. Tomarão parte neste espetáculo as graciosas senhorinhas Maria Helena de Freitas, Maria Luiza Hatfeld, Maria da Gloria de Freitas, Terezinha Gonçalves e os amadores Enrico L. Marinho, Waldemar Dapieve, Hugo Imarie, A. Q. Souza e Deirton Francisco.

No próximo número daremos notícia mais detalhada sobre o mesmo espetáculo.

A luta na Rússia
"Fechado» vigorosamente soba Kerch"

De Moscou : Na Crimeia, tropas do exército e forças de baterias navais russas retêm obrigando-o vigorosamente sobre a cidade de Kerch, apoiadas por formações «nucleares» da noroeste da força da Rússia, que constituem esperam guarda-sol aéreo.

Aero Clube de Barbacena
Seu lachê e o Sr. Walter Alfano

Homenagem a Cia. de Seguros «São Paulo»

Continúa o Aero Clube de Barbacena com as suas atividades cada vez mais desenvolvidas. Assim, em preparo da Turma de piloto saiu ontem o oitavo lachê. Estive do diário moço, encerado da 1a. Loteria Federal, Sr. Walter Alfano. O seu «tô-roto» fui no sábado à tarde, após o Sr. Alfano bastante cumprimentado pelos seus colegas. Seguiu-se o divertido «baile do a 1o.».

A noite no Bar Colonial houve uma festiva reunião promovida pelo Dr. Brasil de Araujo, Presidente do Aero Clube, sendo presente o Ten. Watano Mesquita, instrutor e grande número de alunos.

O novo lachê foi saudado pelo Dr. Aldair Fayes, que falou em nome de todos os colegas, estendendo-se a tous felicitações, estendendo-se ao Dr. Brasil de Araujo e ao interventor Ten. Watano Mesquita. Finalmente agora um brinde ao Presidente Vargas, Ministro Salgado Filho 65?. Assis Chateaubriand, a quem se deve o desenvolvimento da aviação civil no Brasil e à atração dos grandes idealizadores daquela obra de educação popular.

O Dr. Brasil do Araujo usando o seu-piloto regiou um brinde ao Governador Valadares, ao Presidente do Aero Clube do Brasil Cel. Dias Costa e ao Prefeito Ilias Fortes.

Agradeceu, de improviso, as homenagens que lhe foram prestadas pelo Presidente do Aero Clube local e pelos seus colegas o Sr. Walter Alfano.

Estando presente na palestra foi convidado a tomar parte na mesa o representante da Cia. de Seguros «São Paulo», que foi a doadora do aparelho «Victor» de Carvalho» ao Aero Clube de Barbacena. Nessa ocasião foi a homenageado, tendo-se erguido brindes aos seus diretores e à sua prosperidade.

Foram diversos alunos, tendo agradecido as saudações do representante daquela entidade.

A reunião comemorativa do lachê do Sr. Walter Alfano se estendeu em meio a usinar cordialidade e entusiasmo, e ao terminar teve o novo-piloto oportunidade de ver calm vês muito completamente.

De Belo Horizonte, Artur Joviano transferiu-se para o Rio de Janeiro, onde, como inspetor técnico do ensino, teve o maior destaque entre os que mais conteúdos por concluir seu caso. Por ocasião dessa transferência, em 1908, um grupo de representantes do professorado carioca, tendo à sua frente Carlos Nascimento, diretora da Escola Deodoro, lhe levou o protesto do Rio do Janeiro, saudando o ilustre educador. Em seguida, o professora Corina Boa...

Artigo de Mário Casasanta

Arthur Joviano

Trazem-nos os jornais a notícia da morte de Arthur Joviano.

Muita gente não ponderará bem a significação dessa notícia vulgar, mas os que, como eu, ouviram esses dois nomes, em plena infância, numa boa escola primária e na época em que a memória possui a sensibilidade da cera para fixar o que lhe toca, reconhecerão que a perda é grande e que a data de anteontem foi crua e amarga para a grei mineira.

Na verdade, esse eminente professor, que acaba de rodar para a eterna noite, tem muito mais influência em nossos destinos do que a grossa maioria dos nossos homens públicos do passado e do presente.

Ele tinha vindo das campanhas republicanas com aquele punhado de ideias que nutriu a alma dos nossos melhores homens, nessa idade de ouro que para o Brasil representam os últimos do Império e os primeiros da República.

Batendo-se pelo advento de novo regime, fazia-se por força de uma vocação veemente, que se lhe transluzia de todos os passos da vida.

Como todos os republicanos, queria a participação de todos os brasileiros na obra de seu próprio destino, mas ao contrário dos falsos republicanos, que dizem isso e não fazem isso, pois cantam os valores da educação e fecham as escolas e perseguem os mestres, Arthur Joviano predicou a vida inteira a boa doutrina, forcejou, quanto em si coube, para a transformar em realidade, importou novos processos e adaptou-os com habilidade, escreveu livros didáticos de primeira água, deu as melhores aulas que era possível dar-se em nossas primeiras escolas públicas, rasgou novos caminhos para o ensino da língua na Escola Normal de Belo Horizonte e na direção dessa escola educou uma geração que constitui, neste momento, a falange central da educação pública em Minas.

Eu, que estraguei em vão livros de Felisberto de Carvalho para aprender a ler, tenho certeza de que foi o livro de Arthur Joviano, a que chamávamos "Faca-Rato", que me deu de fato o segredo da leitura, a tapou as lacunas e coordenou as noções confusas que os outros compêndios me tinham inculcado.

Na minha pequena escola, que o gênio do meu mestre Francisco do Nascimento doirava e aquecia, com a sua inteligência e o seu caráter, entrava pelas janelas abertas, como os raios do sol, todos os raios fulgurantes que a reforma de João Pinheiro espalhava pelo Estado, com o vigor de uma campanha sem exemplo, porque, sem embargo da carência de comunicações, a sua influência chegava até a Camanducaia, perto de cem léguas daqui, como as espumas de um mar infinito...

Nesse amplo movimento republicano, que João Pinheiro suscitou, cercado de um grupo de figuras apostolares com aquela ingenuidade, com aquele entusiasmo e com aquela confiança dos grandes construtores, coube a Arthur Joviano o papel, hoje difícil, e então dificílimo, de orientador técnico da reforma.

Faltavam recursos, mas sobejava a fé. E a fé transporta os montes, como ensina Cristo. E o milagre é o filho querido da fé, ensina Goethe no *Fausto* para os que acham que Goethe valia um pedaço da unha de Cristo... Na verdade, esses homens de fé praticaram milagres, e o nosso pobre Arthur Joviano não foi dos menores taumaturgo.

Desdobrou-se em vários homens. Meteu-se de corpo inteiro na refrega, devorou tratados, estudou metodologia, elaborou instruções, compôs livros didáticos, escreveu, publicou, lecionou.

E em tudo o que se fez, então nas instruções e nos programas, na organização do aparelho educacional, e na própria política educacional, vê-se-lhe, a olho nu, o dedo do gigante...

Depois, com o declínio do movimento, e com a sucessão dos governos, cada qual mais preocupado com o prato de lentilhas do presente e cada vez mais esquecido dos problemas essenciais para uma democracia notadamente de educação pública, Arthur Joviano retirou-se para o Rio, como a maioria de seus companheiros, para um canto menos ingrato de atividade.

Mas retirando-se para o Rio permaneceu fiel à sua boa estrela, porque continuou a trabalhar como inspetor de ensino, a escrever livros didáticos e a lecionar, com suas filhas, numa escola particular que os técnicos reputam muito acima do seu meio, se não pela novidade dos processos, sem dúvida pela fartura e beleza dos frutos.

Ao lamentarmos a sua morte, agradecendo os serviços que prestou à nossa civilização, tenhamos bem presente ao nosso espírito que nós o deixamos ir-se embora, depois de haver curtido tantas fadigas e quando estava ainda com todas as possibilidades de tentar uma grande obra.

Será possível que se possa dizer de nossa terra o que já se dizia de alguns reis e vem a ser que eles não gostam daqueles que os beneficiam, mas preferem aqueles que eles beneficiam à força de lisonja e de agrado?

Mário Casasanta

Nota da organizadora: artigo publicado no "Jornal do Brasil", em 22 de dezembro de 1934.

Artigo de
Conceição Andrade de Arroxellas Galvão

Arthur Joviano

É deveras alentador assistir-se no momento atual, quando impera o egoísmo e a inveja paira de asas abertas sobre a humanidade, um espetáculo tal como o que se realizou há poucos dias no Distrito Federal, em homenagem ao grande educador Arthur Joviano.

É que homens como aquele não pertencem apenas à terra em que nasceram. O seu espírito altruísta, sempre voltado para as grandes causas do ensino e da família, tinha em si o entusiasmo sadio de quem não deseja nada para si e pede tudo para os outros.

Arthur Joviano foi um grande lutador.

Apesar da delicadeza quase astral do seu físico, ele conseguiu armazenar energias criadoras capazes de beneficiar toda uma geração de educandos, não só em Minas, como mais tarde, exercendo a sua atividade de apóstolo do ensino no Distrito Federal.

Todos nós, que tivemos a ventura de privar de perto com aquele grande espírito, sabemos que ele, no seu sonho de cada vez alcançar mais na luta contra o analfabetismo, esquecia-se muitas vezes dos seus negócios financeiros, prejudicando-se e aos seus.

Mas que vale o ouro vil para aqueles que já vislumbram uma vida melhor?

Arthur Joviano era como aqueles varões antigos que tudo davam de si próprios e nada exigiam dos seus pares. Fosse ele um pouco mais prático e teria ficado em colocação brilhante na sua querida Minas Gerais. Mas não! O seu destino era espalhar a semente do seu saber, da sua bondade, do seu caráter em plagas distantes das montanhas mineiras.

E ei-lo sempre ativo, a espalhar, sem vaidade e sem estardalhaço, estas preciosas sementes.

Quando da reforma "Carvalho Brito", em Minas Gerais, foi ele o braço direito desse grande homem que agora, como um namorado discreto e susceptibilíssimo, ama de longe a nossa estremecida Terra.

Tínhamos sabido há pouco do regime da Santa Luzia. O ensino corria amparado apenas pela boa vontade dos grandes mestres, que sempre abundam em Minas Gerais.

Os governos, ocupados em outros misteres, praticavam mesmo dentro do ensino primário, fazendo remoções insensatas com o fito de agradar a este ou àquele chefe político.

O professor mineiro era uma espécie de joguete, entregue aos mandatários, às vezes analfabetos, dos distritos eleitorais. Veio, porém, o Governo João Pinheiro como uma bênção sobre o povo mineiro, trazendo consigo homens de boa vontade, como Carvalho Brito, que, tal como os magos do Oriente, batendo com a varinha na terra fértil, fizeram surgir um ensino racional e moderno, de acordo com a grandeza e a inteligência do povo montanhês.

Eu vejo, ainda com os olhos voltados para o passado, a grande atividade de muitos destes grandes espíritos que tanto contribuíram para o bem de minha terra e dentre estes destaco a figura de Arthur Joviano, a elaborar métodos de mais fácil aplicação, a ensinar ele próprio o método de sentenciação nas escolas, a dirigir a cadeira de Português na Escola Normal, a percorrer os bairros distantes para ver as instalações das escolas isoladas, exigindo sempre conforto e higiene para as crianças.

Vejo-o magrinho e de olhos profundos pelas vigílias do estudo, a fazer ele próprio movimentos ginásticos para ensinar as crianças nos primeiros galpões de ginástica, mandados executar sob sua direção. E uma saudade imensa se desdobra em minha alma daquele tempo e daquela gente trabalhadora e honesta, que visava, antes de tudo, o progresso de Minas Gerais e a felicidade do Brasil.

E agora que o Distrito Federal, por iniciativa de um grupo de distintas professoras, dá em festa brilhantíssima o nome de Arthur Joviano a uma escola, eu pergunto a mim mesma por que será que Minas Gerais, tão querida dos seus filhos, esquece às vezes aqueles que tanto trabalharam por ela?

Conceição Andrade de Arroxellas Galvão

Nota da organizadora: artigo de 20 de dezembro de 1936.

Escola
Arthur Joviano

A prefeitura do Distrito Federal acaba de prestar uma significativa homenagem à memória do provecto educacionista Arthur Joviano, falecido há dois anos, no exercício do cargo de Superintendente da Instrução.

Foi denominada "ARTHUR JOVIANO" a escola primária municipal sita na rua Bomsucesso. Ao ato compareceram, além da viúva e filhas do homenageado, várias figuras representativas do magistério do Distrito. Abriu a sessão a diretora da Escola, Sra. Mercedes Rollo Fonseca, a qual pediu ao Dr. Ruy Carneiro da Cunha, inspetor médico-escolar, e amigo do saudoso professor, desvendasse o seu retrato, o que foi realizado sob vibrante salva de palmas. Seguiram-se com a palavra a Sra. Conceição Arroxellas Galvão, agradecendo a homenagem, em tocantes expressões, pela família Joviano, o aluno José de Souza Dias, recitando a "Oração dedicada ao Mestre", a professora Dyla Guterres do Valle, traçando, com brilho e emoção, o perfil de educador do homenageado, ainda o aluno José de Souza Dias agradecendo à família Joviano os prêmios que instituiu para os alunos mais distintos e constantes de cadernetas da Caixa Econômica e livros escolares.

Um grupo de 100 alunos, selecionados entre os 400 da Escola Arthur Joviano, cantou o Hino Nacional.

Foram recitadas poesias de vários autores, inclusive da lavra do homenageado.

Encerrou a solenidade a superintendente do distrito escolar, D. Felicidade de Moura Castro, associando-se à homenagem prestada à figura de mestre que foi Arthur Joviano.

Nota da organizadora: artigo publicado no "Jornal do Comércio", em 25 de dezembro de 1936.

Artigo de Nestor Massena

Arthur Joviano

Participando de família tradicional em Barbacena, foi Arthur Joviano barbacenense de projeção na vida de sua cidade, na do seu Estado e na do nosso país. Arthur Joviano começou a trabalhar, para prover a sua subsistência, como tipógrafo. Da tipografia passou à redação do periódico, em cujas oficinas era operário, e da redação passou à direção do jornal e à sua propriedade. Em Barbacena, editou ele a "A Folha", hebdomadário que logrou grande destaque na imprensa mineira, onde Francisco Mendes Pimentel iniciou as suas atividades no Jornalismo. Em Belo Horizonte, fundou e dirigiu, tendo por companheiros de trabalho Mendes Pimentel e Azevedo Júnior, o "Diário de Minas", o "Jornal do Povo" e a "Folha Pequena".

Arthur Joviano casou-se com Francisca da Rocha, carioca, descendente de Alfredo Rocha e contraparente dos Laet, com quem ele travou conhecimento em Barbacena, quando a família de sua consorte aí veraneava. Desse consórcio resultou prole em que se prolongam as qualidades de espírito e de coração dos que a formaram.

Foi Arthur Joviano abolicionista e propagandista da República, em Barbacena, continuando, depois do advento do regime político implantado no país, em 1889, a ser um dos seus evangelizadores e dos seus mais abnegados apóstolos. Em 1893, foi ardente florianista e, por ocasião da revolução de Canudos, foi um dos organizadores da Centúria Barbacenense, instituição cívico-militar, destinada a colaborar na manutenção do regime democrático liberal da República, de 1889 e de 1891.

Em 16 de julho de 1907, foi Arthur Joviano um dos fundadores do Instituto Histórico e Geográfico de Minas Gerais. Arthur Joviano iniciou-se no magistério como professor de Português no Colégio Nossa Senhora da Piedade, da fundação, em Barbacena, de Eduardo Barreiros e Maria Barreiros, tendo sido, com Alfredo Paes, um dos vice-diretores desse estabelecimento de ensino. Ainda nessa cidade, Arthur Joviano participou, como catedrático de língua vernácula, das congregações da Escola Normal e do Internato do Ginásio Mineiro, tendo conquistado esses lugares em memoráveis concursos.

Tendo transferido residência para Belo Horizonte, Arthur Joviano continuou a se dedicar, na capital do Estado, ao estudo dos problemas pedagógicos, nos quais se tornou autoridade do mais alto valor, ocupando, na Escola Normal Modelo, a cadeira de Português e, mais tarde, a sua direção, e exercendo as funções de membro do Conselho Técnico de Instrução do Estado. No Governo João Pinheiro, foi o principal orientador da reforma do ensino primário, feita por Carvalho Brito como secretário de Estado. Em colaboração com Mendes Pimentel, Juscelino Barbosa e Leon Renault, foi Arthur Joviano iniciador do Instituto João Pinheiro na capital do Estado de Minas.

De Belo Horizonte, Arthur Joviano transferiu-se para o Rio de Janeiro, onde, como inspetor técnico do ensino, teve o maior destaque entre os que mais conheciam os problemas de instrução. Por ocasião dessa transferência, em 1918, um grupo de representantes do professorado carioca, tendo à sua frente Cizina Nascimento, diretora da Escola Deodoro, foi levar ao professor Arthur Joviano, na sua residência, o decreto do governo municipal do Distrito Federal, adotando como oficial o seu "Primeiro Livro de Leitura". No dia seguinte, a professora Corina Barreiros realizou na Escola José de

Alencar a última conferência de uma série sobre o método preconizado por Arthur Joviano para o ensino da leitura, no qual se substituíram os processos de soletração e de silabação, ou fonotípico, pelo de sentenciação. Por essa ocasião, em plenário de quatrocentos professores, o Dr. Manoel Cícero Peregrino da Silva, então diretor da Instrução Pública do Distrito Federal, teve oportunidade de verificar que crianças com apenas vinte e duas aulas, em que se ensinava a ler pelo método "Arthur Joviano", liam, com toda a facilidade, quaisquer frases por ele escritas no quadro negro, causando isso extraordinária impressão a quantos participavam da reunião. Do trabalho de divulgação desse método em todas as escolas do Distrito Federal encarregou-se, então, aquela distinta professora, Corina Barreiros, conterrânea de Arthur Joviano e filha de Eduardo Barreiros, seu grande amigo na mocidade.

Da vasta bagagem de trabalhos didáticos de Arthur Joviano constam estas publicações: " Primeira Leitura", "Ler e Escrever", "Língua Pátria", em três volumes - "Primeiro Livro", "Segundo Livro" e "Terceiro Livro" -, "Composição", em cinco volumes, "Prática do método analítico da sentença", "Ginástica respiratória" (em colaboração com Lúcia Joviano).

Os livros de Arthur Joviano foram adotados oficialmente pela Instrução Pública do Distrito Federal em consequência de parecer em que se acentuou que "divorciando-se e afastando-se por completo dos atuais processos, em voga ainda hoje em nossas escolas, onde se persiste na velha rotina didática, que faz anteceder, no ensino dessa disciplina, a análise léxica à lógica, ou sintática, o autor, invertendo essa ordem, adota a verdadeira orientação, a única que se coaduna com os princípios da intuição analítica, método capital de todo ensino. De fato, não se compreende, observa um eminente pedagogo, 'essa prática generalizada de se começar o estudo da expressão verbal do pensamento pela análise gramatical, por abstração, como são as palavras desarticuladas, sem sentido completo. O abandono da sentença, como ponto de partida, tem gerado o mais estranhado horror aos estudos de linguagem'. Dessa prática nociva, condenada pela moderna pedagogia, afastam-se os livros do professor Joviano".

Osório Duque Estrada escreveu, por essa ocasião, que "o método do Sr. Joviano, que é a aplicação inteligente do que já se faz em outros países, tem a grande vantagem de não anular a individualidade intelectual da criança, que nas escolas vulgares se habitua a receber todas as noções do professor, sem investigação própria e sem esforço mental". Para Tristão de Ataíde "mostra o Sr. Joviano ter a primeira virtude de um bom mestre, a 'argúcia psicológica'", acrescentando que "trata-se, como vemos, de obra modelar para o estudo da língua e de todo o ponto recomendável".

Augusto de Lima referiu-se, então, à obra de Arthur Joviano como "obra extraordinária de método, de clareza, de erudição e de irresistíveis atrativos para a curiosidade infantil de aprender, e para a leitura de adultos amantes das letras".

O "Jornal do Comércio", do Rio, que recebeu o primeiro trabalho de Arthur Joviano, iniciando o ensino da leitura pelo processo da sentenciação, como "um livro de audácia bem entendida", referiu-se, depois, ao segundo trabalho do saudoso barbacenense declarando que "o Sr. Arthur Joviano, professor mineiro, tem sido, na pedagogia da língua nacional, um pioneiro dos métodos científicos", considerando "muito feliz" o esforço despendido por esse professor em benefício do ensino.

A "Revista da Língua Portuguesa" saudou o aparecimento do trabalho do professor Arthur Joviano com a afirmação de que "é digno da leitura dos entendidos e dos mestres, que nele encontrarão bastantes coisas que aprender", acentuando que o seu autor "com ele se alista galhardamente entre os que mais têm contribuído para a vulgarização da língua, da sua correção e pureza, do bom dizer que tem vinculado perpetuamente o seu nome às tradições da nossa fala e do nosso patrimônio literário". O professor José Coelho, inspetor geral de ensino e professor da Escola Normal da Paraíba, proclamou que "na didática brasileira, de nenhuma obra que se lhe compare na excelência do método, que é audaciosamente vazado na ordem psicológica da aquisição de conhecimentos, hei notícia ou simples referência". O professor José Piragibe escreveu, em "A Escola Primária", que "quem manuseou os livros do professor Joviano não os deixará de amar e muito, porque sente quanto lhes deve. A dívida de gratidão aumentará se o aluno quiser avançar no estudo da sua língua, porque há de perceber a facilidade com que assimila as obras de Mário Barreto, de Said-Ali. de Alfredo Gomes, de Gonçalves Viana, de Leite de Vasconcelos e dos grandes mestres". Ao falecer, em dezembro de 1934, Arthur Joviano, que era, então, Superintendente da Instrução Pública do Distrito Federal, o "Estado de Minas", em sua edição de 15 daquele mês, assinalava que "em Arthur Joviano perde nosso Estado uma das figuras de mais relevo e de grande projeção em seu cenário educacional", pois "educador emérito, conhecedor profundo de pedagogia, a ele se devem grandes e proveitosas reformas do ensino primário e agrícola em Minas". Por essa ocasião, em crônica de Belo Horizonte, publicada no "Jornal do Brasil", do Rio de Janeiro, em seu número de 22 daquele mês, Mário Casasanta assinalava, sobre a morte de Arthur Joviano, que "esse eminente professor, que acaba de rodar para a eterna noite, tem muito mais influência em nossos destinos do que a grossa maioria dos nossos homens públicos do passado e do presente" porque "Arthur Joviano predicou a vida inteira a boa doutrina, forcejou, quanto em si coube para a transformar em realidade, importou novos processos e adaptou-os com habilidade, escreveu livros didáticos de primeira água, deu as melhores aulas que era possível dar-se em nossas primeiras escolas públicas, rasgou novos caminhos para o ensino da língua na Escola Normal de Belo Horizonte, e, na direção dessa Escola, educou uma geração que constitui, nesse momento, a falange central da educação pública em Minas", e, depois, "retirando-se para o Rio, permaneceu fiel à sua boa estrela, porque continuou a trabalhar, como inspetor de ensino, a escrever livros didáticos e a lecionar, com suas filhas, numa escola particular que os técnicos reputam muito acima do seu meio, se não pela novidade dos processos, sem dúvida pela fartura e beleza dos frutos".

Em homenagem à memória de Arthur Joviano, a prefeitura do Distrito Federal deu o seu nome à escola primária municipal, sita à rua Bom Sucesso. Dentre os filhos de que Barbacena legitimamente se envaidece está Arthur Joviano, que se impôs pelo seu alto valor individual, como alta expressão de inteligência profícua, ao apreço dos que lhe conhecem as atividades benfazejas. Pelo seu esforço e pelo seu talento, Arthur Joviano foi nome de grande projeção na sua terra, na capital de Minas e na capital da República, com atuação que lhe assegurou o relevo que teve na vida nacional.

Arthur Joviano é um barbacenense que se não pode esquecer quando se lembram os barbacenenses de prol.

Nestor Massena

Nota da organizadora: artigo publicado no jornal "Cidade de Barbacena", em 9 de novembro de 1943. Vide fac-símile à p. 50.

De Rômulo Joviano

Curriculum
das atividades profissionais

Rômulo Joviano

Zootecnista pela Universidade de Edinburgh, Escócia, Curso de especialização sobre Agricultura Indiana com o professor Robert Wallace, Curso de Laticínios na Universidade de Reading, Inglaterra, zootecnista "Classe N" do quadro permanente do Departamento Nacional da Produção Animal (DFPA) - Ministério da Agricultura. Ingressou no serviço público federal em 25 de agosto de 1918, matrícula do IPASE sob nº 320632.

Carreira profissional

1918 a 1919 – Professor de Zootecnia na Escola Mineira de Agricultura e Veterinária de Belo Horizonte, Minas Gerais. Organizador e diretor da Granja Pastoril Riachuelo, do Governo do Estado de Minas Gerais, em Pedro Leopoldo.

1919 – Encarregado da Estação de Monta da Granja Pastoril Riachuelo do Ministério da Agricultura.

1921 – Diretor da Fazenda Modelo de Criação de Pedro Leopoldo, do Ministério da Agricultura.

1923 – Diretor da Fazenda Modelo de Criação de Ponta Grossa, Paraná, do Ministério da Agricultura.

1930 – Novamente diretor da Fazenda Modelo de Criação, em Pedro Leopoldo.

1933 – Inspetor-chefe da Inspetoria de Fomento da Produção Animal da DFPA, em Minas Gerais, de março de 1933 a 1952.

Membro da primeira comissão de compra de reprodutores na Europa, para o Ministério da Agricultura, em 1935.

Membro do júri de julgamento de reprodutores bovinos das raças europeias e indianas, em 19 exposições nacionais consecutivas.

Membro da comissão de juízes durante 17 anos consecutivos, das exposições de bovinos indianos das raças Gir, Nelore, Guzerá e Indobrasil, instituídas pela Sociedade Rural do Triângulo Mineiro, em Uberaba, Minas Gerais.

Membro das comissões de julgamento de reprodutores bovinos das raças indianas em Minas Gerais, São Paulo, Goiás, Mato Grosso, Espírito Santo, Bahia e Pernambuco, de 1934 a 1954.

Representante do Brasil no Primeiro Congresso de Criadores de Gado Indiano da América do Norte, em Sarazota, Flórida, USA, em 1947.

Membro da Primeira Convenção de Zootecnistas, realizada em Chicago, USA, em 1947.

Em março de 1952, presidente da Comissão Nacional de Pecuária de Leite (CNPL).

De junho a setembro de 1954 – Diretor-geral do Departamento Nacional da Produção Animal. Removido definitivamente da sua sede em Pedro Leopoldo para a sede da Diretoria da Divisão do Fomento da Produção Animal, Portaria 368, de 18 de novembro de 1954.

Aposentado no cargo de Diretor-geral – Zootecnista "Classe N" – M.A., em 16 de janeiro de 1957, permanecendo, entretanto, como presidente da CNPL até dezembro de 1962, quando foi extinta.

Membro do Congresso Internacional de Pastagens, realizado em São Paulo, em janeiro de 1965.

Membro das comissões técnicas de Registro Genealógico das raças Jersey, Guernsey e Simental.

Em 1970, traduziu da Revista "Farmers Weekly", de Londres, as conferências ali realizadas em homenagem ao "Zootecnista do Século", professor John Harmond, para leitura e conhecimento dos colegas brasileiros.

Ainda em 1970, traduziu do "Bulletin Duckeye de Guernsey", de Ohio, USA, o relatório sobre a escolha e transporte por avião de 30 novilhas adquiridas pela Associação Brasileira de Criadores de Gado Guernsey, Rio de Janeiro.

Nota da organizadora: *curriculum* preparado pelo zootecnista Robinson de Vasconcelos Costa, colega de trabalho na CNPL.

Mensagens 1935

Mensagens

de Arthur Joviano
[Neio Lúcio],
recebidas por
Francisco Cândido Xavier
em Pedro Leopoldo | Minas Gerais,
nos anos de 1935 a 1949.

Consulta

Professor Arthur Joviano

Desprendido em 14 de dezembro de 1934.[1]

Amigos, o irmão mencionado repousa das suas muitas fadigas da sua existência terrena. As vossas preces caem no seu bom coração como um bálsamo e em breve, espero, tereis oportunidade de ouvi-lo.

Emmanuel

---

[1] Nota da organizadora, baseada em anotações feitas por Rômulo Joviano à época: *"Esta nota de Emmanuel foi recebida por Francisco Cândido Xavier em reunião realizada em sua residência, em Pedro Leopoldo. Estavam presentes Rômulo Joviano, Maria Amorim Joviano, Fausto Joviano e José de Araújo. Em 9 de outubro de 1935, tivemos a primeira manifestação escrita por Arthur Joviano. Estavam presentes Rômulo Joviano e Maria Amorim Joviano, Fausto Joviano e Dr. Mello Teixeira, bem como a viúva Hermes Fontes, a quem foi dedicado o soneto A. A.. Estavam presentes ainda outras pessoas, cujos nomes não foram anotados".*

Já vão para quase 10 meses

Meus caros filhos, Deus os abençoe, iluminando o entendimento de vocês para a verdade que vêm presenciando.

Já vão para quase 10 meses que a morte me arrebatou do carinhoso convívio do lar, roubando-me da vida material. E até hoje, meus filhos, não pude lhes enviar o meu pensamento de pai saudoso e cheio dos extremos de um afeto inacessível ao tempo e às transformações da existência na Terra.

Não avaliam vocês toda a série de preocupações que se represava em meu cérebro exausto naqueles dias pré-agônicos, em que eu ouvia comovido as vozes sussurrantes de todos os que me cercavam, temendo abalar-me com a declaração de toda a verdade. Eu não posso lhes dizer que aguardava a morte com alegria. Ainda possuo o mesmo coração extremoso e me era difícil abandonar o círculo da família que eu havia formado com afeição e ilimitada ternura. O que me acabrunhava o pensamento, naquelas horas angustiosas, era a perspectiva de os deixar com uma herança dolorosa, de ordem microbiana, deixando a vocês, involuntariamente, um dos grandes infortúnios com a incerteza dos males bacteriológicos, segundo a opinião da medicina oficial. Felizmente, porém, meus filhos, a afirmativa dos médicos não se positivou e a grande verdade é que eu já havia cumprido as tarefas que me haviam sido designadas na face do mundo. Chega um momento para o espírito encarnado em que ele necessita da sua liberdade preciosa. Esse foi o meu caso. Fora Deus servido de que eu os deixasse e, felizmente, o meu grande tesouro é essa serenidade grandiosa da consciência dos deveres cumpridos. Ainda me acho abatido, como alguém cujo característico é a indecisão e a inexperiência. O meu desprendimento, meus filhos, não foi violento e doloroso. A princípio, senti como se algo se separasse de mim mesmo. Queria dirigir a todos a minha palavra, mas os órgãos não correspondiam ao meu grande desejo. Via-os a todos cercando-me de carinho e de imenso conforto. Escutava as orações que partiam do coração dos meus, implorando ao céu a minha saúde ou o meu descanso! Ah, que desejo ardente o de comunicar-lhes a minha impressão, a estranheza que me causava a atitude de todos, mas os meus braços se haviam gelado, a minha língua se entorpecera, a minha boca estava hirta! Tive receio no limiar do túmulo e na expectativa da eterna separação chorei longamente, mas as minhas lágrimas eu as sentia como um pranto interior, como se em vez de deslizarem-se-me pelas faces fossem alagar o meu coração. Experimentando esse complexo de emoções, que eu não poderia classificar ou definir, fui tomado de inexplicável amnésia. E ainda hoje sinto uma desmemorização parcial, que não me permite lembrar os detalhes dos acontecimentos e das coisas. Caí, então, numa espécie de sonolência ou letargo e hoje presumo que semelhantes impressões físicas de minha parte são filhas do abalo que me causou o desprendimento. Parece-me que há também um trabalho além-túmulo para a reorganização das células do nosso organismo espiritual. Afigura-se-nos, aos recém-desencarnados, que somos recém-nascidos de um mundo novo e, aos poucos, aflora em nosso íntimo a recordação do passado, com as suas lembranças e as suas realidades.

Mas, meus filhos, eu quero pedir a Deus que os abençoe! Não sei traduzir-lhes o meu contentamento, podendo transmitir-lhes a minha palavra!

Você, Rômulo, continue na sua firmeza de convicções. Lembre-se, meu filho, de que você representa muita esperança ainda para o meu coração! Prossiga na sua serenidade! A sua vida está cheia de atribuições sagradas e, graças a Deus, tem sabido encará-las com a serenidade necessária!

Fausto, você e o Albino, às vezes, me davam muito o que pensar! Felizmente, meu filho, você vai dar o passo que eu esperava para normalizar a sua existência. Peço a Jesus que o proteja e o abençoe na sua aspiração de fundar um lar. Todavia, reforme ainda mais o seu bom coração! A responsabilidade engrandece o homem e é para ela que hoje você caminha com desassombro.

A todos os nossos, eu envio a minha saudade.

Não se esqueçam, meus filhos, da velha mãe, tão terna e tão extremosa! Eu tenho visitado algumas vezes a nossa residência de Marquês de Abrantes e gozo vendo a robusta fé da carinhosa companheira de provações.

Recordem-se constantemente de que eu fui, antes de pai, o irmão e o companheiro, e que antes de dar a vocês o lustre acadêmico pelejava por construir nos seus espíritos a concepção firme do caráter e da moral austera para com vocês mesmos.

Digam à Martha para ela continuar na faina abençoada das lições. Deus abençoará o seu coração e o seu labor no colégio, que era a nossa vida e a nossa alegria!

Por hoje, meus filhos, não me é possível dizer mais. Não sei quando poderei retornar a dirigir-lhes a minha palavra afetuosa, mas confiemos em Deus. Será breve.

A. Joviano

Mensagens 1936

Teu pai não te abandona

Meu caro Rômulo, Deus te abençoe, concedendo-te fortaleza.

Meu filho, aproveito o ensejo que se me oferece para dizer-te que me sinto melhor, muito mais forte. **Teu pai, meu filho, não te abandona**.

A todos os nossos, as minhas grandes saudades.

À velha companheira, o meu abraço afetuoso e aos filhos queridos, a minha eterna recordação.

Deus proteja a todos,

A. Joviano

Nunca percas a calma

Meus filhos!...

Meu querido Rômulo, Deus te abençoe e ao Fausto, assim como a todos os nossos caros do Rio.

Aqui estou atendendo ao teu pensamento afetuoso. Peço a Deus que te inspire no cumprimento dos teus deveres no trabalho. As tuas contrariedades e dissabores não têm sido poucos, mas tudo passará como a rajada de vento. Deus ajudará os teus bons propósitos.

Para bem de tua saúde, **nunca percas a calma**. Quando todas as coisas serenarem, pretendo escrever-te algumas páginas sobre a existência daqui.

Vós, meus filhos, sejais sempre calmos, reservados e confiantes em Deus.

Boa noite, Maria! Peço-te dar ao Roberto e à Wanda um abraço do vovô. Não chores tu quando Deus nos concede tanta ventura!

Arthur

Mensagens 1937

Não esperes do mundo

Meu caro filho, possa Deus envolver-te nas bênçãos do Seu amor, envolvendo-te para a vida.

Não esperes do mundo o que o mundo não tem para dar à consciência que se desvela pela solução dos problemas graves da vida. Estou sempre contigo e como não ser assim se constantemente andávamos juntos em espírito na difícil caminhada da vida? Vida terrestre significa trabalho e, muitas vezes, mortificação.

Estamos ao teu lado ao alvitrar-te o lado melhor de tua tarefa diária. Aconselho a usares amanhã um diurético brando, que sirva ao mesmo tempo para auxiliar a boa função do teu fígado. Os estigmas do milho dão um bom resultado.

Aos nossos, prossigo ajudando como me é possível. Ainda ontem, lembrei-me de ti e pedi a Deus que o 27 de janeiro fosse a data mensal de tua lua de mel espiritual, e o dia anual das flores íntimas do coração generoso da nossa Maria. Regozija-te, meu filho, em possuindo essa felicidade, que a raros homens é dado obter na face escura da Terra.

Quando o mundo te parecer sombrio e triste, lembra-te da mão carinhosa que está unida com as tuas.

Recorda-te de que esse coração unido ao teu, pelos mais santos laços da vida e da eternidade, vale mais do que todas as pérolas reunidas. Esse grande afeto que une duas almas deve ser para nós, todos os dias, o primeiro raio de sol. Ele vale mais do que todos os impérios do mundo reunidos. Recorda-te sempre dessas coisas e não te entregues muito às preocupações materiais.

Deus abençoe a todos.

Meu abraço carinhoso para os netos.

Não fiques triste com os meus conselhos, pois quero-te forte e bem disposto, e um pai terá sempre de dizer essas coisas.

Deus esteja com todos,

Arthur

A condição de espírita

Meu caro Rômulo, Deus o abençoe.

Aproveito os últimos instantes de nossa reunião nesta noite para dirigir ainda a você algumas palavras.

Não se preocupe em demasia sobre o derradeiro problema que se apresenta nos serviços sob a sua direção, na questão da tuberculose dos bovinos.

Os casos a serem positivados serão excepcionais e raros, porquanto as análises minuciosas conduzirão aos verdadeiros resultados, mas concitam você a defender o seu trabalho.

A condição de espírita não lhe priva, meu filho, de fazer a sua defesa sempre que for necessário. O que se torna preciso é saber aliar a energia com a serenidade. Nesse particular, viva sempre com a sua própria consciência.

Noto que o estabelecimento que você dirige há tantos anos se ressente lamentavelmente com a falta de novas pastagens. A exiguidade das terras não permite o pleno desdobramento das possibilidades técnicas da Fazenda. Não se desespere, porém. O Governo se lembrará, um dia, das necessidades de organização.

Hoje sei opinar com mais base sobre essas coisas. Não se lembra do quanto perdi, em tempo e capital, na nossa criação de galinhas de raça? Tudo era uma questão de necessidade de amplitude, de terras livrando os animais da rotina e da excessiva promiscuidade!

Boa noite para todos!

Abraço ao Fausto, em virtude do presente que faz à sua mãe de uma nova netinha.[1]

Hoje não toco em nossos assuntos familiares e íntimos. Não quero ver chorar nesta noite a nossa boa Maria.

Deus abençoe a vocês,

Arthur

---

[1] Nota da organizadora: refere-se ao nascimento de Francisca Marta, ocorrido em 1 de fevereiro de 1937.

Dias de prazeres íntimos

Meu caro filho, é-me grato trazer-lhe, e à Maria, a minha visita breve nesta noite. As datas que recordam tradições de reunião familiar sempre me comoveram o coração e volvo nesta noite, para junto de vocês, com o coração alvoroçado de recordações e de alegria!

A vida, meus filhos, será sempre assim! Em determinados dias haverá **prazeres íntimos** felicitando-lhes o espírito, e dias virão de contrariedades e provas morais. Nem para outra coisa se teria construído o plano de lutas, que é a Terra.

Estou muito satisfeito com os netinhos! Bem sabe você, meu Rômulo, como se rejubilava o meu coração de velho com a existência deles, os nossos pequeninos, e conheceu vocês em todos os momentos a minha satisfação em face da harmonia do lar que o seu coração soube construir para o contentamento geral. Se ainda aí estivesse, e se as forças ainda me dessem para tanto, desejaria organizar-lhes um caderno de lições orientadoras para os estudos. Mas, como sabem, Deus não permitiu que o meu organismo alquebrado resistisse por mais anos e mesmo cá reconheço que posso fazer ainda muito pelo nosso Roberto e pela nossa Wanda. Ajudá-los-ei nos instantes de meditação infantil, no sentido de aprenderem a elaborar os mais fáceis raciocínios e não perderei oportunidades, desde que me sejam concedidas, para gastar o tempo nesse sagrado mister de avô.

Ao Fausto, cumprimentem por mim pela aquisição de um tesouro do céu, como os que vocês alcançaram de Deus, e digam-lhe que o "Seu" Arthur saberá auxiliá-lo a desempenhar dignamente a sua missão de paternidade na Terra.

Deixo aqui, a todos, as minhas recordações afetuosas. As meninas, às vezes, me preocupam, mas tenho a máxima confiança nos seus corações. É pena que não possam manter sempre conosco um contato mais direto, que lhes clarificasse ainda mais o entendimento, porém tudo está certo se Deus conhece as nossas necessidades com mais justiça que nós próprios.

À bondosa Maria, os meus pensamentos afetuosos e gratos. Que não chorem em me dirigindo aos seus corações. As lágrimas de vocês me sensibilizam extremamente, pois sobre as nossas relações, apesar da minha condição de invisível, devem pairar todas as alegrias da gratidão a Deus. Quando o Rômulo se aborrecer ou se contrariar, minha filha, seja sempre a companheira abnegada de todas as suas lutas. O homem, obrigado muitas vezes a uma luta mais acerba e mais intensa com o mundo exterior, esgota mais depressa as energias do sistema nervoso e o coração da mulher, no silêncio da oração e na calma do lar, arquiva sempre tesouros infinitos de divinas resistências.

Que o meu Rômulo tenha sempre a fortaleza para se bater nos bons combates.

Que Jesus abençoe a todos. E pedindo-lhe que conceda a vocês, nesta noite, daquele pão de vida e de luz que ele deu aos seus apóstolos há quase dois mil anos, despeço-me, esperando que a paz clarifique o íntimo de todos os corações.

A. Joviano

Os patrimônios do espírito

Meu caro Rômulo, Deus o abençoe e à Maria, proporcionando-lhes a mais preciosa tranquilidade.

Cá estou eu trazendo-lhes a minha visita. Muitas vezes fico pensando nos benefícios que poderiam auferir a sua mãe e suas irmãs se pudessem aceitar as verdades espíritas, abandonando todas as noções preconceituosas da rotina social, em proveito dos seus próprios espíritos. Mas nós nunca poderemos eliminar o livre-arbítrio, mesmo daqueles que nos são mais caros ao coração. As mais elementares noções de psicologia nos demonstram que **os patrimônios do espírito** são sempre a conquista da personalidade e não podemos derrogar essas leis. Não obstante a pouca probabilidade de ser devidamente ouvido, aconselho à sua mãe o uso de tratamento à base do *Iodureto de Sódio* para fortificar o seu aparelho circulatório. Quanto a você, não se esqueça do uso periódico de diuréticos brandos.

Eu aqui vou trabalhando por adquirir conhecimentos novos na minha nova vida, laborando na escola humilde que consagraram ao meu nome aí na Terra. Trabalho também na escola dos espaços, onde sou modesto aluno.

Minha bênção aos nossos pequenos.

Diga ao Fausto que peço a Deus abençoá-lo igualmente, fortificando-o na luta da vida.

Agora me despeço, rogando ao divino Mestre que derrame as suas bênçãos dulcificantes sobre a velha companheira, sobre as meninas e sobre o Albino, a quem procuro inspirar sempre, como se torna preciso.

Adeus, e que a saúde e a tranquilidade estejam constantemente com você e com nossa bondosa Maria, é o desejo veemente daquele que foi o pai amoroso e é agora o irmão mais velho e sempre dedicado,

Arthur

À Wanda

Minha boa **Wanda**, Deus te abençoe.

Antes que escrevesses tua cartinha, eu a li no teu coração. Peço a Deus que te proteja muito, junto do Roberto, nos estudos.

Como percebes, o vovô não morreu e se agora estou invisível não estou ausente. Nos dias dos teus anos, tenho procurado estar presente para fazer como fazia aí no mundo.

Onde estou não temos correio e nem telégrafo. É por isso que não recebes notícias minhas mais diretamente. Mas, sempre que posso, de fato, ajudo-te a corrigir as provas e lições sem que o saibas, livrando-te das más companhias no colégio. Deves saber escolher as tuas companheiras, mas sê bondosa e delicada para com todas as colegas.

Procura ouvir a palavra dos professores e não dês atenção a palestras ociosas das meninas pouco dadas ao estudo e ao trabalho. Ocupa o teu tempo em coisas dignas dos teus cuidados, enriquecendo o teu cérebro e o teu coração. Ouve sempre com a melhor boa vontade os conselhos de tua mãe. Tudo quanto a Maria te ensina é a verdade. Quando ouvires uma observação materna que te desagradar, lembra-te de que esse conselho é também meu e considera como o vovô ficaria satisfeito com a sua boa neta. Podes ler a Bíblia, mas não te impressiones com as suas narrativas. Quando fores grande, compreenderás essas histórias, que tanto nos aconselham.

Julgo conveniente que não assistas aos trabalhos espirituais agora. Muito breve, quando tiveres um trato maior com os livros, poderás fazer-nos companhia nas preces semanais. Mas todas as dúvidas que tiveres deves perguntar a teu pai, que as explicará quanto a que se refiram. Eu queria dar para a tua leitura e do Roberto uma coleção de livrinhos muito úteis e interessantes. Chama-se *Coleção de Contos Infantis*, de Schmidt. O teu pai fica incumbido de comprá-la e dar aos dois em meu nome.

Deus te abençoe e ao Roberto. Gozem as férias com muito juízo.

Quanto a ti, meu Rômulo, que o nosso Pai de Bondade te proteja junto da Maria, são os votos do teu pai muito amigo,

Arthur

Jesus não é só a nossa providência

Meu caro Rômulo, possa Jesus abençoar a você e à Maria, como a todos os nossos da caravana familiar.

Devo receitar-lhe como fiz com o Roberto e pode crer que se dará muito bem com a minha prescrição homeopática.

Todos os dias, ao levantar-se, após o seu banho, use 5 gotas, num cálice de água, do *Sulfur* num dia e, no outro, as mesmas 5 gotas do *Nux-Vomica*. Bastará esse tratamento simples para que você melhore de muito o estado geral do organismo. Devo também aconselhá-lo a não fazer uso de pratos muito indigestos, evitando algumas pequenas complicações do fígado, com hemorroidas. Tudo passará e sentir-se-á você forte e animado como sempre. Outra coisa: tenho inspirado a você os pequenos exercícios de caminhadas a pé. Isso lhe faz muito bem.

Ocorre-me dizer-lhes, meus filhos, que tenho auxiliado ao Fausto e à sua companheira de lutas no capítulo das provações domésticas. O estado da pequenina não é lisonjeiro. O seu organismo mostra-se bastante depauperado e abatido, mas estamos com eles e tudo faremos para que a paz lhes

volte ao lar e aos corações extremosos no afeto paternal.
O nosso amigo Emmanuel, meu caro Rômulo, lhe aplicará agora também uns passes fluídicos. Basta que você se conserve dois minutos após estas minhas ligeiras palavras em perfeito recolhimento íntimo. Objetivamos com isso fortalecer as suas energias de chefe, não só da família que se reúne em torno do seu coração, mas da grande família dos que se reuniram aos seus esforços no trabalho de cada dia.

Esteja sempre preparado e firme na luta, que a Terra não é escola para outras aquisições senão essas, da alma, nos profundos aprendizados.

O Roberto, Maria, vai bem melhor, mas precisamos receitar-lhe de novo, assim que retorne a casa.

Tenho procurado estar com todos, fortificando-lhes o coração nos trabalhos da vida terrestre.

Minha afetuosa bênção aos netos queridos e que vocês repousem a alma na paz de Jesus. Considerem que, a cada dia, bastam os seus trabalhos e não é lícito mortificarmos o mundo interior com as apreensões severas e amargas. **Jesus não é só a nossa providência**, mas também a providência perfeita que nos conhece as necessidades mais íntimas, auxiliando-nos sempre com o seu infinito amor.

Deus abençoe a vocês, concedendo-lhes toda a paz ao lar e ao coração.

A. Joviano

Mensagens 1938

Sobre o Abílio Machado

Deus lhes abençoe, meus filhos, concedendo-lhes muito boa noite! Sim, meu caro Rômulo, lá estive confortando o nosso **Abílio**,[1] na sua passagem para a vida espiritual. Não avalia quanta expectativa angustiosa nos prende nesses instantes supremos! O nosso amigo repousa imerso em um sono reparador de todas as suas energias psíquicas, combalidas numa luta insana de anos vividos intensamente em favor do bem geral da coletividade. Estamos pedindo a Deus lhe conceda forças para que, em breve, o tenhamos ao nosso lado, colaborando no ideal do bem, da verdade e da paz. Orem também conosco por ele. Graças à Misericórdia do Céu, a sua alma de lutador, convicta das realidades espirituais, não encontrou dificuldade para desprender-se dos fluidos corporais. Deus lhes dê muita paz, meus caros filhos, concedendo-lhes muitas possibilidades, em muitas realizações neste 938. Que Jesus ampare vocês, os netos queridos e demais componentes da nossa família pelo sangue e pelo coração. Eis o que pede ao Senhor o pai e amigo de todos os momentos,

Arthur

---

[1] Nota da organizadora: estimado amigo da família. Dr. Abílio Machado nasceu em Formiga | MG, em 30/10/1885. Bacharelou-se pela Faculdade Livre de Direito de Belo Horizonte. Foi um dos colaboradores do vovô na elaboração da lei para a primeira reforma do ensino em Minas, diretor da Imprensa Oficial, fundador da União Espírita Mineira (UEM) e seu presidente em 1924|1925, membro do Conselho Consultivo do Estado no Governo Olegário Maciel e deputado federal à época da Primeira Constituinte Estadual, em 1934. Presidiu a Assembleia Legislativa em 1935. Desencarnou em 3 de janeiro de 1938, aos 52 anos de idade.

Não pense estar só

Meus caros filhos, que Deus abençoe a todos, concedendo a vocês dos tesouros infinitos de Sua paz.

Sinto-me ditoso, conseguindo trazer-lhes a minha palavra de amor nesta noite, dando largas ao meu sentimento de afetividade paternal, como das outras vezes. Pena é que não possamos nos reunir todos, como antigamente, para comentar as emoções mais gratas do dia, no ambiente caricioso da família. O tempo passa modificando todas as coisas e se ele transforma a fisionomia das criaturas e renova a face das coisas, a morte o acompanha, transformando os cenários onde se desenvolvem as nossas atividades mundanas.

Antigamente, era a minha experiência de velho que chamava vocês para pedir a força material da realização, trocando a energia física dos filhos queridos pelo meu conselho espiritual, de antigo conhecedor do mundo. Hoje, porém, nos reunimos falando eu com uma experiência ainda maior, procurando integrá-los no conhecimento do grande caminho para a paz e para a verdade. Nem todos os nossos, meus filhos, poderão ouvir-me. O assunto tem sido muitas vezes escalpelado por mim, sendo inútil que me expenda em mais amplas considerações. Tenho, contudo, a satisfação de vê-los irmanados na fé edificadora que muito poucas criaturas sabem guardar e basta isto para que se reconforte o meu coração sensível e afetuoso de pai, esperando que Deus nos conceda mais tarde a alegria de uma nova união, mais brilhante, porque mais esclarecida na crença, firme e inabalável para os dias de fartura e para as horas de inquietação, como antigamente acontecia.

Você, meu caro Rômulo, tem pensado muito e acompanho, sempre que possível, as suas cogitações. Guarde o seu pensamento de angustiosas ou demasiadas expectativas. Melhor que tudo fala a sua consciência no dever cumprido no trabalho que compete a você realizar. **Não pense estar só**, porquanto nos menores departamentos da atividade humana existem os fatores espirituais orientando e auxiliando os que pugnam pela boa direção desses mesmos esforços. No que se refere ao seu trabalho no estabelecimento que você dirige, com a preocupação honesta de corresponder ao elevado alcance de suas finalidades, têm igualmente as suas mãos e o seu cérebro auxiliares invisíveis, harmonizando assuntos, aplainando dificuldades, facilitando soluções encorajadoras. Tudo se acha entrosado num mecanismo de ordem que não nos é dado explicar e nem é dado a vocês perceberem inteiramente. Confiemos em Deus e lutemos pelo melhor êxito no trabalho.

No tocante à saúde, vejo-o melhor e me regozijo. Não se esqueça dos elementos homeopáticos. A Maria deve observar as prescrições aconselhadas para a melhoria de suas condições orgânicas. As substâncias medicamentosas receitadas far-lhe-ão grande bem, de modo geral. Os netos vão fortes, graças a Deus!

Você, meu Fausto, prossiga trabalhando, emprestando o melhor de suas forças à tarefa de seu irmão. Busque compreendê-lo sempre, estabelecendo a necessidade de um entendimento perfeito do bem que o Rômulo deseja a você, meu filho, você, que eu sempre confiei a ele para que fosse o seu pensamento bem orientado, dentro das lutas da vida. Compreenda-o sempre e continue ajudando-o. Dos seus dentes você vai melhor, mas talvez haverá necessidade de se arrancar um deles, o mais abalado de todos. Mas isso passará com a medicação e com o tempo. As complicações do fígado e dos rins passarão também. A pequena neta ainda não está tão boa, como nos parece. A sua organização física é muito delicada e o menor resfriamento pode lhe ser prejudicial. Assim também quanto à alimentação. É preciso dotá-la de defesa orgânica eficiente. Recalcificar-lhe o organismo. O cálcio será o seu defensor contra os futuros acidentes. E, sobretudo, que a sua alimentação não fuja a um método regular que estabeleça a necessária harmonia orgânica, aparelhando-a, desse modo, a fazer as melhores aquisições de equilíbrio e de saúde.

E que mais posso dizer-lhes, meus filhos? Que mais? Da saudade não preciso falar muito. Bem me compreendem o coração, que a morte não transformou. Mas peço a Jesus que nos fortifique no caminho da redenção!

E deixando-os com a minha bênção afetuosa, que é a súplica de minha alma para que Deus os abençoe, envio aos ausentes a expressão amorosa do meu carinho, deixando-lhes aqui toda a minha alma e todo o meu coração.

A. Joviano

A verdadeira ventura

Meus caros filhos, Deus os abençoe, concedendo-lhes muita paz.

Ainda outro dia, meu caro filho, lembrava também com vocês aquelas recordações da fazenda de Ponta Grossa, quando a provação feriu-lhes o espírito saturado das mais puras intenções.

Felizmente, vemos o nosso Rômulo forte e são para enfrentar a luta esclarecedora da vida terrestre. Tudo passou graças ao Criador que, na Sua silenciosa lição, de inesgotável misericórdia, nos ensina a ver no tempo o nosso ditoso patrimônio.

Sobre o Fausto, não se impressionem. Através de processos indiretos, haveremos de conduzir-lhe o lar pelo melhor caminho. É certo que da boa orientação da companheira é que nasce a harmonia do ambiente doméstico e se a sua esposa ainda não pôde aceitar as claridades da Doutrina, tem muito bom coração, apto a constituir-lhe a ventura de homem sensível e trabalhador.

Então se preparam agora para uma excursão de entretenimento e de trabalho! Você, Maria, tem razão de desejar acompanhar o Rômulo nessas atividades! Sei quanto dói no coração de qualquer um de vocês a separação, ainda que momentânea. A vida tem, nesses grandes sentimentos, a sua beleza! Amem-se muito, meus filhos, e guardem a santa paz da mais profunda compreensão recíproca como um tesouro, que o mundo não tem para todas as almas. A maioria das criaturas procura a tranquilidade e o ideal onde não se encontram. **A verdadeira ventura** está na tolerância mútua, na aliança poderosa de duas almas que se completam para o bom combate.

Sinto-me feliz vendo-o, meu caro Rômulo, integrado nessa algema de luz que lhes unificou os corações, num laço indissolúvel. Muitas vezes me lembro, meu filho, de nossas pequenas discussões, em meio das inesquecíveis palestras, e recordo-me de que esperava, como pai, a alma que viria trazer à sua o cântaro de mel das mais proveitosas experiências. Essa mensageira do lar foi a nossa bondosa Maria. Venere-a como o mais sagrado tesouro da vida e você, minha filha, guarde o Rômulo como o seu anjo da guarda. Você é o sentimento e ele é a ação. Em ti ele recolherá toda a força para a luta e você encontrará nele a proteção para o cumprimento de sua nobre missão.

Que Deus os abençoe.

As crianças continuam sob a minha carinhosa atenção.

Boa noite!

Se não me engano, a data de hoje assinala o aniversário de casamento: quatorze anos e quatro meses.

Adeus!

Arthur

Sobre as soluções finais

Meu caro Rômulo, que Deus conceda a você e à Maria, em companhia dos netos, muita tranquilidade e harmonia.

Venho, como das outras vezes, com a minha visita afetuosa, elevar a Jesus os meus votos de paz, extensivos a todos.

Sempre que uma nota de intranquilidade se exterioriza em seu íntimo, sinto a necessidade de lhes dizer qualquer coisa que atenue os efeitos da ameaça à paz interior do seu coração e do seu lar, procurando esclarecer-lhes como pai muito amigo. Nos grupos familiares, meu filho, existem aqueles que precisam personificar a energia e o equilíbrio para os demais. E assim acontece conosco. Não pode você se agastar sem ameaças à tranquilidade geral, porquanto mantém o seu espírito esse princípio de autoridade e de serenidade necessárias.

O caso do José também me preocupa, mas temos de convir que lhe temos dado todos os conselhos precisos à sua pouca experiência da vida e dos homens. Conheço o trabalho que ele tem dado a você, preocupando o seu coração nas horas penosas da luta terrestre. Mas precisamos entregar a Jesus as **soluções finais** de determinados assuntos. Como você se recorda do passado, que não preciso escalpelar, o José, desde criança, manifestou essas características difíceis de serem transformadas. Procurei com a minha dedicação constante lapidar-lhe o íntimo, renovando as suas concepções de menino e de moço, preocupando-me sempre o seu futuro espiritual. Como sabe você, possui ele um belo coração, generoso e sensível. Todavia, foi sempre algo voluntarioso, dando ensejo a dificuldades para a aquisição de benefícios nas experiências alheias. Tudo temos realizado em favor de sua situação material e moral. Na parte relativa ao seu patrimônio intelectual, procurávamos dotá-lo com os conhecimentos que pôde ele arquivar na zona lúcida do seu pensamento de espírito e na parte material da vida. Sinto-o, graças a Deus, amparado pelos seus braços protetores e decididos no trabalho. Agora adota o nosso José resoluções de sua razão livre! Também a mim pesam as preocupações pelo seu futuro, mas temos de considerar as razões supremas que aí decidirão.

Procure manter o seu íntimo tranquilo e sereno como sempre, dentro do dever cumprido em face dele, que é hoje homem feito, obrigado a assumir resoluções próprias. Aconselhe-o como sempre acontece e o restante virá para o seu coração nos contatos ásperos de luta da Terra. Valeu mais a experiência pessoal em todos os tempos. Dentro dessas considerações, entregue o seu pensamento às meditações do trabalho inalienável que só por si já representa o tormento purificador de cada dia. Procurarei interferir, na esfera de minhas possibilidades espirituais, pelo bem daquele que o nosso coração adotou como um filho muito caro e que se digne Jesus de amparar-nos em nossos bons propósitos. A cada dia bastam as suas próprias penas na masmorra terrestre.

Cumprimento a você, Maria, pela evolução dos meninos. O Roberto tem-me dado muito prazer. Ele e a Wanda estão nas linhas paralelas do meu conhecimento de avô e se cumprimento a você é que o seu coração sabe trazer o preciso alimento maternal para a formação de suas mentalidades infantis. Um pai carinhoso e bom pode fazer de uma casa um templo de paz e de justiça, mas o coração maternal, esclarecido na sua missão, faz do lar um detalhe do próprio céu.

Que Deus os abençoe, meus queridos, e que a Sua santa paz luarize as sombras da saudade em nossas almas, permitindo, em Sua infinita misericórdia, que nos aproximemos sempre dentro da vibração clara e eterna do amor espiritual, que vence todos os obstáculos, inclusive a própria noite da morte.

A. Joviano

Deus Se nos manifesta

Rômulo, meu pensamento se eleva a Deus pedindo muita tranquilidade para você, para Maria e para todos os que se ligaram ao nosso coração no grande caminho do aperfeiçoamento.

Venho confirmar-lhes minha recomendação com respeito ao José. Muita calma e serenidade nas decisões. Não convém que ele seja afastado daqui, mesmo porque circunstâncias imperiosas o fariam voltar em breve tempo e talvez não houvesse facilidade para a sua reposição no trabalho, dentro das condições exigidas pela situação. Bem sabem vocês, meus filhos, que **Deus Se nos manifesta** através da santa lição da experiência, e Deus nunca tarda. O José terá essas experiências no caminho e chegadas as lutas não poderemos nos lembrar de que a lição chegou tarde, porque toda lição é necessária e certas lições duram o espaço de uma vida. Procurarei cooperar pela harmonia de todos, respeitando também as razões da Maria, no que respeita à preservação da paz do lar, santuário de nossas afeições mais queridas. Somente as mães são as sentinelas sagradas que conhecem com antecedência as tempestades no mar alto. A vida terrestre é essa travessia penosa pelo oceano encapelado de provas e expiações. Há necessidade de cuidarmos do barco em tão exaustiva viagem, inçada de perigos e preocupações.

Apenas para esse fim, meus queridos, procurei falar a vocês nesta noite. Daqui irei à minha costumeira visita aos netos, buscando ajudá-los no desprendimento parcial dos seus meigos espíritos, sob as asas brandas do sono.

Adeus.

Aos nossos, muita paz. E que a minha boa Maria haja entendido a santidade de minhas intenções, colaborando com você, meu filho, nesta nova luta, em face da necessária harmonia espiritual, é toda a minha oração sincera desta noite.

Que Deus os abençoe,

A. Joviano

Carta ao Fausto

Meus filhos, Deus abençoe a vocês, conceden-do-lhes muita saúde e paz.

Fausto, meu filho, tenho sentido a sua falta em nossas reuniões. Mas embora a impossibilidade de comparecer assiduamente às nossas preces, por razões dos trabalhos do lar, estendemos sempre a você os nossos amorosos pensamentos. Quanto possa, não deixe adiar a hora de convívio com as forças regeneradoras do mundo espiritual. Isso nos faz grande bem. A sua pequena Francisca precisa continuar em uso de recalcificantes, construindo a sua resistência orgânica para as eventualidades e mudanças de cada dia.

Quanto a você, aconselho confiar no esforço do dentista, mas não concordo com a extração geral dos dentes e sim, tão-somente, dos mais atacados. Procure o preparado *Lanceta* para desinfecções, todas as vezes possíveis ao dia. Vamos ver se conseguimos melhorar a situação das raízes.

Sobre o Roberto, minha filha, considero regular o seu estado físico, mas logo que seja possível ser-lhe-á útil novas fricções nos joelhos com a mesma substância de outro dia.

Meu abraço a todos.

Para o Rômulo, continua em vigor o mesmo tratamento.

Fausto, a sua nota em leitura não demonstra muita dedicação ao estudo, pelo menos no boletim de hoje. Não me dá você muito boa impressão de aluno. Vamos ver o fim do ano letivo. Há dias em que o "Seu" Arthur tem de lembrar da palmatória.

Boa noite para vocês e guardem o coração saudoso do papai muito amigo,

Arthur

Os esforços sagrados de um pai

Meus filhos, Deus abençoe a vocês, concedendo-lhes muita tranquilidade. Venho para a nossa pequena palestra habitual, rogando aos espíritos superiores pela paz de todos os nossos.

Aqui a minha tarefa maior tem sido esta, a de laborar pelo bem de quantos se ligaram aos nossos corações pelos mais santos laços da afinidade espiritual. Um pai deve continuar o seu **esforço sagrado** além das próprias circunstâncias da morte e é por essa razão que não descanso em os observando na luta. Luta, aliás, sumamente agradável ao meu íntimo cheio de saudade e de afeição. Lamento que as filhinhas não compreendam o nosso esforço conjunto, mas creio no tempo como creio na misericórdia infinita do nosso Pai de Infinita Bondade.

Enquanto trabalho, vou igualmente idealizando os meus planos do porvir, pois não abandonei a minha ideia de escrever algo para as crianças na minha nova vida. Deus me concederá esta alegria nos futuros dias que hão de vir. Se falei à infância desenvolvendo-lhe o raciocínio, sinto-me agora no dever de falar-lhe um pouco ao coração.

De nossos assuntos familiares, acredito que todos eles seguem no quadro da paz relativa do orbe terrestre. Nas férias, receitaremos de novo para o Roberto. À força de prescrições reiteradas, ele irá consolidando as suas energias para a vida da mocidade e da maioridade. A Wanda vai bem, sendo conveniente a continuidade dos elementos medicamentosos em uso.

A sua carta para a casa, meu filho, foi bem inspirada. Melhor seria que ela fosse um ramo de oliveira para a paz geral, mas já que isso ainda não é possível esperemos em Deus, mobilizando as nossas forças de sinceridade, de carinho e de amor. Tempo virá em que uma interpretação melhor substituirá em nossa casa os resquícios dolorosos do passado espiritual e que dormem no fundo dos corações como carvões depois dos incêndios. E precisamos observar que o incêndio das paixões são os mais devastadores. O pretérito dorme em cada um de nós com energias ameaçadoras e imperiosas. O mais necessário é conhecimento espiritual, a fim de conseguirmos controlar o nosso mundo interior, sabendo o que desejamos em benefício de nossa própria edificação. De minha parte, tudo hei de fazer constantemente pelo bem de todos.

A Maria deve continuar com as suas disposições íntimas de sempre, pautando os seus pensamentos na fraternidade e no carinho que lhe conheço. Sobre os remédios de ambos, prossigam no uso metódico de sempre, salientando que a Maria não deve se esquecer dos elementos que lhe foram receitados, de modo a beneficiar-lhe o mais possível na solução dos problemas da circulação.

Deus os abençoe, concedendo-lhes muita paz de espírito. E implorando de Sua bondade infinita a bênção dulcificante para os netos, deixa-lhes um abraço muito afetuoso, o papai,

A. Joviano

Sobre o aniversário do enlace de 1923

Meus filhos, Deus esteja com vocês, protegendo-os em todos os passos da vida terrestre.

Trago-lhes os meus parabéns pelo **aniversário do enlace de 1923**, quando ainda estávamos todos juntos na luta material. Seriam felicitações tardias? Penso que não, porque se chego atrasado é apenas em letras, mas não em espírito, pois que ainda ontem estive em presença pessoal, junto de vocês. Deus lhes conceda, meus caros filhos, cada vez mais luz, mais tranquilidade, mais compreensão recíproca e felicidades, muitas felicidades!

Com os parabéns trago também os meus votos de boa viagem à nossa irmã Júlia e aos netos. Deus os proteja e conduza, com satisfação, ao porto de destino. A noite é de chuva, motivando modificações de horário dos comboios, mas Deus permitirá que tudo lhes corra bem e nós, de nossa parte, buscaremos auxiliá-los. Aliás, a viagem diurna é sempre melhor. Permitirá Jesus que em breve nos sintamos reunidos, todos juntos, com a nossa amiga, que hoje volta ao cumprimento dos seus sagrados deveres em família.

A existência terrestre é também uma viagem, com certas estações de parada ou de repouso. De vez em quando, encontram-se os corações afins no meio dos caminhos, mas as provas, as lutas, as circunstâncias, os imperativos familiares são o roteiro sagrado de cada um e temos de atender aos labores de purificação, enquanto perdura a nossa romagem por essas estradas, longas e ásperas. Eu agora sou uma espécie de viajor que chegou à estação de destino, mas outras excursões, outros deveres e outros mapas de esforço espiritual novamente me chamam por outros cenários da vida, mas Deus, que é a bondade suprema, nos permite reunir à sombra cariciosa da árvore divinizada e santa do amor. Estamos em viagem para o infinito de Sua misericórdia e estamos detidos na prece, em face de Sua magnanimidade e de Sua grandeza! Sim, meus filhos e minha boa irmã, estamos juntos na senda sacrossanta do aflito. Deus os proteja e abençoe. E com o meu amplexo espiritual muito afetuoso, deseja-lhes muita alegria e paz, no próximo ano novo, o amigo e papai de sempre,

A. Joviano

Mensagens 1939

O novo período de lutas iniciado neste mês

Meus caros filhos, Deus abençoe a ambos vocês, concedendo-lhes muita paz de espírito.

Tenho estado em permanente contato espiritual com todos e trazendo a vocês os meus votos de felicidade e tranquilidade para **o novo período de lutas iniciado neste mês**. Trago também os meus parabéns à Maria pelo aniversário.

Ontem cá estive à noite, contemplando-lhes com satisfação e alegria íntima, como também no dia 6 estive em nossa velha casa, confortando o espírito da companheira de provações terrestres. O mês de janeiro está cheio de recordações para nós, meus filhos, e eu me sinto satisfeito recordando os costumes suaves da Terra, trazendo-lhes os meus votos de felicidade! Chiquinha, Maria, algumas das meninas são aniversariantes a quem trago as melhores flores de minh'alma.

Continuo em lutas, isto é, no trabalho agradável de meu pensamento junto à família terrena e à família espiritual, na pequenina escola. Vamos trabalhando, meu caro

Rômulo, conscientes de que o esforço é a grande lei da vida. Felizes aqueles que encontram a volúpia da atividade edificadora no caminho! Para estes, as provas são mais leves e os serviços, menos pesados. Ao seu lado, procurarei sempre colaborar na sua tarefa com os alvitres amigos e paternais de todos os tempos.

Você, minha bondosa Maria, fique tranquila quanto às crianças. Prossigo com a mesma dedicação de todos os dias, recomendando ao Roberto a continuidade no tratamento indicado. Em breve, com o amparo de Jesus, tê-lo-emos mais fortalecido e bem disposto, sendo necessário, porém, essa continuidade de observação aconselhada.

Não sei se deva lembrar ao nosso Fausto as suas necessidades espirituais, mas rogo a Deus que o ajude e inspire no cumprimento dos seus grandes deveres.

Você, Rômulo, não se canse em nossos esforços. A luta terrena elege umas tantas criaturas para esta ou aquela tarefa determinada no seio das famílias e a sua, junto aos nossos, é dessa natureza. Muitas vezes incompreendido, não se desanime, porque na pauta da Misericórdia Divina tudo está certo e tempo virá em que os frutos da compreensão hão de chegar a amadurecer. Até lá, porém, vamos tratando das árvores, conscientes de que o orvalho do amor divino há de fazer o florescimento da fé, da esperança, da crença e da compreensão justa das coisas e dos acontecimentos. Eu estarei sempre cooperando em seus trabalhos.

A todos a minha saudade carinhosa e amiga de sempre. Que Deus os abençoe, concedendo a vocês muitas alegrias e muitas realizações proveitosas neste novo ano, é a súplica que eleva a Deus o papai que não os esquece.

A. Joviano

Problema de dotarmos alguém com a compreensão

Meus caros filhos, Deus os abençoe, concedendo a vocês a tranquilidade de sempre, conservando-lhes, acima de tudo, a paz de espírito, que é o maior bem.

Volto hoje para o exame de nossos problemas familiares, fazendo votos a Jesus para que todas as questões se resolvam com fraternidade e paz para o coração de todos.

O **problema de dotarmos alguém com a compreensão** necessária e devida é quase sempre infrutífero, daí resultando a nossa necessidade de entregar a Deus todos os julgamentos e realizações inacessíveis ao nosso próprio esforço individual. Tudo tenho feito para que a harmonia volte a reinar em todos os corações e sei apreciar o esforço de vocês nesse sentido. Infelizmente, sob a alegação de divergências religiosas, teimam os nossos em perseverar numa situação sentimental incompreensível. Mas, meus filhos, que fazermos senão confiar tudo a Deus em nossos bons propósitos? Considero que vocês têm um patrimônio a velar e a defender, que é o da família constituída pela responsabilidade de ambos, sendo justo que se deem as mãos para essa atividade dignificante.

Aqui estou, portanto, para examinar o assunto com o mesmo amor e a mesma dedicação paternal de sempre para com todos. Em casa, é a luta de opiniões, as pequeninas divergências íntimas, o convencionalismo social, de vez em quando. Sei do esforço nobre das filhas no trabalho e conheço a grandeza do coração da velha companheira de tantos anos de lutas e de alegrias terrestres. Em cada dia, como sói acontecer sempre, estou junto dela para o desenvolvimento de suas atividades santificantes no santuário familiar. Em todas as circunstâncias, auxilio a nossa santa Martha nas suas tarefas enobrecedoras na missão do ensino, busco cooperar com a Célia em seus trabalhos comuns, colaboro na ação da Lúcia, busco ajudar a Flora nos seus raciocínios, não me esqueço da Zina, bem como procuro sempre modificar as concepções do nosso Albino. Todos estão em minha alma e em meu pensamento, todavia, deliberaram relegar como um assunto remoto a possibilidade de minha palavra após a morte. Quase todos sabem intimamente que é ainda a minha voz paterna e amiga que regressa do túmulo para auxiliar a todos, entretanto, os escolhos sociais são muito grandes para que eu seja integralmente compreendido.

Mas sei que tudo isso está certo na pauta da Misericórdia Divina e espero por melhores oportunidades. Não desanimemos. Peço-lhes, a ambos, que não retribuam ciúme com ciúme, mas sim com amor, sempre que esse amor possa ser entendido e proveitoso.

Vocês têm deveres muito sagrados e precisam se unir, cada vez mais, para a sua observação e para o seu pleno cumprimento na vida. Guardem as suas normas e as suas decisões no melhor sentimento de fraternidade e de paz, e busquem andar constantemente nessas linhas. O instituto da família tem os seus cadinhos purificadores e essas lutas íntimas temperam melhor a vontade de realizar o bem e de construir a compreensão perfeita entre todos.

Você, Rômulo, use a *Ignatia Amara* por dois dias. Isso lhe fará muito bem. Não se deixe levar em demasia pelos aborrecimentos da vida comum. Sei que para a nossa formação afetiva eles são muito grandes, mas precisamos considerar que hoje tem deveres de esposo e de pai, muito nobres para serem menosprezados. Deus o fortaleça, meu filho, como à Maria, auxiliando os nossos a entenderem melhor os meus apelos. Sua mãe vai melhor de saúde e tenho feito por ela tudo o que me é possível.

Que Deus abençoe a todos, concedendo-lhes as graças de Sua paz sacrossanta, é a súplica sincera que eleva aos céus o papai muito amigo,

A. Joviano

Carta à Maria

Maria, minha bondosa filha, se ontem dirigi ao Rômulo algumas palavras, quero hoje dirigi-las também a ti, desejoso de tua tranquilidade nos dias que passam.

Também eu, querida, tenho direitos afetivos no teu coração filial e ainda uma vez sou eu quem te pede, minha filha, para continuar guardando o espírito do Rômulo no meio do caminho da vida.

Vê, minha filha, a ele não pedi o que te peço, porque conheço o teu coração sensível e generoso. Ajuda-o. Procura sempre agir de acordo com o companheiro que não vive mais se não por ti. Estes dias passarão depressa. São quase nada e, em breve, os netos estarão no santuário do lar, cultuando o teu e o nosso amor, como lhes constitui um sagrado dever.

Muitas vezes, os nossos têm sido injustos contigo, não sabem ver o teu íntimo e nem o conhecem, mas eu sei a filha que tenho e sabes como sempre te amei. Não quero ver-te chorando mais! Fico triste quando te contrarias, porque a bandeira da paz deve estar nas tuas mãos. Sei, querida, como consideras intimamente esses sagrados problemas de família, mas sei também que, como nunca, saberás vencer em todas as circunstâncias. Sou eu, pois, minha filha, quem te pede perdão pelos nossos que deveriam compreender melhor a tua ação na intimidade familiar. Mas sabes como são todas essas coisas e é por isso que espero que transijas, querida, mais uma vez. A esposa, muitas vezes, deve, em algumas circunstâncias, errar com seu marido, mas nunca acertar contra ele. O Rômulo fica, às vezes, nervoso, mas sabes que a sua felicidade está tão-somente contigo. Não duvides disso, querida, e conta com a nossa assistência carinhosa de sempre.

Deus te abençoe.

Agradeço de coração, minha filha, todo o bem que tens proporcionado à minha alma. E é como pai que te quero ver muito satisfeita, muito tranquila e muito ditosa.

Que Deus abençoe a vocês é a prece que faz a Jesus o papai e amigo de todos os dias,

A. Joviano

Auxiliando quando houve o acidente de cavalo

Meus caros filhos, Deus abençoe a vocês, concedendo-lhes muita paz ao coração. Sinto-me satisfeito saudando os nossos amigos, de regresso ao nosso ambiente de simplicidade e de amor. Espero que ambos possam reerguer as suas energias físicas no contato direto com a natureza.

Agora, meu caro Rômulo, é para você o meu pensamento. Tão logo se viu você vítima do **acidente**, procuramos auxiliá-lo com os recursos que possuíamos à mão, de modo que piores não fossem as consequências. O esmagamento e a dilaceração íntima dos tecidos foram mais fortes do que julgas, elevando-nos ao céu o nosso agradecimento, em vista de, com o amparo do Alto, termos podido evitar lesões graves, ajudando o seu pé a se retirar dos estribos. Espero que com mais alguns dias de tratamento esteja você de novo restabelecido na sua tranquilidade. É certo que você terá de se entregar novamente aos processos do trabalho de cada dia, porquanto a atividade realizadora incorporou-se às operações necessárias ao equilíbrio de seu organismo físico e psíquico, mas não deve você se deixar conduzir por extravagâncias, guardando o repouso que for possível para a consecução de suas melhoras, conforme esperamos. Convém a continuidade do uso dos linimentos, muito úteis ao restabelecimento de ordem celular, na intimidade dos tecidos orgânicos, e os banhos quentes de água salgada devem prevalecer doravante apenas para a perna dolorida, de modo a auxiliarmos com os nossos recursos pelo seu restabelecimento. Sabe você que tudo teria feito para evitar-lhe o contratempo, com a assistência do meu paternal e fraterno carinho, mas em tudo devemos louvar aquela misericórdia, cujos desígnios nós não podemos sondar, dentro da relatividade dos nossos conhecimentos. Deus nos auxiliará para que possamos cooperar nos seus bons desejos. Vamos proceder ao tratamento com calma e em breve vê-lo-emos novamente satisfeito. A nossa bondosa Maria vai melhor e mais forte. Agora, na primeira oportunidade, deve procurar o profissional que a assiste, pois somos de opinião que seja desfeito o serviço anterior, a fim de que a raiz seja desinfetada e tratada eficientemente. Deus nos auxiliará em nossos bons propósitos.

Muito agradeci a Deus pela satisfação experimentada em face do que consegui espiritualmente, junto de nossos familiares, no caso dos netos. Jesus, na sua misericórdia, não desatenderá às nossas súplicas.

A todos, deixo a minha saudade e a minha comovida gratidão. Vou pedir ao receitista que reforme os seus conselhos, com respeito ao tratamento das crianças. Vamos aproveitar mais estes dias de repouso antes das aulas. Que Jesus abençoe a todos e proteja o espírito de quantos se ligaram a nós pelo coração. Estarei ajudando o Rômulo nestes dias e rogando aos céus que nos amparem as esperanças, ouvindo as nossas preces. Sou o papai muito amigo que não os esquece,

A. Joviano

118

Fatos que recordam o País de Gales

Meus caros filhos e meus bons amigos, Deus lhes conceda muita paz, em face das lutas da vida terrestre.

Cá estou eu, meu caro Rômulo, expressando a você a minha paterna afeição de sempre. Sempre que posso tenho estado presente, buscando revigorar-lhe as energias íntimas, no restabelecimento da saúde. Tenho apreciado as suas meditações e felicito o seu coração pelas ilações do silêncio, quando somente nós, os seus amigos do Invisível, podemos ouvir as suas conclusões e os seus apelos. Você tem razão procurando esclarecer todos os pontos obscuros do presente, colocando os acontecimentos em correspondência direta com o passado. A queda do cavalo é um incidente dessa natureza. Todavia, passada a prova, deve o seu coração render graças a Deus, porque esse ainda é dos **fatos que**

recordam o País de Gales nos dias que se foram. Conversaremos sobre isso mais tarde, quando a oportunidade se fizer mais favorável, e quando Deus mo permita.

Felizmente, o seu organismo apresenta-se muito melhor, quanto às consequências diretas do incidente, aliás, eliminadas a nosso ver, mas o reumatismo era mesmo uma sentinela que esperava a abertura de uma porta, razão pela qual vem você experimentando esses sintomas do momento. Acredito, contudo, que você melhorará com rapidez, em vista da perfeita observância do tratamento. Tenha cuidado no problema dos frios e da umidade, que deverá evitar até cessarem as manifestações. O preparado *Drenur* é destinado a uma intervenção direta no seu aparelho nervoso, todavia, considero que, naquela fórmula, o seu organismo não tem aproveitado o necessário, aconselhando a você mandar preparar uma fórmula à base do *Salicilato de Sódio*, em farmácia comum, substituindo temporariamente o *Drenur*, a fim de que o seu organismo possa absorver a quantidade precisa de *Salicilato*, do qual tem ele necessidade no momento. Deus nos ajudará para que possamos ajudar você no restabelecimento integral das energias físicas.

Tenho estado também em casa, auxiliando os nossos. Tenho pensado na saúde da velha companheira da existência terrestre, proporcionando à sua mãe o bem que me é possível. A minha deferência não significa agravo de moléstia. É, tão-somente, o meu gosto de confiar-lhes as minhas atividades. Aliás, o seu estado orgânico tem melhorado, considerando-se ainda a particularidade do bem que lhe faz o clima do Rio.

Sobre os netos, continuo muito satisfeito. O Roberto vai bem melhor e a Wanda, igualmente, apesar de reconhecermos que ambos estão numa fase de transição orgânica, em que o problema da saúde deve ser acompanhado sempre que possível com muito carinho. Estamos, porém, a postos e tudo faremos pela harmonia geral.

Aqui tenho trabalhado por todos, na medida

dos meus recursos. Quanto à nossa bondosa Maria, convém que esteja alerta com as doses homeopáticas. O tratamento da raiz há de ser coroado de êxito e não me tenho descuidado de cada um de vocês.

Viana está presente e me pede transmitir-lhes a expressão afetuosa de sua visita, bem como a nossa Mariquinhas, mais do que nunca preocupada com a família e mormente com a filha.

Deus abençoe a vocês, concedendo-lhes muita tranquilidade.

Os nossos irmãos descansam e fazem muito bem. Depois de uma luta tão grande, qual a da educação e preparo de uma família, é justo que se busque algumas etapas de repouso no caminho da vida.

Que todos estejam fortes e felizes na senda do dever e da fé, na misericórdia de Jesus, é a prece muito fervorosa do amigo sincero e do papai de sempre,

A. Joviano

Obrigações sagradas de um pai

Meus caros filhos, Deus abençoe a vocês, concedendo-lhes muita serenidade nas lutas da Terra.

Meu caro Rômulo, venho trazer a você as minhas palavras de sempre. Tenho estado a par de seus pensamentos com respeito aos filhinhos e justifico as suas paternais apreensões. **Um pai tem obrigações muito sagradas** e essas conjeturas no plano educativo são justas. Mas não se mortifique em demasia. Procurará você esclarecer bastante ao nosso Roberto sobre os seus deveres futuros, focalizando os problemas da fase delicada de sua vida com a aliança da ternura e da energia. Eu sei que essas manifestações são, por vezes, difíceis. É que esses esclarecimentos são penosos, mas no coração dos pais há sempre um milagre de amor que Jesus abençoa como o jardineiro divino de todos os corações. Trabalhemos sempre nesse sentido e a minha colaboração há de se fazer sentir para que as crianças compreendam sua solicitude. Deus nos ajudará.

Sobre a saúde, sinto, graças a Jesus, as suas melhoras mais positivas. Também a Maria vai bem do resfriado e a Wanda, em caminho de franco restabelecimento. Elevemos a Deus os nossos agradecimentos sinceros.

Também a você, meu caro Fausto, quero falar de sua saúde e da filhinha.[1] Felizmente, no lar, o seu ambiente espiritual tem sido largamente beneficiado pelos seus amigos do Invisível. Apesar do abatimento físico da companheira, noto com alegria que tudo vai melhor no terreno das vibrações espirituais. O nosso irmão receitista vai aconselhar a você sobre o tratamento necessário, bem como sobre o que está necessitando a pequenina Francisca Marta. Mas, apesar disso, quero recomendar-lhe a evitar o mais possível a carne de porco, cujo uso não faz a você grande bem. Tenha cuidado nesse detalhe de sua alimentação comum.

Agradeço a todos vocês, meus filhos, pelo caminho que me proporcionam ao espírito. Sinto-me ditoso, recebendo as vibrações constantes da afetividade dos seus corações amorosos e ternos. Que Deus os abençoe.

Desejando-lhes todos os bens possíveis, bem como igualmente aos nossos caros amigos presentes, abraça-os muito afetuosamente o papai que não os esquece.

A. Joviano

---

[1] Nota da organizadora: refere-se à Francisca Marta, pois a segunda filha, Laura Elvira, nasceu em 1940.

Visitei a velha Roma do passado

Meus filhos, Deus abençoe a vocês, concedendo-lhes muita tranquilidade ao coração e ao ambiente doméstico.

Uma das minhas melhores emoções dos últimos dias tem sido recordar, sob a palavra consoladora de Emmanuel, as épocas mortas, quando os nossos espíritos, em outras roupagens humanas, perambulavam pelo mar das paixões. Desde a minha desencarnação, tenho seguido o curso dos estudos de vocês e é com os meus queridos filhos que tenho aprendido as lições novas. A recordação do passado não é tão fácil, mesmo para os espíritos mais ou menos cultos, segundo a evolução terrestre, nos primeiros tempos de sua vida espiritual. É por isso que as lembranças do nosso grande amigo, antecipando o seu futuro esforço, como ele próprio no-lo diz, estão tocadas de um encanto novo para minh'alma. Seria surpreendente para vocês afirmar-lhes que **visitei a velha Roma do passado**, com as suas numerosas ruínas? Vi-lhe as cercanias, os lugares de nossos afetos e de nossas quedas dolorosas.

Através das catacumbas abandonadas, senti ainda a luz de almas divinas, incorporadas agora à falange diretora dos nossos destinos espirituais. Sobre as pedras desmanteladas, e sobre as ruínas dolorosas, conservadas hoje tão-somente pelos imperativos arqueológicos, senti que o meu coração também chorava!... E depois, sob a doce inspiração do nosso amigo, afigurou-se-me ao espírito que minh'alma regressava a um ambiente de mais de dezoito séculos atrás!

Vi a Porta d'Ostia com os seus raios de sol fulgurante e através dela um acervo de carros de cavalos, de notas características do tempo de Adriano. E espraiando os meus olhos pelas vias triunfais, e pelos bairros do povo, detive a minha visão espiritual no Palatino e no Célio, nas Carinas, em todas as zonas importantes da grande cidade dos Césares, onde uma legião de amigos nossos nos perdeu e nos edificou, nos arruinou moral e materialmente, ensinando-nos, porém, a estudar o futuro espiritual com as suas maravilhas!...

Mais além, vi a Porta Nomentana, ao longo da qual alinhavam-se cemitérios extensos e tristes. Meu coração bateu com mais força. Nesses recintos grandiosos e melancólicos, falaram muitos daqueles que viram o divino Messias e mais especialmente foi ali que encontramos em prece uma alma dileta que desde dezoito séculos tem sido para nós uma luz e uma inspiração!... De seu pensamento tem vindo a bússola de nossos destinos desde mais de um milênio! Sua esperança tem sido uma voz carinhosa do silêncio e do amor para nós outros! Aqui ouço agora falar dela e de seu coração amoroso, divino. Por nós, ela se sacrificou de todas as maneiras e tem sido a nossa luz para o caminho do Cordeiro de Deus, que salva o mundo com a sua misericórdia.

Meus filhos, se muito erramos, muito grande foi o amor de Jesus e, hoje, destes cimos de compreensão, busquemos compreender a grandeza de Cristo e de seus divinos ensinamentos. Falo-lhes com o doce entusiasmo do coração que está aprendendo uma lição nova.

Quem sabe em breves dias, talvez, o nosso Emmanuel já esteja fazendo vibrar as cordas mais sensíveis de nossas almas em conjunto! Oremos e esperemos! As recordações para mim têm representado numerosos ensinamentos.[1]

Tudo, entre nós, vai indo regularmente e não me esqueço de pedir a Deus nos ampare na grande e imensa trajetória na busca do conhecimento e do amor.

Fiquei satisfeito pela circunstância de darem ao Roberto as minhas palavras a ler. Ele necessita ir conhecendo os pensamentos diretos de nossos espíritos, em vista do sublimado amor que lhe consagramos.

Boa noite, meus queridos, e recebam no íntimo da alma o ósculo espiritual do papai que não os esquece.

A. Joviano

---

[1] Nota da organizadora: mensagem recebida no dia das primeiras notícias sobre o livro que viria a ser conhecido como *50 anos depois*. O recebimento das primeiras páginas do referido livro verificou-se em 19 de junho de 1939.

Não se impressione com os sonhos

Meu caro Rômulo, Maria, Deus abençoe a vocês, concedendo-lhes muito bem-estar. Meu filho, **não se impressione com os sonhos**, pois nem sempre significam o nosso encontro real. Pela natureza dos mesmos, bem como pelas sensações experimentadas na vigília, saberá você imediatamente se esteve, de fato, com seu pai. Quando sofrer com essas emoções íntimas, deve lembrar-se de que eu não traria sensações desagradáveis a você. Não se preocupe, meu filho, estou continuando os nossos estudos do pretérito longínquo. Estou muito satisfeito e depois quero que vocês partilhem de minhas alegrias. Entre nós, desejamos guardar a identificação dos amigos de outras eras para o lado de cá, mas isso não nos impede de reconhecer os nossos laços de sublimado amor naqueles séculos já tão recuados. Abençoemos a Misericórdia Divina pela Sua magnanimidade. Tenho me desvelado como sempre pelos netos, procurando cooperar para que a Wanda se esqueça das observações do médico sobre a vista. Do médico não digo bem, mas do ambiente colegial.

Meus filhos, Deus os abençoe! E deixando-lhes o meu coração afetuoso, sou o papai que os não esquece,

Arthur

Nota da organizadora: mensagem recebida com utilização da prancheta, por Chico e Rômulo. As anotações foram feitas por Maria.

Sobre a grafia das memórias longínquas

Meus caros filhos, Deus os abençoe, conceden-do-lhes muito bem-estar espiritual.

O nosso generoso Emmanuel iniciou **a grafia das memórias longínquas** a que o meu pobre espírito tem se reportado.[1] O meu coração está deslumbrado com essas expressões de minha vida nova no domínio das recordações do passado. Meus filhos, agradeçamos a Deus a Sua misericórdia e busquemos aproveitar este novo conhecimento para bem de nossos espíritos no porvir.

Meu caro Roberto, estou muito feliz por ver-te aqui hoje. Sei das preocupações que vens causando aos teus pais e venho recomendar-te mais observância aos bons conselhos que vêm sendo ministrados ao teu coração, na intimidade do lar. Precisas estudar com amor, dando satisfação ao vovô. Ficarei tranquilo somente quando te observar bem disposto para as lições e para as coisas sérias da vida.

---

[1] Nota da organizadora: referente ao livro *50 anos depois*.

Não quero que abandones a tua criação de galinhas, mas também não me agrada o ver-te descuidado de teus deveres quanto ao teu futuro no caminho da vida. Espero que correspondas à nossa confiança e peço-te sempre contar com a amizade muito intensa do velho vovô, que não morreu. Deus te inspire e te abençoe.

À Wanda, a minha visita. Ela está melhor e mais forte. Hoje não convém que o Roberto venha à prancheta, deixando essa parte para mais tarde.

Boa noite, filhos! Guardem o coração muito afetuoso do papai,

Arthur

Sobre a personalidade de Neio Lúcio

Meus caros filhos, muito boa noite e que Deus abençoe a vocês, proporcionando-lhes muita paz. Venho reafirmar-lhes minha afeição de todos os dias, com as visitas carinhosas de sempre. Acompanho com muito amor a tarefa de Emmanuel, dentro da realização do seu novo trabalho. Também nós oramos e suplicamos a Jesus que lhe conceda forças, possibilidades e elementos para a efetivação do grande esforço.

Filhos, **a personalidade de Neio Lúcio** está para mim como uma veste usada há muito tempo. É meu ardente desejo que todos vocês procurem entender assim, na órbita das revelações que hão sido feitas, revelações que implicam responsabilidade para todos nós. Permita Jesus que das lições colhidas ao transcurso dos séculos possamos nós retirar as experiências mais santificadas e mais puras!

Maria, minha filha, minhas palavras são apenas fragmentos d'alma no relicário mais íntimo dos nossos corações! Um dia, naquelas eras longínquas, observando os sofrimentos do nosso círculo familiar, roguei a Deus que nos desse a força necessária para atrairmos as forças inimigas dos nossos destinos, para que as acolhêssemos junto de nossos próprios corações, a fim de que todos os elementos de ódio e de sofrimento moral se transfundissem em elos santificados de amor e de redenção. O Pai, que está nos céus, nos concedeu essa graça. A caminho de Sua infinita misericórdia, nós hoje devemos conhecer somente uma bússola - a do amor que nos une as almas na mesma abençoada peregrinação para o belo, para o bem e para o perfeito. Através das memorizações de Emmanuel, uma dobra da grande cortina nos será descerrada. Aprendamos, meus queridos filhos, nessa pequenina fenda, onde a luz espiritual jorra as suas claridades divinas, a enxergar a necessidade do olvido do pretérito para vivermos a vida real, que não é essa das inquietações humanas, mas a vida que viveremos no radioso amanhã da Eternidade. Perdoemo-nos reciprocamente e amemo-nos muito. Compreendamos a lei que é só uma e Jesus nos encaminhará para a redenção pura e suprema.

Estou satisfeito com as melhoras do Roberto, esperando em Deus que ele continue nessa ascensão espiritual através da boa vontade e do esforço. A Wanda está melhor, mas não deve dispensar o *Peitoral* em uso por algum tempo, restabelecendo a saúde plena de suas energias orgânicas.

Quanto a você, Rômulo, ajudá-lo-emos, como sempre, no desempenho de todos os trabalhos. A vida deve ser um apostolado de salvação pela atividade construtora e peço a Deus que abençoe os seus esforços.

E despedindo-me, filhos, com a mesma emotividade das passadas reuniões, em virtude do meu contato com as recordações dos séculos idos, deixa-lhes o coração inteiro o papai da existência terrestre que não os esquece,

A. Joviano

Sobre os doces eflúvios do espírito de Célia

Meus filhos, Deus abençoe a vocês, concedendo-lhes muita tranquilidade ao lar e ao coração.

Novamente no santuário doméstico, sinto-me feliz por vê-los terminando com êxito mais uma etapa das lutas terrestres, com a viagem recente ao Rio. Também eu, meu caro Rômulo, procurei assistir a você, em suas visitas e palestras à nossa velha casa. Sua palavra à mamãe fez muito bem ao seu espírito, igualmente abatido nas lutas. Senti-me ditoso observando vocês em tudo e pedi a Deus lhes fortalecesse os corações nas menores atitudes para que a paz íntima de ambos não viesse a se prejudicar nas vibrações da incompreensão e do desconhecimento de nossos assuntos espirituais.

Em casa, filhos, tenho feito quanto me é possível para modificar as diretrizes religiosas das filhinhas, vítimas das ilusões que nos são conhecidas, mas, conhecendo a verdade de que somente aos poucos poderemos conseguir o muito, vou conduzindo a cada qual a minha singela contribuição de carinho e de amor, indiretamente.

Do passado, venho experimentando com vocês as mesmas emoções nas reminiscências felizes ou dolorosas.

Por essas revelações parciais poderão imaginar o complexo de nossa situação espiritual, esperando em Jesus que o trabalho de Emmanuel possa trazer-nos os melhores proveitos. Seja ele mais um ponto de luz assinalando a grandiosa meta a atingir, e que constitui a nossa redenção integral para os planos felizes.

Tenho recebido do espírito santificado de Célia **os mais doces eflúvios**, eflúvios esses que busco repartir com vocês e que se traduzem em saúde, em paz, em coragem, em compreensão e amor à verdade.

Apesar de abstratos, esses dons são poderes e são coisas que nós recebemos dos planos mais elevados, como o homem materializado recebe as coisas concretas dos patrimônios do mundo.

Você, Maria, deve usar elementos homeopáticos contra os sintomas de resfriamento. O *Alium Sativum* ou o *Ipecacuanha* serão úteis a você, em uma boa dose, ainda hoje. Com o repouso desta noite, espero que amanheçam mais fortalecidos e bem dispostos amanhã.

O Roberto deve continuar o tratamento indicado, observando muito o problema da alimentação, pois o caso dele vem de uma intoxicação intestinal muito forte. Com o amparo de Jesus, há de se restabelecer.

Emmanuel está presente e os saúda. Pede-me o nosso amigo encerrar as preces da noite na paz do Mestre divino.

Que Deus lhes conceda muito boa noite!

E deixando a vocês ambos um ósculo paternal, rogo a Deus que lhes aumente cada vez mais os bens de espírito a caminho das mais elevadas conquistas para a Imortalidade. São esses os votos que faz o coração muito amigo do papai que não os esquece,

A. Joviano

A purificação dos sentimentos verifica-se, tão-somente, no cadinho dos séculos

Meus caros filhos, que Jesus abençoe a vocês ambos, proporcionando-lhes muita paz.

Graças à Misericórdia Divina, aqui me encontro sempre que possível para as nossas meditações e nossas preces.

Meu caro Rômulo, muitas vezes acompanho o raciocínio que você faz em torno da personalidade de Neio Lúcio, buscando estabelecer uma comparação entre aqueles dias longínquos do passado remoto e as horas breves que se foram, no decurso de minha última existência. Também eu procuro frequentemente criar esses estudos, dentro de mim mesmo, mas temos de convir, meu filho, que jamais poderemos solucionar essa questão com as nossas concepções transitórias e inquietas. **A purificação dos sentimentos verifica-se, tão-somente, no cadinho doloroso dos séculos.** Agora, em minhas novas expressões de análise e perquirição no plano espiritual, sei de almas que esperam um perdão há milênios e de espíritos outros que não levam menos tempo para assimilar esta ou aquela virtude. Não suponham que o meu pobre coração haja atingido toda a meta. Ante os meus olhos, tenho um panorama vastíssimo de realizações que me cumpre empreender em favor de meu próprio progresso. É nesse movimento incessante das vidas numerosas que alijamos os defeitos e adquirimos as expressões mais nobres e formosas da vida. Trabalhemos sempre!

Desde a minha desencarnação, há alguns anos, somente hoje tenho podido penetrar a penumbra, investigando o pretérito remoto. As revelações de Emmanuel, que me atingem a alma tão profundamente, tiveram o poder sacrossanto de me arrebatar dos fluidos terrestres, de natureza mais grosseira, onde prosseguia em penosas cogitações acerca da família terrena. Até bem pouco tempo, ainda buscava solucionar os nossos assuntos, intimamente, deixando pender na balança das apreciações a concha dos laços de sangue, mas agora estou aprendendo, como vocês, meus filhos, a criar um diapasão diferente para estabelecer as minhas e as nossas conclusões. Desde que a cortina se abriu um pouco aos meus olhos deslumbrados de tanta luz, tenho sentido o desejo ardente de rever o espírito de Célia, depois de tantas missões de amor desvelado que ela cumpriu na Terra. Mas não pude ainda revê-la, em toda a intensidade das claridades fulgurantes que lhe envolvem o coração, nos altos cimos do plano espiritual. Mas senti-a. Depois de uma prece, notei que se aproximava de mim uma luz brilhante e misericordiosa, que espargia em meu velho coração uma consolação branda e suave. Desde esse instante, vejo e sinto as questões terrestres sob novos prismas. A antiga neta, hoje transformada em um nume tutelar de nossas almas, trouxe ainda ao avô dos outros tempos a paz espiritual e os melhores esclarecimentos em Jesus. Hoje, meus filhos, quero crescer cada vez mais em conhecimento para servir ao divino Mestre nas mais sublimes tarefas de redenção. Agradeço a vocês por tamanho auxílio, em favor de meu pobre espírito. Deus os abençoe.

Maria, tenho acompanhado igualmente o Roberto, prestando-lhe todo o bem possível ao meu alcance. Sinto-o bem melhor, graças à misericórdia de nosso Pai. Não me tenho esquecido também da Wanda, a quem busco inspirar em todas as atividades da vida escolar.

A vocês, meus filhos, o meu carinhoso afeto paternal de todos os dias. Que Jesus faça florescer em seus corações as bênçãos de compreensão e de amor que ambos me têm dado, são os votos sinceros e ardentes do papai que os abraça com a afeição de sempre.

A. Joviano

A voz de Célia:
"Sim, avô,..."

Meus filhos, que Jesus abençoe a vocês ambos, proporcionando-lhes ao coração muita paz de espírito.

Sinto-me ditoso, observando-lhes o júbilo espiritual no trato com as nossas antigas recordações dos tempos remotos. Aqui, pela lógica da situação, posso vibrar ainda mais com o assunto, experimentando emoções verdadeiramente divinas! Somente depois dessas revelações compreendi a finalidade de minha última existência, podendo entender, com mais propriedade, o temperamento e as tendências de cada filho! Agora vejo o quão misericordioso é Deus, que nos oculta o passado, a fim de que aprendamos mais e melhor! Também eu tenho chorado muito. Agora não tenho grande necessidade das vibrações alheias para recordar, pois, com a revelação dos últimos dias, também eu já posso relembrar o pretérito por mim mesmo. Ainda sinto, filhos, as angústias que ambos experimentaram naqueles dias longínquos e recordo perfeitamente os nossos sagrados compromissos. Enquanto amparavam Lólio Úrbico, e ao passo que Júlia Spinter abraçava Silano para redimi-lo, com o seu amor, eu guardei Cláudia comigo, bem como Hatéria, na custódia sagrada de um imenso afeto. O trabalho tem sido árduo. Dias existiram em que todos nós tornamos a chorar, todavia, a estrela do amor de Célia brilhava para todos nós, sob o amparo divino de Jesus.

Ultimamente, pude ouvi-la. Escutei a sua voz carinhosa como quem ouve de longe uma música suave. Empolgado pelas lembranças de sua realização de amor, em Alexandria, ouvi-a dizer, numa vibração cariciosa:

- **"Sim, avô**, meu horto agora é o dos corações dos nossos bem-amados! Dentro dele tenho ainda velhos e crianças que abençoam o trabalho! Consola os meus pais de outrora, avô, e ensina-lhes o perdão e a esperança! Cada perdão, cada afeto há de ser uma flor nas minhas árvores divinas! Quem poderá pensar em cortá-las, se Jesus abençoa os nossos esforços? Trabalhamos em largos séculos, mas cada sacrifício foi um trato de terra aberto no caminho, a fim de que o amor iluminasse e florescesse! Sou, hoje, feliz! Os nossos amados compreenderam a verdade sem a dor e sabem amparar, sem egoísmo, o coração dos desvalidos. Dize-lhes, avô, que apesar de todas as belezas das regiões divinas eu ainda me sinto saudosa e desterrada, esperando-os sempre!"

Assim, filhos, passa a nossa vida nesse cântico. A própria dor não tem mais a significação do mundo para o nosso espírito. As aversões transfundiram-se em simpatia no cadinho da cooperação e do bem.

No instituto da família, todo o dia transformou-se em amor sacrossanto e puro! Que Deus abençoe a vocês no caminho do bem e da verdade!

Não deve você se entregar a essas comoções, meu caro Rômulo. Se no trabalho espiritual precisamos esvaziar o coração das preocupações do mundo, na missão terrena e na tarefa material precisamos de todas as energias do mundo para o bom combate.

Ainda aí é o princípio soberano do *similia simi-libus*.[1] Para cumprir a obrigação material, é indispensável combater no mundo com as suas próprias armas. Energia e fé dentro da vigilância imprescindível. Considero essa revelação íntima como a maior dádiva do céu no caminho atual de nossa vida, mas não pretenda modificar os elementos da luta, porque nós sabemos que eles são imprescindíveis ao seu esforço.

Que querem, filhos? Eu também tenho andado surpreso e comovido! Mas, agradecendo a Jesus pela graça, peço a sua infinita misericórdia que nos faça entender e aplicar, em todas as circunstâncias, a sua vontade divina.

Que Deus abençoe a vocês todos.

Tineio Rufus,[2] meu caro Rômulo, não está na Terra. Não pense em identificá-lo. Mais tarde compreenderá você o seu novo destino.

Rogando a Jesus que lhes conserve o coração em paz e em serenidade para as lutas da vida, deixa-lhes um abraço carinhoso o papai amigo de sempre,

A. Joviano

Notas da organizadora: [1] *similia similibus curantur* - é a base da homeopatia. Expressão latina que significa "o que causa é o que cura". [2] Tineio Rufus é outro personagem do livro *50 anos depois*, que não deverá ser confundido com Rúfio Propércio, a quem se refere a nota do editor à página 28.

Graça divina com revelações cariciosas

Meus caros filhos, que Deus abençoe a todos vocês, proporcionando-lhes muita tranquilidade ao coração.

Dar-lhes-ei apenas algumas palavrinhas, a fim de assinalar a minha presença devotada e assídua de sempre. Sinto-me satisfeito, José, em revê-lo dentro do nosso ambiente de meditações e de preces. Com esta base espiritual, realizará melhormente os seus deveres, prestando os bons testemunhos de compreensão da vida pela dor e pelo trabalho, que dignificam a criatura. Que Jesus abençoe os seus bons propósitos, fazendo com que você possa progredir e compreender sempre a vida pelos seus prismas reais.

Quanto a você, meu caro Rômulo, faço-lhe, bem como também à Maria, a entrega de nossas lembranças do pretérito espiritual. Eu tenho prosseguido, de algum modo, na exumação das reminiscências, mas, quanto a vocês, só mesmo mais tarde poderão efetuar a incursão precisa por esse terreno de recordações alegres e dolorosas, tristes e edificadoras. Esses estudos são sempre úteis, pois é com a sua essência profunda que se esclarecerá a psicologia do futuro, nos bastidores da educação e do instituto sagrado da família pelos elos consanguíneos.

Tivemos uma **graça divina com essas revelações cariciosas** e doces. Rendo louvores ao Alto, observando o bem que elas nos trouxeram aos corações! Lídio e Marcos, ambos os companheiros de Silano Plautino e de Fábio Cornélio, vieram também comigo. Não terão dificuldade na identificação.

Tenho estado no Rio, buscando levar aos nossos entes caros o quinhão de conforto e de esclarecimento indireto que me é possível. Além disso, continuo com as obrigações espirituais junto à escola pobre e humilde, detalhe esse que me enche o coração de grande prazer! Acompanho, como sempre, a vida escolar das crianças e congratulo-me com vocês pelo que temos obtido com a dedicação e com o afeto.

Que Deus conceda a todos muito boa noite!

Despedindo-me, deixo-lhes o coração carinhoso de pai da vida terrestre, rogando a Jesus que lhes envolva os corações no halo divino de sua paz.

A. Joviano

Nós somos os verdadeiros vivos

Meus caros filhos, Deus os abençoe nas lutas de cada dia, proporcionando-lhes o máximo de paz aos corações nos trabalhos salvadores da Terra.

Amanhã é o dia em que se comemora no mundo aqueles que se convencionou denominar de "mortos", segundo os errôneos conceitos da sociedade terrestre. Sinto a bondade afetuosa das filhinhas, preparando-me os seus pensamentos nas suas homenagens carinhosas do coração cheio de amor e fico a meditar na inconsistência das convenções humanas, pois a verdade é que **nós somos os verdadeiros vivos** da existência real. É desse modo que todos os desencarnados se aproximam de seus entes queridos, algemados às lutas purificadoras da atividade material, sentindo-se, junto daqueles que constituem os verdadeiros "mortos" temporários da carne, no turbilhão das inquietações e das angústias do aprendizado terrestre. Longe de nós, meus filhos, o pensamento de menosprezar as santificadas oportunidades que o ambiente terreno nos oferece, mas valho-me dessa referência para demonstrar que se há "mortos" são os homens, nossos irmãos de jornada arraigados ainda ao conjunto de células perecíveis que terão de apodrecer um dia, como terra de túmulo. A imagem é triste, mas é verdadeira. Só o espírito não perece e, trazendo à tona de nossa pales-

143

tra íntima essas proporções, faço-o no desejo de demonstrar a vocês quanto é grande e sublime a claridade consoladora do Espiritismo para os corações. Guardo a convicção de que, algum dia, poderemos observar a união de todos os nossos no mesmo idealismo santo em que os vejo, irmanados para o mesmo voo, juntos na mesma realização íntima da fé que edifica o coração e nos enriquece todos os valores sentimentais.

Trago-lhes, a ambos, o amoroso abraço de Célia. Tive a glória (para mim é uma grande glória), de vê-la e falar--lhe! Senti no coração o conjunto maravilhoso das melhores emoções de minha vida de espírito! Aproximando-me de seu coração, senti a inutilidade de todas as pequeninas questões da Terra, onde só o amor é o tesouro grande e santo das almas e, tocado de suas palavras amorosas e sábias, busco repousar o coração na verdadeira fé, experimentando o meu íntimo iluminado de uma nova esperança. A nossa história revivida foi uma luminosa etapa de progresso para a minha alma. O que vocês sentiram de bom no ato de recordar, eu senti o mesmo, porém com uma intensidade muito maior, no conjunto das energias vibratórias, porque meu coração já não se prende aos elos da carne perecível. Sinto-me ditoso por revelar-lhes esses fatos, de tanta significação para nós três, e agradeço a Deus a ventura de continuar em contato com ambos em todas as circunstâncias da minha nova vida de espírito. Deus há de recompensar sempre a vocês com as bênçãos de Seu amor e de Sua paz. Um dia nos reuniremos à sombra da árvore da vida verdadeira e eu bendirei de todo o coração o momento divino em que as nossas almas se ligaram para os caminhos da Eternidade. Até lá, trabalhemos com amor, desenvolvendo todas as nossas virtudes potenciais com o mais sagrado esforço. Deus os abençoe, filhos, e conceda a vocês muito boa noite! Rogo a Jesus proteja os netos e deixando a todos o coração reconhecido e feliz de sempre, despede-se, por ser, esta noite, o papai muito amigo,

A. Joviano

Carta aos netos

Wanda e Roberto, **meus queridos netos**! Que Jesus faça despetalar sobre vocês as flores de sua paz e de seu amor sacrossanto, em todos os caminhos. Às vozes amigas e ternas, que os felicitaram nestes dias, também eu junto a minha, de velho avô, rogando a Deus a felicidade para ambos.

Um ano é mais um marco na grande estrada da existência. São eles as etapas do trabalho que hoje significam estudos e alegrias do lar para vocês. Dia virá, porém, meus filhinhos, em que esses trabalhos serão mais intensos, no conjunto das experiências do mundo. Para isso é indispensável, antes de tudo, armazenar no espírito a perfeita confiança em Deus.

Amem-se muito, filhinhos! A vida exige muita dedicação e muito amor. Seja o lar a escola bendita para vocês ambos. Mirem-se em seus pais. Eles celebram em cada dia, no altar do trabalho e do devotamento, as mais elevadas ações de heroísmo doméstico, a fim de que vocês sejam felizes mais tarde. No ritmo dessa afeição santificada, seus corações hão de encontrar a colmeia divina da alegria e da tranquilidade no futuro. Ouçam: nós viveremos sempre. Aí ou aqui encontraremos lutas. Em toda parte vive a oportunidade santa de crescermos em conhecimento para Deus, Pai de todos nós. Aprendam, desde já, como vêm fazendo desde muito, a ciência do bem, do grande bem que transforma todas as dificuldades do caminho em luzes para o espírito. Que todas as noites, em se recolhendo, inquiram a si mesmos, no silêncio do coração amigo e terno: "Que bem fiz eu hoje? Terei levado ao coração dos pais a dádiva de afeto que eles esperavam? Que devo renovar no meu íntimo para me elevar aos olhos de Deus? Terei praticado todas as boas ações que se encontravam ao meu alcance?"

Nessa hora, filhinhos, eu estarei perto de vocês para auxiliá-los a refletir. Como sombra amorosa e amiga, colocarei as mãos sobre as suas frontes e pedirei a Deus a Sua luz divina para os seus corações carinhosos e desvelados. E quando o sono lhes fechar as pálpebras cansadas, pelas atividades de cada dia, encontrar-me-ei com vocês sem que se apercebam de nosso encontro nas recordações do dia seguinte. Mas despertando para as lutas edificadoras que a Terra oferece a todos os aprendizes de sua grande escola, vocês guardarão no íntimo a doce impressão do meu abraço de parabéns e do meu beijo de muito amor.

Trazendo-lhes, pois, o coração afetuoso nas suaves comemorações do novembro que passa, em júbilo para as nossas almas, rogo a Deus que derrame todas as Suas bênçãos sobre os seus corações.

Esta, filhinhos, é a prece muito sincera do avô que não os esquece,

A. Joviano

A prece de Célia e sua presença entre nós

Meus queridos filhos, Deus abençoe a vocês todos. Exulto de contentamento e de gratidão a Deus! Choro também e agradeço a Jesus a graça concedida! Sou feliz, muito feliz! Esta noite foi das mais venturosas de minha vida!... Não sei manifestar-lhes minha gratidão! **A prece de Célia e a sua presença entre nós** enche a minha alma de muita alegria divina!... Nosso santuário como que se santificou com a luz de seu coração generoso e divino! Permitiu Jesus que ela restringisse as suas vibrações encontrando as nossas para a possibilidade de sua manifestação. Regozije-mo-nos, meus filhos! E rendamos graças a Deus!...[1]

---

[1] Nota da organizadora: ouvimos a palavra de Célia e não precisamos caracterizar as emoções de nossa alma diante de tanta bondade dos nossos amigos da Espiritualidade. Houve incorporação da entidade espiritual pelo médium Chico Xavier.

Agradeço a vocês todos o carinho de sempre. Desejava falar-lhes com as características familiares da Terra, mas estou comovido em excesso para poder fazê-lo esta noite.

Deus abençoe a vocês todos! Mais tarde, falaremos melhor e de modo a apreciar as nossas santificadas emoções.

Rogando a Jesus que os fortaleça e ampare a todos, e deixando o meu carinho de avô para os netos, sou o papai amigo de sempre,

A. Joviano

A vinda de Célia ao nosso meio

Meus filhos, Deus abençoe a vocês, conceden-do-lhes muita tranquilidade no íntimo.

Antes de tanger as cordas vibráteis de nossos assuntos familiares, quero dizer-lhes de minha, de nossa alegria, com **a vinda de Célia ao nosso meio**. Foi uma graça divina a que Jesus nos dispensou no infinito de sua bondade e misericórdia! Desejam vocês, meus filhos, que eu lhes fale daquela noite de tamanha alegria espiritual para os nossos corações, mas também eu ainda me encontro confundido. Soube, no último instante, que receberíamos a dádiva, embora meu coração a estivesse adivinhando. Mas a iniciativa fora de Emmanuel e de Lésio Munácio para que sobre nossas pobres almas caísse o orvalho divino com mais intensidade. À hora de nos reunirmos, observei que todos me saudavam alegremente. Além dessas saudações carinhosas e amigas, recebia no âmago do coração as vibrações do afeto de vocês e isso me fazia sobremaneira feliz. Não faltavam, igualmente, numerosos espíritos sofredores e nem os nossos familiares desencarnados, que se mantinham a alguma distância, como se se conservassem em oração. Casimiro Cunha havia dito algumas palavras afetuosas na pauta dos seus versos musicalizados e já os observava em concentração, quando alguns sons divinos começaram a se fazer sentir de leve. Aos poucos cresceu a musicalidade da melodia, que era um hino terno, penetrando-nos o coração como uma brisa suave.

Escutava-lhes os acordes, comovido, refletindo sobre o melhor modo de dirigir a vocês a minha palavra agradecida, quando, ao longe, sobre as nossas frontes, desenhou-se uma estrela fulgurante, acompanhada de inúmeros pontos luminosos! O fenômeno me surpreendia! Anotava os menores detalhes atentamente, quando Emmanuel me fez saber que Célia participaria do nosso banquete de íntimas alegrias. As lágrimas então, meus filhos, me caíram dos olhos e, de fato, em breves instantes, a canção de muitas vozes harmoniosas e puras embalava-me os ouvidos. O nosso recinto iluminava--se de uma leve luz azulada, que parecia cheia de vibração e de vida! Em poucos minutos, o nosso anjo se corporificava tal qual as nossas recordações, as dos seus amigos desencarnados presentes, e deixava escapar para cada um de nós um sorriso luminoso e divino. Apesar da distância que nos separa dela, a nossa emissária de amor conhece todos os detalhes da existência atual de quantos se lhe ligaram no passado, através dos laços da vida. Célia recordou, conosco, o pretérito e, bem assim, as promessas feitas no Além, por todos nós ao seu espírito bem-aventurado, há pouco mais de cinquenta anos, relativamente a vocês, que chegavam ao mundo depois do papai amigo, e, mirando a paisagem onde a sua luz resplandecia para as nossas percepções espirituais, observou as vozes que cortam essas estradas, sentiu as árvores que são mães pelas flores e pelos frutos. Verificando todos os esforços realizados, ela compreendeu que o seu antigo pai havia cumprido a promessa do passado. Viu pouco de seu horto de outros tempos: aqui estava vivo aos seus olhos que recordavam, onde tantos pais e tantas crianças acham trabalho para a vida. Célia observava e o seu pranto divino de júbilo do coração se espalhava sobre nós, que sentíamos, na sua presença, o hálito santificador de Deus. A nossa festa era de lágrimas do coração, enviadas ao Senhor em orações de amor e de alegria! Enquanto isso se passava, em rápidos segundos, conseguia ela falar a vocês e isso me encheu o espírito de um santo contentamento! A certeza de um amor como o dela basta para resgatar todas as dores de uma vida.

Na Terra, eu não poderia compreender bem essa situação, porém aqui entendo a verdadeira essência das coisas e trago a vocês as minhas impressões legítimas e sinceras. Depois de sua palavra, em que pela bondade de Jesus e de nossos amigos espirituais, podiam vocês experimentar também os doces eflúvios e as santificadas emanações de sua presença, Célia deu-me o braço afetuoso, como o fazia em outros tempos, e que poderei dizer-lhes mais, meus filhos? O lápis da Terra é ainda pobre para traduzir uma emoção divina, mas por longos momentos de alegria espiritual perduraram os nossos júbilos do coração, porque todos os necessitados de alívio e de esclarecimento tiveram igualmente o seu quinhão de luz e de brandos consolos para o coração. Reproduzir-lhe as palavras ditas aqui, com a divina emoção de sua alma, não me será possível, mas, como eu próprio, vocês guardarão no íntimo uma impressão indelével.

Agora, meu caro Rômulo, meus parabéns a você, esperando que Jesus lhe aumente o cabedal de aquisições espirituais para o seu progresso contínuo, através de todas as circunstâncias. A luta terrestre, com as suas dificuldades, oculta imensos benefícios. Convenhamos que a notícia do Roberto não foi de molde a constituir um bom presente de aniversário, mas considero que o foi, nas minhas experiências de hoje, porquanto uma contrariedade pode ser portadora de muitos bens que não chegamos a analisar, devidamente, na primeira hora. Procurei auxiliá-lo, como me foi possível, todavia, apesar da cooperação espiritual o seu "francês" estava demasiadamente fraco em face de seu pouco interesse por um estudo mais meditado da matéria. Como sabemos, o nosso Roberto, ainda e sempre, deve ser objeto de nossa especial atenção em face de suas necessidades espirituais, incutidas por ele, sempre e sempre, em numerosas experiências do passado. Pouco atencioso para com os problemas gerais da vida em outras eras, muito já temos conseguido, graças à Misericórdia Divina, no capítulo da noção de responsabilidade no lar, precisando, porém, que continuemos a postos, na vigilância de sua personalidade, a fim de que a vida possa lhe trazer as mais salutares experiências. Continuarei a auxiliá-lo como sempre e espero que os queridos filhos, aliando a melhor paciência com a energia esclarecida, prossigam na mesma tarefa de dedicação por ele, em favor de sua iluminação. Jesus há de abençoar os nossos esforços. Agora, filhos, deixo-lhes o meu boa noite afetuoso de todos os dias. Antes, contudo, deixo a minha afetuosa lembrança para os netos e a recomendação ao Rômulo para que use amanhã o *Carbo Veg.* e o *Bryonia Alb..*

E quanto ao mais, meu filho, não se deixe vencer pelas perspectivas de dificuldades. O lar tem as suas tarefas sagradas e essas tarefas deixariam de ser proveitosas e abundantes em luz, amor e sabedoria se tudo se caracterizasse por uma facilidade muito grande. Guarde a palavra amiga do velho, pois dizendo desse modo só me impulsiona o meu grande e intenso amor por todos vocês.

Que Jesus os abençoe, concedendo-lhes as suas bênçãos, são os votos sinceros do papai que não os esquece,

A. Joviano

No sagrado instituto da família

Meus caros filhinhos, Deus derrame sobre vocês a bênção de amor, de modo que a paz seja sempre o sagrado patrimônio de nossos corações.

A data de hoje é de muitas recordações carinhosas para nós. Detenho-me na rememoração do passado e sinto-me feliz recordando que, instintivamente, tudo fiz por reunir-lhes os espíritos **no sagrado instituto da família**. Hoje, que sabemos melhor da solidez dos laços que nos unem as almas, podemos entender de modo mais profundo os dias do pretérito para extrair as lições de um passado ainda mais remoto.

A minha bondosa Maria está habilitada a compreender tudo, perdoando as nossas crianças, porque a verdade é que os nossos têm representado, de alguma sorte, um bando de pequeninos cheios de garrulice e de infantilidade. Graças a Deus, tenho agora, para todas as coisas da preocupação humana, o bom sorriso de quem sabe confiar em Jesus primeiramente. E é com esse sorriso de alegria que trago a vocês hoje o meu coração, esperando que o ritmo de amor e de tranquilidade que o dia 27 de dezembro assinala para nós continue sempre firme, no espaço e no tempo, proporcionando aos meus queridos muita felicidade espiritual.

Atrás de nossos passos vem a caravana dos afetos seculares, e também dos que se reuniram a nós, desde muitos séculos, com sentimentos contrários a esse mesmo amor, os quais saberemos transfundir em laços de simpatia e de amizade. Continuemos a nossa jornada para Deus.

Há incompreensão ao longo do caminho? As contrariedades nos visitam o coração? Isso é natural. Caminhemos sempre, conscientes do nosso dever cumprido. O lar não é um acidente nas estradas da vida sobre a Terra. Ele constitui uma conquista suprema, podemos afirmar assim, porque de todos os bens do mundo o lar é o maior de todos, ainda que em seu seio haja luta e provações, porquanto essas experiências são o prelúdio de um bem sempre maior.

Vendo-os, a ambos, amparados um ao outro no refúgio doméstico, sinto no coração um bem-estar indizível e rogo a Deus lhes conceda as mesmas possibilidades de sempre, de modo a intensificarem as aquisições definitivas do espírito. Essa faculdade de organizar uma ilha de remansosa tranquilidade no meio das ondas encapeladas do mar revolto do mundo é muito rara, e eu imploro a Jesus esteja sempre com vocês, multiplicando as suas energias para a conquista do Lar Maior, o lar definitivo da pátria espiritual, quando, um dia, nos reuniremos todos na mesma luz da realidade doce do amor. Lá não haverá mais ciúme, nem a incompreensão poderá tisnar as sagradas relações afetivas. Uma fonte de verdade pura fará jorrar das almas a ternura das afeições tranquilas e sinceras, e o veneno do mundo terá passado em seus efeitos para que em tudo resplandeça esse suave sol do amor que nós sentimos dentro do coração.

Deus abençoe a vocês, meus filhos, concedendo--lhes a continuidade das edificações espirituais. Vocês se uniram no mundo terrestre entre o Natal e o Ano Bom. Hão de viver sempre em festas perenes. Ficarão para sempre entre Jesus e a esperança, porque o Natal é a lembrança do Salvador e o Ano Bom é a esperança renovada. Continuem, como sempre, dedicados ao bem, operosos na fé, sentinelas leais da sinceridade. A existência vale pelas expressões espirituais com que sabemos utilizá-la e eu me sinto ditoso trazendo-lhes o testemunho afetuoso do meu amor de todos os instantes.

Muitas felicidades lhes desejo. Para os netos, meus votos de muita alegria nas comemorações familiares de Jesus e dos pais.

E deixando-lhes o meu amplexo carinhoso, sou o papai de sempre,

A. Joviano

Mensagens 1940

O contato afetivo

Meus filhos, Deus abençoe a vocês, concedendo-lhes muita saúde para as lutas da vida e muita paz ao coração, contando certo que Jesus lhes concederá muitas felicidades na realização espiritual no transcurso de todos os dias de 1940.

Aqui não tenho mais que contar os anos como fazia na Terra, mas é muito agradável para o meu coração a lembrança amiga de nossas tradições familiares e das nossas alegrias mais íntimas.

Venho falar-lhes do nosso Roberto, como é necessário, aconselhando, de acordo com a opinião dos nossos amigos receitistas do plano espiritual, que ele faça aplicação de *água iodada*, duas vezes diariamente, para prevenir as inflamações da garganta. Sobre o olho adoentado, será conveniente aplicarmos duas massagens ao dia da *Pasta do Dr. Zambelleti*, a fim de observarmos se a inflamação chega a ceder inteiramente. Em caso contrário, resolveremos quanto a outro tratamento, aconselhando, contudo, que os medicamentos para uso interno já receitados devem continuar em aplicação metódica para o bem de seu equilíbrio orgânico de modo geral. Dentro da esfera de nossos recursos, auxiliá-lo-emos com todas as possibilidades espirituais ao nosso alcance. Quanto ao mais, filhinhos, continuo junto de vocês com a afeição paternal de todos os momentos. Regozijo-me em Jesus pela possibilidade desse permanente **contato afetivo** e não sei como exteriorizar o meu agradecimento ao Senhor. Novamente na vida espiritual, muito tem recebido o meu coração com o auxílio espiritual de vocês e sinto-me ditoso, porque uma gota do bálsamo de um amor sincero basta para curar todas as dores nascidas das recordações da vida humana. Esse traço divino de nossa perene união espiritual constitui para o meu espírito uma enorme alegria, alegria que é esperança no futuro, fortaleza nos trabalhos novos, poder de perseverança na mesma fé que remove os obstáculos da estrada, para que possamos sentir a vontade de Deus na Sua divina plenitude.

Há pouco tempo, meu caro Rômulo, você recordava o meu passado no mundo e falava daquela escrava santificada na dedicação e no sofrimento. Hoje, meu filho, sei dos laços que nos unem ao seu grande coração e é nessa trama do pretérito remoto que palpitam as origens profundas dessas abnegações santificantes. A velha Tiana não era mais que a mãe de Neio Lúcio, então em provações aspérrimas para concluir a última conta do rosário de lutas de sua redenção suprema no plano espiritual! Bela doutrina a nossa, que ensina a devassar o horizonte sombrio para encontrar a estrela perdida na escuridão espessa do mundo, maravilhoso pensamento divino que nos faz andar longe, buscando nos escaninhos do passado os afetos mais sublimes e mais puros, para catalogá-los no íntimo, enfileirando-os de novo no altar sempre iluminado do coração. Mas, por hoje, fiquemos por aqui. A nossa oportunidade será sempre formosa e infinita se bem soubermos andar sempre com a vontade de Deus, nas lutas do caminho.

Lembranças aos netos, rogando a Deus que os abençoe. Um beijo à Wanda, dizendo-lhe de minha satisfação ao vê-la procurando ansiosamente a escala perfeita para os princípios de base musical.

Deus os proteja e abençoe.

E deixando-lhes o coração comovido pelo amor e pela saudade que é esperança, abraça a vocês, num só amplexo afetuoso, o papai muito amigo,

A. Joviano

A lembrança de Célia

Meus caros filhos, Deus os abençoe, concedendo-lhes muita serenidade ao lar e ao coração.

Venho com a minha visita rápida testemunhar-lhes a presença carinhosa e amiga de sempre. Antes de tudo, minha prezada Maria, renovo o meu abraço de parabéns pelo seu aniversário. Apesar de não me haver referido a isso nas palavras escritas da nossa reunião de 10, recomendei ao nosso amigo transmitir a você o meu afetuoso pensamento. Como você sabe, não tenho mais o telégrafo material, porque, se assim fosse, todos de casa teriam de enviar a você o coração. Mas, como reconhecemos, melhor é conhecer e sentir que presumir saber com os preconceitos do mundo. Deus nos ajudará a ver restabelecidos um dia os laços afetivos daqueles que não nos podem compreender.

Outro motivo da minha visita de hoje é o tratamento dos olhos do Roberto. Estou muito satisfeito com o êxito da pasta aconselhada, porquanto o resultado é o melhor possível. Quanto ao Rômulo, o olho adoentado (exteriormente) tem colhido os mais altos benefícios, porém deverá fazer as massagens, conforme observação do nosso amigo receitista, somente 3 vezes na semana, de ora em diante, 3 ou 2 vezes. O Roberto pode e deve prosseguir com o tratamento normal.

De cá, meus filhos, tenho procurado sempre estar com vocês, como me é possível. Espíritos amigos nossos se sentem eminentemente jubilosos com o breve aparecimento de nossa singela história. A propósito disso, meu caro Rômulo, quero que você dê um exemplar à Wanda e outro ao Roberto, dizendo-lhes que é da parte do vovô. Peço mesmo a você que escreva uma dedicatória em meu nome. Considero **a lembrança de Célia** o melhor tesouro que poderei dar aos entes mais amados. Se os nossos aceitassem a recordação com vibração íntima, havíamos de estender o oferecimento. Todavia, isso ainda não é oportuno. De todo o bloco afim conosco, ainda é Wanda quem aproveitará melhor a dádiva, com exceção de nossa irmã Júlia, é claro, que se encontra dentro do nosso grupo como parte integrante e definitiva. Mas a questão é de tempo e temos de aproveitar o que Deus nos deu, a fim de que os outros o aproveitem também no futuro. Sigamos confiantes em Jesus e Deus nos ajudará, multiplicando as nossas energias no esforço de sempre.

Deus os abençoe.

Deixando-lhes o abraço afetuoso de todos os instantes, sou o papai que nunca os esquece,

A. Joviano

O Horto de Helvídio

Meus caros filhos, Deus os abençoe, conservando o coração de vocês nas vibrações da saúde e da paz.

Venho trazer-lhes a minha visita afetuosa, de conformidade com os antigos hábitos espirituais. Tenho cooperado, dentro de minhas possibilidades, em favor do esclarecimento dos nossos amigos Rocha. Ainda na última reunião de orações, na noite de anteontem, esteve presente o velho Alfredo para considerar o desencanto das vaidades da existência humana.[1] Todos os nossos amigos vêm cooperando com seu reerguimento espiritual, de modo que a solicitude carinhosa da filha lhe possa conquistar o coração. O apostolado de Zélia tem sido um trabalho santo. De minha parte, venho procurando movimentar todos os recursos de minha amizade em benefício de seu esclarecimento. Se grande é sua rebeldia, na lembrança do homem de negócios que foi sobre a Terra, muito maior é a misericórdia de Jesus, que não nos desampara. Logo que oportuno, virão Albino e

---

[1] Nota da organizadora: Alfredo Rocha era tio de Francisca, a esposa de Arthur Joviano. Foi um dos fundadores da Companhia Nova América de Tecidos, em Del Castilho | RJ.

Zulmira, de modo que possam abeberar de nossa fonte de simplicidade na crença e de fé no poder e na misericórdia de Deus, esclarecendo-se igualmente os seus espíritos, bastante desalentados ainda no plano da vida espiritual. Que os meus prezados filhos continuem com a mesma dedicação de sempre nas preces. Deus os fortaleça, concedendo a vocês o máximo de confiança e de paz.

Sobre a Wanda, minha bondosa Maria, o receitista se manifestará na presente reunião. Diga-lhe que não se impressione muito com o caso das espinhas, tão natural na sua idade de desenvolvimento físico.

Relativamente ao Roberto, compreendo o sacrifício de vocês ambos na solução de seus problemas educativos. Excessivamente despreocupado, grande é a quota de carinho que as lições exigem de vocês para que ele não perca as oportunidades de uma base sólida. Espero em Deus que o seu coração nos compreenda e nos ouça os apelos, porquanto não lhe faltam os valores intelectivos exigidos a uma formação de inteligência firme e segura, com vistas ao seu porvir de homem na vida material. São lutas, meu caro Rômulo, do presente com o passado e entre o futuro e o pretérito. Deus não nos falta nunca com as ótimas oportunidades de valorização do tempo. O nosso Roberto tem tido outras experiências, outros débitos, além daqueles que vocês, ou que, aliás, nós já conhecemos. Essa indiferença pelo lado sério da vida terá, porém, de desaparecer, a fim de que o vejamos vibrando com o cumprimento de seus deveres no caminho do homem de bem. Deus não nos faltará com a Sua bondade e com a manifestação de Seu amor infinito, auxiliando-nos os corações na tarefa empreendida.

De minha vida espiritual, prossigo com os meus estudos novos, ignorando como agradecer a Jesus tantas graças! Vocês são os meus companheiros de alegria nesse particular. Separados pela carne, não nos encontramos distantes uns dos outros pelo espírito e pelo sentimento. Se tudo passa na Terra, se aí não somos senhores de coisa alguma, porque todos os patrimônios pertencem a Deus, sou muito feliz verificando que o pequeno lugar que denominamos, temporariamente, **Horto de Helvídio**, há produzido tantos benefícios espirituais, imitando aquele outro horto do passado, que ficou a distância.[2] É certo que todas as paisagens e coisas da Terra se modificam na passagem incessante do tempo. Como o "Horto de Célia", o "Horto de Helvídio" terá de passar um dia, mas as expressões materiais que passam na luz e no amor elevam-se ao Infinito para constituírem a nossa paisagem da Eternidade, nos perenes caminhos evolutivos.

Que Deus os abençoe, meus filhos.

A todos, o meu amplexo afetuoso e cheio dessa saudade que não mais se inquieta e nunca mais será triste, porque cheia de esperança na providência de Jesus.

E para vocês, meus filhos, deixa-lhes o ósculo de cada dia o papai da Terra que nunca os poderá esquecer na vida do Infinito.

A. Joviano

---

[2] Nota da organizadora: o "Horto de Helvídio" refere-se à pequena propriedade rural adquirida por Rômulo e Maria. Arthur Joviano faz comparações com o "Horto de Célia", em Alexandria, mencionado ao final do livro *50 anos depois*.

Nota afetuosa

Meus caros filhos, Deus proteja a vocês, abençoando-lhes o lar e o coração.

Aqui estou. A visita é sempre a mesma **nota afetuosa** de sempre. Sim, que a ventura de nos reencontrarmos é sempre uma claridade branda de doce alegria no mais íntimo do coração.

Use os remédios aconselhados, minha bondosa filha, e verá que, com a permissão de Jesus, você se sentirá mais forte. É, de fato, um resfriado, que se faz igualmente acompanhar de outras pequeninas perturbações que passarão com a prática dos conselhos indicados agora.

Quanto a você, Rômulo, acho-o melhor e mais forte. Depois quero ver se conseguirei indicar a você um bom remédio contra a facilidade de se resfriar. Será um preventivo. O nosso amigo receitista está dando uns passes em Maria e espero em Deus que isso passará depressa.

Peço-lhes dizer a Roberto e à Wanda que desejo a ambos o melhor êxito no ano entrante. Espero que continuem com os mesmos esforços de sempre, contando certo com a dedicação do Roberto, a fim de que não perca um novo ano. Tenho observado as lutas da Maria no ensino do "francês", recordando as aulas, e rogo-lhes dizerem ao neto de minha esperança no seu bom aproveitamento quanto às lições maternas. Conservo a mesma confiança constante em ambos, não me cansando de pedir a Jesus que os abençoe e proteja em todas as ocasiões da vida, como se faz necessário.

Hoje, filhos, muito nos temos recordado de Jesus, em face da vibração dos sentimentos gerais nas esferas mais próximas da Terra, na lembrança de seus exemplos de fortaleza, de ânimo, de amor e de resignação. Em tais reminiscências, costumamos nos reunir igualmente nas afinidades dos sentimentos amigos e nessas reuniões sacrossantas recebemos profundas mensagens dos planos espirituais mais elevados, apenas com a diferença de que, para a sua recepção, não precisamos de um médium particular, mas sim da união de todos os pensamentos e ideias para a concretização dos elevados fins a que nos propomos atingir.

Com a graça divina, recebemos em nosso meio a palavra de Célia, cuja grandeza espiritual tem a mesma nota de amor que aquela que experimentam no ambiente humano, quando de nossos reencontros pelo intercâmbio espiritual. Sua palavra amorosa e lúcida nos fala que, em face dos desvairamentos humanos, Jesus ainda deve estar para nós todos como naquela hora amargurada de Getsêmani, em que o seu suor era mesclado de sangue, dentro da agonia íntima que lhe devorava o coração magnânimo e misericordioso.

A verdade é que sentimos o seu ideal humilhado em cada homem que tomba e em cada coração materno que chora. Sim, a palavra de Célia está cheia de sabedoria. A data de hoje recorda as sombras das oliveiras de Jerusalém e o mundo também está em pesadas sombras: lembra os discípulos mais amados que dormiram enquanto o Mestre orava e chorava, e os homens da ideia religiosa parecem agora dormir um sono mais profundo. Rememora as exprobrações e as lágrimas do Cristo, e a atualidade é bem aquele quadro em que a sua palavra sagrada e profunda repetia as lamentações de Jeremias, ante o desregramento da imensa Jerusalém humana.

Célia diz bem: "Jesus continua suando sangue e derramando lágrimas de dor em Getsêmani". Lembremo-nos dele, filhos, e ao fazê-lo abracemo-nos ainda mais no amor que nos reúne. Unamo-nos na fé, meditando nas luzes do imenso porvir que nos aguarda, no caminho da vida imortal.

Sinto-me feliz, como sempre, e como você está fazendo atualmente, meu caro filho, mergulho também o espírito no estudo do Cristianismo e, não obstante a ausência da carne, sinto que é indispensável a mobilização de minhas energias na renovação do meu aprendizado espiritual.

Boa noite, filhinhos!

Deus permaneça com vocês todos. Esse é o voto de sempre do meu coração e a rogativa continuada que faz ao plano superior por todos vocês, o

Papai

A palavra de Célia

Meus queridos filhos, Deus abençoe a vocês, concedendo-lhes o máximo de tranquilidade ao lar e ao coração. Como de outras vezes, estou presente e quero assinalar a minha costumeira satisfação por vê-los fortes e felizes.

Acredito, minha filha, que o Roberto regressou aos estudos com melhores disposições e com novas bases, mais promissoras e mais seguras. Isso nos conforta, porquanto bem conhecemos que a sua possibilidade de concentração interior, em determinada expressão dos esforços escolares, não é tão grande, como seria de desejar. Considero, entretanto, que os resultados do ano findo tiveram a virtude de renovar os seus próprios valores. Na oficina de lutas da vida, quase sempre tudo é assim para a alma em aprendizado. Somente após uma experiência desagradável há disposição bastante para a segurança no rumo certo.

Quanto à sua saúde, Maria, acho melhor que você use o *Spongia*, alternado com o *Bryonia* e *Carbo Vegetalis* por algum tempo. Isso será útil para o bom funcionamento de seu aparelho gastrointestinal.

Quanto ao Rômulo, ainda hoje não trago a indicação do reconstituinte prometido, de modo a afastá-lo da excessiva tendência a gripar-se. No entanto, prometo trazer em breves dias a indicação que desejo.

Na parte referente ao meu progresso espiritual, prossigo, graças a Deus, enriquecendo o meu patrimônio, sob a proteção amiga e providencial de nosso anjo. Sinto que a alma bondosa e pura de **Célia** tem-se rejubilado com as vibrações de amor que já tem recebido da Terra, mesmo antes da publicação de sua história edificante e divina. O romance de sua exemplificação, adaptado ao sentido da literatura moderna, a nosso ver, terá de reerguer muitas almas, fortificando na fé a imensidade dos corações. Para o meu pobre espírito, tudo o que vem de seu ensinamento divino é uma continuidade sagrada do Evangelho de Jesus.

Eis a razão, meus filhos, por que nos sentimos tão felizes, por que a nossa ventura não reside só em sabermos ou guardarmos o conhecimento no instante da saúde e da tranquilidade, mas pelo grande motivo de nos sentirmos preparados para a vontade de Deus, em todas as lutas ou esforços, para os quais nós sejamos achados dignos. (Os choques da luz elétrica, se não desorganizam as nossas possibilidades em certas circunstâncias, quase sempre nos roubam a continuidade de ambiente harmônico, imprescindível ao trabalho espiritual).[1] Mas, como lhes dizia, é por essa razão que me regozijo, experimentando no íntimo uma esperança nova, sabendo valorizar o tempo na sua divina excelsitude.

Assim, pois, filhos, deixo vocês na paz de Jesus e na paz de Célia. Que essa doce serenidade se reflita no espírito de ambos, fortificando-os, cada vez mais, para o bom trabalho com o Cristo. É o desejo do papai que nunca os esquece em seu constante amor,

A. Joviano

---

[1] Nota da organizadora: faltou energia elétrica na sala da reunião.

Votos de boas-vindas

Meus filhos, trago-lhes os meus **votos de boas-vindas** e a minha prece de agradecimento a Jesus pela excelente viagem que fizeram. Graças a Deus, tudo correu normalmente. A excursão foi um tônico para vocês. Novos amigos, novas expressões de carinho, novos motivos de reconhecimento a Deus e, isso tudo, meus filhos, é a riqueza sublime do espírito!

Por diversas vezes, estive junto de ambos nas paisagens visitadas e justificava a alegria de vocês, porque, de fato, os valores espirituais que encontraram são muito grandes aos nossos olhos. A viagem, Rômulo, fez a você um grande bem! Foi como se fora uma válvula, por onde muitas forças contrárias do mundo psíquico desapareceram. Você compreende. Os trabalhos aí no mundo, por vezes, vão operando uma certa estratificação de dissabores e é indispensável que novas razões de amá-los se estabeleçam em nosso íntimo. A exemplificação e o esforço dos que vivem isolados é sempre um grande consolo para o coração incompreendido nas tarefas materiais. Eis o motivo pelo qual você muito lucrou com a nova provisão de amizades puras e sinceras.

Os netos, graças também a Deus, vão me proporcionando grande contentamento. O Roberto vai indo bem e a Wanda sempre melhor, prodigalizando-nos, ambos, as melhores esperanças ao espírito.

A tarefa de preparação moral dos filhos que Deus nos concede ao instituto familiar é transcendente demais para que desejemos solucioná-la tão-só com os nossos bons desejos. Por isto sei do esforço de vocês e do quanto de sacrifício que ele exige da dedicação.

Da entidade santificada de Célia só lhes posso dizer que as suas bênçãos continuam sobre as nossas almas. Nada poderíamos desejar de melhor das concessões divinas. Nos dias que passam, o seu amigo Seggie encontra-se em missão espiritual, junto de uma verdadeira legião de companheiros abnegados, na Grã-Bretanha, assistindo antigas amizades do pretérito nesta hora solene da Inglaterra. Tenho surpreendido muitos espetáculos amargos e na esfera espiritual em que vivemos as impressões penosas não são menores que as que se experimentam aí no mundo, apenas com a diferença de que aqui os acontecimentos são examinados sob a claridade da absoluta confiança em Deus, cujos desígnios são inescrutáveis.

Por hoje, filhos, deixo a vocês o meu abraço afetuoso de todos os dias.

Você, Rômulo, deve continuar com o reconstituinte e Maria deve também usar a sua homeopatia costumeira.

Deixando-lhes, pois, a minha afeição de sempre, pede a Deus pela paz e saúde de vocês o coração muito amigo do

Papai

O velho avô sente-se bem

Meus caros filhos, Deus os abençoe, concedendo-lhes muita paz aos corações. Venho felicitá-los com o meu boa noite pela reunião amiga.

O velho avô sente-se bem, naturalmente observando os netos queridos no descanso do lar, entre os trabalhos escolares. É a parada do repouso em que o calor doméstico refaz as energias. Sinto-me bem, observando-os reunidos e bem dispostos. Esse é o templo familiar que a sociedade humana conhecerá no grande porvir: os corações irmanados no mesmo pensamento do bem, as aspirações centralizadas num idealismo único e o amor pontificando sempre nas menores circunstâncias da vida. É através desse sublime caminho que a criatura terrestre alcançará uma existência melhor. A nossa grande fortuna, a que não perece, e cujos valores intrínsecos são inalienáveis, é essa da fé e do conhecimento espiritual com base nos santificados laços espirituais.

Felicito-me por abraçar a Wanda e o Roberto. Apesar da gripe, o Roberto apresenta boas disposições orgânicas e acreditamos que, em breves dias, estará radicalmente restabelecido para bem aproveitar a paisagem de sua predileção, naturalmente com o interesse habitual pelos assuntos avícolas. A Wanda, igualmente, está bem disposta. Seus estudos prosseguem com as proveitosas características de sempre, acrescendo o problema do piano, que vai sendo brilhantemente solucionado pelo seu grande e abençoado esforço. É com a alma jubilosa que agradeço a Deus tais favores, pois, daqui, meus filhos, a Providência Divina se revela ao nosso espírito com demonstrações mais diretas, empolgando-nos o coração. O homem que passa despreocupadamente no caminho comum não vê a flor que lhe enfeita a passagem, o vento que atenua os rigores do sol, a árvore frondosa que estende a sombra amiga. Tudo isso é um detalhe da habitação terrestre que lhe foi concedida pela magnanimidade do Todo-Poderoso, mas aí no mundo nossas almas costumam dormir o sono pernicioso da indiferença para com as bênçãos divinas. Nossos caprichos individuais são invariavelmente o centro de nossas cogitações e não sentimos a escola bendita que nos proporciona luz e pão. Aqui, entretanto, o cenário se modifica. É a vida real que se nos revela com a sua grandeza inimitável! A misericórdia de Deus torna-se algo palpável, impressionando-nos os sentimentos mais profundos! Eis, por que, observando a reunião de vocês, experimento tão singular alegria! Que Deus nos prodigalize a Sua luz em todas as características do aprendizado a ser levado a efeito pelo nosso esforço, são os meus sinceros votos do mais íntimo do coração.

Você, meu caro Rômulo, esteja certo de minha contribuição com o desdobramento de seus trabalhos. Sempre que possível, estou ao seu lado auxiliando-lhe as atividades, dentro dos meus singelos recursos. Com a bondade divina, muito tenho conseguido, e rendo graças aos que nos orientam o destino de um plano mais alto. Aos nossos irmãos presentes, deixo minha saudação muito afetuosa, desejando-lhes imediato restabelecimento de saúde física. E deixando a vocês, meus filhos, o coração amoroso de sempre, sou o papai que nunca os esquece,

A. Joviano

Os que realizam e os que criticam

Meus caros filhos, Deus os abençoe, prodigalizando-lhes ao coração as Suas dulcificantes bênçãos de luz e paz.

Venho falar-lhe hoje, meu caro Rômulo, de suas preocupações e de suas preces. Tenho estado com você, desanuviando-lhe o horizonte mental. Como você não desconhece, no caminho da vida marcham **os que realizam e os que criticam**. E os companheiros da estrada estão sempre prontos a examinar, mas nem sempre dispostos às realizações. A situação na Terra ainda por muito tempo será invariavelmente essa e os discípulos sinceros do trabalho com Jesus terão de padecer as dificuldades numerosas do caminho. Ainda aqui deveríamos lembrar a palavra do Cristo aos fariseus que o interpelavam: "Por qual de minhas boas obras me apedrejais?"

Infelizmente, o Planeta ainda é um imenso ninho de sentimentos pouco dignos. Há sempre energias geladas para a edificação, mas uma vontade constante e ardente no esforço destrutivo. Para conduzirmos a construção evangélica, em meio a tantas tempestades, é que compulsamos a exemplificação de Jesus, nas suas lições que constituem o livro da vida espiritual.

Tenho felicitado a mim mesmo pelas suas atitudes: calma digna, serenidade inquebrantável, sinceridade plena e disposição fraterna. Esses quatro fatores são muito importantes para a execução de trabalhos nobres da vida.

Vê, você, hoje, com o sentido espiritual da responsabilidade evangélica, quanto é difícil amparar, preservar e defender um fragmento de terra, quase insignificante. Um pequeno horto fornece, na atualidade, ao seu espírito como é terrível a direção de um reino. Medite nisso, meu filho, e prossiga no seu abençoado esforço de reformas internas. Trilhando agora um novo caminho, desejo também aprender essa fidelidade ao Todo-Poderoso, que vem sendo o tema de nossos programas espirituais no Infinito, com a fraterna cooperação de Emmanuel, nos planos onde a vida continua fora da Terra. As tempestades passam. Depois delas há sempre uma experiência generosa a ser aproveitada. Tudo na vida, meu filho, tem substância para o patrimônio do espírito. Avança com a sua sincera boa vontade e apreenderá, continuadamente, os melhores ensinos no livro aberto das almas. De qualquer maneira, você faz muito bem em confiar no meu amor, porque, ao lado daqueles que nos regem os destinos espirituais, nunca lhe esqueço o coração. Opere, medite, trabalhe, prossiga sem desfalecimentos, e que Jesus o abençoe.

O cenário de quem deseja trabalhar sinceramente no mundo é quase sempre este: sacrifícios, incompreensões, pesares e dissabores inúmeros na pauta dos hábitos humanos. E isso se verifica porque o operário leal tem contra ele a volumosa bagagem do mal, que tudo faz por permanecer. E nós sabemos que seguir a norma comum é sempre fácil, entretanto, tudo é difícil para quem deseja modificar a cartilha geral. Também eu administrei e sei o que constitui a sua tarefa. Na esfera dos órgãos diretores, encontram-se os que não desejam ser incomodados, nem ultrapassados em qualquer ponto de vista particular. E no centro dos que são dirigidos há sempre os que estão invariavelmente prontos para o gozo dos benefícios, mas pouco dispostos ao esforço real pela sua aquisição. E além desses contrastes há o aparelho da fiscalização, onde o espírito inquisitorial examina todas as nugas, colocando sobre qualquer insignificância as lentes da má-fé e da gratuita perseguição. Junte-se a isso o gosto da crítica, o prazer da maledicência, a insegurança das dedicações oportunistas, a mania da humilhação aos que sejam sinceros, as irritações, os atritos, os que se inclinam para o repouso sem a observância do labor imprescindível na hora da tranquilidade, e que se arvoram em censores no primeiro momento das dificuldades, e você vê que na intimidade de tal máquina o coração de um administrador sincero terá de ser torturado, manietado, humilhado e ferido. Este é o quadro mundano. Mas é preciso lembrar o Cristo que numa administração muito superior, e em nada comparável a qualquer esforço terrestre, sentiu tudo isso e ainda como único prêmio do mundo teve a cruz do martírio.

Recordemos o Evangelho e consolemo-nos. O essencial é caminhar com o bem em Jesus Cristo.

Relativamente à próxima viagem, tudo farei por auxiliar a vocês, desejando que façam uma bela colheita de alegrias. Não se esqueçam das providências relativamente à saúde física.

E agora, meus queridos, devo deixar o ponto final nesta carta íntima. E, fazendo-o, deixa-lhes o coração sincero e afetuoso o papai que nunca os esquece.

A. Joviano

No velho ambiente dos nossos livros

Meus filhos, Deus abençoe a vocês, conceden-do-lhes paz, saúde e luz.

De volta ao lar, festejo o regresso dos corações ao santuário de nossas preces sinceras. Várias vezes estive na companhia de ambos, auxiliando-os na solução dos proble-mas pequeninos, não por que eu possa coisa alguma, mas porque os amo e o amor pode muito em toda situação.

No dia de suas meditações **no velho ambiente dos nossos livros**, meu filho, eu estive com você e, passo a passo, acompanhei o carinho de suas recordações. Indireta-mente, quis fazê-lo sentir a precariedade da vida humana e a grandeza de esforço.

Você me compreende quando me exteriorizo assim. Quero referir-me ao sentimento de proveito dos bens reais da vida e nós, que tanto havemos trabalhado na aquisi-ção das experiências espirituais, observamos que são muito poucos os que se interessam pelos ensejos de espiritualização. Entretanto, tudo está em posição natural. A Sabedoria Divina tudo dispôs com êxito e profunda harmonia. O caminho de alguém que muito estude e muito se aplique dá ideia da magnanimidade do Criador. Observa-se que no mesmo caminho passam criaturas distraídas e indiferentes, porém bastou que uma alma só desejasse a luz da estrada para que Deus a socorresse com centenas de livros amigos, com aluviões de experiências úteis e de sagradas oportunidades, onde o espírito encontre a beleza da exemplificação.

Minha palavra para o seu coração é a da afeição dedicada e fiel. A outros eu deveria me manifestar de outra forma, pois a Sabedoria Divina nos ensina que somente devemos dar a alguém aquilo que lhe seja útil. E eu vejo a utilidade de nosso intercâmbio sincero de coração para coração. Os elos que nos unem não estão circunscritos a uma cadeia estreita de tempo, mas sim perdem-se na sucessão de tempos infinitos. Você e Maria têm andado altamente unidos ao meu espírito no escoar de existências incessantes. Através dos erros, em que procuramos acertar, temos constituído o triângulo da energia, onde alguns companheiros de eras remotas vêm repousando nas experiências proveitosas até que a redenção se faça, luminosa, no âmbito geral. Cada grupo tem essas figuras de força que atraem os demais componentes para a regeneração final. Aquele grande bloco de criaturas, sob o nosso cuidado, há tantos séculos, muito há exigido de nossas forças.

Do outro lado, vemos o grupo de Júlia Spinter igualmente aureolado pelas ânsias da redenção. Cada elemento integrante de nossa grande família espiritual recebe esse impulso de esperança sagrada para o Mais Alto. Depois de me externar sobre isso, perguntará a nossa boa Maria qual a sua posição e eu lhe direi que o seu coração é daqueles da base, onde o triângulo repousa para conseguir uma ação com Deus. Ela é a força em si mesma, proporcionando a você, meu filho, as experiências mais perfeitas a caminho da redenção ou iluminação final. É o nosso grande e profundo caminho!... Quantos séculos de aproximação e de dor, de dificuldades e de quedas, de angústias e de esperanças supremas e fracassadas? Só sabemos que penetrando o coração aí encontramos a enseada de uma paz que o mundo não pode roubar: a paz de quem ama profundamente, de quem se sente nos braços uns dos outros, apesar da tempestade e da noite. Esse é o cimento divino da felicidade das almas, é o reconhecimento santificado e eterno ao Deus de bondade, ao Pai que nos uniu. Somos, pois, como criaturas que alcançaram uma ressurreição perene. A única morte é a morte do espírito nas correntes pesadas do mundo. Mas nós sentimos que somos corações em voo para uma vida maior. Eis, nisso tudo, meus filhos, a nossa ventura real, inacessível a todos os malfeitores e traças dos caminhos obscuros da Terra.

Deus os abençoe.

Para a sua saúde, minha filha, use alternadamente o *Gelseminum* e o *Ipecacuanha*, de 5ª. Dois dias bastarão. Em seguida, embora deva prosseguir no tratamento que lhe foi aconselhado, será útil que faça uso da tintura-mãe de *Nux-Vomica*, como o Rômulo, o que fará grande bem ao seu organismo.

Agora, filhos, deixo-lhes o meu abraço para os netos e desejando-lhes todos os bens, junto de vocês e sob as bênçãos de Deus, sou o papai que pede a Jesus pela paz de todos.

A. Joviano

Sangue, água e amor

Meus caros filhos, Deus os abençoe, concedendo-lhes ao coração muita paz.

Venho para a nossa prece de sempre, rendendo a Jesus o habitual agradecimento. Esse sagrado intercâmbio espiritual é a corrente da vida. No organismo humano, o **sangue** é a força vital em circulação da vida. Na Terra, a **água** é o elemento que faz a ressurreição de todas as energias, em movimento incessante. No Infinito, é o **amor** a doce e eterna luz em circulação no ilimitado da existência. É nessa corrente sublime, meus filhos, que deixo navegar o barco de minha esperança, vindo até vocês para conseguirmos falar de tudo o que é espiritual e divino.

Muitos dos nossos estão adormecidos nas margens. Aquelas sereias imaginárias que costumavam, segundo as lendas mitológicas, adormecer os viajantes, para nós outros são seres quase reais. Elas representam os múltiplos enganos do mundo, no entanto, nós, que já sentimos a ventura de haver penetrado o movimento da corrente da vida, não nos mortificamos por eles, porque não ignoramos que todos somos de Deus e guardamos a cariciosa certeza de que o sol do amor divino saberá impulsionar o toque de reunir no momento oportuno. Assim, deixemo-nos ir no caminho da fé, sob as bênçãos sacrossantas de Deus. Cada dia é uma fração da divina viagem. Felizes de nós que podemos observar as belezas do caminho, como quem admira a excelência da sabedoria daquele Pai amoroso que não nos esquece em tempo algum. Seu "Horto", meu filho, vem nos oferecendo ensejo a muitas alegrias! Não poucas vezes acompanho vocês até ao local predileto de pensamentos e repouso, junto das águas, e me sinto ditoso por vê-los tranquilos e felizes. De vez em quando, contemplo com vocês as tintas da tarde e quando as primeiras estrelas refletem nas águas o seu brilho amigo e caricioso eu peço a Deus por vocês, rogando-Lhe que conceda ao coração de ambos a mesma faculdade do líquido cristalino, reproduzindo a contextura dos astros do céu.

A tenda humilde e tosca recorda o apartamento de Célia em Alexandria. Não foi em vão que vocês quiseram tocar o ambiente de uma simplicidade pobre e austera. Tudo tem sua razão de ser. O "Horto de Helvídio" tem essas recordações cheias de um sentido secreto que nós hoje, apenas hoje, podemos compreender. Louvemos a Deus que nos concedeu tamanhas alegrias e que a Sua bondade infinita nos abençoe.

Você, minha boa Maria, está algo resfriada. Espero em Deus seja manifestação insignificante no capítulo do equilíbrio orgânico, mas deve usar, ainda hoje, uma xícara pequena de água com 5 gotas do *Aconitum Nap.*. Se for necessário, então, receberá amanhã nova indicação.

Quanto a você, Rômulo, o caso do reumatismo exige mesmo um pouco de *Salicilato* de vez em quando. É preciso resignarmo-nos às contingências do plano físico e dar ao corpo aquilo que constitui solução às suas necessidades.

Buscarei amparar a saúde dos netos, minha querida filha, dentro de todas as minhas facilidades de espírito, e que Deus me ajude.

Digam à Wanda que lhe tenho apreciado as notas, com as quais estou satisfeito, contando com a certeza, porém, de que venham a melhorar cada vez mais, na esfera de todos os seus recursos de alma excelente.

E por hoje, filhos, vou me despedir. Ainda necessito ir a casa, de modo a levar à nossa Martha a cooperação indireta de sempre para a execução de sua tarefa espiritual.

Que Deus nos acolha todas as esperanças no Seu divino coração de Pai, conservando-nos os bens da paz de espírito. É a prece muito sincera do papai,

A. Joviano

O batismo da luz

Meus filhos, Deus esteja com vocês, proporcionando-lhes muita paz ao coração.

Venho trazer-lhes a saudação afetuosa de sempre, renovando os meus votos pela tranquilidade geral. Senti grande alegria pela possibilidade que Jesus nos concedeu relativamente à iluminação espiritual do nosso amigo Albino.[1] Essas conversões não são fáceis e houve um grande trabalho espiritual para que ele pudesse vislumbrar o caminho a seguir. Tantos anos, meu caro Rômulo, passaram sobre a desencarnação de seu avô e apenas agora recebe a sua alma **o batismo da luz**. A grande lição a extrair-se é a de que o tempo, numa escola como a Terra, deve ser valorizado em sua justa expressão por todas as formas suscetíveis de intensificar o nosso progresso. Dentro dessa concepção, o passado e o futuro quase passam a não existir, porque são as margens de um só caminho e esse caminho é o presente do espírito. Eis, pois, por que me regozijo tanto em observá-los no esforço de valorização da oportunidade real na aquisição de bens eternos. A alma, quando desperta para esse bom trabalho, conta

---

[1] Nota da organizadora: refere-se a Albino Rocha, avô materno de Rômulo.

os dias com expressão de ânimo glorioso. É que se sente ainda ao que é verdadeiro em Deus e as notas propriamente do mundo podem ser úteis e proveitosas, mas passam a não ser consideradas como essenciais. O coração como que descortina a estrada da paz real e por preço algum se sente disposto a se afastar dela. O serviço dedicado ao que é divino traz essa beleza oculta. A preocupação de conhecimento é uma tarefa santificada e alegre, e a insaciabilidade do espírito na absorção do que vem do Alto é uma sede bendita, porque vem dos planos mais elevados da vida. Sinto que vocês têm vibrado com minha pobre alma nesse particular, e estou feliz. Posso dizer "graças a Deus" com o íntimo enriquecido por uma grande paz, cheia de esperança!

As crianças, minha boa Maria, vão passando regularmente. Tenho cooperado, dentro de minhas possibilidades espirituais, pelo restabelecimento de ambos. Entretanto, como você sabe, o início da nova estação oferece ensejo a resfriados constantes, mesmo aos organismos mais fortes.

Aconselho-lhes a se precaverem contra a gripe evitando os golpes de ar frio sobre a caixa torácica, até que a estação se encontre mais adiantada. Refiro-me a vocês dois, mormente quando na sede do "Horto de Helvídio".

Por esta noite, filhos, deixo-lhes, como sempre, o coração. Na primeira oportunidade, voltarei às nossas palestras afetuosas e íntimas.

Boa noite! Abraça-os, com amorosa saudade, o papai muito amigo,

A. Joviano

Elos de uma corrente prodigiosa

Meus caros filhos, Deus conceda a vocês a sua bênção de paz.

Sinto a habitual satisfação de lhes trazer minha visita afetuosa de sempre. É o retorno à nossa intimidade antiga e direta que a própria passagem do tempo não consegue apagar. As vidas se unem uma às outras como os **elos de uma corrente prodigiosa**.

Os dias se sucedem.

As existências são cursos de especialização e de elevação dos sentimentos mais nobres.

É o sagrado crisol das virtudes que temos de adquirir ao preço de profundos esforços. E tanto na vida do corpo material quanto na separação pela morte terrestre eis que nos reunimos sempre com o mesmo afeto intangível. Essa união é um tesouro e eu me regozijo por ser o feliz depositário da parte que me compete. Graças a Deus podemos, cada vez mais, harmonizar nossas vozes e sentimentos, e isso constitui suprema alegria para a minha alma.

No outro dia estive com vocês na festa em que a Wanda comparecia.[1] Posso mesmo dizer-lhes que a assistência espiritual dessas manifestações de esforço educativo não é menor que a dos espíritos encarnados que aí comparecem, levados por sagradas afinidades do coração. A multidão de amigos da casa acompanhou com interesse as demonstrações efetuadas pela infância e pela juventude da instituição. O colégio, como não devemos ignorar, está guardado sob a tutela espiritual da nobre entidade que lhe dá o nome e os amigos e cooperadores de Izabela são numerosos para a edificação de quantos se aproximam da fonte evangélica que lhe conserva o nome. Muitas fileiras de entidades carinhosas seguiram de perto as demonstrações festivas da noite. E não só isso: contribuíram com todas as possibilidades ao seu alcance para que as mantenedoras da casa, as belas almas que aí guardam a missão de ensinar, não se cansassem e nem se perturbassem na organização dos números mais humildes. Nenhum esforço sincero no mundo está abandonado por Deus. A tarefa mais obscura, na intenção generosa do amor e do bem, encontra-se interpenetrada pelas Suas influências amorosas de pai justo e bom. Eis, por que, naquele instante, as menores vibrações das almas ali reunidas eram acompanhadas pelo pensamento fraterno de irmãos que vibravam no mesmo caminho de realização com o amor de Jesus.

Como você, meu caro Rômulo, lembrei-me também das primeiras reuniões depois da fundação do colégio, na antiga Belo Horizonte. Nossos velhos amigos passaram junto de minha lembrança, como num filme cinematográfico. Era a rememorização de companheiros generosos e inseparáveis e, como você, considerei que não podíamos pensar em que havíamos de sentir, um dia, como agora acontece, os mais fortes laços de união espiritual com aquela institui-

---

[1] Nota da organizadora: refere-se à festa de aniversário do Colégio Izabela Hendrix, em Belo Horizonte|MG, onde eu estudei, em regime de internato. O referido colégio foi fundado por missionários metodistas norte-americanos em 5 de outubro de 1904, solenidade assistida pela família Joviano, à época residente na Capital.

ção dos protestantes. Vejamos bem como é profunda a lição do Evangelho. Dizia Jesus que toda árvore que Deus não plantou seria arrancada e aí vemos a imagem da árvore que recebeu o amparo do Cristo, a casa farta de graças espirituais, onde tantas almas femininas encontraram a força para retomar a missão da sociedade, da maternidade e do lar, com a essência evangélica nos corações. Para mim, muito grande é a lição.

Com respeito às crianças, Maria, acho-as mais fortes, sendo justo manifestar minha satisfação com as melhoras do Roberto. Com o amparo de Deus, havemos de vencer! Guardem a certeza de que estamos sempre juntos e a nossa tarefa nunca será pesada.

E agora, meus filhos, despeço-me, por hoje, deixando-lhes o meu abraço. Que estejamos unidos, hoje e sempre, com o pensamento em Jesus, é a aspiração sincera do

Papai

O modesto escritório

Meus filhos, Deus esteja com vocês, abençoando-lhes o coração.

A palestra íntima, como sempre, é também nossa. Vezes inúmeras, meus caros, tenho igualmente pensado naqueles espíritos queridos que nos acompanham, mais diretamente, pelos elos consanguíneos. Nunca poderia relatar o número de vezes em que regresso ao santuário doméstico, onde sinto o culto carinhoso de minha pobre lembrança.

O modesto escritório de velho professor, os livros arregimentados, como que esperando a palavra do dono, a caneta predileta, as coisas pequeninas da lembrança do lar que enfeitam o coração, tudo isso se revela ante os meus olhos com aquela característica sagrada do reconhecimento amoroso da alma. Entretanto, aquele silêncio afetuoso das recordações assinala o fim de uma expressão corpórea da Terra. Os arquivos mudos parecem uma dependência do túmulo, como uma biblioteca que parece sepultar os grandes pensamentos. É bom a conservação desse altar, mas ao espírito que partiu é mais agradável experimentar que os seus amados não estacionaram aí na expressão materializada das reminiscências do mundo. É agradável sermos lembrados pelas almas queridas de nosso séquito familiar, mas é melhor que sejamos acompanhados de perto por eles. Essa é a situação ideal e de justo contentamento por verificarmos que o amor é de espírito para espírito e que a carne não pode privar as suas santas manifestações.

Quando nos lembramos dos nossos, refletindo em suas possibilidades espirituais, necessitamos ponderar na diferença de que eles perseveraram em se acolher a uma expressão transitória da vida, repousando aí, sistematicamente, enquanto que vocês sacudiram as cinzas que me faziam desaparecer e me acharam de novo, para que pudéssemos continuar a mesma vida de intercâmbio sentimental, sob as bênçãos de Deus.

Positivando mais realmente a imagem, recordemos que das grades de uma prisão ou das janelas de uma escola dois prisioneiros ou dois discípulos estão no mesmo gesto de contemplação: um olha desajeitado para a lama do exterior, o outro, entretanto, contempla as estrelas do céu e encontra a beleza da vida.

Compreendem, agora, a diferença? Eis, pois, que nos resta a doce alegria de caminhar nas asas da mesma fé. Liguemo-nos as mãos espirituais e não nos perderemos nunca!

O discípulo que fixa o olhar no solo encharcado estará sempre disposto a tarefas difíceis com a lama dos caminhos. Seus desagradáveis respingos lhe podem manchar a roupa, isto é, os sentimentos restritamente terrestres, como o ciúme, a discórdia, a dúvida enfermiça, o desalento podem perturbar sempre essa alma que não descobriu as perspectivas do Infinito, mas aquele aprendiz que guardou no céu as esperanças do seu humilde olhar é também contemplado pelos céus e as suas oportunidades se multiplicam pelo alto valor que a vida adquire em sua larga e elevada concepção espiritual.

Portanto, já que tudo foi feito e providenciado, convém prosseguirmos na fé com firmeza, porque, no plano em que me encontro, tenho recebido muitas vezes o ensinamento de que a criatura deve fazer tudo o que está ao alcance de suas mãos, mas com a sabedoria de entregar a Deus o resto que ficou por fazer. Essa é uma bela operação de nossos espíritos em cada dia de trabalho. Se Deus nos achar dignos, voltaremos à mesma oportunidade no dia imediato e a nossa construção, neste ou naquele setor, será filha de sua sublime vontade.

Maria, continuo em vigilância, fazendo o possível junto aos netos, de modo que se encontrem convenientemente assistidos.

Deus esteja com vocês todos. E pedindo por você, meu caro Rômulo, a fim de que Suas bênçãos santifiquem seus trabalhos, guardem vocês o abraço muito amoroso do

Papai

Telegrama espiritual aos netos

Meus filhos, Deus os abençoe.

O lápis é o mensageiro de minhas felicitações aos netos, no aniversário natalício. Digam à Wanda e ao Roberto que é o **telegrama espiritual** do meu coração de avô que deseja, a ambos, todos os bens da vida. Trago-lhes a flor invisível de minha imensa afetividade, esperando que as bênçãos de Jesus sejam o seu eterno perfume.

Que ele, o bom Mestre, descanse sobre ambos a sua mão protetora, proporcionando-lhes muita compreensão da vida, muita saúde física e muita paz espiritual. É o que o avô roga a Deus, com toda a sinceridade do coração.

A. Joviano

Entendemo-nos pelo coração

Meus filhos, Deus os abençoe, proporcionando-lhes muita tranquilidade.

Venho agradecer os pensamentos de amor que tenho recebido de vocês nestes dias. A nossa alma, principalmente quando nos sentimos libertos dos laços da carne, não deixa de ser uma estação receptora do mais elevado poder. Por essa razão, não precisarei formular meu reconhecimento em palavras humanas. Vocês sabem tudo, porque os que se amam dispensam as expressões articuladas do mundo. **Entendemo-nos pelo coração.**

Muito me alegrou passar espiritualmente, ao lado de todos, algumas horas do dia 14, quando a lembrança afetuosa dos familiares queridos assinalou o aniversário de nossa separação no plano visível. Foi melhor que houvéssemos passado aqueles momentos assim como aconteceu, em brando silêncio do coração. O silêncio com o amor tem uma voz mais poderosa que todas as possibilidades de som da natureza terrestre.

Nossas comemorações foram, portanto, mais íntimas, porque organizadas no santuário interior, com tudo o que possuímos de mais santo para comungar no coração. Na data, alguns amigos espirituais lembraram-se igualmente de minha amizade pobre e singela. Isso me fez rejubilar de agradecimentos ao Todo-Poderoso. Na esfera em que me encontro, um grupo de entidades amorosas, no sorriso infantil que lhes caracterizava a ternura, me trouxe uma rosa divina. Era a flor que Célia me enviava. Flor de luz e de amor, cujas pétalas traziam o doce perfume de sua dedicação e de sua pureza sem mácula. Será inútil dizer-lhes que meu primeiro impulso foi o de "voar" para perto de vocês e dos demais entes amados, ainda no mundo, a fim de distribuir com todos a riqueza do aroma celestial. Deus concedeu-me essa grande ventura e quase durante todo o dia estive ao lado de uns e outros, deliciando-me com as nossas recordações, hoje iluminadas pela luz imortal do Evangelho, graças a Deus! Pelas minhas expressões, meu caro Rômulo, poderá você avaliar minha doce alegria! Nem sei como testemunhar a Jesus o meu agradecimento!

Felicito aos netos pelo repouso anual, depois das lutas escolares.

Você, Roberto, vai bem mais forte da saúde. Entretanto, será bom não abusar nos dias de descanso, mormente no que se refere à alimentação. É necessário que cuide, igualmente, do alimento do espírito. Aproveite o tempo e renove, de vez em quando, seus conhecimentos, recordando as lições do ano findo e preparando-se para o que se aproxima. Vejo que seu espírito recebe minhas recomendações com certa estranheza, mas com o amor de todos os tempos. A estranheza é justa. Como você não me percebe com os olhos e como se encontra sempre em luta com as opiniões dos companheiros, que não concordam com as verdades espiritistas, dou razão aos sentimentos de dúvida que, por vezes, invadem seu raciocínio. Mas sabemos que isso tem pouca importância. O que vale é o amor e este é a luz de nossas almas. Desejava muito que você e Wanda lessem, meditadamente, a história de Célia, relendo-lhe os capítulos. Isso será bom para ambos. Façam como o papai e sublinhem os pensamentos que mais os impressionaram. Comentem os fatos relativos aos personagens dessa história tão profunda e tão real. Célia é o centro de grandiosa exemplificação.

Figuremos o mundo como uma grande cidade que sofresse calamidades e incêndios. Seus habitantes queriam sair em busca de outros horizontes, mas não encontravam a porta, no torvelinho de seus desesperos. Mas Deus apiedou-Se do povo aflito e enviou-lhe Jesus como salvador do espírito coletivo. Jesus é a porta. Os que tiveram boa vontade encontraram esse caminho e saíram da cidade em chamas. É verdade que é uma cidade feita por Deus, mas cujos habitantes atearam fogo às coisas mais sagradas, criando semelhante situação. Célia é um exemplo para todos quantos desejem achar o caminho. Seu coração soube renunciar a si mesmo, tomar a cruz e seguir o Nazareno até à porta salvadora. Muitos homens se queixam, meus filhos, dos obstáculos e das circunstâncias adversas. Isso, porém, é porque não querem sair. A porta de salvação está aberta para todos. Entretanto, são raros os que se dispõem a partir pela prática do bem, pelo abandono de todo egoísmo, pela dedicação perene à boa luta, aquela que enobrece o espírito e lhe fornece nova luz.

Como falei em particular ao Roberto, não devo omitir meu desejo de dar-lhe o meu abraço, minha querida Wanda! Minhas felicitações ao seu esforço. Você aproveitará sempre seguindo o roteiro traçado pela mamãe, no caso das companhias, das relações, etc. No colégio, sinto muita satisfação em cooperar com você, indiretamente, no estudo das lições. Seja assim sempre, tolerante e cheia de compreensão, em face das companheiras. Nem todas terão pensamentos iguais aos seus. Como sabe, cada qual é filha de lares diferentes, de onde herdam sentimentos e qualidades em contraposição com aqueles que guardamos no coração.

Mas uma atitude de fraternidade digna eleva sempre quem a revela no caminho de esforços de cada dia. Seus estudos de Evangelho vão muito bem. O chamado "cultinho" é uma boa escola. Quando você for convidada para fazer as preces, lembre-se de mim, pois irei orar com você a Jesus, o nosso amigo fiel de todos os tempos.

Agora, Rômulo, já que falamos de datas, cumprimento a você, meu filho, pela de amanhã. Também o 19 de dezembro me traz recordações jubilosas! Marca nosso reencontro espiritual sob o mesmo teto amigo. Pai e filho como bons irmãos! Com esse programa sincero, não pode haver felicidade maior! Entre os pensamentos que seu coração receberá, enviarei o meu pedindo a Deus que transforme os seus dias numa coroa de triunfo. Triunfo pelo trabalho útil e pelo esforço digno e constante.

Você, Maria, continue com os remédios, sendo justo aconselhar-lhe o *Gelseminum* durante dois dias.

E agora, meus filhos, devo partir, ficando aqui com vocês pelos laços da alma reconhecida e feliz.

Deus abençoe a todos.

Envolvendo-lhes os corações num só abraço, deixo-lhes toda saudade e todo afeto,

A. Joviano

Um Natal cheio de paz

Meus filhos, Deus os abençoe, proporcionando-lhes Suas luzes no orvalho de amor divino com que dá vida a todos os seres da Criação.

Volto hoje a trazer-lhes os meus votos de **um Natal cheio de paz**, em que vocês, do cume das realizações do ano, possam contemplar novos horizontes no porvir que Deus iluminará.

As comemorações íntimas com que continuaram ontem as nossas tradições encheram-me o espírito de alegria! Não somente na Terra celebram-se as reminiscências felizes da vinda de Jesus. Aqui temos a impressão de que as recordações da Terra e as do plano espiritual casam-se numa vibração gloriosa, estabelecendo venturosos caminhos no Infinito, por onde se elevam milhares de pensamentos dos sofredores de todos os matizes, apelando para o divino Mestre em mensagens comovedoras. As melodias que vibram nos céus são as de rememoração da noite gloriosa da Terra! Todos os espíritos recordam a figura do Cristo! Sente-se em tudo a claridade celestial da estrela de Belém! Personalidades antigas, do tempo que marcou a posição histórica de Jesus, voltam a confabular com as entidades dos planos mais humildes, onde me encontro, ministrando-nos ensinamentos de inestimável valor. O início do Novo Testamento desdobra-se aos nossos olhos admirados! Contam-nos fatos inéditos dos reis e dos pastores, bem como de personagens evangélicos de sublimada missão. Tudo isso faz com que o nosso Natal tenha um sabor divino, dentro do esforço que assinala as nossas atividades novas. E digo-lhes tudo isso para que vocês compreendam que o misterioso encanto dessa noite tem suas origens onde nos encontramos. Que Jesus derrame sobre vocês muita saúde e bem-estar, muita luz e muita paz, são os meus votos.

Relativamente ao Roberto, minha boa Maria, continuo acompanhando sua dedicação maternal. Aos poucos chegaremos ao objetivo sagrado a ser atingido. Você, Wanda, não deixe de cooperar com a mamãe em favor dele. Esta é uma recomendação do velho avô que não os esquece.

E agora, filhos, boa noite!

Fique Deus com vocês! Com Sua bênção, despede-se por hoje, muito afetuosamente, o

Papai

Mensagens 1941

Esperanças do ano novo que surge

Meus filhos, Deus os abençoe, concedendo-lhes Sua paz.

Novamente, rejubilo-me ao lado de vocês, entre **as esperanças do novo ano que surge**. Sinto-me bem com a assiduidade dentro da qual me tem sido possível trazer a vocês o meu pensamento afetuoso de sempre.

Um ano representa uma estação de grandes possibilidades para o espírito que se revestiu de vestimenta terrestre. O tempo passa, os dias seguem seu curso, mas venturosa é a alma que guardou o bem, que o praticou, conservando--lhe os princípios sagrados. Nesta oportunidade que se renova, meus filhos, desejo-lhes todas as alegrias justas, toda a paz necessária, todos os valores legítimos do bom trabalho.

Antigamente, no curso dos anos que se sucederam, assinalando acontecimentos terrestres, muitas vezes agimos de modo menos desejável, eliminando as expressões de fraternidade na estrada do tempo. Agora, porém, devemos experimentar imenso júbilo, porque estamos recompondo os elos sagrados da corrente luminosa que nos unirá uns aos outros até Deus. Os períodos anuais são essas cadeias de interesse sagrado. Se a criatura abusa dos dons e oportunidades recebidos, destrói as possibilidades de equilíbrio e de união, mas toda vez em que regressamos ao bem recompomos o caminho, removemos obstáculos para que tudo se erga sobre a harmonia real. Os nossos esforços na atualidade obedecem a esses nobres fins. É possível que muitos sejam indiferentes, que alguns sejam rebeldes ou recalcitrantes, mas o que nos interessa é saber se estamos operando a regeneração dos laços quebrados indevidamente em outros tempos. Então, voltando-nos para nós mesmos, reconhecemos que tudo temos feito por reaver a bendita harmonização. Tudo vai bem. A luta construtiva prossegue. De vez em quando, surgem barreiras. É alguém que procura entravar a marcha, é a situação de uma força imprevista, é o ataque gratuito, a incompreensão dos mais queridos, mas o nosso propósito de construção com Jesus está de pé. Uma doce alegria deve encher os nossos corações no portal da estação nova do tempo, porque temos sido fiéis ao programa traçado. É verdade que ainda não temos a desejada fidelidade ao Cristo, mas já não é pouco examinarmos em consciência sadia os nossos desejos, marchando serenamente para a meta a atingir.

Que Deus ajude muito a vocês e que possamos nos encontrar sempre nos caminhos de paz e luz.

Aos netos, meus votos de feliz Ano Novo. O "feliz Ano Novo" é uma expressão muito terrena, entretanto, repito-a com a novidade no conteúdo. Nas três palavras mencionadas, encerro todos os meus bons desejos a respeito da missão que Deus lhes reservou na face da Terra.

E agora, meus filhos, deixo-lhes minha afeição de sempre. Que Jesus os auxilie com os dons da saúde do corpo e paz de espírito para a caminhada nova que hoje se inicia, são os votos sinceros do coração amoroso do

Papai

Na rotina do trabalho terrestre

Meus caros filhos, Deus abençoe a vocês, concedendo-lhes muita tranquilidade.

Sinto-me, assinalando com o lápis, a minha presença entre vocês. Faço-o por alguns motivos essenciais, como sejam as suas preocupações, meu caro Rômulo, relativamente à esfera de seus serviços. **Na rotina de um trabalho terrestre**, a energia é indispensável. Não se pode remover pedras tão-só com a invocação de palavras doces. É necessário o esforço, muito grande dose de esforço. No mundo, quando nos investimos de uma responsabilidade material, necessitamos estar convencidos de que temos poderes dos quais é preciso saber dispor. É o instrumento tangível que abre caminhos para outros. Portanto, na movimentação desse instrumento, é imprescindível elevada percentagem de força de vontade, a fim de que os poderes não se anulem. Continue, portanto, em sua dedicação, fazendo tudo o que seja possível ao seu alcance. Não se perturbe com as dificuldades, que são naturais. Não é fácil encontrar no mundo o elemento de harmonização entre as nossas ideias. Se tal ajustamento não é comum nos laços de sangue, que dizermos de um instituto de experiências, onde os elos do passado reúnem companheiros com as tendências mais heterogêneas? Daí o compreendermos a intensidade de suas lutas e a minha advertência para que você conte sempre com elas, em cada novo dia.

Outro motivo de meu comunicado reside nas felicitações devidas ao Roberto pelas notas obtidas. Que Deus o proteja, intensificando-lhe a compreensão para conquistas mais nobres e mais altas.

E agora, Maria, as felicitações são dirigidas a você, com o meu coração afetuoso de sempre. Beijo suas mãos e rogo a Jesus multiplique as suas oportunidades de esposa e mãe. Hoje, filha, eu e você nos compreendemos ainda melhor! Que importa a sombra provocada em outras sendas? Nosso caminho está claro e feliz! Entendemo-nos pelo coração. Ouve você a minha voz e eu entendo seu coração. O passado fala muito alto em outras almas, porém os felizes somos nós que lhe ouvimos o clamor, não mais para incentivar as discórdias, mas para uma elevação cada vez maior na vida, no perfeito cumprimento de nossas obrigações. Nada tenho a dizer a você senão que prossiga em sua marcha, que é a de quem sabe o que deseja junto aos ideais divinos que muitos dos nossos mais amados não souberam alimentar em sua vida interior. É triste vê-los mergulhados em penumbra, quando todos procuram as bênçãos da luz. Mas precisamos compreender que, de nossa parte, tudo há sido feito por uma união cada vez mais forte e mais justa. Paralisar o nosso esforço não é mais razoável. É necessário passar adiante, na busca das conquistas espirituais com Deus.

Que Jesus abençoe a você, transformando em sublimes realidades todas as suas esperanças de mãe, são os meus votos. E desejando a ambos muita saúde e paz, deixa-lhes o afetuoso abraço de sempre o papai muito amigo,

A. Joviano

A grandeza espiritual de Célia

Meus filhos, que Jesus abençoe a ambos, enchendo-lhes o coração de muita paz.

Por mais que comentássemos, talvez nunca poderíamos falar, nas vibrações de palavras da Terra, com relação à **grandeza espiritual da entidade de Célia**, com a intensidade e amplitude devidas. Esbarraríamos sempre com as limitações. Na feição humana, os obstáculos ao Infinito impedem a vibração ilimitada. Na relação mediúnica, de qualquer modo, é indispensável adaptarmo-nos a essas mesmas limitações para que nos tornemos compreendidos.

Essas almas heroicas são, de fato, os auxiliares do Cristo na tarefa sublime da redenção. Jesus é o salvador do mundo, mas em todas as obras ninguém poderá estar só. Está nas Escrituras, desde o princípio, que ao homem não era conveniente estar sozinho. No bem ou no mal, existem os pactos das almas. No primeiro persevera a cadeia divina da luz eterna, no segundo vibram as algemas das sombras transitórias e perecíveis. Almas como a de Célia são daquelas que já participam do pacto de Cristo. Nós somos entidades que, de algum modo, trabalhamos por sair triunfantes de seculares compromissos, muitas vezes misturados de sombra, até que, com a derradeira vitória, possamos participar do esforço divino. Basta um olhar sobre a Terra ou nos nossos círculos espirituais mais próximos do Planeta para compreendermos que o nosso conjunto é de renovação e aperfeiçoamento dos laços. Trata-se daquele maravilhoso ensinamento de Jesus, relativo à sanção de Deus ao nosso ato de unir ou de desunir nas esferas da vida da Terra. Quando da combinação espiritual, exposta ao fim do volume,[1] todos nós, em conjunto, assumimos responsabilidades de unir e desunir. Congraçar as forças do bem e dissolver as do mal. Vejamos bem, meus filhos, como tudo é harmonioso e natural sob os princípios que nos regem. Nosso pacto foi assistido e selado por uma testemunha de Cristo: no amor e na dedicação de Célia. Compreenderão, agora, de maneira melhor, essa luta de tantos séculos. Voltando periodicamente para além do túmulo operamos o balanço das conquistas ou das contas pagas. A verdade, porém, é que se uns regressam em boas condições, com outros não acontece o mesmo. Alguns, de certo modo, poderiam se desvencilhar de certos elos, mais pesados, pelas conquistas já efetuadas, mas e a testemunha?

Quando nos lembramos de seus sacrifícios, um incentivo sagrado nos alenta, de novo, para voltar. Ninguém deseja chegar sem os companheiros. Aquele coração imenso de bondade nos perguntaria, talvez, pelos mais desgraçados. Então, nessa perspectiva, compreendemos o pacto de redenção de maneira melhor. O valor do sacrifício é cheio de expressões imortais. Ele sela o caminho com luzes que jamais se apagam. O de Célia representa para nós um empenho divino. E é por isso que através de tantos séculos o mesmo bloco marcha unido, não obstante as dores, as discórdias, as tempestades. Não é preciso saber que ela existe para que

---

[1] Nota da organizadora: para maior entendimento do assunto, recomenda-se a leitura do Capítulo VII do livro *50 anos depois*.

cada um experimente sua divina influenciação. Para alguns, sua atuação é de Deus, é a dos santos e a do objeto das devoções. Nós sabemos, todavia, que Deus visita Seus filhos na ação cariciosa e transformadora dos filhos que já se redimiram. Célia será sempre a expressão de Sua bondade para nós. Seu olhar acompanha o nosso esforço com ternura, seu coração pulsa com o nosso nas esperanças e nas dores amargas. Nós estamos no pacto, ela é a divina testemunha. Agora podemos compreender como tudo isso é grande e sábio.

Eu próprio, presentemente, sinto surpresas com certas resoluções de minha vida última. Nobreza de origem, valores outorgados pelo mundo, excelência de ambientação? Hoje vejo que a maioria das ideias e providências que me guiaram a missão de professor e de pai vinha dela, por excessos afetivos de seu coração generoso e divino.

Agora, filhos, falemos de outras coisas.

Você, Rômulo, tem adivinhado bem as substâncias de alimentação que não lhe fazem bem ao fígado. O receitista aconselha a você o *Bryonia* e o *Gelseminum* por 3 dias e, em seguida, 1 vidro de *Coculos* (alopata). Espero que assim você se restabeleça depressa.

E agora minhas lembranças aos netos. Deixando-lhes um abraço, pede a Deus pela saúde e tranquilidade de vocês o papai muito dedicado de sempre,

A. Joviano

29 | 01 | 1941

O lar é o cadinho sagrado

Meus caros filhos, Deus abençoe a vocês, concedendo-lhes muita paz.

Meu caro Rômulo, também eu me regozijo pelas melhoras espirituais do Roberto. O milagre não devia ser entendido como um feito que viesse contradizer o equilíbrio da natureza, mas sim interpretado como a cooperação transformadora do amor.

Como você reconhece, **o lar é o cadinho sagrado** em que todo metal inferior se transmuda em ouro puro de Deus. Os passes são filhos de Sua afetividade. Eles têm renovado as suas próprias forças na tarefa paternal e reanimado os bons desejos do Roberto, auxiliando-nos a todos que temos interesses divinos nesse nosso processo de redenção.

Continue, meu filho. Vê hoje como a ideia foi salutar! Nessa aproximação pelo ato de dar alguma de você mesmo, nesse ato de orar junto ao coração necessitado de amor, nós temos encontrado frutos muito promissores. Que Deus fortaleça a você nesse nobre esforço.

E rogando ao Pai de Amor Infinito que renove, em cada hora, as Suas expressões edificadoras, guardem a saudade e a afeição do

Papai

Fly

Meus filhos, Deus abençoe a vocês, proporcionando aos nossos caros amigos presentes muita saúde e paz.

Venho de casa, onde, no ambiente das recordações domésticas, fui fazer minha prece a Deus pela Flora, a fim de que Suas bênçãos lhe iluminem o coração.[1] Não podia, entretanto, deixar de trazer-lhes minha visita, na qual cumprimento aos nossos amigos e digo à Wanda que as lembranças do **Fly** fazem bem.[2] Em tudo há um mecanismo de amor que Deus abençoa. Os animais não estão esquecidos. Amá-los é preparar o coração para sentimentos ainda maiores! Nada poderei dizer-lhes sobre a situação dos irracionais nesse sentido, mas conforto-me em poder afirmar que a boa lembrança deles é útil. Um dia, quando a nossa visão espiritual estiver dilatada, poderemos falar no assunto com mais vasta amplitude.

Deixo-lhes minha visita muito afetuosa e recomendo a você, minha boa Maria, usar os elementos da homeopatia, anteriormente aconselhados, contra a formação de gases por fermentação nos intestinos. Isso é sempre bom, periodicamente. Agora, filhos, deixo-os na paz de Jesus. Que ele lhes cubra os corações de bênçãos de saúde e paz, são os votos muito amigos do

Papai

Notas da organizadora: [1] refere-se à filha caçula, que fazia anos no dia 5. [2] Fly: cachorrinho da raça Fox-Terrier, de estimação de toda a família.

Nossa prece

Meus filhos, Deus abençoe a vocês, conceden-do-lhes, bem como aos prezados amigos presentes, Suas bênçãos de luz e paz.

Nossa prece é um ponto de amor e de repouso. Sentimo-nos rejuvenescidos na fé, no círculo de suas profundas vibrações espirituais. A oração é sempre uma interrogação silenciosa das almas. Nem sempre é súplica. Na maioria das vezes, é o desejo ansioso de um ponto de apoio fora do mundo transitório e perecível. Nos templos diversos, há sempre interpretações dessa natureza, no entanto, a alma se perde no emaranhado dos símbolos, sem uma resposta consoladora. Entre nós, porém, o problema apresenta singularidades profundas. Temos um culto vivo. Permutamos impressões, confortamo-nos uns aos outros. A confiança parte de vocês para nós e a nossa confiança encontra no coração sincero uma continuidade de realização. Se os encarnados precisam guardar a fé em nosso concurso relativo, também nós necessitamos confiar na cooperação relativa dos entes queridos que se encontram ainda no mundo. Quando isso acontece, há grande alegria no ambiente espiritual! Frequentemente, o que ocorre é a excessiva necessidade dos agrupamentos que mantêm grande confiança nos que partiram da Terra. Mas como realizar alguma coisa de boa e de útil se não podemos depositar a fé naqueles que se aproximam de nossa ação? Essa é uma das características pelas quais há grande regozijo pela harmonia das peças em nossos trabalhos espirituais. Se vocês têm lucrado muito, conquistando grandes valores em serenidade, paz e confiança, também eu, meus filhos, tenho aprendido muito e alcançado numerosas expressões de progresso nesse intercâmbio constante. O trabalho de aperfeiçoamento é indispensável em todos os planos da vida e, desse modo, nossa humilde contribuição, em qualquer cometimento de natureza evangélica, constitui venturosa oportunidade, de que nos aproveitamos com o máximo de amor.

Dos assuntos particulares, meu caro Rômulo, quero que você diga ao Fausto para não se submeter de modo excessivo às impressões passageiras. Não é justo que se perturbe ante fenômenos naturais que se equilibram no jogo das forças orgânicas. Se estivesse tão doente como vinha julgando, na primeira impressão, é claro que não suportaria a rotina dos serviços gerais. O diabetes não é uma moléstia a se caracterizar tão-só com certas manifestações isoladas. Nem mesmo a medicina oficial conseguiu determiná-lo, de maneira precisa. Classificou como uma síndrome generalizada. Não pôde fixar-lhe as origens e nem mesmo a positivação perfeita. É natural que ele se coíba dos abusos de alimentação. Isso é justo. Se todos os homens sãos conhecessem, de fato, os bens da saúde, nunca viveriam sem regime, isto é, sem método. A ordenação de todos os assuntos, nesse particular, é necessária a todas as criaturas. Que não se espante, desse modo, pela necessidade de restringir os costumes da alimentação comum. O metabolismo é mais delicado que parece, à primeira vista. Mais açúcar, mais fruta, mais farinha, e o sangue, como outros humores, sofrerão influências. Isso é justo. Observar certos sintomas não é descobrir a enfermidade. Os sintomas são avisos úteis. A moléstia só aparece, de fato, com as suas características penosas, quando sai das expressões acidentais para avassalar a nossa rotina sagrada. Então são necessárias providências mais fortes. Mas enquanto isso não ocorre é bom ouvir a voz da natureza. Seus alvitres têm uma origem divina. E quase sempre, se os ouvimos, o perigo não passa as fronteiras e a nossa rota de esforços diários não se perturba. O homem diabético não pode apresentar expressões de energia física como as do Fausto. Nem mesmo estaria habilitado a um volante, ao governo metódico das expressões domésticas, etc., etc. Dentro dessa realidade, que ele não penetre pelos abismos das sugestões perniciosas, arruinando a saúde. O problema da serenidade interior é tão profundo, tão importante à saúde, que sabemos aqui que mães numerosas envenenam seus filhinhos, involuntariamente, através do leite, quando se empolgam pelas contrariedades comuns, pelas disposições fluídicas antipáticas. Isso é uma questão de grande alcance para a patologia do futuro. Os pensamentos não são tão abstratos. Eles têm forma, têm vida e largos poderes de atração. No terreno das desconfianças de moléstia, é útil trazer o raciocínio como uma casa muito clara para que as sombras não penetrem. Quando a criatura dá acolhida à dúvida, nesse sentido, já andou metade do caminho para contrair o mal. Além disso, diga ao Fausto que estamos aí como sempre. E não posso deixar de contribuir nas suas melhoras dentro de todas as possibilidades ao meu alcance. Deus acima de tudo, e depois a nossa união espiritual, e venceremos qualquer dificuldade, porque compreenderemos os desígnios superiores e estaremos tranquilos.

Peço a vocês transmitirem minhas lembranças afetuosas aos netos, esperando que a próxima temporada de estudos seja ainda mais rica em luzes espirituais.

O nosso amigo receitista aconselhará os elementos necessários para a Wanda, e rogando a Deus abençoe a vocês, proporcionando-lhes muita paz, sou o papai muito amigo que nunca os esquece,

A. Joviano

Palavras aos netos

Meus caros filhos, Deus os abençoe, conceden-do-lhes saúde e paz, desejando igualmente muitas alegrias espirituais aos prezados amigos presentes. Sinto hoje o prazer de trazer a **palavra de encorajamento aos netos** muito queridos. É o instante de renovação dos estudos. A nova etapa da marcha para conhecimentos que iluminam a vida. Você, Wanda, continue dedicando-se, com os recursos ao seu alcance, ao trabalho de iluminação própria. Sua atitude no colégio me proporciona grande alegria! Deve manter, como sempre, o seu padrão de vida escolar com o máximo interesse pelos sagrados objetivos a serem atingidos. Fraternidade com todas as colegas, mas confiança apenas com aquelas que se revelarem afinadas com os seus sentimentos. Como você sabe, uma amizade sincera e nobre é uma dádiva na vida. Nem todos podem dar ou receber manifestações como essa, entretanto, é justo nunca se perca a atitude generosa de quem compreende sempre, desculpando, corrigindo com bondade, amando o trabalho sem opiniões ásperas. Nesse caminho, quero ver você constantemente sem ansiedades e sem desalentos, como quem sabe que o dia voltará amanhã, mas que tem um determinado número de horas que é necessário encher com serviços e preocupações que nobilitem os nossos esforços. Prosseguirei ajudando a você, como sempre, dentro das possibilidades espirituais de que eu posso dispor. Você pode estar certa de que o velho avô estará ao seu lado e espero que prossiga observando em tudo as recomendações maternas. Deus dá por intermédio das mães afetuosas e justas tudo o que seus filhos necessitam neste mundo. Não se esqueça você de se aconselhar com a Maria, procurando compreender suas experiências, suas afirmativas, seus conselhos nas menores circunstâncias, mesmo naquilo que pareça sem importância. Essas observações se revestem de imenso valor. Não se descuide disso, filhinha, porque a vida é um conjunto de grandes demonstrações do poder de Deus, mas essas grandes revelações se ajustam em pequeninos detalhes que jamais se deve esquecer. Observando-a na preparação do reingresso às lutas, abraço-a com o carinho de sempre.

Quanto a você, Roberto, pode estar também convicto de que buscarei cooperar em favor de suas realizações nos estudos. É justo que você não tenha ainda um ponto básico no capítulo das ideias religiosas, entretanto, não é demais que você estude, medite. Não se dê ao gosto de examinar assuntos de religião com os companheiros que ainda não podem compreender os grandes problemas da vida. Quando se aproxime de sua tarefa algum amiguinho mais fútil, procure afastar-se com boas maneiras, entendendo que seu coração está procurando coisas sérias que formem seus conhecimentos no futuro. Espero que compreenda todo o coeficiente de dedicação de Rômulo e Maria. Principalmente, nesse particular, peço a você que observe seu pai, o quanto de bem que seu coração deseja ao seu porvir. É bom meditar nisso. Ter um pai trabalhador e dedicado, uma mãe cheia de ternura e de bondade é guardar um grande tesouro. Um homem que deixasse suas riquezas, trocando-as por inutilidades dos outros, não seria bem avisado. Muitos jovens se perdem muito cedo, porque olvidam os bens divinos de seu lar, pelos encantos artificiais das companhias palradoras e repletas de novidades, mais viciosas que convenientes. Esse é um grande perigo, pois, quase sempre, chega quando menos esperamos. Vêm num copo de refresco, numa anedota menos digna, num passeio simples, aparentemente sem significação. Mas nada existe sem significação no Universo e todo o bem, por mínimo que seja, pede cuidado e vigilância para manutenção e desenvolvimento. As paredes de um lar são o primeiro movimento de defesa da criatura para a conservação dos bens da saúde e da ordem. Eis a razão, Roberto, pela qual falo a você com esses cuidados. São justos, porque nascem do avô que lhe deseja bem. No seu colégio, conte comigo sempre e quando as opiniões controvertidas dos companheiros tentarem estabelecer confusão no seu espírito, lembre-se de mim, pois que no silêncio procurarei cooperar com você, indiretamente, nas soluções de cada assunto. Vocês ambos procurem sempre cultivar a afeição do Caio Márcio.[1] É um bom amigo e a Bíblia nos ensina que o bom amigo é um tesouro de Deus como luz para o caminho. Um dia, compreenderemos, em conjunto, a extensão dos elos espirituais que nos unem.

Eis, pois, filhinhos, o que tinha a lhes dizer. Teria falado muito? Julgo que não. As palavras nascidas da intenção sincera de aproveitar, sob a inspiração dos planos mais elevados, não podem ser excessivas ou desagradáveis. Com elas fica sempre o perfume doce dos corações que se amam intensamente e, no nosso caso, o meu lhes quer muito bem, continua amando muito mais a vocês depois da própria morte do corpo.

Por hoje, pois, meus filhos, o meu boa noite, esperando que Jesus lhes conceda as alegrias de sua paz. Desejando-lhes a continuidade de fé e amor em Cristo, saúdo a todos em seu nome, deixando-lhes a lembrança afetuosa de amigo, os carinhos de avô e um abraço de pai que não os esquecerá,

A. Joviano

---

[1] Nota da organizadora: refere-se a Caio Márcio Renault, filho de Abgar Renault, primo de Rômulo. Passava, quase sempre, as férias escolares na Fazenda, tornando-se meu amigo e amigo de Roberto.

214

A caminho da divina luz

Irmãos, que guardais agora a história de Paulo de Tarso e conhecidos meus de velhos tempos, eu vos saúdo no Senhor Jesus Cristo!

Vossa linguagem é utilizada por mim, dificilmente. Para falar-vos, sou obrigado a socorrer-me de vossos amigos espirituais.

Fui amigo particular de Lésio Munácio. Trata-se de um irmão extremamente ligado à minha alma e encarnado no mundo.

Aqui estou para rogar a Deus nos abençoe os espíritos, verdadeiramente, **a caminho da luz divina**, unidos, pois, convosco, por laços muito sagrados.

Regozijo-me com a vossa tarefa transmitindo à expressão intelectual do mundo uma biografia de Paulo de Tarso, homem santificado nos trabalhos e nos sofrimentos.

Meu nome, na época mencionada, foi o de Caius Fulvius, e tive grande influência ao tempo das primeiras perseguições. Auxiliado pela fortuna do procônsul da Achaia, fui mais longe nos desmandos da autoridade.

Persegui, barbaramente, os discípulos do Evangelho. Sofri muito. A morte me arrebatou a um turbilhão de sombras tenebrosas.

Nas vias romanas, arrastei-me como escravo miserável depois da indumentária dos patrícios ilustres. Vagueei pelas residências nobres do meu protetor de outros tempos como mendigo asqueroso, na época do segundo século. Quem sabe poderei contar minha dolorosa história algum dia? Não sei. Por agora, enquanto meu coração se sensibilizar com o vosso, ante as lembranças do grande convertido de Damasco, eu vos digo: caminhai nas sendas do Cristo! Aproveitai o dia do Senhor! Corpos e cidades são formações passageiras do pó! Nós, os espíritos, somos inimitáveis e quando não convertidos somos as mesmas criaturas. Amados, que Deus nos abençoe. Cristo nos espera!

Caius

Nota da organizadora: mensagem recebida com a utilização da prancheta, por Maria e Rômulo, em sua residência, em Pedro Leopoldo | MG, com a presença de Chico Xavier. Lésio Munácio é personagem do livro *50 anos depois*.

Caius Fulvius

Meus caros filhos e meus caros amigos, Deus esteja com todos, proporcionando-lhes aos corações as bênçãos de Sua paz sacrossanta.

Venho do lar, onde fiz as preces silenciosas da alma. Entre os que dormem, o instinto paternal faz as preces mais comovedoras. Desejaríamos o despertar comum de todos, a atividade espiritual que opera, desde a Terra, a transformação necessária da alma, no entanto, em numerosas circunstâncias, precisamos recorrer aos benefícios da resignação em Jesus. Por outro lado, não sei agradecer ao Cristo os bens recebidos de sua generosidade divina. Todas as características do caminho fazem parte de nosso trabalho e será útil não desprezar o menor ensejo de lutas dignas, em favor de nosso próprio enriquecimento espiritual.

Na passada reunião, sentimo-nos em regozijo com a mensagem que vocês receberam da entidade de **Caius Fulvius**. Trata-se de um espírito hoje iluminado e justo, que compreendeu a porta bendita de Jesus e que, desde alguns séculos, já se afastou da Babilônia incendiada do mundo para serviços mais elevados. Ao tempo de Adriano, foi escravo misérrimo. Entre aqueles que se sentiram beneficiados pelos laços de amor, que uniram o grande grupo de nossos afeiçoados naqueles tempos, foi ele dos mais agradecidos, sabendo cultivar com dedicação as sementes sagradas que lhe foram conferidas.

Como vemos, meus filhos, tudo está vivo e palpitante! Os aguilhões mais enganosos do mundo são justamente os da morte. Nada desaparece a não ser o mal que, desde a primeira manifestação inicial, está condenado ao extermínio. Um gesto, uma ação têm sua trajetória no Universo como as vibrações de um corpo atirado à superfície das águas. O bem será dilatado ao Infinito com Deus e o mal terá a vida que lhe imprimia o esforço inconsciente da criatura. Mas, dentro desse critério, no capítulo das consequências, ambos possuem enorme poder: o primeiro como expressão divina e o segundo como característica humana.

Caius Fulvius foi um homem profundamente estranho em suas atitudes, entretanto, melhor que nós todos, soube aproveitar o primeiro contato com as sublimes influências do Cristo. Suas palavras revelam a preocupação afetuosa que nos acompanham nos esforços justos. Suponho que outros amigos virão ao nosso cenáculo familiar trazer o seu depoimento amoroso como ilustrações à margem da elevada biografia de Paulo de Tarso. As lições do passado são igualmente de profundo proveito a nós outros.

Na esfera de instrução evangélica em que permanecemos, na recomposição espiritual de acontecimentos que pareciam perdidos no espaço e no tempo, recebemos grandes impulsos com a revelação de quadros sublimes e imprevistos. De cada vez, um certo número de personagens chega até nós projetando o passado em figuras de indefinível beleza. Numa dessas demonstrações no plano espiritual, vimos a gloriosa entidade de Barnabé fornecendo detalhes da grande excursão dos apóstolos na Ásia Menor. A visão dos obstáculos encontrados, os óbices, as dificuldades, a ignorância popular dão para confortar qualquer discípulo pessimista dos tempos modernos, porquanto a atualidade não fornece situações comparativas. Vocês leem, imaginam, nós aprendemos e recapitulamos. E o exemplo a ser aproveitado por nós outros é de um valor inenarrável! Sinto-me bastante satisfeito por vocês haverem cooperado na transmissão desse grande estudo do apóstolo tarsense. Um dia, hão de reconhecer que isso não é eventual, que tem seus profundos motivos de ser. Não sabemos como o trabalho será recebido pelos doutos em letras evangélicas, entretanto, temos a convicção de que a maioria saberá interpretar a narrativa com o coração, porque se muitos têm escrito sobre um Paulo de Tarso bafejado pela graça, ou sobre o intelectual que chegava dos grandes jogos de cultura do Judaísmo, esse esforço de Emmanuel nos fala do Paulo de Tarso humano e transformado às luzes do Cristo.

Agora, minha boa Maria, uma palavra sobre os netos. Sou de parecer que voltaram em boa forma para os estudos anuais. Wanda, com as mesmas disposições excelentes de sempre, e o nosso Roberto melhorando as perspectivas. Deus permitirá nossa paz, acreditando em que tudo siga bem.

Rogando a Jesus pela tranquilidade de todos, peço guardar o coração muito amigo do

Papai

Sobre a biografia de Paulo de Tarso

Meus caros filhos, Deus os abençoe, conceden-do-lhes muita tranquilidade ao espírito nas vésperas das novas tarefas de viagem.

Venho visitar a vocês reafirmando-lhes ao coração que lhes seguirei nos esforços do trabalho de nossa esfera espiritual, auxiliando-os em tudo que nos seja possível. Você, meu filho, poderá levar o *Paratol* e uma observação do receitista amigo, que lhe transmito com a minha confiança em sua eficácia para a defesa de seu aparelhamento respiratório.

Tenho estado com o nosso Fausto e peço a Deus para que a estação de águas lhe faça bem, lembrando, porém, que não se deve esquecer da água permanente da fé viva em Deus, cuja fonte luminosa, emanando de seu interior, funcionará como manancial de confiança num poder mais alto que o da Terra.

Todos nós sentimos hoje enorme alegria com o término da recepção da **biografia de Paulo de Tarso**. Acreditem vocês, meus filhos, que muito obtive no decurso desse trabalho de Emmanuel.

Nessas grandiosas evocações do passado, há como que uma ligação entre o ambiente que as polariza e a esfera poderosa dos nobres vultos que foram recordados. Dizer-lhes dos grandiosos quadros que temos entrevisto constitui tarefa superior às nossas possibilidades. Pelo que me tem sido possível saber, há uma relação mais íntima entre a gloriosa entidade de Célia e algumas figuras destacadas do romance paulino, tais como Estêvão e Abigail. Por enquanto, não posso ir mais longe nesse particular, porque apenas tenho ouvido de outros irmãos, sem esclarecimentos mais concretos.

Às crianças, envio minhas saudades carinhosas. Que Deus abençoe a ambos e também a vocês, é a prece do papai muito amigo,

A. Joviano

Sanatório de Uberaba

Meus caros filhos, Deus abençoe a vocês, concedendo-lhes paz duradoura e santa ao espírito. Depois da luta, o reconforto. Após as expressões tumultuárias da conjugação de interesses propriamente materiais, o descanso na fé viva. Isso, meus filhos, constitui um bem valioso e inapreciável. Estabelecer o culto da paz em Cristo, no templo dos corações, representa edificação espiritual de sublimado preço nos valores imortais. Cada vez mais vocês vão verificando que Jesus é o centro. Imaginemos uma roda de proporções quase infinita a girar. Quanto mais vizinhança das extremidades, maiores deslocamentos e atropelos, porém quanto menor é a distância do centro, mais calma a segurança. Como sabemos, toda roda tem o seu ponto fixo inalterável, onde o repouso é seguro. Essa é a imagem mais adequada para nós outros do magnetismo central do Cristo, o símbolo do segredo divino da tranquilidade espiritual.

Estive com vocês sempre que semelhante satisfação me foi possível. Vocês viram comigo a paisagem dos interesses imediatos do plano material. É bom meditar entre tamanhas expressões de negócio mundano, aquele negócio lucrativo do bem, que nunca morrerá. Tantos homens permutaram economias financeiras, revelaram sua posição no círculo das moedas correntes, entretanto, notamos quão difícil se tornava ali o sagrado comércio das coisas espirituais! Os nossos amigos do mundo, em sua maioria, andam esquecidos de que há também um mercado de valores santos, uma feira divina, onde as aquisições têm o cunho luminoso da Eternidade. O dinheiro, porém, para semelhante movimentação de interesses da alma eterna não traz a efígie de César, mas o sinal de Deus, e esse sinal está no coração puro e simples no caminho que se desdobra para a marcha ascensional e sem fim para a perfeição com Deus.

Concluo com vocês que a visita ao **Sanatório** foi das mais proveitosas. Ali um grupo numeroso de entidades abnegadas trabalha sob a égide de Jesus para as divinas realizações do amor. O detalhe da maternidade consciente é muito importante, porque veio revelar a vocês mais esse traço divino de semelhante acontecimento na vida de uma alma. Nesse instante, a criatura está santificada por luzes e forças que ela própria ignora. Deus sela o ato da continuidade da existência com a proteção de Sua divina misericórdia. Aí dentro, nesse delicado mecanismo das responsabilidades maternais, muitos problemas preciosos surgiriam à visão espiritual dos homens se eles já estivessem preparados para compreendê-los. O espírito que contraiu a responsabilidade de ser mãe, por mais duras que lhe sejam as provas orgânicas, é chamado à plena consciência do fenômeno divino para que este não seja perturbado em seus trâmites. Como esta, meus filhos, numerosas questões poderiam suscitar estudos e pensamentos novos ao nosso coração, no entanto, aos poucos, iremos examinando quanto seja dado à nossa capacidade de compreensão e de interpretação.

Novamente reintegrados na tarefa consoladora de edificação útil e de trabalho com o Cristo, peço a ele os abençoe, multiplicando-lhes as energias.

Você, Rômulo, deverá usar o *Aconitum Nappelum* alternado com o *Bryonia* por uns três a quatro dias. Essa aplicação terá muita utilidade ao seu organismo, após a viagem. Quanto à Maria, o *Pulsatila* lhe será de efeito benéfico nestes dias de readaptação.

Que Deus os ajude e proteja sempre, conferindo-lhes novas oportunidades de aprender no serviço santo da iluminação íntima.

A meu ver, a viagem do Fausto lhe trouxe grande bem, de maneira geral. Noto-o mais bem disposto e a sua situação orgânica, com alguns dias metodizados, melhorou muito. Graças a Deus não tenho a registrar preocupações de maior envergadura.

Abraçando a vocês ambos, num só amplexo muito afetuoso, pede a Jesus por vocês, como sempre, o papai muito amigo,

A. Joviano

Lembranças de Célia

Meus caros filhos, Deus abençoe a vocês, proporcionando-lhes muita tranquilidade espiritual ao coração.

Comungo com vocês em nossa mesa de amor, confortando-me com o pão da afetividade de suas almas carinhosas. Essa, filhos, é uma santa eucaristia do espírito, que nos traz muitos bens mutuamente.

Naquele dia ou, aliás, naquela noite, Rômulo, de suas preces, ao lado dos companheiros, estive presente nas **lembranças consoladoras de Célia**. As festividades tão familiares de Campos me comoveram o coração e não quis perder o ensejo de ir orar na companhia dos amigos de Leopoldina. Com isso, não quero dizer que nos constitua dever comemorar a data de 18 de junho em feição especial. Sou mesmo de parecer que não o façamos, porque devemos compreender os exemplos de Célia em todos os dias de atividade espiritual, e as comemorações particulares, mesmo íntimas, poderiam de alguma sorte perturbar a tarefa universal de seu glorioso espírito com os desígnios de Jesus. Estejamos sempre na posição de quem sabe receber suas bênçãos e cuidemos de nossos trabalhos cheios da paz do Mestre e da esperança em Deus.

O símbolo da chave luminosa é um traço apenas da linguagem da esfera espiritual quando não existem outros recursos para a fixação de mensagem definida. O quadro representava que, naquelas horas de lembranças coletivas, a atenção de Célia era mais detida junto aos problemas propriamente humanos, em virtude da lei das vibrações naturais. Os hábitos, quando santos, são sancionados pela Providência Divina e o costume tradicional da Cristandade, de colocar determinados dias sob a atenção carinhosa de determinados servos leais de Jesus Cristo, representa uma recordação muito interessante e sagrada por ligar a memória dos que souberam trabalhar com o esforço daqueles que se encontram no mundo aprendendo a fazê-lo. A chave simbolizava possibilidade de fazer alguma coisa e não podemos nos esquecer de que, em todos os dias que passam, há servos gloriosos do Altíssimo velando com Jesus pelos destinos do orbe inteiro.

Grandes serviços são prestados à comunidade humana por esses trabalhadores abençoados e fiéis. Os cristãos antigos chamam esses serviços de "bênçãos" e, em verdade, não temos outra designação mais oportuna. O 18 de junho tem dado à Célia, e a outros servos de Deus, a quem se consagram as reminiscências desse mesmo dia, ocasiões para grandes esforços pelo bem dos homens. Não precisarei citar muitos exemplos. Ainda agora vocês contemplavam uma fotografia da estátua do Duque de Wellington. Devo lembrar-lhes de que a batalha de Waterloo se faria a 18 de junho de 1815, onde se decidiram supremos benefícios para a coletividade humana. Nesse instante, Célia e outros filhos do Altíssimo oravam com a alma redimida fixada no bem de seus irmãos. E é interessante notar que o feito se verificou num monte que trazia o nome de São João. Outra particularidade interessante sobre datas é que esta cidade, à cuja margem vocês vivem, trabalhando conosco, se fundou há 50 anos, em 17 de junho. Tudo isso é muito interessante, mas não é casual. E a vida, meus filhos, vai desenrolando sempre a sua caixa de surpresas e ensinamentos vivos.

Para você, Wanda, uma palavrinha de afetuosas lembranças do coração: o vovô tem estado consigo sempre que possível, orientando-a no que lhe é razoável fazer. Que Deus abençoe a minha boa neta, derramando sobre o seu coração os eflúvios sacrossantos de Seu divino e paternal amor.

Deixo-lhes, meus filhos, a minha afeição agradecida de sempre. E misturando as nossas saudades da Terra com as esperanças preciosas do céu abraça-os o papai que não os esquece,

A. Joviano

O lar é uma conquista das almas

Meus caros filhos, Deus abençoe a vocês, derramando sobre os seus corações as Suas bênçãos de alegria e de paz.

Disseram bem quando se referiram ao aspecto de nossa reunião nesta noite. Estes castiçais antigos, as velas acesas, a lareira afugentando a umidade da noite fria constituem um conjunto de santas recordações! Isso, meus filhos, é do lar! E **o lar é uma conquista das almas**.

Não sabem vocês quanto lhes custou a paz de agora, isto é, por enquanto não lhes é possível conhecer todo o preço. Mas uma vista de olhos ao passado humano, sem particularização, e veremos as criaturas em estado semi-selvagem, organizando as tabas indígenas... Depois vemos as choupanas, as lutas quase esmagadoras pela obtenção da casa familiar e, em seguida, os choques do coração, os atritos imensos, as dores, as separações pungentes, as amarguras angustiosas de existências dolorosas e rudes, e só nesse quadro geral vocês podem encontrar uma ideia do que lhes tem custado atingir este lar espiritual da união das almas numa só vibração, em pleno caminho para Jesus Cristo.

Dentro dessas conquistas a alma guarda a impressão de que já se encontra em um apartamento de paz e de amor nos palácios de Deus. Como veem, sabemos interpretar com o pensamento de nossos amados as situações justas para utilizarmo-nos de suas perspectivas, de modo a poder abrir uma janela para a contemplação dos planos divinos, infinitos. E quando me refiro a reminiscências, não falo tão-somente dos meus anos na paisagem primitiva de Minas, na instituição do carinho familiar, pois que a nossa paisagem simples desta noite me leva o coração muito mais longe, séculos adentro do passado, para recordar alguma coisa e bendizer ao Senhor pelos tempos que passam.

Desejo-lhes, meus queridos, uma viagem feliz e repleta de boas realizações. De cada experiência, que vocês possam tirar todo o proveito possível, são os meus votos sinceros a Deus. Quando sabemos colher os bons proveitos, nossa passagem também é aproveitada. Essa circunstância, portanto, me induz a desejar-lhes as melhores alegrias com Jesus na viagem.

Fico muito satisfeito por deixarem com a Wanda as mensagens de Humberto de Campos, em *Boa Nova*. É um cofre, a meu ver, onde se encontram guardadas joias de grande valor, e desse valor que nunca morre, por constituir expressões do tesouro de Cristo. As almas também têm o seu modo de adornar para as festas da verdade e do bem, e esses enfeites divinos, para as santas comemorações dos sentimentos, são encontrados, em sua maior riqueza, na essência divina das lições do Senhor.

Desejando-lhes, meus filhos, os melhores júbilos do coração, pede a Deus por vocês, com muito carinho, o afeto imorredouro do papai que nunca os esquece,

A. Joviano

Continuando a tarefa sagrada

Meus caros filhos, Deus conceda a vocês a Sua paz sacrossanta.

Depois de algumas semanas, eis-nos em nossa reunião de preces e de amor, **continuando a tarefa sagrada** da fé e da união em Jesus para uma vida cada vez mais sublime. Digo continuando, porque, em verdade, nossas orações em comum não foram interrompidas. Almas sempre unidas, mantivemos o nosso círculo espiritual em vibrações inquebrantáveis e isso constitui para mim enorme satisfação espiritual!

Fiquei jubiloso, Rômulo, pelo fato de você verificar a extensão de meu esforço junto dos nossos no Rio. É uma tarefa difícil, como ambos me poderão entender, e sua realização demanda grande calma, mesmo porque ali não temos a considerar somente a diversidade das tendências, os antagonismos seculares entre uns e outros, a heterogeneidade de temperamentos, mas também as injunções do meio, a luta com os círculos viciosos do preconceito religioso e social. Tudo isso deve ser pesado na balança de nossos trabalhos, entretanto, o que me satisfaz quase plenamente é a revelação de sua mãe e de Martha, as que mais me sentem, como é justo e natural, no ambiente doméstico. Semelhante acontecimento inspira prazer, meu filho, porque aqui o nosso serviço mais intenso deve ser feito como instrumentos de espírito para espírito e, nessa edificação, as palavras não podem penetrar, porque as expressões verbais, nos casos íntimos, devem estar circunscritas aos corações que se afinam de modo completo, como acontece aqui, para minha felicidade.

Graças a Deus vamos conseguindo alguma coisa, e isso me conforta. Acompanhei a nossa prezada Maria à residência dos nossos bem-amados amigos e notei o nosso Aurélio bastante abatido. Companheiros nossos, porém, estão fazendo o possível por restabelecer-lhe as forças gerais e a essa tarefa agradável uno os meus votos e boa vontade, aguardando as necessárias bênçãos de Deus.

A viagem de vocês foi acompanhada por mim em quase todos os detalhes e beijo-lhes as mãos pelo carinho de suas recordações ao meu afeto.

Tenho ouvido grandiosas lições da esfera espiritual e só mesmo em virtude de impossibilidade é que não deixo transbordar as minhas impressões junto de vocês. Graças, porém, rendo a Jesus pelo muito que vocês têm recebido e espero que saibamos continuar no cultivo sagrado desse celeiro de bênçãos da vida eterna.

De Célia tenho recebido divinas inspirações e, para minha ventura, santos consolos para meu novo caminho. Como vemos, meus filhos, o amor vence tudo: o tempo, a morte, as quedas e as desilusões, para perseverar com a sua luz imortal sobre as nossas frontes.

Quanto aos netos, minha boa Maria, quero crer que vamos indo bem, entre os problemas do Roberto e as compreensões de Wanda. Felizmente, muito temos recebido de Jesus e sinto o nosso Roberto melhormente preparado em face das lutas. Isso é essencial, conforme compreendemos, porque os trabalhos são necessários e é importante que o jovem se prepare a vivê-los. Tenho procurado auxiliá-los no colégio, como me é possível, e sinto-me satisfeito.

Agora, filhos, deixando-lhes o meu coração enternecido, despeço-me, desejando a vocês todos a felicidade que a vida pode dar, envolvendo-lhes os corações na mesma vibração de saudade e de afeto.

Papai

Consulta

Meus amigos, Deus vos conceda muita paz de espírito. Com as minhas saudações de sempre, deixo-vos a **consulta** sobre as investigações espirituais a que vimos procedendo, relativamente à possibilidade de se trazer ao conhecimento geral mais um detalhe das experiências luminosas da serva de Cristo, a que nos reportamos. Ignoramos se semelhante realização poderá enquadrar-se em nossas possibilidades, entretanto, antes de decisões mais definidas, desejaria saber se concordais conosco e se vos sentis dispostos à renovação de reminiscências que de modo algum vos poderão afetar o espírito no presente cheio de realizações para o porvir, mas que, de alguma sorte, poderiam causar-vos emoções algo tristes, que repercutiriam penosamente em nós outros, caso se verificassem. Fica, pois, a consulta, e os caros irmãos meditarão comigo sobre a oportunidade do trabalho que em qualquer outra hipótese poderá ser adiado, dando ensejo a outras realizações, sem quebra de nossa harmonia de esforços humildes e singelos. Isso não significa promessa, pois só Jesus poderia prometer-nos com segurança, mas traduz o nosso dever de consultar-vos os corações, antes de cuidar dos ensinamentos. Depois, então, de vossas meditações conosco, poderemos pensar em intenções mais concretas. Pedindo a Jesus que vos abençoe e proteja sempre, sou o irmão e servo humilde,

Emmanuel

233

Sobre Alcíone

Meus filhos, Deus abençoe a vocês, proporcionando-lhes muita tranquilidade e saúde.

Aqui me encontro para as nossas preces costumeiras e para os nossos votos recíprocos de paz. Graças à Bondade Divina, sinto o coração tomado de bom-ânimo e de santas esperanças, e isso representa enorme alegria para mim, pois tenho necessidade de forças para atender ao meu roteiro de serviços singelos junto dos nossos. Encontrarmo-nos em espírito aqui, nestas orações sinceras de nossa alma, meus filhos, constitui um tesouro para o meu coração! A harmonia de relações entre o plano terrestre e o espiritual depende do encarnado desejar esse intercâmbio, como deve ser feito.

Muitos se dirigem aos seus centros de prece almejando o contato direto com a personalidade humana que a morte do corpo transformou, e isso nunca é possível. É indispensável levar em conta as renovações havidas. O homem que estacionava na Terra surgia apenas em parte. Suas ideias do momento, terreno, não podem perdurar num cenário onde todos os valores se modificam, e a penosa dificuldade para os espíritos comunicantes é justamente a de se revelarem, atendendo a caprichos dos que ficam, desatendendo às próprias necessidades. Compreendem vocês a razão de minhas palavras? Isso há de ser muito importante para o geral das comunidades espíritas, quando procurarem entender a essência de nossas atividades, como criaturas de outro plano.

Trago-lhes hoje as recordações afetuosas de **Célia**, que trabalha por nós todos nas esferas do Cristo. Venho acompanhando com muita simpatia e esperança o esforço de Emmanuel para fornecer aos discípulos do Evangelho uma nobre expressão de seus nobres exemplos no mundo.[1]

Não tenho permissão, meus filhos, para falar-lhes a esse respeito, podendo, entretanto, afiançar-lhes que em sua volta aos círculos terrestres, em gloriosa tarefa de amor, Célia não foi menos sacrificada e nem menos bela na sua glória espiritual que na experiência da época adrianina. Depois de lutas ingratas nas regiões espanholas, o grupo familiar necessitava desse impulso. Seu coração não hesitou em regressar para reunir novamente as dracmas do amor infinito de Cristo. Suas mãos balsamizaram feridas dolorosas e rudes, e seus exemplos atenuaram terríveis consequências de nossos desvios clamorosos. E não somente se restringiu sua atividade ao grupo doméstico e muito amado, mas também iluminou, como aconteceu há dezenove séculos, os círculos de trabalho cristão, proporcionando-lhes nova vida.

Não sei se receberemos a dádiva das notícias detalhadas, em letras humanas, da experiência que nos serviu de muito aos dias do porvir. Caso isso aconteça, regozijo-me por vocês e pelos que terão oportunidade de conhecer um coração heroico, decidido aos serviços de Jesus antes de qualquer cogitação de felicidade transitória.

Para a Wanda, Maria, o receitista aconselhará alguma coisa. Sua ideia é digna de atenção, pois um leve reconstituinte do sistema nervoso lhe fará grande bem ao estado geral.

---

[1] Nota da organizadora: as mensagens de 27/08/1941 e 03/09/1941 referem-se ao livro *Renúncia*, cuja primeira edição circulou em 1942, com prefácio datado de 11/01/1942, data de aniversário de Maria.

Por hoje, filhos, deixo-lhes o meu boa noite, muito afetuosamente. Viana cumprimenta a vocês e agradece.[2] Que Deus lhes conceda muita paz e saúde, são os rogos do papai que os envolve num só abraço,

A. Joviano

---

[2] Nota da organizadora: refere-se a um amigo da família Joviano.

Sobre a consulta

Meus amigos, Deus vos conceda muita paz.

Não precisamos comentar a minha última **consulta**, pois que vos sinto amplamente preparados para conhecerem e se lembrarem de todas as coisas com o perdão sincero. Buscarei movimentar as minhas forças humildes para tentar o novo esforço. Não posso falar do assunto com soluções formais, entretanto, devo dizer que tudo farei por iniciar o novo esforço em setembro corrente, mas, caso isso não seja possível, não poderemos pensar no assunto se não no ano futuro, se Deus nos conceder as possibilidades precisas. Esperemos e peçamos as bênçãos de nosso Pai.

Desejando-vos muita tranquilidade e saúde, sou o vosso irmão e servo humilde de sempre,

Emmanuel

Amai-vos

Meus filhos, Deus abençoe a vocês, conceden-do-lhes muita saúde e harmonia para as lutas de cada dia.

Novamente com vocês, nesta noite, uno as mi-nhas preces às suas, elevando os nossos pensamentos a Jesus para que suas bênçãos nos sigam em todas as atividades, necessárias ao nosso progresso para a vida eterna.

Tenho procurado orientar o Roberto no que posso, meus filhos. Deus não nos desamparará os bons e sinceros propósitos de ajudá-lo. Seu coração está ligado ao nosso por laços profundos e a atual experiência filial lhe será útil e inesquecível ao espírito. Agradeçamos a Deus por essa oportunidade bendita. Quando os laços se transfundem, a ponto de atingirem o santificado reduto do lar, isso é o sinal da misericórdia viva e incessante de Deus, que, passo a passo, nos conduz à redenção ardentemente esperada.

Se o Altíssimo permitir a execução do trabalho em perspectiva, mais uma vez vocês hão de unir os corações, reconhecidos a Deus, pela Sua bondade poderosa, em obser-vando quanto já conquistamos em amor e renovação, graças ao Seu amoroso poder paternal. Esperemos nesse Pai de Bon-dade Infinita e não desanimemos em nossas lutas. O que fica-rá de tudo é a confiança sagrada no Todo-Poderoso e a divina esperança de trabalharmos cada vez mais para que todo o nosso grupo se ilumine nesse **amai-vos**, que é a divina lâmpada de nosso caminho para a vida imortal. Amemo-nos muito, esqueçamos o que o passado possa apresentar de inútil ao nosso aperfeiçoamento incessante e firmemo-nos em Deus.

O nosso amigo receitista vai deixar as suas indicações para o Roberto, e quanto ao colégio, meu caro Rômulo, estou de acordo com a sua opinião, apesar de reconhecer que, no momento, não temos substituto adequado nas vizinhanças. Deus nos auxiliará para que possamos converter os males pelo mínimo.

Assisti com vocês à audição de Wanda e por sinal participei do júbilo natural de ambos.[1] As notas musicais falaram-me ao coração como harmoniosas palavras. A casa tem os seus cooperadores espirituais para todo o trabalho de auxílio às aprendizes de boa vontade. Entretanto, além disso, Wanda, bem como a Maria, tem patrimônios muito acentuados de outros tempos na questão musical. Ainda aqui recordamos o esforço aconselhado pelo Evangelho. Desde que batamos pela recapitulação sistemática e a porta da lembrança se abrirá. Partilho da satisfação de vocês e peço a Jesus conceda à Wanda tudo aquilo que nós três desejamos de todo o coração.

Quanto à sua saúde, Maria, acho-a bem melhor, mas não podemos olvidar o caso do regime das frutas. É o problema de querer aproveitar, minha filha! Até as frutas têm igualmente as suas zonas, de acordo com os temperamentos e os climas. Às vezes, vejo o Rômulo cheio de projetos relativos à adaptação dos animais. Esses projetos são aceitáveis e louváveis, mas pedem resignação e tempo, porque é preciso pensar que determinada raça europeia exigiu centenas e dezenas de anos em esforços persistentes, reclamou o interesse de gerações seguidas. Será que bastará transplantá-las para o nosso ambiente e conseguir o êxito? Não, porque também nós necessitamos aplicar aqueles mesmos esforços persistentes para a aclimatação necessária. É nesse particular que

---

[1] Nota da organizadora: refere-se à audição anual das alunas de piano do Colégio Izabela Hendrix, em Belo Horizonte | MG.

procuro sempre auxiliar-lhe o coração, para que suporte com valor a incompreensão dos homens apressados que desejam as benfeitorias sem meditar nos preços justos em dedicação. Isso, filhos, fica à margem de nossa palestra familiar desta noite. Fi-la tão-somente, Maria, para comentar o seu caso, minha filha, e render graças a Deus por seu restabelecimento.

Por hoje, filhos, é só.

Deixando-lhes, como sempre, o meu coração cheio de amor e de muita saudade,

Papai

Sobre Alcíone

Meus caros filhos, Deus abençoe a vocês.

Estamos acompanhando, com grande e justa emoção, o início do novo trabalho de Emmanuel, relativo ao passado, e comunico-me agora com vocês para lhes dizer, meus filhos, que ambos deverão seguir o desdobramento das páginas, sem muitas emoções.[1]

Essa nossa romagem no mundo foi muito triste, sem dúvida. Mas, por isso mesmo, foi julgada digna de um esforço cristão, não somente por nós, mas também por toda a comunidade dos praticantes do Evangelho de Jesus.

Vocês, portanto, devem ler e aceitar a lembrança com muito perdão dentro d'alma. Espero isso de vocês com segura confiança, mormente quanto às antigas personalidades de Lólio Úrbico e Cláudia Sabina. Julgo que precisam interpretá-las com o máximo de compreensão e fraternidade. Nos quadros que vocês hão de ler entenderão minhas palavras paternais.

Agora, filhos, despeço-me com um beijo afetuoso. Visitaremos nosso irmão Clóvis,[2] que se encontra bastante abatido. Minhas lembranças à Wanda e ao Roberto.

Boa noite. Abraços do

Papai

Notas da organizadora: [1] refere-se ao livro *Renúncia*, que relata outra experiência vivida pelo grupo familiar de Arthur Joviano. [2] Clóvis: casado com Aurélia Joviano, irmã de Maria.

A formosa história de Alcíone

Meus filhos, Deus abençoe a vocês, concedendo-lhes muita tranquilidade aos corações.

A formosa história de Alcíone continua também para nós em santas emoções do espírito. Voltar, ou, aliás, encontrar o poder do regresso ao conhecimento é uma bênção de Deus quando nos sentimos devidamente preparados para isso. Essas reminiscências revestem-se de profundo valor para nós todos. E para vocês, que ainda se encontram na Terra, apresenta a maravilhosa revelação do quanto pode o amor no trono do eterno Pai. A Justiça poderá alegar sempre seus direitos e exigir as concessões que lhe são devidas, em qualquer parte do mundo, mas o amor tem o poder da transformação e da realização da vida no Universo. A rogativa de Célia contém uma bela demonstração disso. Bastou que sua dedicação atuasse e as realidades divinas se manifestaram junto de nós, esclarecendo-nos o caminho. Poder-se-ia dizer que a trama dos trabalhos purificadores foi excessivamente dolorosa, que a súplica de Alcíone uniu numerosos elementos para serviços pesados e angustiosos. Mas não podemos nos esquecer de que na mais sublime missão havida sobre a Terra a personagem divina não alcançou senão a coroa de espinhos, em vez da auréola de rosas, senão o vinagre, em vez do vinho reconfortante ou da água regeneradora, senão a cruz, em vez do repouso. É por isso que o obstáculo, o padecimento, a luta, a tempestade e o trabalho áspero são valores imperecíveis para a vida eterna. Muita gente que ouve dizer que a dor é o preço do céu encontra beleza na frase, mas não lhe confere outro valor além da arquitetura literária. Todavia nós, meus filhos, vamos renovando a compreensão e a afirmativa se apresenta aos nossos olhos espirituais com o seu justo sentido. Vocês hão de ver que muito grande foi o sofrimento, mas que Célia caminhou conosco qual se fora um anjo terrestre. Sua presença foi sempre ativa onde as amarguras adquiriram maior vulto. No decurso do trabalho, meus filhos, quando vocês chorarem, não façam isso senão por alegria e reconhecimento a Deus. Isso é muito importante para nós todos. Sei da emotividade que tais rememorações hão de causar, mas toda comoção edifica quando buscamos compreender os altos desígnios do nosso Pai de Amor Infinito.

Principalmente você, minha boa Maria, não vá se entristecer. Busquemos recordar os fatos e coisas, cheios de contentamento. Nossa estrada está cheia de amor, minha filha, e regressando ao pretérito com a lanterna magnífica da recordação só tenho motivos de júbilo espiritual para verificar a nossa união perene.

Venho procurando ajudar Roberto e Wanda nas lutas de fim de ano. De dezembro a dezembro, desfolhamos uma pétala da rosa orvalhada pelo amor de Jesus. Depois de uma rosa, outra surge, mais outra, mais outra, até que a roseira, absolutamente sem espinhos, penetre o céu para florir ali, eternamente.

Deus os abençoe, meus filhos. Que vocês estejam cheios de alegria e paz, são os desejos do papai que os reúne num só abraço,

A. Joviano

Na teia das provas purificadoras

Meus filhos, Deus abençoe a vocês, proporcionando-lhes muita paz.

Sinto-me envolvendo-lhes os corações na mesma vibração afetuosa de cada dia. Hoje vão compreendendo o motivo pelo qual recomendávamos a vocês dois não se impressionarem com a leitura do novo trabalho de ordem espiritual. O que triunfa sobre todas as situações, meus filhos, é o amor, o laço bendito do nosso Pai, que equilibra o Universo. Quanto ao mais tudo é um acervo de paisagens móveis de coisas, e mesmo de sentimentos. Recordemos os que conviveram conosco no pretérito como mortos bem-amados. Não se fazem vibrações de preces pelos que já não se encontram mais na Terra? Façamos também isso por aqueles que já não permanecem mais conosco, segundo desejariam nos seus venenosos caprichos, mas sim como Jesus Cristo considera justo.

Na teia das provas purificadoras, as lutas são trovões passageiros que deslocam os ares, melhorando-os. Vocês podem estar certos disso e guardem no espírito essa justa satisfação de quem pode oferecer uma experiência em benefício da comunidade fraternal. No passado remoto, hoje vou entendendo a localizar meus grandes desvios. Entretanto, o sofrimento sempre constituiu para minha alma um bálsamo reparador. Continuemos arquivando no coração a essência das coisas eternas e a nossa saúde espiritual permanecerá firme para todos os trabalhos e testemunhos com Jesus e por Jesus. Nossos padecimentos nem foram imerecidos, nem se verificaram em vão. De todos eles foram extraídos numerosos proveitos para todos nós. Agradeçamos ao Mestre a possibilidade de serviço que sua magnanimidade nos conferiu. Existe sempre um "hoje" cheio de oportunidades santas e um "amanhã" renovando as nossas esperanças. Amparemo-nos uns aos outros. A atitude tranquila da perfeita confiança no Pai, com os nossos deveres cumpridos, é a bússola rumo ao porto da paz, por cuja conquista vimos sofrendo e caindo, há muitos anos.

Quanto ao mais, meus filhos, aos poucos vocês observam as lutas domésticas que já experimentamos em outros tempos. Aquela heterogeneidade de tendências, aquela diversidade de temperamentos, tudo tem suas causas profundas e insondáveis para a maioria dos componentes de nossa caravana familiar. Lembro-me de Martha, recordando uma entidade benfazeja. Seus pensamentos já não são da Terra, em sua quase totalidade. Entretanto, sua missão junto aos nossos ainda não terminou. Toda a vibração mental de amor e paz que vocês puderem enviar para o seu coração constitui mais um elo de energia para as suas realizações espirituais em nosso ambiente de velhas lutas. E no desdobramento das meditações espero que vocês se encontrem tranquilos e felizes no amor de Jesus.

Sobre a sua saúde, Maria, sou de parecer que deve continuar usando laxativos brandos com o *Sal de Uvas*, depois das refeições, por alguns dias.

Sobre os pequenos, vamos bem, sendo que co-opero em seus trabalhos sempre que me é permitido esse prazer espiritual.

Quanto a você, Rômulo, não tenho observações a fazer quanto à situação orgânica e apenas recomendo recorra à continuidade de tratamento, já observado no dedo, sempre que as dores ameacem voltar.

Graças a Deus sinto-os fortalecidos e bem dispostos, e experimento enorme contentamento em face dessas circunstâncias!

Com um abraço afetuoso de muita saudade, deixa-lhes os seus votos de paz, alegria e saúde o coração sempre amigo do

Papai

Sobre Alcíone

Meus caros filhos, Deus abençoe a vocês, proporcionando-lhes muita paz de espírito.

Volto novamente a assinalar minha visita com a afeição de sempre. O novo trabalho tem-nos trazido grandes consolações. É o que acontece entre vocês, aí no mundo, quando há a possibilidade perfeita de intercâmbio de grandes e sagradas comoções. Recordar é ler no livro das experiências vividas. E como para tudo no mundo existe ciência a de recordar apenas beneficia àqueles que hão adquirido mais vastos patrimônios da fé.

Rejubilo-me junto de seus corações pela maneira de nossas lembranças. Felizmente, uma grande tranquilidade baixou sobre nós com as bênçãos de **Célia**. Sempre que me é possível, tenho cooperado nesse serviço da paz e sinto-me feliz por registrar os benefícios causados à Maria. Na narrativa dos padecimentos oriundos da varíola, quando as provas atingiram fase tão aguda para os nossos personagens, tive a satisfação de trazer a vocês nossa "condimentação" fluídica, anestesiando determinadas impressões. Agradeci muito a Jesus essa dádiva, porque o trabalho vai prosseguindo com promissoras perspectivas, visando não apenas o prazer de nossas almas ao contato de vibrações tão profundas e sublimadas, mas igualmente a comunidade dos novos discípulos à qual se destina grande parte dos ensinamentos.

Meus filhos, façamos, ainda uma vez, o propósito de unir nossas preces por Susana, que tem necessidade desses socorros espirituais. O ressentimento une cada vez mais, porém o amor liberta sempre. O egoísmo prende, mas o sentimento fraternal renova as luzes na perfeita emancipação espiritual. Somos almas a aportar numa grande praia de repouso pela recíproca compreensão, mas quero lembrar as palavras de Célia, em perguntando ao noivo espiritual quantas vezes o barco de nossa existência teria dado sobre os rochedos da discórdia ou do desvio inútil! Quantas vezes teremos perdido ensejos sacrossantos sobre bancos de areia ou nas ilhas desertas e áridas! A vigilância de hoje representa a consequência natural de numerosos sacrifícios e tormentas sem conta no passado escabroso. À nossa frente, desenham-se as linhas do continente imortal, que é o Evangelho aplicado. Antigamente, buscávamos enriquecer patrimônios em uma terra nova. Hoje, porém, estamos buscando a região sagrada, a "terra prometida" do espírito. Jesus é o timoneiro divino. Tenhamos o barco do coração perfeitamente equilibrado. Nem calmarias nos farão estacionar, nem borrascas nos perturbarão. A embarcação com a bússola da fé demanda os objetivos, solidamente, sobre as águas móveis. E sabemos, meus filhos, que não há calmaria mais penosa que o impulso de satisfação ao mundo, nem tempestade mais violenta que os grandes sofrimentos a desabarem sobre o coração. A nau é a existência, ou a experiência que passa. As velas são as esperanças. As águas móveis simbolizam o mar das opiniões antagônicas e sentimentos contrários da terra em que vocês buscam os valores novos. Confiem o coração ao Timoneiro divino e somente assim poderemos chegar à terra maravilhosa pelo seu amor e pela sua luz, entre as claridades sublimes do Infinito. Vibremos, assim, muita paz e harmonia aos nossos companheiros milenários!

Maria, venho procurando observar devidamente as crianças. Espero que o Roberto se refaça em breve e que a Wanda esteja restabelecida em tempo reduzido. Após o fortificante, o receitista aconselhará algum elemento calcificador.

Rômulo, você deve prosseguir com a sua medicação homeopata. Far-lhe-á bem. E você, Maria, sentindo algo nas funções gástricas poderá repetir o *Elixir de Pepsina*.

E por hoje, filhos, despeço-me, repartindo com ambos o meu abraço muito afetuoso. Que Deus esteja sempre em seus corações, entre paz e bênçãos, são os votos sinceros do

Papai

À Wanda
e ao Roberto

Wanda e Roberto,
Deus abençoe a vocês dois na luta diária.
Nosso mês de novembro está passando e o vovô
lhes traz o ramalhete de suas flores do coração. São lembranças
singelas, mas filhas de um amor que a morte não pode extinguir.
Sinto-me satisfeito, observando-lhes as boas disposições para os êxitos desejáveis. A vida, meus caros netos,
significa aquisição com trabalho incessante. É preciso saber
entesourar para os dias eternos. Há muita gente enganada no
mundo, acreditando em fantasias da felicidade nas situações
exteriores. As ruas estão cheias de máscaras. É indispensável
o esforço para que sintamos a luz e a paz em nós mesmos.
Vocês guardam hoje ótimas oportunidades, que é justo não
perderem, inadvertidamente. Procurem as verdadeiras pérolas espirituais no mar das pequeninas coisas diárias. Essa
pesca não é tão fácil, à primeira vista. Requer paciência,
dedicação, perseverança. Cada dia é um conjunto de situações, as mais diversas, em que será sempre necessário saber escolher. Não se deixem levar ao sabor das primeiras
opiniões. Não é o entusiasmo com que as palavras são ditas
que deve convencer quem as ouve, mas sim o seu conteúdo
espiritual. O mundo está repleto de pessoas que falam com

vigor, mas sem raciocínios do sentimento de elevação real. Nesta fase da vida, meus queridos, é imprescindível atentar para cada pormenor do caminho. Não tenho outro roteiro a lhes dar senão aquele que esplende aos corações terrestres nos ensinamentos de Jesus e na exemplificação de Rômulo e de Maria. O lar é o santuário onde vocês devem comungar nas coisas de Deus. Quem não se fortalece nessa fonte será sempre um sedento dos caminhos. Os campos férteis e dadivosos lhes parecerão doloroso deserto. Valham-se, meus netos, das santas lições que têm aprendido. Os velhos marinheiros sempre sabem onde as borrascas são mais fortes, onde a correnteza oferece mais perigos.

Um avô sempre já viveu muito e, principalmente, quando já reside na claridade eterna da verdadeira vida. É por essa razão que me lembrei de lhes trazer as palavras desta noite com toda a sinceridade do coração que nunca os esquece. Se pudesse, traria para vocês alguma coisa materializada do plano em que me encontro, mas na impossibilidade de conseguir semelhante júbilo trago-lhes o meu espírito nestas palavras simples de hoje. Com as expressões da alma desejosa do bem-estar de vocês dois, deixo-lhes os meus parabéns!

Novembro é a véspera de dezembro. Nas vizinhanças das recordações de Jesus, rogo à sua infinita bondade faça descer sobre ambos as suas bênçãos de amor e luz. Este é o melhor tesouro da vida humana: viver com as suas inspirações divinas em cada serviço, em cada repouso, em cada luta e em cada esperança. Compreenderam? Lembrem-se de que nos reuniremos, tarde ou cedo, que a vida não se extingue nunca e que o céu aguarda o bem de cada um. Pensem isso sempre que possível. E nunca se esqueçam de que devem contar sempre com a afeição carinhosa e fiel do vovô.

A. Joviano

Sobre Alcíone

Meus filhos, Deus abençoe a vocês, concedendo-lhes muita paz de espírito e boa saúde.

Grande bem me tem feito ao coração o vinho reconfortante das recordações, em tranquilidade d'alma e confiança em Deus. Graças à Providência Divina tudo se desdobrou nos capítulos mais culminantes, segundo esperava Emmanuel. Vocês, para nosso contentamento, corresponderam à expectativa, mantendo sadia atitude espiritual ao contato com essas lembranças suaves e dolorosas. Agora observam em nossa companhia as lutas vencidas, os problemas solucionados. O lar, relativamente tranquilo, segundo as leis de aperfeiçoamento terrestre, à distância psiquíca de criaturas da incompreensão, o retorno à saudade material, tudo, enfim, meus filhos, equivale a dizer que a oportunidade de Deus foi renovada para a nossa ventura! A paz celestial começa na Terra. Seria inútil aguardá-la de planos superiores, no ingresso dos quais ainda precisamos trabalhar muito. O sentimento e o raciocínio, coração e cérebro, formam o vasto continente de "nós mesmos", onde é indispensável o esforço de arrotear, desbravar, semear, adubar e esperar com paciência. Nessa zona de nossa felicidade, ou de nosso infortúnio, há inimigos seculares, guerras atrozes e possibilidades sublimes à espera de que possamos compreender. A lembrança santificada do espírito de **Célia** nos oferece mil portas de acesso à divina compreensão. Que possamos lhe atender os sacrifícios, valendo-nos de sua glorificada luz para maiores ascensões. Assim como nós, os desencarnados, nos encontramos em uma esfera de movimento e de elevação, também vocês hão de reparar que os homens compenetrados do sentimento de seus mais nobres e justos deveres estão igualmente passando nas situações terrestres, escalando, de dia em dia, de grau em grau, um plano de sublimes ascensões. Voltem o raciocínio para a situação de alguns anos atrás e veremos que nós já endereçamos adeus a muitas condições, circunstâncias, pessoas e coisas que são compelidas ou preferem ficar a distância. O tédio que se experimenta, por vezes, em face de determinadas imposições da vida social, é a prova de que já nos despedimos desta ou daquela exterioridade ou preconceito convencional que reconhecemos como prejuízo ou inutilidade. Também eu partilho profundamente de tais sensações, porque não devem pensar que estejamos em esfera muito acima da de vocês, em conhecimento. Temos apenas uma apreciável diferença de paisagem, contudo, os estados psíquicos e os esforços são quase os mesmos.

Quanto ao Roberto, Maria, sinto-o bem mais forte, graças a Deus! Cada vez mais, meus filhos, vocês vão se capacitando da bagagem de suas necessidades espirituais, junto de nossos corações. Ponho-me a recordar os dias da infância difícil, as lutas do Paraná em seus primeiros tempos, e rendo graças a Deus por reconhecer que vocês se vão desincumbindo tão bem relativamente à tarefa recebida. Recordo-me de suas enfermidades infantis e vou ponderando a grandeza da inesgotável bondade de Jesus, a fim de concluir que todos os trabalhos possuem as suas razões gloriosas.

Que Deus os abençoe, meus filhos, e proteja sempre. Deixando-lhes o meu abraço cheio de saudade e afeto, guardem com ele o coração do

253

Sobre Alcíone

Meus filhos, Deus abençoe a vocês, concedendo-lhes muita paz espiritual no círculo de lutas da vida terrestre.

Venho trazer os meus votos de tranquilidade e boa saúde aos netos, felicitando-lhes o coração pelos esforços anuais. Graças à Providência, ambos ganharam muitíssimo ao contato com os livros e com as páginas vivas dos mentores e companheiros. A existência, à certa altura da compreensão, vai se transformando num livro movimentado. Cada criatura se identifica ao nosso olhar com a posição e qualidades que lhe são características. O nosso coração vai aprendendo a selecionar, naturalmente, e o Evangelho é o grande centro comparativo, o padrão de sentimentos e apreciações mais justas. Felizmente, vamos entendendo assim e as experiências vão se tornando mais leves, dotando-nos a alma com energias novas e poderosas. Aqui a luta continua e quando trazemos da Terra esse curso de introdução à vida espiritual alcançamos a chave luminosa da fraternidade e da paz com que conseguimos acertar nos caminhos de elevação.

Relativamente à saúde, cooperaremos para que Roberto e Wanda se sintam reconfortados, em breve dias. A volta do colégio é sempre assinalada por um sentimento de exaustão pela disciplina continuada e é justo que descansem profundamente nos dias que correm. Conheço os prós e os contras de semelhantes experiências e sei justificar o cansaço do mês de dezembro até que se ganhe o termo da etapa encetada.

Com respeito ao último livro, meus filhos, sinto doce emoção em lhes confiando, por minha vez, as sensações de alegria e gratidão a Jesus por essas páginas. São estados de júbilo que a palavra humana não pode pintar! A terminologia terrestre é dilatada à medida que surgem as situações e justificar as novidades e essas impressões do plano espiritual, aqui experimentadas, continuam quase como indefiníveis. A experiência de **Alcíone** é um roteiro sagrado! Estou muito satisfeito com o interesse manifestado por Wanda em face desse esforço de Emmanuel. Seu coração sensível entrará em contato com uma grande figura sagrada aos nossos olhos e isso representa enorme alegria ao meu espírito avelhantado de avô. Agradeço sinceramente a Deus as sublimes emoções que me foram confiadas e rejubilo-me com vocês pela dádiva. Que a Providência nos abençoe!

Creio que vão ganhar ótimo "ordenado espiritual" com o culto doméstico. A lembrança do início para o dia 14 muito me alegrou e comoveu. Estarei com vocês como sempre, partilhando das alegrias do lar e associando-me ao banquete dos conhecimentos divinos. Isso me proporciona grande tranquilidade, porque será a data dos meus sete anos de vida nova, em novos planos e, desse modo, não estaremos tão-somente preocupados com essa circunstância, mas sim com o problema geral, condizente com a nossa ascensão para o Mais Alto. Deus os abençoe e proteja sempre.

O culto doméstico da Bíblia é das forças mais poderosas, primeiramente para o coração, em seguida para o lar. O comentário de semelhante leitura é como se fora o ato de compreensão da luz espiritual, de acordo com a posição de cada um. É verdadeira alimentação da alma, porque tal qual acontece na mesa comum não é bastante servir-se, é preciso servir-se bem, mantendo a saúde, com todos os requisitos necessários à nutrição sadia. A leitura sagrada não pode ser uma ondulação de superfície. É indispensável penetrar os textos, alcançar-lhes o sentido essencial, de outro modo poderemos assistir a muitos espetáculos, mas nunca passaremos do banco estacionário dos assistentes. A lição divina é de ação e esta não virá sem a associação de sentimentos.

Boa noite, meus filhos!

Que Jesus lhes conceda muita tranquilidade ao coração. Envolvendo a vocês todos num só abraço, sou o papai e o vovô muito amigo,

A. Joviano

O culto doméstico

Meus queridos filhos, Deus abençoe a vocês, concedendo-lhes ao coração muita tranquilidade para as lutas de cada dia.

Desde alguns dias aguardo a oportunidade de manifestar o meu agradecimento pelas suaves alegrias deste mês. Não sei traduzir no lápis as emoções sagradas da alma, entretanto, no entrelaçamento de nossas emoções procuro levar-lhes ao espírito esses sinais de gratidão e de amor que coisa alguma pode extinguir. Todos nós presenciamos **o culto doméstico** de 14 e com lágrimas agradeci a Jesus a nova estrela que se reacendia. O culto familiar é uma praia de sublime repouso e de santo alimento. O ensinamento sagrado transforma-se em companhia incessante, é luz de cada minuto a esclarecer os problemas obscuros da Terra e a revelar os caminhos necessários. Não podem vocês imaginar, por enquanto, a extensão total dos benefícios a serem extraídos desse manancial de claridades do Infinito. Muitas criaturas se perdem nos desfiladeiros por falta da lanterna ou da lâmpada em que a lição de Cristo se constitui no azeite revigorador ou na energia de realização. A entrosagem nos conhecimentos da revelação divina enche a nossa alma de possibilidades novas e quando somos compelidos a abandonar os envoltórios da Terra representam a riqueza real, o ouro bendito acumulado no coração à custa de grandes disciplinas e, por vezes, de penosos sacrifícios.

Compreendem vocês o nosso júbilo? Estou certo que sim. No Planeta, ou fora dos seus laços, a alma pode partilhar da grandeza e dos tesouros do céu.

Comentando semelhante satisfação, deixo-lhes os meus votos de Feliz Natal, pedindo ao divino Mestre lhes enriqueça os corações, cada dia, com as suas dádivas de luz para a vida imortal!

Naturalmente que o meu coração está repleto das lembranças cariciosas do passado. A vasta mesa, os contentamentos de pai, as alegrias da noite sagrada!... Tudo era um desejo santificado de união e a consoada não era outra coisa senão o símbolo de partilha do mesmo cálice espiritual, dilatando o nosso ideal de harmonia, de compreensão e de amor!...

Deus permita, meus filhos, que o bolo do Natal reúna, anualmente, os filhos de Seu amor em cada lar cristão. Cada ano, os mesmos convivas, os mesmos irmãos participam do símbolo, mas são muito raros os que conservam no íntimo a disposição de fraternizar e de unir! Eis por que as saudades, por vezes, costumam ser mais doridas, mas, ao seu lado, há grandes trabalhos de esperanças novas. Graças ao Todo-Poderoso temos aprendido que as oportunidades se renovam sempre. Se não foi possível solucionar todas as questões num período secular, teremos outros séculos. Se aquela mesa não atendeu a todo o idealismo, outra ser-nos-á enviada e as noites sagradas do porvir nos encontrarão imantados no amor cada vez mais puro.

As dificuldades humanas passam e sobre a Terra muitas situações aparentemente sérias não passam de envoltórios inúteis. A única realidade é a de nosso espírito com os seus patrimônios duradouros. Minhas palavras não devem ser interpretadas por vocês à conta de saudade enfermiça, mas sim como demonstração de que já nos é possível mirar o pretérito sem temer as frentes de combate purificador dos nossos planos de luta. Estamos trabalhando e isso é o essencial. Se, às vezes, há grande suor e ameaça de lágrimas nos labores do dia, a noite é uma grande bênção, em que esperamos n'Aquele que tudo pode. Dessa maneira, estejamos satisfeitos e valorizemos as bênçãos. Que vocês adornem a noite de Natal com as alegrias mais santas, são os nossos votos.

Depois do término da história de Alcíone, tive a felicidade de lhe ouvir o espírito sábio e generoso. A sua mensagem, meus filhos, é, ainda e sempre, a do amor e da harmonia. Quantos tesouros lhe devemos aos sacrifícios redentores? Por enquanto, não será possível efetuar o balanço. Nosso débito talvez fosse assustador aos nossos olhos. Cheia de confiança em Cristo, ouvi-lhe sagradas expressões, como estas: "Sim, amado avô, é preciso não desfaleçamos no serviço divino. É impossível esquecer o horto de realizações terrestres. Em seus canteiros, há flores perfumosas, cheias de santificadas promessas! Algumas árvores começam a oferecer o fruto sazonado. Entretanto, ainda há espinhos em algumas plantas e é indispensável preservar flores e frutos já alcançados contra as aves daninhas que, por vezes, atacam o nosso esforço. Não esmoreçamos no labor. Conosco está Aquele que pode o mais e devemos confiar em seu misericordioso poder. Levemos à nossa semeadura milenária o adubo da harmonia, do perdão, do esquecimento do mal!"

E quando lhe admirava as afirmativas, voltava a concluir: "Se for necessário, voltaremos mil vezes".

Não tenho, meus filhos, outra mensagem a lhes dar mais elevada que esta! É uma recordação humilde deste Natal! Não posso encher os talões telegráficos do mundo com os votos humanos. Em compensação, posso trazer a presente mensagem nos fios do coração.

Que Deus os abençoe. E reunindo-os junto aos netos num grande e afetuoso abraço sou o papai de sempre,

A. Joviano

Mensagens 1942

O 11 de janeiro e o prefácio de "Renúncia"

Meus caros filhos, Deus conceda a vocês muita tranquilidade.

Hoje, Maria, venho efetuar minha visita habitual. Entretanto, dedico-a, particularmente, ao seu coração, recordando o seu natalício próximo. Se nada tenho em mãos para lhe dar, minha filha, consoante meu desejo, peço a Jesus, que tudo pode, encher o seu espírito com as dádivas de sua dedicação celestial. Como lembrança, porém, e recordando o que sucedeu ao prefácio do *50 anos depois*, pedi a Emmanuel colocasse a data de **11 de janeiro** nas palavras com que abrirá **a história de Alcíone**, ainda que essa introdução seja escrita mais tarde, em fins deste mês ou em fevereiro vindouro. Duas datas, desse modo, em dois livros diferentes formarão um elo santo apenas perceptível aos nossos espíritos, como será de desejar. Sinto-me satisfeito com essa lembrança e peço a você que a aceite do velho sogro, que sente por seu coração o amor de um pai.

Temos procurado dotar a sua alma com as energias indispensáveis à missão de mãe, sempre tão difícil, e Deus, que é justo, não nos faltará com os auxílios necessários para que lhe fortaleçamos o espírito. Sinto-me à vontade para observar em sua companhia, frente aos netos, os progressos assinalados por mim e outros. Roberto e Wanda vão enchendo as nossas almas de brandas promessas e de belas satisfações! Roberto já vai ficando um homem e tenho sentido grande prazer com as suas modificações. A sua predileção pelos assuntos avícolas tem sua razão de ser. Não podemos esquecer, também, a minha tentativa, em outro tempo, com a avicultura em larga escala. É verdade que não me dei muito bem. Entretanto, tão-somente sob o ponto de vista de mercado. A criação, em geral, porém, sempre me ofereceu enormes atrativos, e estou certo de que o meu neto realizará o que não me foi possível.

Como vê, a evolução do Roberto, nesse particular, me tem trazido boas esperanças e não menores satisfações. O curso das experiências e o contato mais direto com os problemas da vida acentuarão em seu espírito o estabelecimento de seu traço pessoal e isso se processará com a contribuição do tempo. O que é indispensável num homem é a base do caráter e isso o Roberto possui, com riqueza de material, pelo seu amor à palavra dada e às obrigações assumidas. Esperemos, assim, a passagem das semanas. Cada mês, em nossa estação terrestre, é um colar de preciosidades que variam segundo os nossos próprios esforços e convenço-me de que ele saberá enriquecer-se, cada vez mais, nesse sentido.

Quanto à Wanda, não preciso me desdobrar em considerações. Acompanhei-a, como tem acontecido nos anos anteriores, em seus trabalhos do colégio e, graças a Jesus, sinto que se aproveitou muito bem de nossa assistência espiritual. Noto que as colegas vão acentuando o seu respeito pela sua posição de aluna consagrada ao dever, estendendo-se, talvez, um pouco além do justificável, no terreno das solicitações de auxílio. Reconheço como a Wanda, por vezes, se torna assoberbada por semelhantes experiências, entretanto, não é justo que seu bom coração sofra prejuízos pelas companheiras invigilantes. Nesse terreno, não conheço ilustração melhor que a parábola das "virgens loucas", à qual, aliás, o Roberto já se referiu. O azeite é o material reservado pela prudência de cada uma. O período de provas assinala com justiça a chegada de alguma coisa grave, isto é, a demonstração, e não é justo que a imprudência se vista com as "penas de pavão". Sei que a Wanda tem experimentado determinadas lutas bem fortes, mas isso é natural em sua alma, dada a amizade pura e espontânea, esperando, no entanto, que não se sacrifique. Esclarecidos esses pontos sutis, saúdo aos dois pelos louros colhidos e merecidos. E aposto que a Maria não deseja de ambos um presente de aniversário maior que este, de vê-los aproveitando sensatamente os estudos, enriquecendo e iluminando o coração, tanto ao contato dos livros quanto ao contato das experiências carinhosas e sublimes do lar! Os pais são sempre assim e, quase sempre, a tarefa dos avós é a de unir os júbilos paternos e maternos com as esperanças e alegrias filiais. E, acima de nós, sinto que estão os nossos amigos maiores sob as bênçãos generosas de Jesus, enlaçando cada vez mais as nossas almas, a fim de que nos abracemos harmoniosamente nos caminhos de Deus. Assim, Maria, mais uma vez formulo os meus votos aos nossos maiores pela sua felicidade doméstica, junto do Rômulo. Que Jesus prolongue as suas oportunidades de iluminação e que sua alma se abra sempre ao seu amor como um altar de fé viva. A Terra, minha filha, tem muitas experiências sublimes, mas a afeição real da vida reside em plano superior. O que passa, entretanto, inacessível à maioria dos homens é relativamente fácil aos que possuam confiança no poder de Deus. A fé é a chave. Procuremos todos nós abrir a porta. Cada dia de trabalho bem vivido é mais uma volta solene na fechadura que nos separa das esferas superiores. Mas está prometido: "Batei e abrir-se-

-vos-á". Não façamos ruído na solicitação à porta de Deus. Esforcemo-nos em silêncio, devagarinho, como permitam as nossas energias, e quando menos esperarmos teremos chegado ao "continente da luz que não se apaga".

Deus os abençoe, meus filhos, e desejando-lhes muita tranquilidade, sou o papai e vovô muito amigo,

A. Joviano

Sobre

o culto doméstico

Meus caros filhos, Deus abençoe a vocês, concedendo-lhes muita harmonia aos corações.

Presente quase a todas as reuniões efetuadas por vocês, embora sem registrar diretamente as minhas vibrações de afeto paternal, acompanho, com satisfação justa, o progresso evangélico que vão conquistando, com as bênçãos de Jesus. E não assinalo o acontecimento apenas por vocês, mas também pelos netos que, gradativamente, enriquecem os celeiros dos conhecimentos religiosos, necessários à vida com as suas multiformes experiências.

A Wanda vem ganhando muitas expressões novas e o Roberto registra singulares modificações nesse sentido. Noto mais interesse pelos problemas da fé em seu coração de moço. Existe vibração mais intensa em sua alma relativamente às questões fundamentais do espírito e isso me conforta sobremaneira. Como vemos, os Batistas lhe entregam a mercadoria e, em casa, sua curiosidade sadia e justa vai ajuizar do preço, da procedência, da aplicação, do conhecimento mais íntimo. Isso é um sistema interessante de alimentação do sentimento religioso. Em tal matéria, segundo observamos, existem mercados numerosos, mas o santuário doméstico é o lugar divino de exame e apreciação. O lar é a escola acolhedora da "conferência" pelo coração que sente as realidades da vida. Por esse processo, meus filhos, todos vocês farão aquisições muito nobres, porque imperecíveis. Grande porção de amigos nossos, de entidades sofredoras e necessitadas, comparece às sessões habituais e com a instalação do **culto** evangélico o número de beneficiados vai crescendo cada vez mais.

A palavra moldada nos sentimentos generosos e sinceros à luz do Cristo é aquele verbo sagrado do "Fiat-Lux". Através de suas vibrações, espalham-se claridades novas e se, presentemente, os quadros do plano invisível fogem à vista limitada de vocês, na Terra, dia chegará em que compreenderão a excelência de seu concurso divino no ministério do bem e da verdade. Todos vamos ganhando novas vantagens com isso e nas reuniões outras João de Deus Macário faz preleções aos companheiros que necessitam, continuando o tema comentado.[1] Que Jesus os abençoe no desdobramento desses nobres esforços, são meus votos.

Relativamente a você, meu caro Rômulo, cooperamos com as nossas possibilidades para que se desintoxicasse a zona atingida. Os passes de nosso amigo receitista muito colaboraram em seu favor e sentimos que o dente vai bastante melhorado, renovando as suas disposições gerais. O nosso amigo é de opinião que você se mantenha em tratamento homeopático, ainda por alguns dias, continuando com as substâncias medicamentosas já aconselhadas. Entretanto, somos de parecer que o dentista seja convocado ao serviço de desinfecção local. Creio que terá recursos para cumprir a tarefa sem grandes incômodos para você e com a providência afastar-se-ão as características mórbidas que

---

[1] Nota da organizadora: João de Deus Macário foi padre na Freguesia de Nova Lima | MG. Sob a orientação de Emmanuel, participava dos estudos evangélicos no culto doméstico de Rômulo e Maria, às terças-feiras, com utilização da prancheta.

o caso traz em si. A pressão experimentada compeliu a raiz a maiores esforços e, como tudo na vida, também ela sente as suas dificuldades de adaptação. Com esta lembrança, quis cooperar igualmente, na questão, não obstante reconhecer a insuficiência dos meus conhecimentos nesse sentido.

Com respeito à Wanda, minha boa Maria, o preparado da última indicação lhe fez grande bem, a meu ver, e sobre você noto que a saúde vai bem, recomendando, no entanto, que você use menor porção de carne em geral. Essa providência melhorará em muito as suas disposições físicas.

Agora, meus filhos, retiro-me, deixando-lhes a afeição de todos os dias. Passa o tempo, as experiências se modificam, as circunstâncias vão revelando o lado oculto das criaturas. A verdade, cada dia, levanta novas dobras de seu infinito véu, mas o amor prevalece sempre no coração, dilatando-se à Eternidade e atravessando os abismos da morte.

Envolvendo vocês neste amor crescente de todos os dias, deixa-lhes muitas saudades, num grande abraço, o papai muito amigo,

A. Joviano

Tudo passa em transformações para o que é útil

Meus caros filhos, Deus conceda a vocês muita paz e excelente saúde.

Volto a exprimir-lhes os meus votos afetivos de sempre. Naquela noite, não poderia ser mais extenso. Não me impediu a circunstância da lâmpada apagada, mas sim a própria determinação íntima de não ir além de duas páginas. Apenas desejava assinalar a minha visita carinhosa e paternal. Hoje volto a partilhar o contentamento dos nossos contatos mais diretos, através do lápis. Estou satisfeito, meu caro Rômulo, com o tratamento local a que se submeteu, com relação ao dente enfermo. A medida foi útil. A dilatação de tempo, nesse sentido, aumentaria as possibilidades de novos assédios, em se verificando os mais leves resfriados. São as contingências dos dias terrestres. Você lucrou muito. Agora sentir-se-á melhorado, multiplicando as possibilidades de resistência contra as manifestações gripais. **Tudo passa em transformações para o que é útil** à vida legítima e real do espírito.

Sinto igualmente com você a situação criada com o telegrama recebido. Compreendo como são difíceis e imperiosos os deveres, mormente quando partem das zonas da consideração e da amizade. Em semelhantes circunstâncias, tornam-se mais precisos e definidos. Se vocês resolverem em favor da viagem, depois de examinar todos os detalhes, contem com a minha velha dedicação de sempre. Deus nos ajudará para que sejamos felizes, em obediência a obrigações de tão sagradas características. Vocês analisarão todo o mapa de esforço requisitado e nós estaremos ao seu lado, a fim de solucionar-se o caso como convém. Que Jesus os ajude sempre no desempenho das obrigações que lhes foram conferidas.

Dentro de minha situação espiritual, graças à Providência Divina, vou me sentindo em paz. As preocupações propriamente humanas vão desaparecendo para oferecer lugar à maior confiança no Todo-Poderoso. A morte do corpo é fenômeno apenas, fenômeno que impressiona a retentiva apenas do que ficam, porque o fato, em si, como transformação necessária, custa muito ainda a operar-se. Conheço hoje seres que não conseguiram a renovação, nem mesmo com séculos. Vejam, pois, quanto é importante a disposição transformista no que se refere aos objetivos superiores. A escola evangélica em que, presentemente, nos matriculamos, é de profundo realce para nós, isoladamente. Saibamos entender-lhe os valores essenciais e hão de ver comigo, mais tarde, a relevância desse assunto. Podemos figurar a personalidade humana, com seus germes divinos e patrimônios espirituais, como unidade de valor substancial nos quadros da vida. Na existência humana, os experimentos em face do Infinito são quase pequeninos "nadas", que podemos figurar como "zeros". Cultura científica, expressões mundanas, títulos honrosos, considerações sociais e outras demonstrações convencionais sem Jesus são esses zeros à esquerda da unidade substancial. Nada valem ou quase nada, porque apenas constituem figurações. Mas com o Mestre esses zeros passam à direita e vemos a unidade aureolada por valores crescentes e múltiplos. Sem Cristo, aproveitamos raramente alguma coisa, entretanto, ao influxo de seu amor tudo apresenta grandeza desconhecida e diferente. O próprio mal, antes de sua chegada ao nosso círculo individual, chama-se crime, mas quando alcançamos Jesus passa a denominar-se erro corrigido ou experiência proveitosa.

Há grandes valores, meus filhos, em nossa escola distante do ruído tumultuário. O velho mundo está preocupado em lançar lenha às fogueiras da ambição e do egoísmo. Os que se voltam para a própria alma são poucos, mas é com eles que a jornada de Cristo prossegue.

Deixo aqui meu abraço ao Roberto. Felicito-o pela dilatação de seus raciocínios. Seu barco vai aportando devagarinho na "terra dos homens crescidos". Graças a Deus, atravessou com prudência muitas zonas encachoeiradas de devaneios da primeira juventude e muitas águas paradas de indecisão e insegurança. O barco vai chegando e o velho avô pede a Deus pela felicidade em todos os seus caminhos.

Agora, esperando que vocês gozem muita paz espiritual, despeço-me com um abraço muito amigo.

Repetindo minhas vibrações de amor e formulando votos para que a paz de Jesus seja a claridade do coração de vocês no lar amoroso que souberam construir, sou o papai que não os esquece,

A. Joviano

Receitas para as longas viagens

Meus filhos, Deus abençoe vocês para a execução da nova tarefa. Jesus permanece conosco em todas as expressões do serviço necessário. Estarei ao lado de ambos na **viagem não pequena** e espero em Deus que o sopro da paz oriente o barco de nossas aspirações de trabalho nos círculos do dever cumprido.[1]

Relativamente às minhas lembranças na esfera do assunto, apenas recordo que não devem esquecer o *Sal de Frutas* pela manhã, ou o *Sal de Uvas* às refeições, um ou outro. A homeopatia, igualmente, não deve ser esquecida. Em jornadas dessa natureza, na qual os hábitos domésticos se tornam mais ou menos distanciados, é justo precaver-se o viajante no capítulo da saúde orgânica. Lembro a vocês algumas indicações, como sejam:

Gelseminum e *Eupatorium* - no princípio dos resfriados.

Ipecacuanha e *Aconitum* - nos resfriados positivos.

Beladona e *Carbo Veg.* - nos sintomas de mal-estar com dores de cabeça, etc.

---

[1] Nota da organizadora: refere-se a uma viagem à Bahia, onde se realizaria uma exposição de animais em que Rômulo seria juiz.

Bryonia e *Plumbum Met.* - nas perturbações do fígado, etc.

Colocinthis e *Pulsatila* - perturbações intestinais, etc.

Lachesis e *Bryonia* - nos sintomas nervosos, etc.

Nux-Vomica e *Chamomila* - casos do aparelho gastrointestinal, etc.

Cantharis e *Cannabis Sat.* - no mau funcionamento dos rins.

Outra recomendação de interesse é a do uso de águas minerais, algumas vezes - não sempre -, nas refeições tomadas em ambiente estranho ao círculo familiar. Todas as noites, água pura no aposento de dormir, porque, através dela, hão de receber muitos benefícios gerais.[2]

Quanto ao mais, meus filhos, a indicação máxima no que se refere às experiências novas é a do culto vivo de Jesus no alimento diário do coração. Em suas luzes, tudo é secundário ou menos importante. Deus nos ajudará. Que a Sua bondade nos acompanhe, são os votos muito sinceros do

Papai

---

[2] Nota da organizadora: o livro *50 anos depois* relata vários episódios que comprovam a predileção de Helvídio Lucius pelo ambiente rural. No livro *Renúncia*, Cirilo Davenport tornou-se, na América do Norte, abastado plantador e comerciante de fumo. Rômulo, fiel aos seus ideais espirituais, foi estudar na Inglaterra os mais avançados métodos da época relacionados com a pecuária. Tornando-se diretor da Fazenda Modelo e chefe da Inspetoria Regional de Fomento da Produção Animal do Ministério da Agricultura, em Pedro Leopoldo, viajava por todo o Estado de Minas Gerais, e, às vezes, por outros Estados e para o Exterior. Por essa razão, em diversas mensagens encontramos referências, apreciações e recomendações para as viagens.

A Bahia tem as suas originalidades

Meus filhos, Deus abençoe a vocês, conferindo-lhes muita paz espiritual aos corações.

Reúno-os, a todos, num abraço afetuoso, em observando a reunião familiar que seria completa se pudéssemos contar com a comunhão perfeita na fé sincera em Deus de todos aqueles que tanto amamos. A reunião integral, porém, é assunto que condiz com as realizações integrais e destas todos nós estamos ainda longe.

Felizmente, aqui se encontram em paz depois da viagem efetuada dentro da viagem na vida humana. Ainda bem que os vejo com excelentes disposições de saúde. Acompanhei-os na maior parte das ocorrências da excursão. Graças a Deus, vocês gozaram ótima disposição orgânica e todas as obrigações justas foram cumpridas. Temi que vocês viessem a insistir por uma volta dentro do sertão, mas com facilidade consegui que a ideia não se corporificasse. A excursão no grande rio é agradável, mas tem o seu tempo adequado.

Quando vocês entravam em contato com os costumes e com as novidades da terra, quase sempre ali me encontrava também, observando o panorama espiritual. Cada multidão nos apresenta, os desencarnados, uma paisagem diferente e nova. **A Bahia tem as suas originalidades** extravagantes, mas é natural. Baluarte de tradições dos antepassados, ciosa de suas lendas e edificações, não será com facilidades que se entregará, de alma e corpo, ao surto da renovação moderna. A transformação é fatal, no entanto, o homem e seu meio podem oferecer certos impositivos de tempo que ali hão de ser fortemente considerados.

De tudo, porém, meus filhos, guardou-se o substrato, a observação íntima, o conhecimento visual para experiências e ilações úteis.

Quando você visitou a instituição franciscana, meu filho, procurei acompanhá-lo, identificando as excentricidades ambienciais. Sem dúvida, todavia, que o espetáculo nos impressiona! Aquela casa é uma sentinela poderosa de seculares tradições! E o que mais me espantou não foi o que você viu, foi o que me foi concedido ver, na condição de "homem sem a carne". Ali se aglomeram entidades numerosas, que se conservam ao pé dos altares, desde alguns séculos. Muitas nem podem ajuizar ainda de seu estado pela posição de ignorância, com referência a si mesmas. É doloroso, mas é a verdade.

As almas evoluem também com as instituições que lhes vestem as ideias. Não podem se libertar de seus prejuízos, em vista do fanatismo a que se devotam e só aqueles que violentam a si próprios conseguem desferir certos voos. É o grande caminho da vida. Enquanto muitos se fazem ao mar, com desassombro, a maioria prefere acomodar-se com a praia, onde cresce e se sente sem coragem de seguir sem ela. Para afastar-se, é indispensável coragem, mas a coragem e a resolução firme não pertencem a todos. Constituem edificação espiritual que espírito algum efetuará sem larga parcela de trabalho e esforço em si mesmo. Enfim, a grande obra é de Cristo. A nossa é cuidar das obrigações diárias e atender aos deveres que nos unem a Deus e aos semelhantes.

Agora que vocês voltaram, o Roberto e a Wanda se preparam de novo, em busca das aquisições do espírito que só o colégio lhes poderá proporcionar, na fase em curso. A experiência de cada dia pode oferecer ao bom observador lições muito profundas. A existência terrestre, para todos nós, é uma grande senda para entradas e saídas. Felizes de nós que vimos procurando o encontro nos caminhos diversos do espírito. Esse é o encontro sublime da Eternidade, porque, no que se refere à esfera das formas, a vida está cheia desses fenômenos de chegadas e partidas.

Peço aos meus caros netos se recordem de minhas palavras no ano que findou, quando organizavam as malas de volta. São expressões de uma reunião que efetuamos em companhia do Caio Márcio. São lembranças interessantes de avô, que lhes poderão prodigalizar algum bem.

Agora, Roberto, quando você regressa ao colégio, costumo pensar nas suas aves. Elas também sentem falta. Não há ser, por mais humilde no mundo, que não agradeça o interesse e o carinho. Uma árvore tem gratidão pela gota d'água que o desconhecido lhe oferta no caminho. Um pássaro sabe ter confiança nas pessoas educadas. Uma galinha conhece a verdadeira afeição. Cada coisa tem sua linguagem. Se pudesse o homem do campo observar nas profundezas, reconheceria o entendimento recíproco entre uma abelha e uma flor. Se tudo é assim na natureza dos elementos, que não dizer das necessidades de boas intenções, devotamentos mútuos e amizade fiel entre os homens? No colégio, recordem-se disso. Essas lembranças das lições aprendidas com a natureza fazem bem ao coração.

Desejo a vocês ambos muita paz e muitas iniciativas notáveis nos estudos. No dia da saída, não me poderão ver, como é natural, mas aí estão os amorosos avós do Meyer que hão de lhes dar um beijo por mim.

E, agora, meus amigos, desejo-lhes tudo o que existe de bom sobre a Terra. Que a paz de Cristo seja o nosso melhor patrimônio de cada dia, são os votos do pai, avô e amigo de sempre.

A. Joviano

As falas do lar

Meus caros filhos, Deus abençoe a vocês, concedendo-lhes muita paz espiritual e saúde. Visitando-os, com a afeição de todos os dias, espero que Jesus lance sobre nós as suas bênçãos. **As falas do lar** são músicas para a alma. As palestras íntimas, as conversações amigas ecoam docemente em nosso espírito quando visitamos a Terra. Eis por que me é tão grato, meus filhos, escutar os comentários construtivos que costumam fazer. As próprias observações relativamente a uma criança têm a sua beleza peculiar. Tudo é a vida, a rede de sonhos e esperanças que vamos tecendo sob as vistas de Deus.

Sinto falta, com vocês, quando os netos se ausentam. A escola é um prolongamento dos círculos domésticos. Embora isso, não podemos deixar o cultivo da saudade no canteiro do coração. Mas as chegadas e as saídas constituem circunstâncias do mundo terrestre e temos de nos habituar aos seus imperativos, até que se verifique a completa união no Plano Eterno.

Wanda, como sempre, vai seguindo a cavaleiro das situações, mas o Roberto estranha as modificações em todas as ocasiões da volta. É uma questão de temperamento, de experiências anteriores. Em todos os ninhos, existem passáros que se equilibram na amplitude dos horizontes, enquanto outros ainda não possuem asas reforçadas, esperando o concurso do tempo. Com isso, meus filhos, não quero estabelecer medidas de superioridade, mas comentar com vocês, confidencialmente, uma situação doméstica, já que, nesta noite, tão encantadoramente, falam vocês sobre as tendências infantis. Espero que neste ano alcancem os nossos ausentes no colégio novas expressões educativas. O caso do Roberto precisa tempo, a fim de ser estudado, respeito às normas legais recém-decretadas, quanto ao ensino.[1] Vocês não se aflijam. Não faltará recurso para uma boa solução.

Você, Maria, com a gripe, tem lutado ainda um tanto. Diariamente, um irmão da Espiritualidade lhe traz passes reconfortadores. A tosse é a última recordação do resfriado, mas aconselho a você, em nome do receitista, usar às refeições um vidro do xarope *Iodotânico*. Creio que você vai se dar muito bem.

Agora recomeça a tarefa das viagens e peço a Deus que os abençoe e proteja. Não tenho qualquer referência importante a fazer, senão que será útil levarem aquele material de homeopatia que lembrei, quando se foram à Bahia. É sempre útil conduzir esses pequenos apetrechos de saúde nas malas. Se carregamos vestuário para o exterior, é razoável não esquecer as providências que condigam com a tranquilidade interior.

Estarei com vocês sempre que me seja possível. Estaremos juntos, aliás. A vida tem os seus movimentos incessantes, modifica as formas, renova as diretrizes. O tempo é o seu braço de ferro, inacessível a qualquer modificação no seu modo de agir. A única força que o tempo não desloca, e antes, aumenta sempre, é a do amor. Este, meus filhos, é o segredo de nossa paz. Quantos companheiros nossos perdem-se em horas de angustiadas vigílias? Quantos choram

---

[1] Nota da organizadora: refere-se à mudança do curso ginasial para 4 anos e a criação dos cursos Clássico e Científico, com duração de 3 anos cada.

secretamente e se sentem constantemente ameaçados pelos dissabores? A existência lhes parece, antes de mais nada, um fardo doloroso. Mas é que a sua bússola de amor experimenta perturbações indefiníveis. Falta-lhes equilíbrio e o rumo torna-se uma figura vaga em sua grande viagem, onde se vão tornando viajores desinteressados. O amor é o grande e maravilhoso segredo. Com ele, esperamos, trabalhamos e vencemos. "Quantos anos gastareis?" - perguntaria um ignorante. Entretanto, poderíamos reafirmar à nossa imagem anterior que o tempo não desgasta a energia amorosa, e que o amor prescinde da contagem do tempo. Para ele, o século é uma figuração, como o milênio vem a ser um minuto.

Mas deixemos as muitas teorias filosóficas para lhes desejar uma excursão muito feliz! Deus os ajude no cumprimento do dever. A casa divina é muito vasta e que vocês se sintam integrados em suas infinitas maravilhas, em todas as circunstâncias, são os nossos desejos e votos sinceros.

Pedindo o amparo de Jesus para vocês e todos os nossos, reúne-lhes os corações, num mesmo abraço carinhoso, o amigo de todos os dias.

Com um beijo, o

Papai

O lar
é uma bênção

Meus filhos, Deus conceda a vocês muita paz e boa saúde. Creio agora que as palavras "meus filhos" já podem designar igualmente o nosso Roberto que, aos poucos, vai se tornando homem feito. Isso me alegra o coração de avô, porque é justo esperarmos de sua afeição, e de seu espírito de trabalho, muitas e generosas realizações.

Ei-los novamente em casa, depois da excursão mais ou menos longa. **O lar é uma bênção** e cada dia que passa parece consolidar semelhante realidade em nosso conhecimento. Claro está que não nos referimos à feição exterior do ambiente doméstico, mas à construção interna, ao edifício afetivo que os laços espirituais vão criando e fortificando. E nessa doce certeza o que mais nos conforta é a convicção de que o lar transporta-se à Eternidade, onde se dilata, multiplicando-nos os júbilos da alma! Vocês hão de notar isso sempre. As excursões são sempre educativas e proveitosas quando nos dispomos a observar as paisagens da esfera do espírito, mas a organização espiritual da casa do coração faz sempre falta e, frequentemente, volta-se a ela como quem experimenta enorme sede.

O mundo, qual vulgarmente designamos, é o conjunto de criaturas que defrontamos nos caminhos terrestres e, longe do lar, encontramos as exigências desse mundo diverso que ameaça, perturba ou desorienta, quando não guardamos a centelha divina da iluminação espiritual. Com isso não quero dizer mal das ausências eventuais, porque são serviços dignos e santos. Apenas assinalo, em companhia de vocês, a paz que se encontra no templo familiar. É que além das paredes há edificações mais profundas e além dos móveis existem ternas realizações da alma que consubstanciam um verdadeiro altar para o coração dos homens. A criatura comum não entende ainda semelhantes verdades, entretanto, o tempo, com as suas experiências poderosas, se incumbirá de revelar aos seres que estacionam na escola planetária a importância do lar e da família. E prefiro tocar nesta tecla amorosa nesta noite porque é útil também para o Roberto. Ele, igualmente, faz as suas longas excursões pelo mundo das lições e dos livros. Eu sei o que constitui a palavra de um professor, chamando com insistência o pensamento do aluno. Por vezes, a ideia quer voar como pássaro, para casa, onde se encontram os pais e os afetos, mas os sons da aula impedem os voos. E o Roberto sente também quanto é bom chegar a casa, onde o banho, a mesa e a liberdade apresentam outro sabor. Seria tão-só efeito da paisagem? Não! Em todo lugar há belezas no céu e dentro da natureza! Não existem zonas sem encantos particulares, porque o Senhor não esqueceu os menores caminhos! A sensação de alegria vem do mais íntimo. É o júbilo da segurança, do amor, da confiança mútua. Compreendem, pois, a grandeza de tudo isso? Graças a Deus, já não atravessamos as estradas sem observar. Entretanto, não devemos, nem podemos olvidar as leis profundas do ritmo. Embora reconheçamos a harmonia do assunto, não é possível esquecer que nem vocês podem dispensar as viagens, nem Roberto se afastar dos estudos. Trata-se do jogo de circunstâncias da vida e das experiências que, à força de ações e de reações, se torna cada vez mais rico.

Bem, mas hoje estou discorrendo muito em filosofias! Falemos de outras coisas imediatas!

Quero acreditar, Roberto, que você melhorará depressa e espero em Deus que esteja habilitado em dois ou três dias para a saúde franca.

Quanto à Maria, sou de opinião que deva continuar com o uso dos remédios anteriormente aconselhados. A gripe, dessa vez, foi muito mais forte que as precedentes e como estão no tempo frio será razoável não esquecer o agasalho e o reconstituinte.

Quanto a você, Rômulo, a situação dos rins vem melhorando e aguardo a satisfação de verificar o seu restabelecimento integral, em poucos dias. Sinto o seu fígado muito mais forte e correto, e olhe, meu filho, que isso é uma grande conquista! Deus o ajude a conservá-la!

Agora deixo-lhes o meu abraço, sem me esquecer da Wanda. Que Jesus os ilumine e auxilie sempre, são os votos muito sinceros do

Papai

O mundo tem muitas teorias, mas...

Meus filhos, Deus os abençoe na luta diária. Aqui venho encontrá-los para a conversação amorosa de sempre. Por muitas vezes, estive com vocês nas viagens, principalmente com você, Rômulo, cooperando nos serviços que lhe foram confiados. Essas pequeninas separações do lar dão a vocês, meus filhos, uma ideia da verdadeira grandeza de uma organização espiritual no tempo. **O mundo tem muitas teorias, mas** a verdade é um patrimônio para os corações. O equilíbrio perfeito não independe de certos fatores essenciais. Rendam graças a Deus por compreenderem essa realidade, nos tempos de hoje, tão claramente. Depois de experiências amargas, de longas lutas no caminho, as almas vão reconhecendo qual a senda legítima para a sua "casa eterna". É daí que surgem as uniões imortais.

Felizmente, Rômulo, suas expressões de gripe passaram. O fígado vai entrando em seu aparelhamento normal. A demora de consolidação nas melhoras obedece em grande parte a isso, meu filho, isto é, às mudanças continuadas da alimentação. Aliás, constituía semelhante questão um problema de aspectos difíceis, porque, em verdade, não havia como deixar de beber o chá fora do momento adequado, ou de comer o que não se devia. Há condições e circunstâncias na existência em que esses pequenos, mas tão importantes, atos do dia se convertem num quadro de obrigações inadiáveis. Afinal, como me foi possível, procurei atenuar os efeitos do distúrbio, que podemos qualificar de justo. Graças a Deus, entretanto, vocês estão novamente em casa, junto aos ares tépidos da lareira e do coração.

Sinto-me feliz em vê-los felizes. Tenho observações, minha boa Maria, de nossa irmã Júlia, sua vovó, sobre o caso de nossa amiga D. Esther.[1] Manda-lhes dizer que tem estado junto da filhinha, tão rudemente provada, em seus dignos sentimentos de mulher devotada à sinceridade e ao bem. São as provas redentoras, minha filha! O próprio estado de deficiência física é um reflexo de seu desequilíbrio psíquico, operado na estrada de reparações tão dolorosas! O passado espiritual é, muita vez, um livro de dor que não podemos ler entre alegrias, entretanto, semana após semana, hora após hora, os cálices amargos se esgotam igualmente. Os de nossa irmã D. Esther hão de ser esgotados e até que isso ocorra confortemo-la com os nossos pensamentos de amoroso auxílio espiritual, recordando que é o pensamento o potencial primário e imprescindível em toda a realização. A nossa irmã Júlia tem procurado estar a postos em favor da solução do que seja possível. É o trabalho do silêncio, minha filha, e trabalho do silêncio significa serviço de Deus, porque se o homem fala, Deus cala. Tudo passará como as nuvens do céu!

Venho procurando auxiliar os netos na luta escolar. São tantas as transformações do ensino, as mudanças, as novidades que, em tudo isso, o maior sacrificado é o aluno de boa vontade! Mas vai com o tempo! A Terra, mais do que nunca,

---

[1] Nota da organizadora: a mãe e a avó de Maria Joviano chamavam-se Júlia. Esther era tia de Maria.

experimenta profundas transições. Continuaremos, no entanto, em nossos trabalhos. Isso é o que é importante e essencial. Você, Rômulo, use os remédios destinados aos sintomas de resfriado. Isso fará muito bem a você por mais alguns dias. Quanto ao mais a casa se incumbirá de restaurar. Há muitos doentes do corpo e do espírito neste mundo, vagueando pelas ruas, pelos cassinos e pelos hospitais, cujo único remédio é sempre este das três letras luminosas: *lar.* Este vocês o possuem, com abundância eterna. Desse modo, só peço a Deus que os ilumine, cada vez mais, para que Lhe compreendam mais e sempre mais o profundo e divino valor.

Agora me despeço, deixando-lhes as recordações amorosas do coração de Célia.

Que Deus os abençoe, multiplicando-lhes as oportunidades de alegria, luz e paz, são os votos carinhosos e sinceros do

Papai

Oportunidade de serviço com Cristo

Meus caros filhos, Deus abençoe a vocês, concedendo-lhes a paz de sempre.

Os deveres os chamam novamente e é indispensável atender às obrigações justas. Felizes de nós que guardamos a santa **oportunidade de serviço com Cristo**. Enquanto não o compreendíamos, tudo se perdia no emaranhado de desordens do mundo em suas características inferiores, mas com o Mestre tudo é escola divina. Cada situação, cada personalidade, cada coisa se fazem acompanhar por um sentido diferente. Trabalhemos, pois, meus filhos, com esse espírito do bom entendimento! As experiências nobres e santas somente se organizam e edificam ao buscarmos semelhantes realidades. Um dia vocês hão de ver, mais diretamente ao meu lado, a essencialidade dessas observações.

Por isso mesmo, Rômulo, ressalto a expressão de seus deveres junto de tantos patrimônios que, embora se figurem substancialmente materiais, guardam a mesma espiritualidade divina que caracteriza os problemas morais. Não desfaleça, meu filho, quando as dificuldades surjam de mais perto! Não sofra quando minguem as possibilidades! No obstáculo, o esforço do homem é mais belo e nas facilidades sem significação a alma adormece muito longe de seus objetivos divinos. Quando aparecem as lutas inevitáveis, há sempre bons amigos ao seu lado, ajudando-o a vencer. De quando em vez, tornam-se evidentes as influenciações mesquinhas, oriundas do despeito e da insinceridade, mas tudo isso é fenômeno transitório. A sua tarefa com o campo é uma dádiva sagrada, dívida que você deve encarar, em todas as oportunidades, como bendita concessão de Deus.

O solo tem problemas educativos tão importantes quanto aqueles que se indicam para os planos mentais da criatura! E uma família de animais pode não assinalar raciocínios, nem alinhavar considerações de ordem humana, porém é digna do mesmo respeito e proteção devidos às obras e seres da Criação Divina. Por muito tempo ainda a coletividade terrestre se inclinará para o solo ou para os grupos de irracionais com a noção de comercialismo, entretanto, entre as massas, já se vai providenciando, sob a inspiração de Deus, quanto ao aprimoramento de um e amparo aos outros. Caridade não é a palavra que designa estados de beneficência social, nem sempre orientada a fins justos, mas significa muito mais proteção e esforço do bem para com os necessitados, onde as terras, as plantas e os animais se acham incluídos. Muitas vezes, o homem há esquecido semelhantes verdades por simples espírito de presunção, mas a ilusão é fogo fátuo destinado a impressionar a periferia. A Eternidade cogita de soluções mais profundas. Eis por que, meu filho, o seu é um esforço muito nobre de serviço cristão junto da natureza. Jesus não está somente no salão incensado de um templo, nem invocado apenas pelo fervor de nossa prece. Sua alma divina está igualmente nos círculos da natureza. As árvores devem-lhe benefícios, os animais esperam por ele. É bem significativa a primeira visão que o Evangelho nos sugere apresentando o Salvador em local convertido num estábulo, entre pastores que não passavam de tratadores para os nossos dias. Somente após a estação da manjedoura é que penetra o lar, a carpintaria de José, o templo dos doutores, a esfera da beneficência aos semelhantes. E o estudo é muito interessante se observarmos que o seu companheiro mais fiel para a entrada no testemunho de Jerusalém foi um burrico. Enquanto os companheiros se alegravam inadvertidamente, e outros elementos conluíam na sombra, foi ainda um animal que se revelou mais dedicado, sem espírito de invigilância no dever ou de interesses indignos. Naturalmente que não estamos fazendo a apologia de "uma consciência irracional", todavia, procuremos localizar o sentido da verdadeira cooperação e observar o caráter divino das obrigações que nos ligam com a natureza.

Bem, já filosofei o demasiado. Referentemente aos netos, minha boa Maria, você pode aconselhar ao Roberto o *Iodotânico*. É preparado útil para ele. Na fase atual de desenvolvimento, entre o menino e o moço, os fenômenos físicos se verificam com expressão mais brusca. O uso metódico desse fortificante, por alguns dias, será eficaz na estabilidade de seu equilíbrio geral. Quanto ao mais, meus filhos, Deus continue a derramar sobre vocês as Suas bênçãos de luz, saúde e paz, três riquezas poderosas para quem estacione sobre a Terra. Pela primeira vez, hoje veio aqui comigo o Tapajós.[1] Peço a vocês que o auxiliem nas vibrações de amor fraternal. Ainda está muito fraco, espiritualmente falando. Deus abençoe a todos. E deixando-lhes o meu velho e afetuoso coração de pai reúno a ambos num só abraço,

Papai

---

[1] Nota da organizadora: refere-se a um amigo da família Joviano em Belo Horizonte.

Uma
sublime reunião

Meus filhos, Deus os abençoe a todos, reunin-do-lhes os corações na mesma bênção de amor.

Renovo a vocês os meus votos de paz pelas tarefas bem cumpridas e felicito aos netos queridos pelos dias de descanso no lar. A missão e o aconchego da família são realizações divinas, pelas quais nunca poderemos render as graças merecidas. São tesouros de inapreciável valor e que grandes massas de irmãos nossos da esfera invisível para o mundo transitório vivem disputando, fervorosamente, vendo as suas aspirações sempre adiadas.

A tarefa em família é um trabalho de Deus. O aconchego do lar é uma bênção divina. Para conseguirmos isso, milhares de anos lutamos e sofremos, em esforço coletivo. Saibamos, pois, meus netos, pensar nisso.

Maria e Rômulo estão quase que semanalmente comigo. Semelhantes palestras são, para nós, um culto amado e incessante. Mas vocês, embora me sintam espiritualmente, são compelidos pelas circunstâncias a estacionar nos estudos necessários, longe do ambiente da família. Por vezes, as conversações maliciosas tentam inocular um veneno na circulação de nossos pensamentos, mas o velho avô lhes pede que se mantenham em guarda. Os que disseram nos livros que a existência é uma luta estão certos, mas são raros os que reconhecem que a luta essencial não é das armas ou possibilidades exteriores: é aquela que vibra, em nós mesmos, onde somos campo, espada, general e soldado. O inimigo nos ataca fatalmente pelos sentidos, quais os conhecemos aí. A audição, sobremaneira, é sempre uma porta larga a dar acesso aos elementos mais contraditórios e estranhos! Estejamos, pois, em guarda. Quando alguém nos incline a esquecer esse patrimônio sagrado, não pode ser nosso amigo.

Quando você escreveu as suas páginas, Wanda, relativamente à missão doméstica através do casamento, procurei cooperar com o seu pensamento e felicito a você pelo êxito com que você catalogou os assuntos, movimentou as ideias e fez as citações. O conjunto é excelente e, de quando a quando, você deve reler aquelas páginas. São ótimas sugestões e bálsamos valiosos para quem deseja integrar-se no verdadeiro patrimônio da experiência humana. Sobre o rosto, recomendo a você que não dilacere a espinha doente, nem as suas companheiras, quando se façam mais renitentes. Uma espinha é sempre um pequenino, mas poderoso foco de energias, que podem ser destrutivas quando não as mobilizemos inteligentemente. Quando as compreendemos, entretanto, tornam-se úteis, porque significam sempre escoadouros de certos detritos da economia orgânica. Naturalmente que, aos poucos, vamos substituindo os escoadouros menos belos por elementos mais agradáveis, que lhes guardem a finalidade, mas até que isso se verifique tenhamos bastante serenidade e vamos construindo devagarinho. Essas espinhas são incômodas, minha filha, mas cessarão em tempo breve, logo que você alcance outros cumes de desenvolvimento. Até que o organismo se integre no ritmo da vida terrestre as células são forçadas a muito e intenso trabalho. São abelhas operosas que precisam colher a essência de nossa perseverança e boa vontade, a fim de que tenhamos, afinal, o mel saboroso da saúde equilibrada. Você, porém, está muito melhor e quase restabelecida.

Quanto às suas manifestações de resfriado, meu caro Rômulo, são lembranças dos serviços intensivos e ainda aqui um caso de esforço celular nos treinos vastos de resistência, em plena luta com as experiências precisas ao bom resultado de sua tarefa. Use, no entanto, o Gelseminum por alguns dias consecutivos. Os pequenos comprimidos são melhores para atender às suas necessidades pela aplicação mais fácil. Creio, meu filho, que bastará isso e, em breves dias, estará você novamente fortalecido.

Quanto ao Roberto, vou auxiliando as suas energias gerais com a aplicação de meus recursos, dentro do novo mundo em que me encontro. Tudo vai bem, graças ao Pai Celestial!

Assisti, meus filhos, a **uma sublime reunião**, onde se lembrou a difusão do livro dedicado às memórias de Paulo e Estêvão. Não tenho palavras com que exprimir o que foi essa assembleia de luzes da Espiritualidade! Pela primeira vez, vi, não de muito perto, o grande apóstolo da gentilidade! Sua grandeza espiritual é grande em demasia para ser descrita por meu verbo tão pobre! Cale-se, pois, o meu raciocínio para que me expresse com o coração, no silêncio divino do espírito. Estêvão não veio à assembleia divina, mas hoje vou compreendendo que todos esses vultos, cheios de imortalidade e de glória, continuam no mesmo serviço de redenção humana, interessados pelo serviço de Jesus e consagrados a ele tão intensamente quanto se verificou nos primeiros dias de seu fervoroso labor sobre a Terra.

Sei que a reunião enviou ao grupo de vocês um pensamento de amor. Isso significa uma alegria grandiosa demais, que não posso nem devo comentar! Que Deus lhes conceda sempre a Sua confiança divina e que a Sua luz os abençoe.

Agora, depois de abraçá-los a todos, retiro-me com a satisfação habitual, dando a cada um de vocês a minha saudade, em folhas de esperança.

Abraça-os, mais uma vez, o papai e avô muito amigo,

A. Joviano

O espírito de trabalho fornece tônicos

Meus filhos, Deus os abençoe, concedendo-lhes ao coração amor e luz. Regozijo-me em apertar-lhes carinhosamente as mãos no lar, após o regresso da tarefa cumprida. Partilho a tranquilidade e o contentamento de ambos vocês, porque, em verdade, meus filhos, **o espírito de trabalho fornece tônicos** desconhecidos do mundo aos que se consagram ao serviço do bem, seja onde for. Muita gente se queixa ou se converte em pântanos de desânimo, porque não sabe descobrir as possibilidades sublimes e latentes no plano do dever justo e quando esse dever encontra execução adequada ele é portador de novas mensagens, sugestões e alvitres ao coração. Belo é o campo do trabalho e tão maravilhoso que sua grandeza não se revela imediatamente a todos. A preguiça, o desalento, a desesperança não encontram caminhos de acesso.

Reportando-me à carta íntima de nossa última reunião de julho findo, assinalo com satisfação seu novo estado d'alma, meu caro Rômulo. Ainda bem que as oportunidades se ajustaram para que você recebesse esclarecimentos preciosos. O otimismo, meu filho, é vinho reconfortante do coração, em toda ocorrência da luta humana. Estamos sempre nas experiências diversas, sejam de resgate ou de elevação, nas vanguardas ou nas retaguardas de combate. Até que atinjamos os píncaros iluminados das edificações perfeitas estaremos em luta ardente e é indispensável que a coragem seja erguida em nosso espírito, como senha permanente.

Há inúmeros soldados nos movimentos do mal, entretanto, todos se destinam à transformação em instante oportuno, porque só o bem permanece nos círculos de seleção justa da vida. Isso verifica-se nos mais simples processos vitais até as grandes realizações cósmicas, inapreensíveis à nossa reduzida compreensão. Eis por que regozijo-me com seu espírito de otimismo e de tranquilidade nas obrigações atendidas e lembro as palavras de Cristo: "Não temas". Sigamos com a nossa boa vontade de servir e esqueçamos a peçonha que rasteja no mundo. A peçonha sempre atacou indistintamente. Afastemo-nos no caminho de nossas intenções elevadas e recordemos que cadáveres requisitam pás de cal. Quanto ao mais, nunca olvidemos a fonte das bênçãos. Esse manancial flui com abundância para todas as criaturas. Quão raras, porém, se animam a aproximar e perseverar junto das águas! Guardemos, todavia, os nossos ensejos benditos e continuemos!

Ainda há alguns dias pude participar dos júbilos de assembleia imensa, onde generoso mensageiro esclarecia o sábio texto evangélico: "A minha paz vos dou". O emissário não examinava nem o capítulo, nem mesmo o versículo. Fazia luz sobre uma simples sentença do Cristo. Depois de profundas reflexões, de prodigiosos conceitos, concluía que Jesus está sempre ao lado dos homens, encarnados e desencarnados, oferecendo-lhes a paz. No entanto, escasso é o número dos que se propõem a receber. A frase pequenina, meus filhos, é soberana, grandiosa. Cinco palavras formam aí a sublimidade de volumoso tratado espiritual. Saibamos, pois, receber a tranquilidade de Cristo, que é a daqueles que lutam e persistem ao seu lado. Os ventos empestados podem concentrar a desordem em determinadas regiões do caminho, porém sempre virá uma tormenta que recompõe e purifica. Assim me refiro para aludir que o otimismo e a confiança em Deus devem ser defendidos quais tesouros inapreciáveis. O mal pode agitar-se e reunir miasmas perigosos, entretanto, sempre haverá renovação apesar da insídia do egoísmo e da ambição.

Com respeito às crianças, minha boa Maria, continuo na missão de sempre. Você pode crer, minha filha, que não as esqueço, não obstante as paisagens novas que se vão desdobrando intensamente. Trata-se de um prazer muito grato à minha alma de avô. Tenho pensado também muito especialmente no Roberto, com relação às suas necessidades novas, de rapaz candidato às situações dos adultos, bem como sobre a parte de ensino superior, no futuro. Mas vamos arquitetando os nossos projetos e Deus há de nos abençoar as esperanças, como sempre. Do ponto de vista sentimental, felizmente, a sinceridade dele sempre me abre caminho à cooperação adequada. Esteja, pois, descansada quanto a isso. Noto-o com bases justas e creio que, nesse terreno, o edifício de sua formação espiritual vai se elevando muito bem. Aludo apenas ao problema geral, onde a partida para novas experimentações, no terreno do estudo, se faz indispensável. Não é partida do lar, é partida psíquica, se assim posso dizer. Outras conversações, companhias, lutas. Mas tudo isso é útil e necessário, e Deus nos ajudará.

Para finalizar, meu caro Rômulo, não quero deixar de dizer a você que quase forcei a sua palestra com o amigo e superior hierárquico, a fim de que seu coração desanuviasse de certas preocupações, aliás muito justas. Fiquei satisfeito em que a sua permuta de ideia fosse mais ou menos minuciosa e longa. Seus frutos foram os da paz e estou satisfeito.

Deus abençoe a vocês, meus filhos, e abraçando a ambos com muito carinho peço que guardem o pensamento saudoso do

Papai

O cuidado paterno não se extingue no coração

Meus filhos, Deus abençoe a vocês, conceden-do-lhes muita tranquilidade ao espírito, a fim de registrar a visita afetuosa de sempre.

Tenho estado frequentemente com vocês, não só aqui, como também contribuindo, de algum modo, para que o Fausto se mantenha forte e bem disposto na atual situação doméstica. **O cuidado paterno**, meus filhos, **não se extingue no coração.** Parece alguma coisa de Deus em nós, algo que nos desperta, levanta, conforta e anima. É modalidade do amor, constituindo permanente incentivo ao espírito, em demanda do Infinito. Às vezes, passo algum tempo sem referências de ordem pessoal, no que concerne à família, mas, em verdade, os nossos compromissos espirituais são fachos de luz viva, que os sopros da morte ou a ventania dos séculos não conseguem apagar. De quando a quando, sento-me no mesmo lugar silencioso de meus livros, medito, repito velhas súplicas a Jesus e se não posso dar aos meus a mensagem falada de outros tempos, ou a escrita que deixo a vocês frequentemente, procuro levar ao coração de cada um em particular a carta de meus pensamentos afetuosos, que não são menos vivos.

E a nossa edificação espiritual continua sempre. As estações de chegada e partida se alternam, o desprendimento do corpo nos obriga a traçar programas novos, no entanto, a essencialidade é a mesma, a vida é a mesma, os objetivos não são diferentes! Um dia cantaremos juntos, sob a árvore da Eternidade, o hino da redenção e das alegrias imortais. Quando, filhos meus? Não importa. Estamos juntos. Nossas mãos se entrelaçam no serviço purificador. Esta certeza divina aclara estradas e santifica o coração. Cada novo dia mais uma fração infinitésima vencida ou devidamente analisada para o triunfo esperado em dias do amanhã. Cada noite mais uma oração de repouso e reconhecimento ao Todo-Poderoso. Alegremo-nos e rejubilemo-nos. A felicidade reside no amor bem vivido. Não chegamos ainda às últimas praias, às supremas regiões dos vencedores, mas a glória da união começa e sentimo-nos mais fortes. É pena e lastimo bastante, sem qualquer pretensão, que todos os amados não possam partilhar nossa divina esperança no dia de hoje. Isso, porém, é fenômeno passageiro. O trabalho é agora e nós temos as suas bênçãos. A ventura integral é para amanhã, como a desventura ficou no dia de ontem. O passado para os erros, o presente para nós, o futuro para nós todos. Essa ideia consola e edifica-nos a aspiração.

Mudando o ritmo, falo a você, minha boa Maria, com a dedicação de costume. Creio que o *Passiflora* será útil ao seu estado orgânico. O reumatismo é sempre uma lembrança do inverno, mas quando há vigor, qual acontece com você, minha filha, deixa de ser isso para ser apenas solicitação secundária do organismo a ressentir-se do frio intenso. Use aquele medicamento. Estou convicto de que se dará otimamente.

Agora, minha filha, observo a movimentação bélica e imagino quanto de dores maternais anda vibrando por aí afora. Instintivamente, penso em você e no Roberto. Não é que esteja a profetizar coisas, mas a examinar problemas. O coração tem sempre ímãs poderosos e atrações divinas e os filhos têm sempre suas lutas. Quem acompanhasse fielmente a história do Planeta veria sempre um coração de mãe erguido no caminho, acenando aos homens interessados nas batalhas. E estas são sempre as mesmas, ainda que não hajam guerras declaradas. É que a luta evolutiva é também combate dos mais vivos e, ainda aí, vemos, invariavelmente, o símbolo do coração materno, compelido a seguir os transes da alma humana, em silenciosa súplica a Deus, impossibilitado de evitar o que se traçou no dia de ontem para o dia de hoje.

Mas, graças a Deus, vocês como pais hão alcançado tamanha compreensão espiritual que me recolho às minhas cogitações próprias, confiando plenamente em vocês. O lar é escola, templo e oficina, simultaneamente. Assim, pois, celebrem aí o aprendizado, a união e o trabalho, e serão felizes. Refiro-me a isso por entender as necessidades novas que se desdobrarão naturalmente nos quadros do caminho. Com Jesus, porém, meus filhos, tudo é horizonte ilimitado. Tenhamos fé e otimismo. Precisamos chegar à "terra da redenção" e lá chegaremos.

Nem nos detenham cipoais, nem primaveras floridas. A esta última demos a nossa admiração, ao cipoal, o nosso esforço por fortificar caminhos e prossigamos na marcha.

Bem, por hoje já fui bem extenso. Entretanto, o coração que ama tem sempre imensidade de coisas a dizer.

Adeus, meus filhos. Que Jesus os fortaleça e ilumine, são os meus votos sinceros. Abraços do

Papai

Os que souberem guardar a fé...

Meus filhos, Deus abençoe a vocês, concedendo-lhes muita paz ao coração.

Aqui me encontro, em nossa celebração familiar de sempre. É a mesa do amor, onde nossas almas se reconfortam no manancial da esperança viva. Quantas lutas atormentam corações mundo afora? Quantas lágrimas se represam nos olhos de quantos perderam o dom de entender o céu? Ah! É preciso desdobrar-se na vida espiritual, a fim de compreender isso. Mas **os que souberem guardar a fé**, meus filhos, serão salvos por si mesmos, porque atingiram a montanha da certeza bendita em Jesus. Nesta hora de guerra sangrenta do mundo, o lar cristão é uma bênção materializada. Rendamos graças a Deus pelas dádivas que nos conferiu e que vocês saibam aproveitá-las no esforço diário das experiências humanas, são os meus votos ardentes e sinceros de pai.

A difusão da história de Célia nos causa muito conforto e alegria. Essa edição nova trouxe muito júbilo ao nosso círculo.[1] Não é a explosão de sentimento egoístico que talvez nos pudesse envenenar na Terra. É a satisfação legítima de quem contempla a árvore frutífera na estrada pública. Pode ser vítima de pedradas, de tormentas, de lenhadores, mas dá sempre, sem indagar o "como", o "porquê", o "a quem". A exemplificação de Célia, a meu ver, meus filhos, é parecida a esta árvore: tomada por alguns à maneira de ficção, mal interpretada por alguns outros, mas, no fundo, é a árvore augusta oferecendo folhas medicamentosas, raízes curadoras, flores que alegram, frutos que alimentam e consolam. Passe o tempo, o machado, a ventania, a árvore está em seu lugar, cumprindo a missão do benefício espiritual.

Relativamente ao Roberto, minha boa Maria, fiquei muito satisfeito em observar sua atitude materna. Deus a guarde e resguarde nesse plano de amor que sabe compreender. Como não desconhece, minha filha, a recapitulação de experiências terrestres não é fácil, nem o meio oferece as garantias colhidas no ambiente sagrado do lar. E o homem defronta sempre a velha luta, a velha sugestão de cada prova humana. Não se agaste com o fato de haver certa dilação para seu conhecimento nesse capítulo das lutas dele. Foi melhor assim e eu mesmo procurei cooperar espiritualmente nesse sentido. O Roberto está unido a nós por laços muito profundos e, neste momento, não desejava que ele se entristecesse ou sentisse menos coragem por enfrentar a luta. Foi melhor que meditasse, pensasse e resolvesse quase só. Ao demais, hei de preservar sempre o seu trabalho santificado de mãe. Determinadas substâncias não devem figurar no altar materno e eu não quis que se abrisse uma página de precedência. Eis, minha filha, o que se vai passando e sobre isso apenas me refiro porque devo explicações ao seu carinho maternal.

---

[1] Nota da organizadora: refere-se à edição nova do livro *50 anos depois*.

Quanto ao mais, cada noite lava as preocupações de cada dia. Dobraremos noites amigas sobre o assunto, até que tudo não passe de coisa vaga, sem significação no ritmo doméstico. Tudo tem seu proveito, sua fase útil, sua luz. Bastará descobrirmos o lado bom e a marcha diária representa invariavelmente a jornada para Deus. Graças ao Pai, tudo vai indo bem, seguindo os seus divinos desígnios.

E, por hoje, penso que basta.

Tenho examinado com satisfação as boas disposições físicas de ambos. Embora isso, porém, não deixem o contato, de vez em quando, com a nossa amiga homeopatia. Ao organismo sempre é útil o fornecimento de cooperação e auxílio.

Deus envolva vocês no manto de Sua infinita bondade e desejando-lhes tudo que a vida possua de melhor para nos dar guardem o abraço afetuoso do papai muito amigo,

A. Joviano

O altar da fé nos chama a sublimes celebrações

Meus caros filhos, Deus abençoe a vocês, concedendo-lhes as luzes divinas de Seu infinito amor. Encontramo-nos em nosso ágape amoroso de sempre para as doces alegrias domésticas. É **o altar da fé que nos chama o espírito a sublimes celebrações**. Antigamente, os religiosos mantinham as fogueiras vivas, alimentando o fogo sagrado que se destinava aos sacrifícios. Hoje, meus filhos, o fogo santificado é aquele da fé que nos reconforta os corações e ao invés de sacrifícios dos animais inocentes e inermes vamos examinando e selecionando desejos ao seu clarão e ao seu calor.

Desde muito, vimos assim, unidos, no serviço de redenção. Um grande grupo para lutar e purificar, e uma assembleia pequenina para estabelecer diretrizes e acender a lâmpada sublime da fé.

Não creiam que nossas vibrações fiquem circunscritas ao nosso ambiente exclusivo. Elas alcançam mais longe, devoram distâncias e operam modificações psíquicas profundas. Os nossos familiares reunidos ao meu lado, em sua maioria, permanecem distantes de nossas alegrias no intercâmbio espiritual direto, mas cada prece, cada pensamento nosso influi sobre eles todos, determinando benefícios no caminho geral. Aí se revela uma das grandes expressões dos tesouros evangélicos. É a dádiva oculta, o exercício da caridade pela mão direita, com desconhecimento da esquerda. Vocês hão de verificar um dia, junto a mim, semelhantes equações. Às vezes, as palavras costumam complicar em vez de ajudar. A semente germina sem ruídos, na sombra, no silêncio. Podem acreditar comigo que todos os dias novas sementes são lançadas no campo espiritual de nossos consórcios nas experiências terrestres.

Tenho comparecido a todas as reuniões das terças e o estudo que vão efetuando oferece ampla repercussão em nosso meio. As ilações são ventiladas aqui com justificado interesse. Cada versículo que vocês examinam é luz nova que se intensifica de nosso lado com potência mais profunda. É uma questão de zona adequada ao iluminismo. Figuremos uma grande mina de profundeza considerável e encontraremos a chave dessa intensificação. A esfera de superfície do globo é região mais abafada, mas à medida que se eleve para o alto a claridade é sempre difusa e mais nítida em vista de aproximação da força solar. As luzes espirituais são também grandiosas e reconfortantes, e tanto se distribuem na parte visível da Terra quanto nas zonas invisíveis que lhes são vizinhas. Quando a mente começa a edificar raciocínios fáceis e lógicos, recebendo conclusões de ensinamentos que olhos humanos não conseguem ver, isso é sinal dessa iluminação a que me refiro. O homem encarnado não a experimentará como fenômeno visual orgânico, mas como expressão de entendimento progressivo. Muita gente julga que desenvolvimento espiritual representa desenvolvimento mediúnico, psíquico. Não é isso. Semelhantes expressões, às vezes, chegam a ser prejudiciais no mecanismo da gradação evolutiva. Desenvolvimento espiritual é compreensão da vida, no desdobrar de todas as lições, desde as grandiosas até as pequeninas. Quando a criatura consegue a menor fase dessa realização, o espírito de serviço é o seu guia e conselheiro permanente, porque, então, meus filhos, chegamos a compreender que na Terra só possuímos de exclusivamente nosso a alma, e o mais constitui patrimônio de oportunidades que a Providência Divina nos concedeu em confiança para nosso uso e utilidade, e para uso e utilidade do próximo, quando esse próximo está em condições de receber alguma coisa desse patrimônio, do qual não passamos de usufrutuário.

O Evangelho, pois, é uma luz eterna e sublime. Antigamente, suas lições soavam-nos ao ouvido como acervo de palavras avelhantadas, sem curso na linguagem moderna do mundo. Entretanto, faça-se algum pequenino raio de desenvolvimento espiritual em nós e as suas lições surgem como cachoeiras prodigiosas de rios ocultos, qual acontece à notável corrente oriental, cujo leito visível é um lençol imenso de areia. Entretanto, basta que alguém cave levemente para que a água abundante surja cristalina e fresca do leito invisível.

Como observamos, nossa edificação íntima não tem sido descuidada. Graças aos poderes superiores, fomos ao Evangelho e o Evangelho veio a nós. Esse é o fenômeno que interessa. Os outros acontecimentos terrestres são destinados ao jogo artificioso de circunstâncias passageiras.

Você, meu filho, fez bem usando os elementos homeopáticos contra o resfriado. Deve continuar com eles, porque a estação já está modificada. Você e Maria podem fazê-lo. Sempre é melhor prevenir que remediar. O *Gelseminum* e o *Eupatorium* são excelentes amigos que auxiliam nas disposições orgânicas gerais.

Relativamente às crianças, vou auxiliando aos

dois na medida de meus singelos recursos e nada tenho de que me queixar. Temos sempre recebido grande soma da misericórdia paternal de Deus.

E por hoje penso bastar minha lista filosófica. Não foi tão-só pelo prazer de argumentar, mas também pelo contentamento de amar, e o culto doméstico do Evangelho é das mais delicadas expressões de amor que conhecemos aqui.

Boa noite, meus filhos! Deus esteja sempre com ambos, abençoando-os e protegendo-lhes o caminho. São esses os votos do papai que os abraça,

A. Joviano

Não esqueçam a água fluida

Meus filhos, Deus abençoe a vocês, concedendo-lhes muita paz espiritual.

Apenas assinalo minha visita para não deixar em branco a vontade de lhes dizer alguma coisa.

Tenho acompanhado o Fausto em suas lutas e posso dizer que são bem grandes. As tarefas de esposo e pai são, porém, sacratíssimas e reconheço que ao seu contato vai se beneficiando para edificações espirituais mais sólidas. Fausto, no entanto, precisaria medicar o organismo em geral, mormente no que se refere ao sistema nervoso. Alguns tônicos, algum repouso mental e creio que ficará outro. A luta é útil, mas também precisa alimento de energias novas para proporcionarem à criatura o melhor êxito possível. Não faço semelhantes referências por considerá-lo tão altamente necessitado, mas sim por considerar que o melhor remédio é aquele que prevê, com tempo e a tempo, de restabelecer forças indispensáveis.

Compreendo que a situação de Fausto é um tanto difícil, entretanto, não lhe faltará meu concurso de amigo velho e de pai cheio de afeto. É uma simples questão de recolher a si mesmo e criar ambiente de tranquilidade interna e os fortificantes gerais trabalharão como ótimos colaboradores da saúde física.

Quanto a vocês, com os sintomas dos últimos dias, meus filhos, acompanhei-os com o afetivo interesse de sempre. A atmosfera total do Planeta levará tempo a eliminar todo esse conjunto de miasmas psíquicos. **Não esqueçam a água fluida** e, à noite, consagrem alguns minutos para a recepção de passes espirituais. Basta que se concentrem na ideia de recebê-los em se deitando, por alguns minutos - 5 a 10, no máximo. Esse exercício é excelente para socorro à organização espiritual. Sempre que me for possível estarei em companhia de vocês para auxiliá-los.

Relativamente aos netos, não deixo de levar a ambos a cooperação afetiva de cada dia.

Tenhamos confiança em Deus e sigamos. A estrada não é muito fácil e, às vezes, nem sempre agradável. O coração tem lutas, o cérebro, preocupações. Contudo, é preciso não esquecer que estamos experimentando. Vida definitiva é vitória definida no mapa de serviços redentores. Estamos nesse abençoado trabalho de unir, reunir e santificar. Essa certeza alegra o coração!

Deus os ajude e ilumine todos os dias. Esperando que a proteção de Jesus siga vocês em todos os minutos do caminho, recebam o grande afeto com abraços do

O amor tem as suas obrigações

Meus caros filhos, Deus abençoe a vocês, concedendo-lhes ao coração muita paz espiritual.

Assinalo aqui a visita afetuosa de sempre. **O amor tem as suas obrigações,** que se convertem nas alegrias permanentes do espírito. Estamos trabalhando e lutando juntos. Isso me faz rejubilar o íntimo, porque se as esferas de atividade são diversas, essa atividade não difere no cunho essencial. Estamos em esforço para Jesus, a nosso benefício, no cenário universal. Que a Providência nos abençoe.

Foi com sincera satisfação que acompanhei vocês em Belo Horizonte.

Apreciei devidamente a auréola de harmonia em que se mantiveram, experimentando justa paz nos corações e, francamente, confortou-me o espírito a impressão que tiveram e trouxeram dos netos. Um avô tão velho quanto eu sente prazer quando pode apresentar aos filhos muito amados alguma coisa útil no setor de vigilância e carinho que lhe foi confiado. Venho procurando assistir ao nosso Roberto sempre que possível e, através da mente, falo-lhe com a antiga ternura de outros tempos. Não é preciso o concurso mediúnico de maneira formal ou exclusiva para que manifestemos a nossa influenciação. Mentalmente, meus filhos, todos nós conversamos bastante e podem crer que na recordação solitária ou na palavra viva, na lembrança da vigília, como nos fenômenos do sonho, o nosso intercâmbio espiritual é muito maior que se possa imaginar. Aqui, nas mensagens, posso dar-lhes minha palavra direta, escrita, entretanto, portas adentro do coração continuamos a escrever juntos, com as tintas reais da vida e no livro do amor, a sublime história espiritual de nossas almas, através de todos os tempos e situações.

Nesse processo, venho conseguindo restabelecer uns tantos princípios no coração do nosso Roberto, fazendo-lhe sentir a grandeza deles. As noções e ideias, concepções e modos de sentir são "móveis espirituais" em nossa casa interna. Às vezes, porém, chegam malfeitores bulhentos, pessoas indignas, lobos mascarados de ovelhas e são muito raros os que têm força para a resistência. Na maior parte das vezes, mudam os móveis de lugar, subvertendo-lhes as disposições, quebram utensílios, ferem paredes. É o trabalho nobre de jamais desanimar. Construamos e reconstruamos, sem perder a esperança. Pode tardar a realização, mas o propósito edificador continua conosco, à maneira de bênção imortal de nosso Pai Imortal. Vocês conhecem isso muito bem. E para não nos referirmos a grandes situações transcendentes do espírito, recordemos a "lagoa amiga", onde vocês tantas vezes têm de enfrentar a devastação da enchente, a desolação da seca, a invasão de maus vizinhos, o assédio de malfeitores. É preciso não desanimar nunca. Ao cabo de muita luta, descobriremos equilíbrio para todas as coisas.

Felizmente, pois, vamos indo muito bem. A Wanda igualmente me proporcionou grande prazer espiritual. Deus os abençoe e ilumine a todos. Quanto à sua saúde, minha filha, conversei com o receitista, que recomenda o uso do *Cantharis*, na 5ª dinamização, além dos outros indicados. Será muito útil a você para a eliminação dos calores que lhe vêm flagelando os rins, com reflexo natural no sangue. Graças a Deus, porém, você vai bem melhor! À noite, tenho sempre cooperado nos passes. Essa providência é útil porque ampara o coração. A Terra atravessa período de profundas calamidades psíquicas. As batalhas, os atritos formidáveis são pequenas expressões do conflito invisível das forças do Planeta. Só o amor pode proporcionar energias continuadas. E o passe amigo com a oração é como específico amoroso do céu.

Por aqui, meus filhos, devo encerrar minha carta singela desta noite.

Adeus. Que Jesus os acolha no manto de infinita bondade e que as suas bênçãos de luz e paz nos reúnam sempre, em todos os lugares. São os votos muito sinceros do papai que os abraça afetuosamente,

A. Joviano

Em nossa permanente casa espiritual

Meus filhos, Deus abençoe a vocês, na luta redentora de cada dia, proporcionando-lhes aos corações os divinos eflúvios da paz.

Aqui nos encontramos, no doce reencontro de sempre, **em nossa permanente casa espiritual**. Em verdade, meus filhos, uso semelhante expressão com justa propriedade, porque todos nós, em nos entendendo mutuamente, formamos um edifício sublime, cheio de vida e luz na Espiritualidade, quando o fundamento desse edifício é o amor. É a casa da simpatia, das afinidades, das atrações. Dentro dessa nossa organização, que resiste aos séculos, nos reunimos frequentemente, não só no que se refere às bases essenciais para as vitórias do porvir, mas também para comentar as pequeninas ocorrências comuns que são como flores da estrada, perfumando o coração. Podem crer que todas as vezes em que pensam no papai amigo estamos a conversar. A matéria mental ainda é uma incógnita para o habitante comum da Terra, mas para nós outros tem a feição de mecanismo maravilhoso! Quase sempre estamos juntos. Nem poderia ser de outro modo. Aliás, o mesmo acontecia, antes de 1934. Meu pensamento andava com vocês em toda parte. Fosse no Paraná, fosse em Minas, embora estivesse eu no Rio, continuávamos unidos. É a cadeia magnética do amor milenário, prendendo corações, em santo enlevo do espírito. E sinto-me feliz destacando o repouso que sempre encontrei em nossa "casa diferente" da do mundo. Parece-me agora que tão logo alcancemos certas expressões mais nobres e altas de conhecimento passamos, enquanto no Planeta, a possuir duas residências: uma, a da atividade corporal propriamente dita, onde nos movimentamos muitas vezes em companhia das convenções e dos compromissos; a outra, a do espírito, casa eterna, onde vivemos com a confiança e o amor. Na primeira, podemos receber a visita de todos os fluidos, mas na segunda o coração é mais exigente. É que aí somente penetram afeições que o tempo torna mais belas, músicas que condigam com a delicadeza dos nossos melhores sentimentos, conversações que tenham o gosto sublime de eternidade.

Às vezes, criaturas convivem conosco anos e anos a fio na primeira, sem penetrarem a segunda. É preciso adquirir a chave da confiança perfeita e darmo-la não pode constituir resolução superficial. Compreenderam agora a minha singela definição de nossa "casa diferente?" É esta a segunda habitação, onde não há morte, nem separações para sempre, é o santuário excelso, onde o amor rege todas as providências e relações. Quando nos sentimos senhores nesse lar eterno, encontramos bases de paz que na primeira habitação somos incapazes de idealizar.

É por isso que, embora atarefado e mesmo assoberbado de trabalhos a favor dos nossos queridos familiares e de minha própria evolução espiritual, experimento com vocês suave aconchego de tranquilidade, indispensável ao reabastecimento de nossas energias.

Relativamente à sua saúde, meu caro Rômulo, deve usar o *Cantharis*, de fato. É útil e oportuno. Fiquei satisfeito com a incumbência conferida ao Fausto. A ida ao Rio ser-lhe-á útil de modo geral e, ao mesmo tempo, constituirá razão de prazer para todos. Não nos desanimemos. O trabalho é nosso júbilo de cada dia, material ou espiritualmente falando. Às vezes, penso como será venturoso o dia de alcançarmos a compreensão e união perfeitas de todos. Não será então contentamento só o alimentar a esperança?

O lavrador sente especial satisfação junto de seu campo de esforço. Para outrem, as leiras de terra estarão ásperas, mal adubadas, escorregadias, entre espinhos e pedras.O lavrador, porém, não vê isso. Conversa ele com a semente, com o broto. Isso lhe dá forças novas. Sabe extrair tesouros da chuva, como sabe aproveitar o estio forte. É preciso ajudar a semente, protegê-la, amá-la, ampará-la. Que serão espinhos e pedras no dia dos frutos? Ninguém dá por eles à chegada da colheita farta.

Tenho procurado auxiliar a você, minha bondosa Maria, no capítulo dos passes. O receitista é de opinião que deva você prosseguir com os elementos indicados, abstendo-se do *Iodo*. A sua indisposição obedeceu mais a fermentações havidas que se agravaram pelos calores fortes, quando qualquer resfriado determina tantas modificações. Vejo-a, entretanto, mais forte e isso me alegra muito. Aliás, noto mesmo que as suas melhoras orgânicas gerais são consideráveis, porque você emagreceu um pouco. Mantenhamos no pensamento a certeza da assistência divina. A canalização dessas ideias leva a todas as regiões orgânicas as melhores notas de energia, porque, um dia, vocês verão conosco que pensamento também circula como sangue.

Pelos netos, tenho feito o possível por assisti-los convenientemente nos serviços de fim do ano. Esperemos em Deus que venham sadios e tranquilos.

E agora, meus filhos, despeço-me. Rogo a Deus conceda a vocês tudo o que existe de bom e útil. Reunindo a ambos num abraço muito grande e afetuoso, sou o papai muito amigo de sempre,

A. Joviano

Divina escola, a da vida

Meus filhos, Deus abençoe a vocês, conceden-do-lhes ao coração e ao lar muita paz e muita luz divina. Encontro-me igualmente satisfeito nesta fase ativa de provas em que se encontram os netos. Muito encorajador o esforço de ambos, esperando em Deus que recebam o melhor êxito nesses testemunhos de trabalho anual. Enfim, meus filhos, nenhum de nós outros permanece ainda ausente do aprendizado. **Divina escola esta, a da vida**, onde cada dia nos traz ensinamento novo. Quantas vezes a dificuldade se tem arvorado em nossa educadora? Quantos problemas em cada situação e em cada emergência da estrada evolutiva? É o colégio de Deus, obrigando-nos as almas. Sempre páginas em branco, isto é, oportunidades novas para que apresentemos lições bem organizadas e bem preparadas. As estações de exame são inumeráveis. Vão em escala sublime, desde as ocasiões de alegria às tristes sensações do fim de determinadas experiências, tristes sensações, digo, quando não formos capazes de alimentar as claridades da fé, no fundo do coração. E ainda aqui as provas da escola da vida não cessam. O educandário é enorme. É indispensável auxiliar nos serviços imensos e em semelhantes tarefas o ensejo de testemunhar é cada vez mais complexo, porque elevação de ideal ou de pensamento significa dilatação de campo. O homem, observando a paisagem da obscuridade do vale, fixará algumas necessidades do caminho ou da região, mas o que escalou a montanha vê mais longe! O quadro acompanha o horizonte infinito! E assim, copiando o serviço das crianças, temos igualmente o nosso em estudos e demonstrações que transcendem o milênio.

Conforme tive ocasião de observar, em páginas passadas, a visita do Fausto em casa me trouxe satisfação justa. Reunir o maior número de contentamentos domésticos é sempre agradável. Não se impressionem, todavia, quanto ao que ocorre. O assunto se prende à paisagem do pretérito e, não obstante nosso melhor desejo, a luta espiritual necessita atingir objetivos justos. Nas derradeiras reminiscências levantadas por Emmanuel, não chegaram vocês a fixar a figura, de modo direto, mas a influenciação de Plotina, ao lado de Susana, ainda se verificou de maneira forte, embora esse detalhe escapasse à organização do livro, por desnecessário ao objetivo de edificação geral.

A atualidade nos dias que correm assinala a presença de poderoso elemento espiritual que não se desligou delas. Naturalmente, a sensibilidade psíquica mais evoluída registrou o caso antes da percepção geral. E, desse modo, sem divagarmos dispersivamente, bastará recorrer à imagem da escola. É mais um caderno para o aprendizado de meu espírito paternal. Estou trabalhando e confio em que tudo será bem solucionado no plano em que hoje me encontro. Quanto à cooperação de vocês, esta deve ser a da vibração mental, em desejos fraternos e preces de auxílio amoroso. Creio que não preciso dizer mais. A esfera invisível é um campo de serviços, por vezes, ásperos, mormente em nos referindo a essa imensa "habitação imediata" dos recém-desencarnados, junto aos fluidos da humanidade terrena. Existem, com respeito à morte do corpo, os mais vigorosos enganos no mundo. Para esmagadora percentagem de criaturas terrestres, "morrer organicamente" é mudar de cidade para outra. E os ódios, as aversões, os sinais de compromissos não cedem lugar, como também não cedem aqui neste mundo da encarnação. Falem a um homem relativamente ao dinheiro, à honra pessoal, aos privilégios isolados, aos benefícios humanos, a favores e ele entenderá imediatamente. Se tangerem, porém, a tecla da profunda realidade de que permanecem na Terra de passagem e que vão se encontrar junto àqueles que o antecedem no túmulo e esse homem mostrará um sorriso de ironia ou incredulidade. E haverá maior realidade que esta? Grande número de seres aqui, onde me encontro, padecem do que poderíamos denominar "alucinações impressivas" e que fazer por esclarecê-los de maneira total quando possuímos tantos serviços por fazer em nós mesmos? Sigamos, tratando de solucionar questões seculares na intimidade de nossos corações, certos de que somente assim poderemos ser úteis.

A lâmpada, depois de confeccionada, depois de convenientemente limpa, poderá receber a luz com proveito. Efetuada essa operação, estará brilhando e auxiliando a tudo e a todos, ainda que não saia do lugar que lhe seja próprio.

De Deus hão de chegar todos os recursos precisos. Trabalhemos, esperando o melhor.

Que Jesus, meus filhos, os ampare sempre e ilumine, na concessão de suas verdades sublimes. E desejando a vocês a continuidade de paz espiritual, imprescindível às realizações úteis, abraça-os comovidamente o coração dedicado do

Papai

A lembrança é palestra íntima

Meus caros filhos, Deus abençoe a vocês todos, concedendo-lhes ao coração Seus tesouros de paz sacrossanta. Muito especialmente, venho trazer às crianças o meu abraço pessoal pelas alegrias do mês corrente. Nos dias adequados não esquecerei a mensagem afetuosa, particularíssima, de coração a coração. Não somente com papel e lápis se poderia saudar alguém. Mais que tudo é com o espírito, usando as vibrações da alma que nos comunicamos uns com os outros. **A lembrança é palestra íntima**. E nesse domínio das recordações carinhosas o velho avô há de vir com o beijo da dedicação de todos os tempos. Não precisaremos palavras. Entender-nos-emos pelo coração.

As perspectivas do fim de ano, nos estudos, enchem-me de esperanças novas. Tenho examinado o esforço de ambos, meus queridos. Não posso dizer que se atrasaram, pois, de fato, sinto nos dois o desejo real de progredir, correspondendo ao do lar.

É isso mesmo. Hão de ser invariavelmente felizes, sempre que souberem buscar no templo de casa as energias imprescindíveis à boa luta. Os livros são fonte de consultas, elementos de iluminação e aviso, patrimônios do saber que orienta os caminhos e lhes define os contornos. Entretanto, o lar é o livro mais importante, porque se constitui de páginas da vida em si própria. É por ignorar esta verdade que a maioria dos homens se perde nos desfiladeiros da viciação. Desconhecendo os deveres próprios, são cegos que, de modo geral, poderão exibir muito intelectualismo, mas que não sabem ver a claridade legítima da estrada. Sempre que vocês puderem, voltem o olhar ao ambiente doce da retaguarda, onde os pais oram por vocês e pensam constantemente em seu bem-estar. Essa atitude mental redundará em firmeza para os empreendimentos justos, renovar-lhes-á a visão espiritual e representará, sobremaneira, um escudo contra o assédio das ideias perniciosas, que costumam invadir o íntimo da criatura, através do concurso de palestras malsãs e de companhias enganosas.

A nossa escola, como vocês observam, deve continuar sempre ativa. Lembrem-se de que o vovô ainda está estudando também e que se existem lares na Terra, com muito mais propriedade existem eles nas zonas espirituais, de onde os homens os copiam num impulso natural. Feitas porém, estas considerações, quero renovar-lhes meu abraço de felicitações. Retomando o assunto, agradeço ao nosso irmão Casimiro pela lembrança que nos deixa.[1]

Você, Roberto, vai bem melhor, entretanto, é justo que continue com os remédios, pelo menos dois deles, em tabletes. Hão de auxiliá-lo para a resistência necessária. Como você não ignora, o período de provas requisita acúmulo de energias e não seria justo desproteger-se. A prova pede atenção firme e espírito pronto. É indispensável oferecer bases à matéria mental. Tenho estado em tarefa de auxílio, no que me é possível, junto de vocês, mas pode crer que isso

---

[1] Nota da organizadora: refere-se ao poema reproduzido à página 323 do presente volume.

não impede que pense também nas suas aves como sempre.

Quanto a você, Wanda, veio em minha companhia hoje uma grande amiga sua, que lhe deixa afetuoso abraço. É Marta de Crecy, [2] que seus olhos não poderiam identificar nos dias que passam. São as afeições do lar de Jesus, onde nos reencontraremos todos um dia. Declara-se ela muito satisfeita em rever você e agradece a Deus a possibilidade de se fazer sentir ao seu lado. O tempo, minha filha, não apaga o amor e você deve saber que amor e memória são duas zonas infinitas, onde o espírito se manifesta. De minha parte, assinalo com satisfação esta visita, por demonstrar a estima de que você pode dispor em grande número de corações.

Espero em Deus que ambos contem sempre com minha singela cooperação, nos domínios do possível às minhas faculdades limitadas. Que as férias próximas sejam para vocês dois uma branda estação de refazimento orgânico e paz espiritual.

Muito comovidamente deixo a todos o meu abraço cheio de afetos e pedindo a Jesus nos conceda o prolongamento de amor, onde nossas almas se sintam cada vez mais unidas, sou, como sempre, o papai e vovô muito amigo,

A. Joviano

---

[2] Nota da organizadora: refere-se a uma amiga espiritual de outras eras, sobre a qual não foram dadas maiores revelações.

Felicitações

Wanda e Roberto, o avozinho,
O amigo do coração,
Deu-me a tarefa amorosa
Das rimas de saudação.

Diz ele - "Novembro é o mês
De aniversário dos netos,
Um claro jardim no tempo
Enriquecido de afetos.

São vocês joias divinas
Do escrínio do Professor.
Dois capítulos divinos
No livro de seu amor.

Junto dele, outros amigos
Das esferas imortais
Vêm trazer às nossas preces
As flores celestiais.

E eu, pequeno entre todos,
Humilde, rogo a Jesus
Que conceda a vocês dois
O reino de sua luz.

Casimiro Cunha

Palavras velhas de um amor sempre novo

Meus filhos, Deus abençoe a vocês, conceden-do-lhes muita paz ao coração.

Renovando as expressões afetivas de sempre, encontro-me aqui com as **palavras velhas de um amor sempre novo**, repetidas quase que semanalmente, pelo meu carinho e amizade de pai. É preciso deixar falar o coração. Isso faz bem ao espírito. Fora de nós é o trabalho por vezes áspero, a luta enorme, o testemunho que nos eleva e refor-ma as energias, mas consola-nos a certeza doce de que o descanso está em nós mesmos, quando, nos momentos de entrelaçar projetos e comentar ternamente o desdobrar da vida, permutamos as almas em sublimes emoções, que só a linguagem espiritual conseguirá traduzir. Não observem nas minhas afirmativas qualquer sinal de cansaço. Não. Refiro--me às lutas, porque a manhã não teria significação sem o contraste da noite e, portanto, não encontraria tamanho prazer em me sentir ao lado de ambos, se, de quando em quando, não fosse compelido a eventuais e periódicas ausências.

O amor, meus filhos, é instituição divina demais para que pudesse comentá-lo com frases simples de vocabulário terrestre que, de algum modo, ante a grandeza das definições espirituais, se tornam quase inexpressivas. Apenas posso dizer-lhes que nossa união em espírito tem para minha alma sensações abençoadas de paraíso. Nosso intercâmbio sutil, nossas palestras de pensamento a pensamento forneceram-me encantadora impressão de alegria e saciedade que o homem vulgar não conseguiria compreender. Vocês, porém, me entendem, e isso deve bastar-me.

E digo bem quando aludo ao verbo "entender", porque, em verdade, vocês também não poderiam explicar nosso fenômeno emotivo. Nosso culto de afeto nunca sofreu interrupções. Antigamente, só nos saciávamos quanto à saudade nos largos encontros de presença a presença, mas hoje verificamos que não se faz indispensável a tangibilidade material, mas sim a impressão mútua de espírito a espírito, coração a coração, porque, afinal, compareço invisível aos olhos de vocês, minha voz humana não se faz ouvir, meus caracteres caligráficos não se reproduzem com exatidão, entretanto, vocês sabem que estou aqui, ouvimo-nos uns aos outros, permutamos ideias reciprocamente. Nossa alegria íntima é a mesma dos outros tempos e quando nos despedimos guardamos no fundo de nós o contentamento suave de quem andou aliviando saudades com a água viva da alegria nos reencontros. Como esclarecer isso a palavras humanas? Quase impossível. É preciso afinar sentimentos com muita perfeição para compreender e, incontestavelmente, não poderemos sair do silêncio em nos reportando a qualquer objetivo de definição.

Agradeço, pois, a vocês, pelo muito de consolação que me têm dado. Que Deus converta em bênçãos as moedas luminosas do amor que ambos me entregam cada dia.

Tenho recebido generosas mensagens de Célia, que me enchem os caminhos espirituais de santo júbilo. Rogo a Jesus abençoe a divina estrela, que tantas vezes há clareado nossas estradas entre as dificuldades deste mundo. Tenho seguido suas preocupações de trabalho, meu caro Rômulo. O serviço é assim mesmo - uma experiência viva, com a purificação do fogo e com a bênção de paz celeste para quem deseje executá-lo ponderando a vontade excelsa de Deus. Não se entristeça no quadro das pequeninas recapitulações, quer com as coisas, quer com os companheiros. Há um salário que transcende as tabelas da Terra. Este, meu filho, acompanha o homem de bem à sua casa real, que se localiza na vida eterna. Não espere entendimento imediato em nos referindo a mínimos problemas. Trabalhemos e passemos como quem sabe que o serviço é de Jesus e que estamos passando para nos integrarmos com o Senhor.

Quanto a você, minha bondosa Maria, creio de utilidade à sua saúde o uso do *Helmitol* - um vidro em cozimentos dos estigmas de milho. A receita não é minha. Ouvi o nosso amigo espiritual antes de "transmiti-la." Você poderá usar um comprimido em um copo (não repleto) do chá referido, levemente adoçado. Esses comprimidos operam úteis desintoxicações orgânicas e não volte, por enquanto, às expressões iodadas.

Aqui se encontra a sua vovó Amélia, que lhes deixa pensamentos de muito amor e muita paz. Por minha vez, faço meus também os votos dela e guardando-os no coração, como sempre, abraça-os muito afetuosamente o

Papai

Na "casa de Cristo"

Meus caros filhos, Deus lhes conceda muita saúde ao corpo e muita tranquilidade ao espírito.

Aqui estou com a minha carta afetuosa de sempre. Nestes dias, rememoramos aqueles que precederam minha volta para cá. O quadro triste, as sombras domésticas, o anseio das despedidas! Ah, meus filhos, como está distante a paisagem! Conforta-nos reconhecer que de tudo apenas ficou a vida vitoriosa, em vocês e em meu coração! A morte orgânica modificou apenas a moldura da situação. No fundo, somos os mesmos, com as nossas lutas, aspirações, ideais e pensamento. Graças à Divina Providência, não cultivamos a treva do sepulcro e sim as claridades da vida eterna, com o amor que não pode morrer nunca. Notaram vocês que não existe para nós nem mesmo a sombra leve da muralha entre os dois mundos? É que quando nos encontramos no extremo limite temos nossas lâmpadas acesas, as lâmpadas da fé, as luzes da afeição que se ergue da morte. Ainda quando a saudade intensifique os véus que lhe são peculiares, abafando-nos delicadas vibrações, erguemos mais alto nosso candelabro fulgurante, contemplamo-nos mutuamente, rosto a rosto, e eu vejo que vocês me reconhecem como eu os reconheço. A vida com a fé nunca experimentará o terror da separação. A morte nada significa para o amor que se iluminou ao sol da confiança em Deus.

Fala você de Evangelho, meu filho, e pode acreditar que, muitas vezes, estudo-lhe a essência divina, em sua companhia. Essa fonte de maravilhosa beleza para nossas almas é inesgotável em tesouros para as experiências terrestres e espirituais. Frequentemente, entrego-me a fundas meditações ao seu lado. Já que nos seria um tanto difícil comentar problemas pedagógicos, questões de genética ou assuntos de atualidade do mundo, o encontro **na "casa de Cristo"**, que o Evangelho, de fato, representa, constitui para nós alegria transcendente e indefinível. Também eu tenho estudado o símbolo precioso da barca e, ainda há algum tempo, o velho Marinho[1] comentava comigo que, a seu ver, representa ela o símbolo da existência humana, isto é, a oportunidade do serviço terrestre: o corpo, o templo e oficina da alma que recebeu a concessão. Isso porque a barca não era uma apenas. Os discípulos também possuíam a deles. E o Tiberíades não mostra fielmente o quadro do Planeta, onde a criatura deve pescar e procurar valores eternos? As águas móveis não dizem das responsabilidades diretas de cada um, revelando a necessidade de prudência, serenidade, dedicação ao serviço e esforço próprio para que se não vá ao fundo do abismo? São ideias de Marinho, que julgo muito acertadas! Aliás, é impressionante observar o apostolado de Jesus nos círculos da natureza. A nós, que consagramos tanta estima à expressão rural, é agradabilíssimo recordar que ele surgiu numa estrebaria, que recebeu a primeira visita na aproximação dos animais, ensinou as mais altas verdades da vida sobre o espelho dum lago, construiu suas parábolas tomando expressões da vida em fazenda, transfigurou-se na solidão de pequena montanha, ensinou a pureza do culto íntimo a Deus à beira de um poço, preparou-se para o supremo sacrifício na intimidade de um horto, recebeu o martírio no cume de um monte e ressuscitou num jardim. Não é isso extremamente significativo? O amor ao Evangelho, meu caro Rômulo, é uma estação de luz da alma em trânsito

---

[1] Nota da organizadora: refere-se ao personagem do livro *50 anos depois*, Capítulo IV.

para revelações eternas, revelações que muita gente aguarda a morte do corpo para adquirir, mas que, em verdade, vai sendo conquistada pelo espírito, cada dia, tanto aí na Terra, quanto aqui, onde nos encontramos.

Deus nos conceda forças para prosseguirmos nas descobertas dos valiosos tesouros, inacessíveis ao câmbio terrestre e à ação das traças.

Peço a vocês, meus filhos, que não se organizem para a noite de 14, à minha espera. Estarei junto de vocês, entretanto, se for possível, façam um culto doméstico, que me faz tanto bem. Pedi aos amigos espirituais daqui para que não escrevessem algo com alusão à data, em vista de que é sempre melhor o silêncio, a prece, o amor que fala tanto no coração. Vocês compreendem isso. Fico a pensar no muito que devo realizar ainda e o culto é uma festa para todos nós, porque é o pensamento de Jesus, sua dádiva, sua mensagem. Quanto ao mais, no mais íntimo do espírito, estaremos unidos cada vez mais para os bons trabalhos.

Não me referi, na vez passada, à viagem de vocês, porque sentia previamente que o resultado da presente estação seria contrário aos propósitos gerais. Muitas chuvas, muitas experiências úteis para os homens do campo, no sentido de refazer o que as enchentes destruíram e até que isso se efetuasse seria difícil realizar o serviço projetado. Esperemos melhores oportunidades nesse setor.

E agora minha lembrança carinhosa às crianças. Deus conceda a vocês todos muita saúde e paz. Um grande abraço, com muitas saudades e alegrias do

Papai

Assistindo ao culto familiar

Meus caros filhos, meus votos sinceros a Deus pela paz espiritual de vocês, ao lado dos netos. Com a visita afetuosa de todos os dias, venho trazer-lhes o meu reconhecimento pelo carinho das lembranças amorosas de anteontem. Mais um ano de novas expressões na Espiritualidade. E vocês não imaginam meu contentamento, **assistindo ao culto familiar**. Faltou pessoalmente a nossa boa Wanda, entretanto, seu coração estava ao nosso lado, através das forças vivas do pensamento. A recordação generosa de muitos amigos nossos palpitava junto de nossos corações, embora semelhantes vibrações não sejam integralmente registráveis por vocês, na fase de vida em que se encontram. A visão que foi descrita, como se fora uma estrela, não era bem isso, mas um ramalhete radioso de pequenas flores luminosas, que nos chegava da bondade de Célia. São lembranças divinas de sua esfera superior, que não somente vocês absorveram, mas também nós outros, os que nos conservávamos aqui e éramos numerosos, à maneira de bênçãos de paz, energia, felicidade e saúde. Os nossos amigos Abílio Machado e Casimiro Cunha estavam presentes e muitas entidades amigas, do tempo do pobre parque educativo de Blois,[1] vieram à nossa "solenidade afetiva", comovendo-me o coração. Não avaliam meu júbilo espiritual. Desde ontem, sinto-me mais forte e encorajado.

A alegria parece fonte nova e inesgotável em minha alma. Como Deus é bom, meus filhos! Por mais que sofrêssemos na Terra, por mais que lutássemos, as dádivas que nos felicitam permanecem muito além de nossas expectativas e de nossos escassos méritos. Este Pai de Bondade é pródigo de maravilhas e bênçãos celestes! Sua infinita magnanimidade nos rodeia em toda parte! Peçamos a Jesus que nos ensine a ver, como convém. Ele, que se converteu em nosso Orientador e em nosso Mestre, nos auxiliará a visão espiritual, dilatando-a, a fim de que possamos compreender cada vez mais amplamente.

Agora as crianças voltaram ao aconchego doméstico!... Estou satisfeito com a alegria do Roberto. Tenho acompanhado suas atividades, sua expansão de contentamento em casa. Ar a plenos pulmões, árvores, natureza! O quadro não pode ser mais belo e deve emoldurar, de fato, os júbilos sadios do coração. Felizmente, noto, não somente a ele, mas também a Wanda, bem dispostos e fortes. Essa afirmativa, contudo, não dispensa a necessidade de aproveitarem o tempo, no período de repouso anual, sendo razoável atender-se às necessidades do organismo em desenvolvimento franco. Creio bem inspirada a providência de auxílios medicamentosos comuns. Mesmo a melhor medicina é aquela que prevê, antes de remediar. Meus parabéns a ambos pelos esforços dispendidos no ano. Trabalharam muito, fizeram o possível e hão de ser recompensados pelas forças superiores que governam o espírito. Toda energia gasta na aquisição de

---

[1] Nota da organizadora: refere-se à escola do professor Jaques Duchesne Davenport, que figura no livro *Renúncia,* e que foi uma das vidas de Arthur Joviano.

luz representa sementeira luminosa, com vistas à eternidade. Entretanto, meus caros netos, acredito que a continuidade desse esforço no lar é sempre preciosa e indispensável.

O livro deve ser o nosso melhor tesouro, em se tratando de patrimônios inspiracionais do mundo. Nele poderemos receber as mensagens mais nobres, se temos nosso coração inclinado ao bem, à luz, à verdade. É o recurso de que dispõem os irmãos mais velhos por transmitir suas experiências e lições aos mais novos. É ainda o canal das inteligências superiores e a zona de avisos e instruções do divino Mestre, que fala todos os dias às criaturas, através de seus generosos mensageiros. Não falo aqui tão-somente do ponto de vista religioso, mas sim na paisagem de educação geral. Cada página que ensina utilidades construtivas ao espírito está integralmente unida à máquina de trabalhos de Jesus e com Jesus. Além disso, na época de transição que vocês atravessam, a escola padece de certas dificuldades inevitáveis. Há grandes perplexidades nos métodos de ensino, enorme indecisão na maioria dos professores. É uma situação, aliás, a que a atualidade não poderia fugir. Tempos de confusão, em que os mapas de determinações administrativas e os programas educativos costumam mudar-se como as cartas geográficas, indefinidas na hora presente. Assim, pois, o estudante não pode perder a fagulha sagrada. A escola acendeu-a. É preciso alimentar o fogo divino, no auto-aperfeiçoamento e no cuidado de si mesmo. Não podem, nem devem esquecer semelhantes obrigações. Homem sem livro é viajante sem roteiro certo. Muitas situações estranhas lhe chamam o interesse nas margens do caminho justo.

Quanto a você, Rômulo, as indicações do receitista serão muito úteis ao seu estado geral. Assinalo, porém, com prazer, que você me ouviu perfeitamente na nossa "casa intuitiva" quando me referi ao problema do fumo. Você não deve deixar de fumar, entretanto, a restrição será utilíssima e, para falar melhor, gosto sempre mais do seu cachimbo e do fumo menos forte. A diminuição, nesse sentido, é muito importante ao equilíbrio geral da circulação. Felizmente, suas disposições são ótimas e o incidente passará depressa. Deus nunca cessa a fonte do auxílio para nós, meu filho! Relativamente às preocupações de ordem moral, são elas as nossas companheiras de cada dia. Infelizes de nós se não as tivéssemos. Demonstram nossa possibilidade espiritual de ponderar responsabilidades e compromissos. Entretanto, sigamos as suas sugestões até certo ponto, sem permitir que nos venham ferir. As preocupações também vieram ao nosso círculo para nos servir, mas nós não fomos criados para elas. Ainda aqui lembremos a lição de Jesus, referente ao dia do sábado. E estejamos satisfeitos e confiantes. A certeza de que Deus nos ajuda e que nos envia todas as coisas para o nosso bem é luz permanente em nossas almas.

Acompanharei você, meu filho, no dia 19, com o meu pensamento afetuoso de pai. Espero que Maria e você passem horas bem felizes, junto de Wanda e Roberto. A alegria é um tônico para o coração. Recordemos que o Pai nos envia esse tônico, graciosamente, sentindo-Se feliz com os nossos contentamentos.

E agora, meus filhos, boa noite! Deus os abençoe!

Com a gratidão e o amor de todos os dias, guardem o coração dedicado do papai,

A. Joviano

Mensagens 1943

Toda defesa justa traz o seu conteúdo de bem

Meus caros filhos e queridos netos, seja a paz de Deus a alegria de vocês todos. Na visita afetuosa de sempre, renovo-lhes minha dedicação de cada dia. Durante quase todo o dia em que se comemorou seu aniversário, minha bondosa Maria, estive ao seu lado, com os votos paternais de muito amor, pedindo a Deus por sua saúde e tranquilidade. À noite, sua e nossa amiga Helena trouxe muitas flores.[1] Você não as viu, mas recebeu-lhes o perfume no coração. Também aqui, minha filha, não esquecemos as doces alegrias do coração. Conversamos muito na reunião espiritual mais íntima e, como seria de esperar, todos os nossos comentários referiam-se a você, ao seu esforço, decisão, nobreza de pensamento e boa vontade.

---

[1] Nota da organizadora: Helena foi uma grande amiga das irmãs Maria, Aurélia e Iacy. A família Maia era muito ligada à família Amorim. Desencarnou muito moça.

Pela primeira vez, vi ambas as suas avozinhas, em palestra afetuosa, ao seu lado. Todos trouxeram ao seu espírito uma lembrança - a do amor que vence a morte e voa sempre ao Mais Alto. Deus abençoe a você, cada vez mais, dilatando as energias do seu coração. A vida deve ser bom ânimo, coragem, disposição sincera na execução da vontade divina e rejubilamo-nos com o seu coração pelas suas atitudes retas de sempre.

Quanto às suas atuais preocupações, meu filho, partilho-as igualmente e como não ser assim se nossa união se perde no calendário? **Toda defesa justa traz o seu conteúdo de bem**, ainda que a justiça humana seja tardia na visão fiel dos acontecimentos e das coisas. É interessante, porém, observar que seu idealismo mais forte não permanece na "terra materializada", propriamente dita, mas sim na "terra espiritual", que outros olhos não saberão ainda ver. É a construção nova, meu filho. Cada dia, seu trabalho particular lança tijolos novos. A edificação é eterna e, graças a Deus, nunca mais sofrerá modificações tendentes a desvio. Desse modo, quando nos referimos a "defender", muita gente não verá outra coisa além dos pormenores físicos da paisagem, entretanto, é a paisagem interior que se manifesta, é o amor do lar eterno, o devotamento às realizações justas. Suas preocupações, portanto, levam-me o coração a pensamentos de natureza ainda mais elevada. Seu amor à construção com Cristo e com a sua divina vontade é hoje mais vigoroso, mais belo! Feliz de você! Quanto ao mais, não se deixe conduzir por pensamentos torturantes. Sei que seu coração me compreenderá e, por isso, lanço este apelo: preocupe-se, mas não sofra. Não é paradoxo. É uma lembrança de amor. Todas as sombras passam e as nuvens do céu são chuva fecundante para a terra. Estejamos contentes e otimistas!

Agora que vocês se dispõem a viagens novas, fiquem convencidos de que repartirei o tempo disponível entre as duas zonas opostas - norte e sul. Lembram nossa troca de ideias, quando se organizavam para a primeira viagem a Fortaleza? Como veem, as experiências se repetem, apenas com a renovação de detalhes. Estimo que o Roberto aproveite bastante. Há sempre que aprender no livro diário da experiência humana. Em face do "êxodo", penso nas galinhas dele e recomendo não se esqueça recordar aos que ficam. Não preciso dizer da necessidade das aves, na rotina habitual dos serviços de casa. Creio que de todas as expressões domésticas, em nos referindo a animais menores, são as aves que mais falta sentem das mãos que as assistem.

Relativamente a você, Wanda, não se inquiete respeito ao rosto. Havemos de auxiliar a passar esta "ponte" de dificuldades naturais. Trate-se direitinho. Não dilacere a parte doente e tudo irá bem. Além da homeopatia, temos numerosos remédios por aqui, onde me encontro. Esteja certa de que todos os elementos de que possa dispor na "farmácia espiritual" hei de levar para você, em nossos colóquios mais íntimos, pensamento a pensamento, entre um avô muito velho e uma neta muito carinhosa e muito moça. As lutas passam, minha filha! Se passam as maiores, por que permaneceriam as menores, indefinidamente?

Pois bem, creio chegado o momento do meu boa noite. Não devo esquecer, meu caro Rômulo, de assinalar suas melhoras gerais. Muito bem! Tratamento de saúde é baseado no método e, por isso, se pode confiar no remédio, o remédio também pode confiar em você. Isso é muito confortador, meu filho.

Que Deus os auxilie sempre e que colham muita paz com as melhores experiências nos dias próximos. Reunindo-os a todos no coração, reservo um braço para os filhos e outro para os netos. Diz-me a alma que todos cabem no meu peito. Ainda bem.

Cheio, pois, de alegria, deixo-lhes os meus votos de muita felicidade e paz em Jesus. O papai e vovô muito amigo,

A. Joviano

338

A saúde física é um tesouro

Meus caros filhos, Deus abençoe a vocês todos, proporcionando-lhes ao coração muita saúde e paz em face às lutas diárias.

De novo em casa para o bom trabalho, abraço a todos vocês de coração.

Você, meu caro Rômulo, regressou bastante atacado de perturbações orgânicas, com vista aos resfriados, mudanças de regime, etc. Compreendo bem as dificuldades oriundas da ausência do lar. E é interessante observar que semelhantes modificações independem completamente da vontade própria. Graças a Deus, porém, notamos sua tendência às melhoras justas e desejáveis. Enquanto esteve você distante, recebi permissão para acompanhá-lo mais de perto e com o auxílio de amigos espirituais, mais experientes que eu mesmo, consegui levar ao seu organismo certo coeficiente de defesas naturais. Aqui, porém, como você muito bem se certificou, se tornou imprescindível retirar a parte mais forte de amparo direto às energias orgânicas propriamente ditas. Felizmente, porém, observo que tudo vai indo pelo melhor. A concentração de resíduos intestinais, a influência do calor, os choques frios de quando a quando, a atuação sobre os rins e a influenciação de certos pratos sobre o fígado, tudo se conjugou para agravar a situação. Um pouco mais de horas e Deus nos permitirá a satisfação de ver você reintegrado em suas forças comuns. Pedi ao receitista para modificar, de algum modo, as substâncias medicamentosas, o que ele fará neste momento.

Durante os próximos dias, até que os pulmões se desvencilhem da carga de humores, não use nem os gelados, nem expressões tendentes a eles, resguardando-se com o que se torna preciso. Alimentação do costume, reintegração de hábitos, e esperamos que a situação se normalize. São os percalços justos do trabalho, meu filho. São naturais e inevitáveis. A glória, porém, cabe a Jesus e ao serviço, e por este deve você se rejubilar, porque fez o que lhe competia, cumprindo sagrado dever. O Cristo igualmente, se o lembrarmos como trabalhador divino, em sua exposição de luzes na Terra, não conheceu constipações, mas recebeu a cruz. Não foi também o percalço ao serviço? É da lei que rege as expressões de contrastes no mundo terreno até que surja a era de concórdia, ainda longínqua nos quadros evolutivos. A sua gripe avançada, cheia de traços febris, me faz voltar o pensamento às coisas da espiritualidade. A separação foi sempre dolorosa ao seu espírito. Não me refiro a isso, senão por lembrar a espiritualidade, a propósito das dificuldades de ordem material.

Aliás, considerei oportuníssima a ideia de Maria no sentido de ficar. A época não favorecia uma excursão com alegrias completas. Continuo ao seu lado, cooperando no levantamento geral de suas forças. Tenhamos bom ânimo! Toda dificuldade é transitória!

No círculo das considerações desta noite, felicito o Roberto... por enquanto, pelo menos, quanto à excursão efetuada. Bom teste de resistência física à feição climática da região visitada. Entretanto, é útil que guarde a boa nota conquistada, sem desejar dilatação de muitas experiências. **A saúde física é um tesouro**, cheio de utilidades preciosas, em todos os detalhes da passagem pelo Planeta. Perguntei ao receitista pelo Roberto e ele é de parecer que continue com as indicações anteriores, salientando igualmente a sua boa posição no momento. Graças a Deus!

Acompanhei você, meu filho, em suas observações do vale extenso, e mesmo grandioso, do Jequitinhonha. Também partilhei seu deslumbramento ante as paisagens para os olhos e as possibilidades para o futuro, louvando a grandeza de Deus que proporcionou os bens, e lastimando a imprevidência da maioria dos homens, que os não soube até agora receber. Aguardemos, entretanto, o porvir. Ali não só me admirei dos espetáculos físicos, mas conquistei muitas observações espirituais, nos círculos das comunidades primitivas desencarnadas, ali estacionando, em trânsito para existências novas. Antigos escravos e remotas expressões indiáticas ali se conservam, esperando, esperando, e, como é razoável, preponderando também na esfera das edificações propriamente humanas.

As histórias seriam muito longas para uma reunião ou para uma corrida de lápis sobre o papel. Mais tarde, então. Apenas posso dizer-lhe que se você alcançou novas modalidades de trabalhos, beneficiando aos outros e a você mesmo, idênticas realizações verificaram-se comigo.

Não estive alheio à nossa bondosa Maria e à Wanda, nas suas excursões familiares. Com você, meu filho, trabalhei no norte mineiro. Junto delas, experimentei o repouso dos hinos do lar. E como a abelha que aproveita tempo e ocasião, não deixava de levar o suco das flores afetivas para a nossa colmeia, e aqui está o mel do serviço: a reunião no santuário doméstico, à luz acesa das úteis experiências.

Agora despeço-me, deixando-lhes uma flor de Alcíone: a do amor perene, que me pediu transmitir-lhes aos corações. Que mais poderia dizer-lhes, além dessas palavras? Impossível. Para certas incumbências, o silêncio se faz indispensável. É mais solene e mais doce que o verbo, algumas vezes.

Boa noite para vocês todos. Esperando que a saúde retorne depressa ao nosso ambiente coletivo, abraço-os afetuosamente, deixando-lhes o coração.

A. Joviano

Não se entregue
à doença

Meus filhos, Deus conceda a vocês muita paz de espírito e muito boa saúde para o corpo.

É natural que me comunique assim sempre com vocês. O ambiente doméstico é lugar dos pais e aqui me encontro sempre que as circunstâncias de minha nova vida permitem.

Tenho estado aqui, aliás, mais intensamente nestes dias, em que a gripe do Rômulo atingiu proporções tão sérias. Felizmente, contudo, suas melhoras, meu filho, são hoje mais positivas. Trouxe em minha companhia um velho amigo que aplica passes reconfortantes e curativos em você, enquanto escrevo, traduzindo minha visita afetuosa de sempre. Graças a Deus, não tem faltado medicação espiritual ao seu caso. E, desse modo, tenho satisfação de vê-lo mais animado e mais forte. Não se impressione com os assédios de expressões doentias. Nem veja nisso qualquer sintoma de menor resistência. Pudera! A jornada foi longa e com deslocação integral de todos os processos domésticos de ambientação. Os golpes de ar frio, os gelados de mistura com outras expressões antagônicas, tudo, enfim, deu ensejo a maior devastação, no tocante ao vírus da gripe. Graças à Providência, todavia, nossa mente não permanece na enfermidade, e isso é essencial. **Quem se entregue à doença naturalmente residirá com ela nos apartamentos do corpo.** Mas quem lhe compreenda as funções educativas ou transformadoras sabe perfeitamente do seu caráter transitório e não lhe permite expansões na zona da alma. Entender semelhantes verdades constitui uma grande realização. Observo que você está mais forte e chego mesmo a aconselhar a cessação do xarope balsâmico da alopatia, logo que se sinta liberto dos resíduos de dor, quase imperceptíveis, na respiração mais profunda. Meu conselho tem, por fim, a preservação contra quaisquer perturbações pequeninas, oriundas da medicação menos simples. A homeopatia é sempre melhor, entretanto, na fase destes dias era necessário introduzir elemento mais ativo e, por isso mesmo, mais violento. A zona enfermiça foi atingida e chegamos, felizmente, ao que desejávamos. Agradeço a Deus as suas melhoras e espero em Jesus que continue fortalecido.

Relativamente a você, Wanda, pedi ao receitista amigo lembrar algum elemento novo para o rosto. Espero que o creme indicado venha satisfazer aos nossos desejos. Pode crer, minha filha, que o vovô não descansará enquanto não puder observá-la plenamente tranquila respeito à pele. Isso é natural e passará depressa. Não se preocupe excessivamente.

E agora, Roberto, é com você que falarei nestas linhas. Estou satisfeito com a possibilidade de sua localização nova, referentemente aos estudos. Quero que seu coração se sinta como o do mineiro arrojado nas "lavras" de ouro, que enriquecem as mãos e o coração. Não despreze a ferramenta da boa vontade. Aprenda a separar o cascalho inútil nos filões auríferos do aprendizado útil. Atire fora com as pedras e guarde o metal precioso do amor e do bem, com a verdade da realização pessoal e com a boa confiança em você próprio. Aprender a trabalhar é aprender a confiar em si mesmo também.

Participo da alegria geral com a visita do Caio Márcio. Veio maior sob todos os pontos de vista. Semelhante observação nos alegra o espírito. Esperamos que ele faça as melhores aquisições de energia neste contato com a natureza campestre. "Velho" amigo, embora tão jovem, sua figura e seu sorriso bom permanecem igualmente em meu culto afetivo.

Agora, minha prezada Maria, despeço-me, referindo-me pessoalmente a você. A ideia de trazer os pequenos foi muito útil. Indicar homeopatia para o Carlos Oswaldo,[1] porém, minha filha, o receitista considerou ser mais justo continuar com as expressões alopatas. Estou a encerrar minha visita afetuosa da noite e, depois de me referir à gripe do Rômulo e aos problemas dos meninos, sinto que é razoável recomendá-los todos a você, ao seu carinho. Seu coração é o da sentinela sempre vigilante e dedicada. Deus esteja com você, minha filha!

Reunindo-os num só abraço, cheio de afetuosas saudades, sou o papai que não os esquece,

A. Joviano

---

[1] Nota da organizadora: Carlos Oswaldo - um primo por parte de mãe, filho de Iacy Pêgo de Amorim Azevedo.

Carta

ao Roberto

Meus caros filhos, Deus esteja sempre no santuário íntimo de vocês, concedendo-lhes muita paz espiritual. Meu caro **Roberto**, parece que nestas últimas semanas ando por aqui em visitas especializadas. Hoje esta visita é particularmente sua, meu caro neto, no sentido de consolidar-lhe no coração a certeza da dedicação do vovô. Tenho procurado inspirar seus pensamentos, ajudando-o a expulsar esse "quê" doentio que se estampou nos seus olhos.

Não se entregue à ideia da enfermidade. Lembre-se de que nós estamos com você, meu caro. E olhe que estou a falar não mais de avô para neto, de velho para a criança, mas de amigo para amigo. Aliás, ambos nos entendemos. Venho buscando assegurar a você a continuidade de meu auxílio. É desvalioso, isso reconheço, mas é sincero. Creio não precisar dizer que estou de pleno acordo com as suas ideias de revigoramento físico. Células fortes, saúde, resistência, reação e prejuízos ambienciais, adaptação a todos os modos de clima! Você está certo, meu filho, entretanto, a eugenia, como ciência da perfeição física, deve estender-se ao espírito. Não esqueça o exercício mental de coragem interna, por mais adversas que sejam as circunstâncias. Se há ginásticas respiratórias, existem exercícios indispensáveis para o organismo mental da criatura. E creia, Roberto, que se a necessidade de proteção e desenvolvimento para o corpo é importante, essencial para a vida do homem deve ser a defesa e crescimento de nossa organização espiritual. Você se encontra em fase algo difícil, em que não se pode prescindir do espírito de resolução. É a época de sair do vale para o monte da decisão. Conheço quanto amor está aí dentro deste coraçãozinho bom e generoso, entretanto, Roberto, o amor é intrépido e não se deixa vencer. A perspectiva do afastamento, a antecipada imaginação dos longos dias distantes do lar, porque Belo Horizonte é quase Pedro Leopoldo, tudo isso anda na sua mente carinhosa, cheia de impulsos afetivos. É quase a primeira grande separação, no entanto, recorde quão necessária se faz a continuação de sua experiência educativa, e não se deixe levar por vacilações! Afinal de contas, não ficará você assim tão distante. O telefone é um braço amigo para a aproximação. Tudo problema transitório, que não dá para impressionar um velho como eu, quanto mais a um rapaz forte e animado como você! Compreendo suas hesitações. Maria é tão boa, tão dedicada! Seu coração de filho amoroso receia a distância, mas é preciso entender que sua mãe estará com você, hora a hora, minuto a minuto, ajudando-o pelo "sem fio" do pensamento. Ora essa! E os problemas que ficam? Seu pai, a casa, as nossas galinhas, precisam também de Maria. E agora, eu que posso andar muito, repartirei o tempo com vocês todos, meu filho.

Não velo apenas por Wanda, nunca o deixei sozinho no Batista, por mais imperiosas que fossem as razões que me faziam ausentar, de quando em quando. Recordemos o futuro, o grande futuro, e avancemos. Cada qual tem uma herança de Deus. Desejo que você receba a sua, como filho digno de seus pais e herdeiro da Providência. Essas separações são vírgulas nos longos períodos de união com o lar. Nada de desalento. Pensemos no sol das almas, naquele Pai das Alturas que jamais Se esquecerá de nós todos. Ele é Pai para consolar a saudade também, porque Ele sabe que a saudade dói também muito nos corações.

Assim vamos, fortes e confiantes. Deixe que essa ideia de fortaleza domine seu coração e há de ver que essas doenças aborrecidas se darão pressa em retirar. Ora, afinal, e os nossos pintos? Não ficam nos ninhos vida inteira! Criam asas, vão observar os terrenos próximos, regressando bem experientes e mais compreendedores. Você sabe comigo essas coisas. Deixei o meu aviário num grande ideal para o seu coração.

Continue com a medicação aconselhada e, com alguns passes espirituais que eu vou aplicar em você, tudo isso passará. Continuemos nosso curso de cultura e de... defesa física. Quanto ao mais, esteja tranquilo. Tudo se fará pela maneira melhor. Confiança e coragem!

Relativamente a você, meu caro Rômulo, noto com satisfação suas melhoras positivas. Agora, continue atendendo à zona que adoeceu, porque, de todas as gripes, esta passou mais intensamente. Graças a Deus, tudo quase restabelecido.

Agora, meus filhos, muito boa noite para todos. Posso assegurar-lhes que todos estão comigo no coração, sem esquecer o Caio Márcio. Que Deus os abençoe e ajude sempre. Deixando-lhes meu grande abraço, sou o papai e vovô amigo de todos os dias,

A. Joviano

As energias do homem na mocidade

Meus amigos e meus caros filhos, estamos jubilosos por vê-los reunidos neste banquete de paz espiritual. A felicidade de vocês todos é muito grande e formulamos votos sinceros para que seja mantida no curso de todos os tempos. Creio não deveria eu participar das páginas escritas hoje, mas consola-me também a satisfação e me assiste o direito de saudar os nossos queridos recém-chegados do Rio. Desejamos-lhes feliz estação de ar nas montanhas, visitando a ambos com os melhores sentimentos do meu coração!

Depois disso, queria dar meu abraço ao Roberto, aqui no lápis, em forma de letras. Não podia fazê-lo, senão escrevendo alguma coisa e, em terceiro lugar, dizer à nossa bondosa Maria de nossa afetuosa visita, desejando-lhe melhoras positivas e rápidas. Você, minha filha, tão logo melhore, segundo me parece, e conforme consultei a amigos mais sábios, deve fazer algum regime de alimentação, não sacrificial, mas com a moderação justa, a fim de que alije certas energias orgânicas excessivas. Será bastante, de acordo com o que estou informado, que evite a carne, qualquer que seja, durante seis dias na semana. No sétimo, sim, você poderá atender ao costume, sendo que considero de utilidade este alvitre também para o Rômulo. Não será por muito tempo, e sim até que a situação melhore, como é preciso. E quando você, Maria, iniciar o regime, lembre-me que desejo indicar-lhe um calcificante. Alijar excessos e fixar o cálcio no organismo é um problema de sua saúde, minha filha, que merece atenção. Não vá se preocupar com as minhas paternais sugestões. É que a melhor medicina do mundo é a que prevê, antes de remediar propriamente. O cálcio é questão para o Rômulo também. Essa tendência a resfriar-se, esse esgotamento de resistência contra o vírus da gripe, condizem com o assunto. Como vê, minha filha, o problema não é isolado.

Agora, Roberto, deixo-lhe meu abraço de avô muito amigo. Vá lavrar nas minas novas de ouro espiritual, meu caro neto! A educação é a melhor herança que os pais transmitem aos filhos. **Na mocidade, as energias do homem costumam bater-se em duelo, dentro dele mesmo**. Não acompanhe semelhantes movimentos e procure arquivar o que é justo. Não olvide que para eu ir de Pedro Leopoldo a Lavras, e vice-versa, é coisa de segundos apenas.

Conte com Jesus, com o vovô, e não tema.

Agora, meus filhos, e meus amigos, boa noite!

Creio, Wanda, que não preciso repetir que seguirei seus passos também. Não se esqueça do vovô, agora e sempre. Que a paz esteja com todos vocês, são os votos sinceros do

Papai

A história de Alcíone é uma grande carta

Meus caros filhos e prezados amigos,[1] que Jesus lhes conceda muita paz de espírito.

Estamos ao lado de vocês, regozijando-nos igualmente pela extensão das notícias espirituais de Alcíone. Os homens nem sempre percebem o correio celeste, porque, em geral, fala mais alto em seus corações o egoísmo individual, mas esse correio funciona sempre, infalivelmente. O espírito que vigia nos seus deveres e ora nos seus trabalhos, esse descobrirá em todas as situações a notícia da esfera superior.

A história de Alcíone, pois, **é uma grande carta**, que não confortou a nós tão-somente, mas consagrada ao

---

[1] Nota da organizadora: refere-se aos pais de Maria que, frequentemente, passavam alguns meses na Fazenda - Aurélio de Amorim e Júlia Pêgo de Amorim.

serviço de consolo de todos os corações.[2] Os que se unem com Jesus pertencem-lhe para todos os efeitos e Alcíone viveu a experiência relatada absolutamente unida a ele. E como o Senhor é luz de todos, e pão divino para todos, temo-la transformada em algo de Sua claridade eterna, para quantos tenham pais, para os que amem, para os que sofram e que tenham a oficina sagrada do lar. Para cada um, o maravilhoso cristal de seus exemplos terá uma voz diversa, uma advertência particular. A alma pura é o diamante lapidado, cheio de facetas numerosas. Cada uma, porém, reflete o sol com a mesma beleza e o mesmo brilho. Em Alcíone, temos esse diamante espiritual da Eternidade.

Não poderia falar a vocês dos reflexos intensos que essa história despertou em setores variados, das alegrias que nos foram concedidas, e das bênçãos que recebemos.

Na gratidão divina, o espírito volve ao Criador no grande silêncio, ou conversa com seus irmãos, sem utilizar as palavras. Relembrando essa experiência, filhos, tenhamos o coração como o vaso sequioso de luz universal. Banhemo-nos na doce claridade da realização divina, num grande impulso de amor que purifica, redime, santifica e eleva.

Toda luta na Terra, quando vivida na confiança em Cristo, é véspera de redenção. Atrás de nossos passos, ao longo do caminho, ficaram companheiros estropiados que a luz não conseguiu penetrar totalmente. Enviemos a todos um pensamento de paz e prossigamos. À frente de nosso olhar brilha uma grande estrela. Deixemo-nos conduzir por seus raios que aquecem, fortificam e revelam os caminhos necessários. Somos reconhecidos a Jesus, que nos concedeu a dádiva, e a vocês que a receberam, transmitindo-a aos outros, como sagrado depósito. Que o Pai fortaleça e reconforte a todos vocês, nesse elevado esforço de difundir o alimento espiritual, porque, em verdade, esse trabalho atende à fome de inumeráveis corações.

As pequenas contrariedades havidas, relativa-

---

[2] Nota da organizadora: é a que constitui o livro *Renúncia*.

mente à manufatura do serviço em suas fases de lançamento definitivo, devem ser interpretadas por vocês ao modo destas sombras que se fizeram inda há pouco. São espinhos invadindo a seara. Passemos sobre eles, desdobrando-os sob os pés, porquanto mantê-los eretos seria ameaçar a nós mesmos, à maneira de alguém que preferisse a sombra ao invés da luz. Sintamo-nos felizes por contribuir na abertura de canais por onde corra o rio generoso das ideias do Mestre. Reparemos a terra fertilizada e prossigamos na semeadura, quanto seja possível. Acendamos luzes, conservando luzes. Que o Pai abençoe a vocês pelo amor consagrado a esse nobre serviço.

Agora, meu caro Rômulo, uma palavra relativamente ao Roberto.

Estive com vocês no ingresso ao educandário e não tenho que dizer ao seu coração de pai senão que o dever foi cumprido como se fazia mister.[3] Era indispensável não se sentimentalizasse na situação em que nos achávamos, porque, em verdade, não seria justo abandonar a juventude inexperiente do Roberto a ambiente corrupto em externatos de duvidosa eficácia.

Vocês atenderam à obrigação como se fazia preciso e agora esperemos em Jesus, primeiramente, e nele, Roberto, em segundo lugar. Dentro de meus recursos, tenho procurado reanimá-lo nestes dias de saudade muito amargosa, face à separação do ambiente doméstico, e estou convencido de que não me faltarão energias para ser-lhe útil nos serviços escolares. É a organização da "plumagem espiritual", indispensável ao seu coração afetuoso e sensível. Saudades, lágrimas, preocupações. No fundo, entretanto, é a necessidade de estabelecer roteiros definitivos da evolução para o melhor e para o Mais Alto.

A nossa amiga Engrácia está presente e pede-

---

[3] Nota da organizadora: Rômulo acompanhou Roberto em viagem a Lavras, no Sul de Minas, onde, no Instituto Gammon, fez o curso científico e, ao mesmo tempo, o serviço militar.

-me transmita suas lembranças carinhosas aos nossos amigos presentes, em particular.[4]

Nossos companheiros outros, que aqui se encontram em nossa companhia, saúdam a vocês, desejando-lhes muita paz espiritual, saúde e felicidades.

E agora, meus filhos, é preciso despedir-me, com o boa noite de sempre. Que a tranquilidade de Jesus desça sobre vocês como bênção celestial. Desejando aos nossos amigos muito bem-estar, despeço-me com abraço paternal,

A. Joviano

---

[4] Nota da organizadora: refere-se à minha tia-avó, tia da vovó Júlia.

No "banho espiritual" da oração

Meus caros filhos, Deus abençoe a vocês todos, enchendo-lhes os corações de paz e luz.

Registrando minha visita afetuosa, sinto prazer observando-lhes a boa disposição **no "banho espiritual" da oração**, dentro do círculo doméstico. Creio, meus filhos, que não existe base mais forte de reabastecimento que esta. Um dia, vocês reconhecerão comigo que a prece pode muito mais que qualquer arma terrestre, se quisermos examinar o caráter construtivo de coisas e situações. Não esqueçam nunca esta verdade, onde estiverem. Uma criatura que ora um minuto, quando centenas de semelhantes discutem acaloradamente, alcança no isolamento mental mais esclarecimento que todos eles. É, além disso, nossa escada de reencontro. Através de seus degraus, encontramo-nos sempre, no terreno sublime do espírito, por organizar novos planos e seguir sem descanso inútil nas obras começadas, a favor de nossa redenção própria.

Cultivem a oração, meus filhos, e o tesouro das bênçãos divinas conservar-se-á ao dispor de nossa vontade. Você, meu caro Rômulo, comemorou muito bem a lembrança daquele dia no Paraná. É o *similia similibus*.[1] A recordação menos alegre por apagar-se requisita, às vezes, acontecimentos menos agradáveis. Tenha paciência, meu filho, e passa. Há ocasiões no mundo em que a incompreensão amarga muito na alma, entretanto, que fazer, senão entregar a Deus os detalhes que nos não foi possível atender? Os fatos não doem, por serem os fatos em si. E somente martirizam o espírito por partirem de determinadas fontes. Mas ainda aqui a melhor posição é a de quem se não deixa prender e deixa a cada qual a condução do objeto de preferência individual. As palavras que ferem são instrumentos de suplício apenas aos que as proferem, quando os nossos ouvidos só recebem o que seja útil ao esforço de iluminação encetado. Guarde sua paz, meu filho. A serenidade de dever cumprido é muita realização. Conserve-a e continue seu caminho, porque, por muito que amemos, não poderemos exonerar os entes queridos de certas cadeias por eles mesmos forjadas. É da lei eterna e regozijo-me por desejar conhecer presentemente essas coisas, com mais propriedade. Quanto aos seus serviços de rotina, acolha o visitante em paz espiritual, como vem fazendo. Atenda-o com paciência, lembrando que a atitude serena constitui sempre um espantalho aos que vivam perturbados. Contra a vaidade, a simplicidade. Contra o despeito, o amor construtivo em fraternidade legítima. Contra a má intenção, a gentileza de quem sabe ser útil.

Concordo em que é fácil receitar, mas são situações da vida às quais nos associamos com os nossos amados e quando escrevo semelhantes referências recordo que sou participante do receituário espiritual, porque atitude também é remédio e dos mais eficazes específicos na cura de situações que condizem com a Eternidade. Tudo passa na

---

[1] Nota da organizadora: *similia similibus curantur* - expressão já mencionada à página 140.

Terra, menos a real colaboração com as soluções justas, que, por sua vez, sempre pertencem a Cristo e não a nós outros.

Saúdo afetuosamente ao Roberto e à Wanda, desejando-lhes disposições de otimismo sadio no trabalho escolar. Que o repouso da atual semana lhes seja benéfico e portador de novas bênçãos à saúde física e ao bem-estar íntimo.

Aqui conosco, minha prezada Maria, está a nossa irmã Engracinha, que a cumprimenta com carinho e notifica que a nossa desvelada irmã Amélia se encontra ao lado de seu pai, ajudando-o a compreender e a se confortar, como se torna indispensável.[2] De minha parte, auxiliarei a sua madrinha, quanto estiver ao alcance de minhas possibilidades humildes.

E agora, filhos, deixo o meu boa noite, cheio de votos sinceros de felicidade e paz. Que Jesus, tão fortemente recordado no Planeta durante estes dias, fortaleça a todos vocês para a viagem da vida humana e para as viagens de ausência do lar, atualmente previstas, cada qual com o livro de determinadas obrigações. Que ele os auxilie sempre para o melhor êxito nos cursos de aprendizado humano-divino.

Reunindo-os a todos num só abraço, deixo-lhes o meu coração reconhecido de pai,

A. Joviano

---

[2] Nota da organizadora: refere-se à minha bisavó paterna, mãe do General Aurélio Amorim. Era filha de Manauá Camandrin, chefe de tribo no Amazonas. Casou-se com o português Alexandre de Brito Amorim, cônsul de Portugal durante 20 anos em Manaus, responsável pela efetivação da primeira companhia de navegação entre Liverpool | Inglaterra e Manaus | Brasil. D. Pedro o agraciou com a comenda de *Cavaleiro da Ordem de Jesus*, sendo, em 1871, elevado a comendador da mesma Ordem.

Tudo hoje, para nós, aparece no prisma da vibração

Meu filho, Deus abençoe a você, no curso dos serviços confiados à sua guarda. Tenho seguido os seus pensamentos e nossa troca de ideias continua sempre.

Não se impressione em demasia com relação aos sintomas orgânicos. Os fenômenos de pulsação, principalmente em você, estão conexos com os movimentos do fígado. Como você não ignora, **tudo hoje, para nós, aparece no prisma da vibração**. A mente é a sede do governo das sensações. Acúmulo de problemas sem solução imediata, inquietude, perspectivas de qualquer dificuldade, tudo isso opera certos desequilíbrios inevitáveis. Órgãos delicados, como o fígado e o baço, reagem de pronto e ainda que não surjam consequências tangíveis há resultados sensíveis como o que ocorre a você, na circulação.

Não posso dizer a você que se despreocupe, porque seria olvidar a responsabilidade, mas posso pedir para que se preocupe menos, no sentido de preservar a saúde física. Procure fazer a sua viagem com a tranquilidade de quem cumpre o dever. Quando o Evangelho nos diz que digno é o trabalhador do seu salário, não alude somente a compensações de natureza material e sim, também, ao salário da paz íntima. Vai, pois, com a sua paz, e não a perca. Essa atitude mental é muito importante para seu organismo psicofísico. Não deixe de levar os remédios de hábito. São bons companheiros, nos caminhos e situações diferentes. E para estes 3, 4 dias, procure usar, alternados, o *Carbo Veg.*, com o *Cactus Grand*. (5ª), ambos para solucionar exigências do fígado e da circulação. Como chefe do "estabelecimento orgânico", o coração receberá sempre, na compulsória, todos os processos a que os órgãos subordinados não possam imprimir encaminhamento ou solução. É o que está acontecendo a você. Use a nossa homeopatia e busque entregar a Deus qualquer preocupação mais forte. Guarde o seu salário de paz interior. Este é inacessível a todos os vermes da Terra e aos mais hábeis ladrões.

Estarei com vocês. Abraços do

Papai

Não conhece o espírito e, consequentemente...

Meus caros filhos, Deus abençoe a vocês, auxiliando-os como sempre, no caminho de elevação.

Primeiramente, boas-vindas depois da ausência mais ou menos longa do nosso ambiente de ler e, em segundo, a visita de todo dia, onde quer que vocês estejam.

Hoje, meus filhos, a palestra não pode fugir aos capítulos da luta em curso. É mais que natural. Não se sinta em conflito íntimo, meu caro Rômulo. Você fez o que deveria, no quadro das obrigações comuns. Uma questão de direito aos que trabalham. Ainda que a voz da justiça se perca no deserto, é razoável que voe para se gravar na paisagem de serviço e realização.

Infelizmente, o plano vulgar não compreende o espírito de justa distribuição.

Confidencialmente, na página recôndita do coração, em que os pais falam aos filhos, e vice-versa, os seus colegas, na maioria, não conseguem administrações sem códigos da letra e nem entendem os que lhes não copiam atitudes fáceis. A criação de trabalho, a valorização de possibilidades recebidas, a dilatação das bênçãos da natureza, a extensão dos valores, o espírito de coletivismo não os interessam. Não sabem organizar um documento sem referência à letra quase sempre indecifrável ou morta, porque é preciso que a lei deva ser um corpo com espírito e não um monumento de pedra insensível. Mas que fazer, meu filho? Grande parte desses irmãos nossos **não conhece o espírito e, consequentemente**, residem à distância da atividade criadora. Casos dolorosos, mas fatais, numa organização habituada a premiar os mais ociosos e artificialistas. Você tem feito do seu trabalho um sacerdócio e eles não compreendem isso. Esta a razão do fenômeno.

Sei que, no fundo, sua mente anda muito despreocupada do problema de remuneração pura e simples, mas as razões de ordem moral interessam sempre e, por isso, você fez muito bem lavrando suas afirmativas, relativamente ao caso em foco. Não cuidemos de saber se há possibilidade de ganho na pendência natural, mas regozijemo-nos por haver cumprido um dever.

Quanto ao mais, a luta é quadro para ensinamento a nós todos e qualquer que ela seja deve encontrá-lo de pé para o trabalho útil. Talvez iremos um pouco mais longe na movimentação iniciada, talvez não. Aliás, a sua questão da Lagoa serve agora como preparação de espírito. Lutamos pela defesa do patrimônio pequenino em terra, mas tão grande na expressão idealística e tornamos a lutar, na defesa do patrimônio moral, aparentemente por uma questão de padrão de vencimentos, mas, no fundo, por motivos muito sagrados de quem há consagrado a existência ao serviço que lhe foi confiado. As sortes estão lançadas. Estamos prontos. Receberemos as obrigações como vierem, vocês e eu. Para que estaríamos assim, tão unidos? A harmonia no instante de luta é mais inquebrantável.

Continue, pois, os seus serviços, tais quais são e aguardemos os dias, em sua marcha.

Quem coopera adquire direitos de falar da obra e, às vezes, os gestos mal interpretados por alguns são justamente os que solucionam problemas referentes à paz espiritual de todos.

Façam o possível por não darem abrigo, no coração de vocês, ao assunto, mais do que ele merece, e prossigamos no caminho de serenidade pelas obrigações atendidas. Às vezes, meu filho, a taça da experiência cotidiana apresenta um fundo muito amargo. A desilusão é justamente um travo desses. Entretanto, qualquer que seja a realidade, ela conforta sempre. Em vista disso, consideremos a parte útil, olvidando a zona desinteressante. Não quero dizer com isto que você deva menosprezar sua tarefa, no entanto, creio razoável dizer para não se sacrificar tanto, não só com referência a serviço, como na tabela dos amigos.

Rômulo, meu filho, você deve estar satisfeito com a paz íntima e relativamente ao mais esteja tranquilo, preserve sua saúde física, que é muito importante, e a sua harmonia de espírito, que é essencial. A árvore, meu filho, está cheia de aves estranhas. Raríssimos pássaros úteis que sirvam à sementeira. A maioria dos galhos está povoada de grandes expressões, posso mesmo dizer, de rapina. Cuidado, meu filho, para que não perturbem seus voos rumo à Espiritualidade. Há muito poucos colaboradores do serviço interessados em contribuir e servir. O movimento mais forte é de oferta e procura. É melhor caminhar sozinho, ou quase sozinho, mas sem ilusões.

Creio não haver falado em demasia, mesmo porque nossa palestra aqui é ultra-íntima: é de espíritos a espíritos, de coração a coração.

E guardem intactos a paz com Jesus. Não se desanimem, nem se entristeçam. Otimismo e bom humor, esperança e confiança sincera.

E para terminar contem com a minha pobre amizade, mas tão velha que deixa de ser pobre para ser muito rica em experiências diversas. Estaremos juntos sempre, porque a união real e permanente é de almas.

Finalizando, peço a vocês dois façam comigo um culto íntimo, em silêncio. Diante de nós, a Bíblia. Neste instante, não abriremos ao acaso. Abrirei o livro de mão firme. É o livro de Ruth, Capítulo 1-16.[1] A parte final do versículo repito eu a vocês, em voz também firme e pausada, para que fique muito bem gravada entre nós e não se esqueçam de tomar as pequenas sentenças no plural, porque já não é a voz de alguém para alguém, mas a voz de um pai para dois filhos.

Deus abençoe a nós todos, e guardem o abraço de sempre do papai que não os esquece,

A. Joviano

---

[1] Nota da organizadora: "Porque para onde tu fores, irei também eu, e onde quer que morares, morarei também eu". "O teu povo será o meu povo, e o teu Deus, o meu Deus."

Estaremos juntos para quaisquer resultados

Meus filhos, Deus abençoe a vocês na luta em curso, enchendo-lhes o espírito de muita paz, paz que é alimento da alma e couraça do sentimento.

Como veem, tinha eu razão para fazermos o culto do livro de Ruth. Referia-me, meus filhos, não só a qualquer mudança de natureza exterior, como também à terra da "atitude mental", qualquer que seja, que adotarem na questão em foco. De qualquer modo, **estaremos juntos para quaisquer resultados**.

Entretanto, creio chegado o instante do máximo de ponderação para agirmos em coerência com os mais nobres princípios de nossos corações. Muitas vezes, meus filhos, havemos comentado o pretérito sorrindo. Hoje, porém, recordamo-lo com sentimento mais grave. Não precisamos dilatar considerações em torno de minudências, que não seria razoável relembrar. Até porque poderíamos ser levados a induções complicadas, examinando, talvez, a impossibilidade de qualquer iniciativa nas estradas terrestres, desde que o passado engendraria um determinismo irremovível. Não. O passado tem uma voz e o caminho de agora é o que ontem traçamos. No entanto, o caminho é cheio de margens, onde podemos construir benfeitorias para o amanhã.

Compreendemos quanto dói semelhante gesto e quão graves são os problemas decorrentes da atitude de seus dirigentes, meu caro Rômulo, no que concerne à máquina administrativa. Sabemos quão amargo é esse cálice imposto ao seu espírito de realização publicamente, mas, meu filho, muitas vezes nossas decisões de outra época foram adotadas igualmente assim, à frente de todos, muita vez menosprezando patrimônios sagrados. Aliás, considerando o fato, em suas expressões de atualidade, comentamo-lo, há algum tempo, quando tive oportunidade de me referir às atividades inferiores de criaturas ignorantes nos seus departamentos de serviço. Fizemos o possível por evitar choques maiores, desenganos mais amargos, desilusões mais tristes. A prova, meu filho, veio pelo mínimo, embora as suas características, tão dolorosas para o seu coração. E assim mesmo veio, porque não podíamos exorbitar nossa esfera de ação, não nos sendo lícito influir no campo consciencial do indivíduo. E você aí tem o fato. Doloroso, amargo, chocante, mas simples quão cruel. Não entreguem, porém, os pensamentos a situações íntimas angustiosas. Não. Procurem respirar acima do ambiente que a provação nos trouxe, meus filhos. Não guardem o fantasma. Ele deve regressar à fonte de origem. Na casa da paz, o inferno dos maus não pode dar notícias. E a nossa casa é o coração. Estejamos confortados e mesmo tranquilos. Não os convido a uma atitude de displicência, mas de superioridade nas situações que se criou. Você, meu filho, poderá recorrer, poderá ir ao Rio, movimentando sua defesa, entretanto, busque permanecer, acima de toda ideia pessoal. Se vocês pedirem alguma coisa, peçam esclarecimento apenas. Creio que isso bastará. O esclarecimento é sempre justo e, em solicitando-o, façam o possível por não deixar transparecer motivo de queixa a ninguém. A garrafa de fel enche muitas taças. Basta a escola do mundo para quantos compreendem a lição daquele que perdoou e serviu até o fim, ensinando-nos. Não poderia Jesus haver ensinado em vão às nossas almas. Há ponderações justas, leis justas, atitudes justas, mas não esqueçamos o que foi justo por excelência. Além do mais, meu filho, o que fala mais alto por você, primeiramente, é Deus, depois sua própria consciência e, em seguida, o seu trabalho. Neste particular, vocês estão mais que confortados. Quanto ao mundo, este nos acusará tanto na propriedade e no renome quanto na escassez ou na incompreensão. Nos dias de fartura, chamar-nos-á descaridosos, vaidosos ou desonestos e nos dias mais sombrios acusar-nos-á de imprevidentes e preguiçosos. Não é teoria de indiferença, é necessidade de colocar cada coisa em seu lugar e nós conhecemos, desde muito, onde está o lugar da multidão. Restaria o caso dos companheiros e associados de serviço, mas é aí mesmo que a questão fere os olhos de cada um, porquanto todos identificam onde se encontram o esforço sincero e a faculdade de realizações. Fica, então, o fundo amargo de desencanto na maioria, mas isso se verifica por culpa daqueles que vão responder pelo depósito de autoridade que lhes foi concedido, e não por nós. O serviço de chefia maior a eles compete e responderão pelo que criarem nos corações alheios a quem de direito.

Agora, sim, nesta última parte é que fica, a meu ver, o problema essencial, o assunto palpitante. É o amanhã, o dia que virá. Você, meu filho, não pense em abdicar de seus direitos, adquiridos ao preço de mais de vinte anos de serviço ativo, mas também não espere grande compreensão dos que deveriam entendê-lo. Restabelecer verdades é agravar a animosidade dos que apoiam a hipocrisia e seu desassombro não pode provocar a sinceridade dos que se distanciam das boas intenções. Assim, pois, a sua atitude deve ser de grande prudência, conservando-se mesmo pronto a qualquer modificação de plano, tal os sentimentos acirrados que a sua atitude sincera provocará. A posição do cristão, porém, é a de quem permanece firme, para servir seja onde for. Estamos a auxiliá-lo em desdobramento de todas as providências que vão surgindo, entretanto, compreende você o que constitui administração no sentido centralizador. Desse modo, façam o possível por tranquilizarem o coração e não fiquem muito emocionados. A luta da Terra será sempre assim e é necessário coragem para a batalha. Esta ainda está muito longe de terminar e não esqueçam que o vencedor não é o general mais afoito, porém aquele que sabe estudar o plano em paz e que o executa sereno. Continuemos a luta, meus filhos, e estejam contentes quanto lhes seja possível a ambos. No mundo, no ponto de vista de exterior, tudo é trânsito. Mas no reino da alma a união é eterna e a nossa deve ser motivo à grande consolação.

Perdoem-me se não pude falar com maior encorajamento no sentido de reivindicações, mas conforta-me a certeza de que falei a vocês dois com o nosso velho e abençoado amor.

Desejando a vocês, pois, muita paz, sou o papai, sempre unido,

A. Joviano

A fé não representa realização ocasional

Meus filhos, Deus abençoe a vocês, conferindo--lhes muita energia para a manutenção dos patrimônios da paz espiritual.

Quando me refiro à energia, lembro o conceito de força. E é razoável, porque **a fé não representa realização ocasional** e sem importância. É construção com material eterno. Ora, toda edificação requisita base. E o alicerce, nos casos morais, constitui-se da força para conservar o que se adquiriu.

Dou a vocês ambos aos meus parabéns pelo culto de ontem. Foi profundamente confortador! Em semelhantes minutos reconhecemos o que significa o culto evangélico na bênção do lar. No corpo físico, quase sempre, somente verificamos a presença ou o valor de um órgão quando há enfermidade. Sem notas de perturbação, não se lembra o homem do fígado ou dos rins. No desequilíbrio, porém, ou na ameaça de enfermidade, compreendemos a enorme extensão dos valores justos do menor dos departamentos de saúde corporal.

As grandes provocações de ordem moral também conferem a soma de patrimônios legítimos da alma. É o que vem acontecendo a vocês, meus filhos. Sei muito bem quanto doem o esquecimento e a ofensa, a vitória do indiferente e a predominância dos interesses grosseiros, entendo, sem dificuldades, o quadro que se esboçou, mas também assinalo grande conforto íntimo com a atitude dentro da qual receberam vocês o golpe. Para dizer-lhes que não sofram, seria desconhecer o valor do trabalho e a nossa capitalização de esperanças. Portanto, silencio no meu espírito para falar-lhes, com maior calor, de coração a coração. Na Terra, as experiências mais fortes são reservadas aos mais resistentes. E se não posso induzi-los a uma atitude de aversão a quem nos menosprezou a confiança, devo pedir-lhes a boa posição do esquecimento do mal. Não estamos num quadro definitivo de realizações. A paisagem é mais que mútavel. Aprendamos-lhe, portanto, o valor de aprendizado somente. A nossa condição de viandantes é mais que lógica no círculo de transitoriedade onde vocês se encontram. Por isso mesmo, a excelência do fruto é sempre maior quando o cultivador opera a colheita sem o ferir. Guardemos o fruto, cheios de confiança no amanhã, certos de que todo serviço útil, em sua origem, pertence ao Pai. Ele determina as tarefas e modifica a instrumentalidade por desígnios sábios que não nos é dado penetrar, por enquanto. Apenas afirmo, e isso com certeza absoluta, que "tudo coopera para o bem dos que amam a Deus". A tempestade revela grandes valores educativos. Para os fracos, porém, é apenas a mensageira do raio ou do trovão. Continuemos, além das análises de superfície. Nem ruído, nem ameaças. Aproveitemos a experiência edificante. Esta é a única expressão que fica. O resto passa. E não somente no tocante à nossa existência, mas à vida de todas as criaturas. O essencial é saber receber. O essencial, e mais difícil, reconhecemos. Estamos numa escola abençoada e, por esse motivo, a lição ser-nos-á extremamente benéfica.

Que os nossos maiores na Espiritualidade Superior continuem ajudando a vocês ambos neste caminho de compreender cristãmente.

Quanto a mim, creio desnecessário comentar a solidariedade paternal. O coração de vocês é o meu coração. Vemos o problema através do mesmo prisma e vibramos num só pensamento.

O "tomai e comei", que serviu de lema ao estudo evangélico, representou uma fonte de grande proveito ao conforto espiritual devido a nós todos. A comunhão com Jesus não se resumirá tão-só ao apoio verbal e intelectual. É mais profunda. Reclama de nossa alma a fortaleza para receber a situação áspera, aperfeiçoando-a. A digestão do pão do testemunho é laboriosa e, por vezes, amarga. Entretanto, filhos, o Evangelho não tem ensinos sem significação. Os homens julgaram erguer uma cruz ao Cristo e deram-lhe escada gloriosa para a ressurreição. O exemplo divino não relaciona conforto superficial. Vai ao âmago de nossa alma, quando procuramos apreendê-lo.

Estou auxiliando à Wanda no tratamento e espero que ela melhore em dias breves.

Por hoje, meus filhos, creio haver comentado o suficiente. Boa noite para vocês. Cuidem da saúde orgânica e não se perturbem demasiadamente com a ocorrência em si. Deixem que o mau carregue a maldade, como naquele ensinamento evangélico que determina ao morto enterre os seus mortos. Não conduzamos despojos em nosso mundo íntimo. Conduzamos a vida. Que o Pai ajude a vocês, fortalecendo-lhes o espírito, cada vez mais, e, com o afeto de sempre, guardem o coração do papai.

A. Joviano

Moléstias da alma são mais graves que as do corpo

Meus caros filhos, Deus abençoe a vocês ambos, proporcionando-lhes coragem para os dias que correm e paz com vistas ao trabalho de cada dia.

Ainda bem, meu filho, que o encontro melhor. Felizmente, **moléstias da alma são mais graves que as do corpo**. E já que estão lendo a interessante publicação que lhe veio ao lar, por oferta espiritual (não material) do nosso amigo Seggie,[1] devo dizer a você, meu caro Rômulo, que seu caso orgânico vem sendo atendido, não só pelo seu cuidado em usar as substâncias medicamentosas preconizadas pelo receitista, como também pela assistência ativa do nosso

---

[1] Nota da organizadora: refere-se ao colega e amigo de Rômulo da universidade, na Inglaterra, onde estudaram. Seggie desencarnou na guerra de 1914 | 1918. Decorridos mais de 20 anos, com o aparecimento do livro *50 anos depois*, Rômulo veio a saber que Seggie era a reencarnação de Ciro, personagem do livro.

serviço espiritual de socorro. Na noite de 2 para 3, trouxe em minha companhia um nobre companheiro, especializado em tratamentos dessa natureza. Depois do exame atento, sentenciou: "Seu filho experimenta a resultante de grande pedrada que recebeu. Ferimento de proporções sérias, acidente grave para o organismo de seus princípios individuais, entretanto, todo problema é de natureza etérica e amanhã veremos o que é possível fazer". E continuamos a esperar ansiosos a providência, porque pedradas na alma atingem, naturalmente, os centros vitais.

Na noite de 3 para 4, então, com bastante cuidado, valendo-se do breve repouso das células físicas, nosso amigo efetuou tratamentos à base de fluidos reconstituintes e sedativos. Uma operação quase. E temos a alegria de vê-lo convalescente. Veja que não é preciso "morrer" para estarmos vivendo no círculo de remédios e providências, intrinsecamente espirituais. Muitos encarnados recebem assistência médica dessa ordem. Nada diria a você se não soubesse o proveito justo. E ligando o fato ao livro que você vem estudando e analisando, sinto-me contente por lembrar esse pequeno acontecimento de nossas experiências em curso. Espero, pois, que continue melhorando, até o restabelecimento integral.

As pedradas também aproveitam a alma, quando sabemos recebê-las. Entretanto, não é possível fugir-se à dor dos primeiros minutos. Os efeitos são sempre violentos, dado o impulso inicial que se imprimiu à pedra cortante.

Continuemos, porém, a viagem, recordando que só atiram pedradas as crianças e os malfeitores. Ora, os meninos crescerão e os malfeitores, mais dia, menos dia, serão entregues à lei. Guarde seu patrimônio de forças construtivas e não persevere nas meditações tristes. Nosso objetivo é divino.

Você, minha prezada Maria, não esqueça o uso dos elementos homeopáticos, com as anteriores recomendações, relativas à alimentação comum. Creio que será muito útil a você o uso de meia colher do azeite doce às refeições. É ótimo para prevenir processos de inflamação ou intoxicação.

Buscaremos assistir à Wanda, como necessário. Será útil ao organismo dela, a meu ver, a continuidade do *Fermento Lático Fontoura*. Durante os próximos dias, procure um creme dos melhores para que ela faça aplicações metódicas. Quanto ao mais, Jesus nos auxiliará como sempre. Tenhamos alegria, disposição sincera ao bem e otimismo. Guardar vibrações sombrias é dissipar a própria saúde. Encorajemo-nos e sigamos dentro da vida, de alma confiante em nosso Pai.

Encontra-se hoje conosco aqui a nossa irmã Amélia, que traz notícias da filha recém-chegada ao nosso plano, dizendo a você que sua madrinha vai indo bem e adaptando-se com facilidade à nova situação.

Desejo-lhes uma boa viagem, cheia de contentamento do coração e paz do espírito.

E certo de que vocês saberão guardar sempre os tesouros da Luz Divina e seguindo-os, com o meu pensamento afetuoso de pai, sou o velho amigo de todos os dias, que lhes deixa um grande abraço.

A. Joviano

Toda nuvem passa

Meus caros filhos, Deus abençoe a vocês todos, no desdobramento do trabalho terrestre, conferindo-lhes forças ao coração. Novamente reunidos no lar, trago-lhes meu paternal abraço. Isso, como sempre, não significa que tenha o papai andado ausente. Chego a crer que quando vocês se distanciam uns dos outros estou mais unido a cada um, porque, em tais circunstâncias, é natural que me preocupe mais que de costume. Minha satisfação, observando a compreensão de vocês nos dias que vão correndo, é mais que justa. Você, Rômulo, tem recebido muito conforto, não só dos amigos encarnados, que lhe entendem, de algum modo, a tarefa, mas igualmente por muitos companheiros do plano invisível. Nos tempos atuais, em que a inversão de valores é quase completa, sofrer a injustiça é quase também uma honra. Você compreende bem semelhantes assuntos. Não preciso descambar para o terreno dos comentários, talvez, inoportunos. Continuemos, porém, a crer na justiça e permaneçamos firmes. **Toda nuvem passa**. Esta, igualmente, não terá outro destino. Passará. Não posso dizer a você que não sinta, porque seria pedir-lhe uma atitude diferente da noção de responsabilidade que aprendemos por nossa felicidade, mas como pai e amigo posso cooperar para que você não entregue o coração totalmente ao que ocorre.

É difícil esquecer o mal que recebemos, penoso observar a calúnia, amargo sentir a máscara dos que nos rodeiam, mas esse quadro, meu filho, pertence à Terra. Integra a passagem de testemunho. E todo testemunho do homem tem alguma coisa do horto e do calvário. Prossigamos, todavia, crentes de que a vitória é do bem, porque o Senhor "está no leme", como já disse aqui nesta mesa. Tenha paz com você, quanto seja possível. Procure mesmo conquistá-la no íntimo, como procurou trazer as águas da "lagoa" ao aspecto cristalino. Esforce-se e não se arrependerá. Não se importune pelo assédio da maldade. Jesus vencê-la-á a seu tempo.

Tenho contribuído com os passes espirituais pela manutenção de seu equilíbrio orgânico. Felizmente, noto você bastante melhorado. Aliás, não lhe tem faltado assistência. Diariamente, conversamos na pauta da ligação espiritual, mente a mente, e toda noite, em companhia de amigos nossos, trago passes a você e outras expressões de concurso espiritual. Não se desanime. Tudo rumará a bom termo. Convém continuar com os elementos homeopáticos, considerando os pequenos distúrbios de alimentação, naturais e inerentes a qualquer ausência involuntária dos regimes do lar.

Você, Maria, igualmente, continue a se prevenir contra os resfriados. A meu ver, deverá usar os medicamentos por mais de uma semana - *Gelseminum*, *Eupatorium*, *Bryonia*.

Quanto a você, minha boa Wanda, estou satisfeito, vendo-a descansar. (Quando haja interrupção da luz elétrica não precisa incômodo, estaremos na mesma continuidade de vibração espiritual, corações a corações). A luta escolar, minha neta, é sempre grande. Não se perturbe relativamente ao rosto. Tudo isso, Wanda, faz parte da evolução natural do organismo e, afinal, não é fácil integral medicação no colégio. Durante esses dias, faça o possível por usar um vidro do *Agrião*. Ouvi o receitista espiritual para dar este conselho. Fará muito bem a você. Depois veremos melhor meio de combater o caso da pele. Antes de qualquer outra consideração, contudo, registro, com prazer, a sua serenidade. Deus a conserve assim sempre. Inquietação não resolve problema algum, mas o método é bom companheiro na matemática da vida. Que vem a ser algumas espinhas no rosto? Quase nada! Nem mesmo os espinhos no coração chegam a representar muito ao nosso espírito quando temos a dádiva da verdadeira fé. Cuidemos a saúde, continuando a luta. Essa atitude é sempre construtiva.

Espero em Jesus que o Roberto prossiga bem disposto, cheio de bom ânimo para os estudos e serviços necessários. E endereçando ao eterno Pai os meus pensamentos de amor, numa rogativa muito sincera pela paz e felicidade de todos vocês, abraça-os o papai muito amigo,

A. Joviano

Há sempre uma tranquilidade do mundo e uma da alma

Meus filhos, Deus abençoe a vocês, concedendo-lhes muita paz de espírito.

Há sempre uma tranquilidade do mundo e uma da alma. Esta última é o campo de realização eterna. Ainda que haja tempestade exterior, guardemos a paz íntima. Vocês têm me proporcionado grande satisfação com a atitude assumida, frente às dificuldades conhecidas em maio último. Não façamos referência a dias, nem a pessoas, nem mesmo ao acontecimento. Ficaram para trás, enterrando-se uns aos outros. Fiquemos com a alegria de quem colocou a vontade do Senhor acima dos próprios desejos, permanecendo no dever cumprido com a honra espiritual. Estou muito satisfeito e peço a Jesus lhes multiplique as bênçãos, porque circunscreveram a luta ao nosso plano íntimo e toda luta que assim se desenrola efetua-se a nosso benefício por dela retirarmo-nos com nova estrutura idealística, esculturando o pensamento e melhorando a nós mesmos. Isso não quer dizer que devamos homenagem à inércia, nas situações difíceis. Não. Cada alma precisa sua praça de armas interiores para defesas justas. Sem isso não seria possível a vitória evolucionista. Acontece, porém, que há certas lutas em que a "culminância da batalha" deve ficar conosco. Foi o que aconteceu. Tomamos providências lícitas, lutou-se honrosamente, mas nem vocês saíram de si mesmos rumo à esfera dos maus, nem se deixaram esmagar, perdendo a fibra de trabalho e ideal realizador. Continuemos a luta nobre, meus filhos, e semelhante posição é que representa o essencial. Desdobremos nossos esforços nos setores edificantes que o Pai nos confiou. Não nos detenhamos em duelos com a sombra.

Fiquei sinceramente satisfeito, Maria, com as novas expressões do Roberto. Como vê, minha filha, o afastamento temporário deu-lhe ocasião a muitas lágrimas de saudade, mas tem sido medida construtiva. Recordando meus velhos tempos, tenho estado com ele frequentemente em Lavras. Que os nossos maiores o amparem, mantendo-lhe o coração na linha de pensamento superior. Roberto necessitava dessa experiência para consolidar princípios, estabelecer comparações íntimas e firmar pontos de vista para a tarefa dignificadora de cada dia. Não digo que ele precisava em me referindo a você, porque você, minha filha, tem sabido ser mãe, sem paixão nociva, guardando o sentimento de harmonia no lar e no espírito, digo por ele mesmo, que precisava conhecer outras modalidades de si próprio, acentuando probabilidades de triunfo espiritual e retificando caminhos frente ao futuro infinito.

Estou cooperando pela melhoria da saúde de Wanda e espero que ela encontre possibilidades orgânicas necessárias ao restabelecimento geral da epiderme. Espiritualmente falando, sabem vocês que Wanda é mais uma companheira que propriamente uma neta. Só peço a Jesus que lhe proteja os ideais, amparando-a na grande jornada terrestre.

Vocês ambos devem prosseguir com os elementos homeopatas em uso. Hão de receber muito concurso eficiente ao organismo em geral. Faço especial menção ao assunto da alimentação. Será útil que procurem conservar a carne, mas quanto menos porção melhor, pelo menos sempre que estiverem na organização estável do lar.

Quarta-feira última, meu caro Rômulo, aqui estive também e chorei quando vi o nosso amigo tão convicto da verdade da sobrevivência, a testemunhar com outras lágrimas o que lhe era dado sentir no coração. Deus, meus filhos, tem numerosos caminhos para chamar-nos. Os mais infelizes não são os homens que sofrem, são os homens que desatendem. Partilhei com vocês a alegria espiritual, que foi muito grande, alegria misturada de pranto, como acontece muitas vezes na vida da Terra.

Agora boa boite a ambos. Que o Senhor guarde os pensamentos de vocês no coração divino.

Abraça-os, afetuosamente, o papai de sempre,

A. Joviano

O eco das palavras sem som

Meus caros filhos, Deus abençoe a vocês, concedendo-lhes muita saúde, harmonia e paz espiritual. Aqui nos achamos juntos, ouvindo a conversa multimilenária do fogo acariciante e amigo. Há quantos séculos escutamos esse cicio de amor? Não poderíamos responder a nós mesmos! É alguma coisa divina essa labareda no lar, simbolizando a chama perene da fé, que deve acender-se para sempre em nossos corações.

Rômulo, meu filho, estive ao seu lado nessa última visita tão interessante para você. Aquelas reflexões de sua parte, suas observações íntimas eram suas e de mais alguém, isto é, daqueles que assistem o nosso atual responsável pelo governo regional. Notou, meu filho, **o eco das palavras sem som** que lhe ressoavam no coração? Se não fora a defesa espontânea, de natureza espiritual, de que aquele administrador é rodeado, desde muito teria perdido o corpo material. Creia que ali se encontra um organismo doente, depauperado, exausto. A vida tem desses quadros ocultos, mais dolorosos que as paisagens de sofrimento, expostas a público. O Evangelho confere ao nosso espírito a característica de ouvir no íntimo, onde a recepção auditiva do corpo não pode atingir. Aproveitamos bastante com essa viagem. Foi pena que não pudéssemos reagir contra aquele banho que deu ensejo a resfriado geral, de tão grandes proporções. Felizmente, contudo, vai passando, e isso é essencial. Você, ao deitar-se, use o *Aconitum* - dose mais alta, 10 gotas -, pois no seu caso é melhor que o *Allium*. A reação natural far-se-á sentir e tudo estará sanado em breve tempo, sendo aconselhável que você continue com os elementos homeopáticos durante o dia. Amanhã, a mesma dose do *Aconitum* à noite, em se recolhendo. Espero que o suor faça o resto nos seus bons exercícios diários.

Tenho acompanhado com muita simpatia o novo trabalho que vocês vão recebendo.[1] A possibilidade de lançar o assunto constitui motivo à sincera satisfação nossa, porque desde muito nosso grupo em geral vem trabalhando para que isso sucedesse. O nosso interesse não é apenas o de narrar, porque a descrição pode, às vezes, organizar espetáculos somente, mas, sobretudo, revelar certas noções de responsabilidade pessoal muito importantes para quem esteja ainda na Terra. O homem não deve apenas viver como homem, mas, acima de tudo, como espírito, em local de trabalho ativo. Permita Deus que se possa levar a bom termo a empresa em curso. Para isso muitos de nós estamos cooperando, cheios de alegria, como acontece a vocês. São notas e observações muito interessantes, por darem conta, de algum modo, dos novos sistemas de organização. Temos, cada um de nós, lembrado certas providências ao autor, tanto que há projetos de se alongar o serviço e eu não me esqueci de cooperar com algumas anotações, relativamente às escolas, porque o espírito de escola aqui ainda é maior que a pedagogia terrestre poderia oferecer. E não falo aqui de pedagogia re-

---

[1] Nota da organizadora: refere-se ao início da recepção do livro *Nosso Lar*, pelo espírito de André Luiz.

ferente à infância terrestre, mas à pedagogia da existência humana em si mesma, no curso de cada século. Esperemos que o trabalho se revista de todos esses caracteres úteis. Para nós é de muita importância, porque os nossos maiores da Espiritualidade sublime, se consideram aproveitável o aviso ou a mensagem individual, colocam, acima de tudo, o aviso ou a mensagem de ordem coletiva. Regozijemo-nos, meus filhos. Que o Pai nos ajude e abençoe.

Por agora não posso ser mais extenso. Darei, pois, o boa noite, dizendo à Maria que continuo velando pelas nossas crianças, a quem Jesus guardará com o seu infinito amor. E que as bênçãos divinas estejam no coração de vocês, cada vez com mais intensidade, são os votos do papai,

A. Joviano

O operário e a sua obra

Meus caros filhos, que Deus abençoe a vocês, concedendo-lhes muita paz e saúde.

Estimo a volta de ambos ao lar, trazendo-lhes minha visita afetuosa e rejubilando-me com vocês no dever cumprido.

Você, meu caro filho, tem lucrado bastante no capítulo do equilíbrio físico. Sua prudência no campo da alimentação tem sido excelente fator para que chegássemos a esses resultados. Muito bem. Noto-o mais forte e com dilatação da capacidade de resistência para a luta.

Felizmente, você também, minha filha, vai experimentando melhor posição no que se refere a defesas orgânicas gerais. Entretanto, ambos tomem cuidado com o problema dos resfriados. Tempo muito instável. Surpresas atmosféricas. É sempre útil precaver, como quem sabe que evitar é melhor que remediar.

O nosso livro é, de fato, um trabalho muito profundo, aparentemente dourado com expressões quase fabulosas! É natural. Os elementos superiores não possuíam outro meio de trazer ao conhecimento dos leitores uma grande organização espiritual, senão desse modo. E creiam que as narrativas são pálidas no confronto com o real! Não existe vocabulário para a figuração de uma experiência tão adiantada quanto essa.

Nesse livro, meu caro Rômulo, vemos que cada um de nós, passada a morte física, e esgotado o cálice de perturbações, se verá a si mesmo, frente a frente - **o operário e a sua obra** - o pensador e seus pensamentos - o idealista e o seu ideal - o criador de alguma coisa e essa "alguma coisa criada". Nessas páginas palpitantes de descrições comovidas de uma personalidade espiritual, está um exemplo para todas as personalidades em geral. Como vemos, a importância da colaboração individual do homem na obra de Deus é mais destacada do que parece à primeira vista. Compreendemos aí que o Evangelho do Cristo não é um museu de ideias, onde muitos procuram os "fósseis religiosos", separando idades na esfera evolutiva. É, sim, aquela vinha vigorosa, cheia de trabalhadores fiéis e infiéis, dedicados e preguiçosos, com um Senhor amoroso, mas vigilante, e que nunca trairá a promessa do "cada um por suas obras", equivalente à certeza de que cada um receberá conforme a cooperação prestada e segundo a qualidade dessa mesma cooperação. Enfim, meus filhos, esse trabalho é celeiro de muito pão espiritual aos que, de fato, estejam com fome da alimentação eterna e divina. Fazemos votos para que o autor chegue ao termo da etapa com o êxito necessário.

Tenho auxiliado as crianças, Maria, segundo minhas energias. Espero em Deus que Roberto continue a adquirir os valores espirituais mais intensos, como vem acontecendo. É natural que o físico experimente certos choques ao contato do novo meio. Toda mudança reclama serviços de adaptação indispensável. Roberto, porém, tem efetuado nobres conquistas morais e estou satisfeito e mais confiante em seu futuro espiritual.

Tenho buscado igualmente cooperar em favor de Wanda, cuja fase de trabalho intelectual é bastante ativa, exigindo-lhe certos sacrifícios, mas estou certo na assistência divina e todas as lutas passarão para encontrarmos o melhor.

O relógio de vocês está marcando adiantada hora para quem fez viagem tão longa. Sei, meus filhos, a distância que vocês percorreram. Repousem, pois, na paz do Senhor. Quando as energias físicas descansam, as forças espirituais se mantêm mais vivas. Assim, portanto, estaremos juntos do mesmo modo.

Boa noite a ambos, desejando-lhes muitas felicidades para cada dia de luta. Deixando-lhes os melhores sentimentos do meu coração que nunca os esquece, sou o papai muito amigo de sempre,

A. Joviano

As sugestões do livro "Nosso Lar"

Meus filhos, Deus abençoe a vocês, concedendo-lhes muita paz aos corações.

Estamos assistindo à sessão de vocês em torno das narrativas concernentes a *Nosso Lar*. Folgamos por identificar-lhes o interesse, porque os melhores trabalhos não são aqueles que despertam a mais forte emoção, mas os que proporcionam os maiores valores educativos. **As sugestões desse livro** são imensas e valem como programas valiosos para todos os departamentos de atividades na Terra. Sem que vocês sintam, a mente se desloca para as esferas mais altas. Não somos mais o símbolo do "rico" a pedir água à bondade de Abraão, em súplicas chorosas.[1] Somos a criatura que compreendeu a própria necessidade e procura quebrar os laços da paralisia espiritual, observando Abraão e caminhando ao seu encontro. Afinal de contas, é preciso atravessar os abismos e, graças ao Pai Eterno, vamos atravessando os

---

[1] Nota da organizadora: Lucas, 16: 19 - 36.

que nos separavam da zona superior. Hoje lutando, amanhã seguindo com impulso mais forte, mas sempre jornadeando para a frente, classificando estradas, lançando marcos, edificando defesas, garantindo retaguarda para avançar com proveito. A verdadeira caminhada humana, meus filhos, não se faz com os pés. A civilização não tem semelhantes membros. A jornada é da mente, o caminho se desdobra aos sentimentos e idéias, às concepções e raciocínios. Terminada a experiência no corpo terrestre, verificamos que todos os movimentos dos pés marcaram traços na poeira do mundo, apagando-se devagarinho, ou pela passagem da ventania renovadora, ou pela intromissão de pegadas diferentes, mas os caminhos que o homem traçou com "a cabeça e o coração", pensando e agindo, idealizando e edificando, lutando e sofrendo, estes são as verdadeiras sendas da alma, ou para cima, ou para baixo. Regozijemo-nos, pois, pela nossa atual condição. Não estamos implorando como paralíticos, estamos pedindo, mas com os movimentos necessários para crescermos, desenvolvermo-nos e servirmos na casa do Pai.

A sessão de vocês, portanto, é muito significativa. Continuem assim. A construção espiritual fica sempre mais bela. As mensagens de conteúdo divino são também como as fontes da estrada. Cada qual enche o seu cântaro e conduz o que pode suportar. A fonte é sempre a mesma, inalterada, porque vem, sobretudo, da Providência Divina, cuja abundância de amor jamais se altera.

Por falar você, meu caro Rômulo, em almas de grupo, torno a me referir à nossa prezada Marcelina para lhes dizer que continuamos operando em favor dela.[2] O alarme em casa, as aflições são justas. Generosa e devotada irmã de nós todos, só a perspectiva de sua ausência do plano visível causa angústia e inquietação a todos. Não posso negar, meu filho, que o fenômeno se estende a mim próprio, que não poderei deixar de sentir semelhante afastamento, embora se

---

[2] Nota da organizadora: refere-se à estimada e dedicada servidora do lar de Arthur Joviano, por longos anos.

verifique tão-só na esfera material. Fará ela imensa falta à sua mãe e às meninas. Nossa amiga, porém, mesmo que não venha agora, providência pela qual faço também a minha intercessão pessoal, não se demorará muito tempo. Terminará uma existência brilhante! Paulo de Tarso, ao fim de seus dias de apóstolo, escrevia a Timóteo acrescentando que terminou a carreira e guardara a fé, e a nossa Marcelina poderá dizer que guardou a renúncia. Semelhante riqueza da alma é incalculável. Ela soube escolher a experiência de devotamento e tem sabido vivê-la. Aliás, como alma do grupo, desta vez preferiu ela a condição de servidora, lembrando os sacrifícios de Alcíone. Mais tarde poderemos localizar as posições. Nas horas de combate é muito difícil classificar individualmente os soldados, mas serenada a batalha é possível atender à situação de cada qual. Continuaremos a ajudá-la em seus testemunhos de espírito forte e dedicado.

Creio não precisar dirigir-me a vocês sobre saúde. Prossigam na prudência que vão observando. Isso é essencial. Refiro-me à alimentação sóbria. Que Deus abençoe suas lágrimas, minha filha, vertidas na concha de nossas preces e recordações. Guardá-las-ei comigo em penhor de minha gratidão de pai e amigo. Lutas terrestres, Maria, são neblinas na face do sol. A neblina é um núcleo, o sol é infinito. Para perturbar a manhã, a neblina vive alguns minutos. Para encher a Terra de vida, o sol brilha sempre. A neblina nunca permanece, o sol ilumina incessantemente. A melhor posição na vida, pois, é esquecer a neblina e caminhar para o sol. Vamos todos juntos. Essas experiências são pequeninos trabalhos que nos trazem ilimitados benefícios.

Boa noite, meus filhos! Guardem a paz de Deus. Com um abraço afetuoso, sou o papai muito amigo,

A. Joviano

Aprendendo a seguir o Cristo

Meus filhos, Deus abençoe a vocês, concedendo-lhes muita paz espiritual.

Nossas felicitações pelo proveito que vão extraindo dos conceitos novos de espiritualidade. Muita gente passa ao lado das flores sem vê-las e, não raro, pisando-as com os tacões da bota, mas a abelha aproxima-se dela e sabe retirar substâncias divinas de suas corolas, aparentemente vazias. A produção espiritual é assim também. Todos passam ao seu lado, muitos a veem e poucos reconhecem. Vocês hão de extrair luzes crescentes dessas páginas de agora. Há um serviço espiritual intenso para que cada síntese ofereça o maior número de pensamentos nobres e concepções elevadas da vida.

Você, meu caro Rômulo, não se impressione com os sintomas em curso. Questões do sistema nervoso, refletindo sobre o órgão vital. Isso vem de longe, desde um regime de alimentação de sua mocidade, em que foram sustadas, de repente, certas fontes de suprimento proteico fundamental. Esta definição, porém, apenas para localizar o ponto físico do problema. Forçoso é reconhecer, todavia, que se não proviesse daí teria origem noutra coisa. Você compreende bem como são os resultados de opinião de quantos examinam fatores fisiológicos. Esta conclusão é do receitista espiritual, a meu pedido, mas objetei que se não tivéssemos essa localização poderíamos acusar o fumo, por exemplo. Como vê, meu filho, o caso é espiritual, como todos os outros casos de nossas vidas, nossas e da humanidade inteira.

Sem jogar com qualquer hipótese propriamente humana, vamos então para o terreno da verdade essencial. E aí vamos reconhecer a muita vibratilidade de seu temperamento, nas múltiplas facetas da personalidade. É justo, pois, reconhecer que o sistema nervoso (o do corpo que você usa, vamos utilizar novas expressões) tem sofrido cargas não pequenas, desde os desarranjos naturais do motor-fígado às contrariedades culminantes dos últimos tempos, em que você necessitou empregar reservas enormes de força para conter impulsos naturais e justos no quadro de atividades humanas. Se pudéssemos fazer algum humor, diríamos que **vamos aprendendo a "fazer força" para seguir o Cristo**. Todo dispêndio é gasto. Todo gasto desfalca o celeiro. Vê, portanto, meu filho, a lógica de tudo. O órgão vital, em condições semelhantes, é afetado, e daí os pequenos desequilíbrios experimentados. É como se fora um guardião-mor sempre solicitando pelos demais tarefeiros a maiores quotas de serviço.

Urge, então, protegê-lo. Não é um doente, mas é um sacrificado. Para isso, então, aconselho a você usar: *Kalmia Lat.*, *Ignacia Amar.*, *Aurum Iod.* - 5ª. São conselhos do receitista espiritual. A alimentação pode continuar a mesma, balanceando bem carboidratados e proteínas. O corpo físico é uma casa que, por enquanto, deve possuir de tudo.

Outra receita de interesse, e que você deve usar, quanto seja possível, é algo de despreocupação. Você deve notar que no ambiente em que seu espírito está descansando alguma coisa o físico raramente se faz sentir. Quando as lutas, mesmo as de serviço, concitarem você a dispêndio excessivo de energias nervosas, use essas forças, porque é impossível deixá-las sem usar, mas faça-o pelo mínimo. Preocupe-se pelo trabalho. Isso é preciso a todos nós, mas não dê seu potencial completo a situações e mesmos pessoas que, para dizer francamente, não atendem a todo o ideal, ideal que nos alimenta no terreno da construção. Esta receita também é indicação de importância para nossa tranquilidade em geral. Vá tratando muita coisa como experiência, e a muita gente como criança. Não há outra alternativa. Não acorde os meninos que dormem, nem ofereça almoço ao que não prescinde do "leite racional". Que se há de fazer? É preciso semear nas terras duras, mas entregar o resto à chuva, à tempestade, ao sol e ao vento. Estufas não criam à maneira justa. Deixe, meu filho, as sementes no leito obscuro e passemos. Não se martirize por situações que constituem ainda o embrião para o futuro. Creio que me fiz compreender para esclarecimento do caso. Às vezes é melhor conversar com as árvores que ouvir os homens. Tudo passa.

A questão do remédio da Wanda fica para as férias. Será melhor nas férias próximas.

E agora, meus filhos, boa noite para ambos, com o meu coração. Deixando-lhes o que possuo de melhor no afeto paternal, e sem me esquecer dos passes e da água fluidificada para vocês, abraça-os o papai muito amigo,

A. Joviano

A seara é grande

Meus caros filhos, que Deus abençoe a vocês, concedendo-lhes muita saúde e paz espiritual. Nossas palestras espirituais, meu caro Rômulo, têm sido tão animadas que não posso deixar de sumariá-las nas noites das quartas, enquanto perdure o seu tratamento. Não guarde tantos pensamentos de "mutação corporal" (para não empregar a palavra do não existe). Não concentre tantas ideias em semelhante setor. **A seara é grande**, diz o Evangelho, e os serviços, consequentemente, são numerosos. Vejamos sempre o quadro do trabalho a fazer "neste mundo mesmo". Nossos ideais vivos, compromissos substanciais. Palpitações do grande órgão não podem dar ensejo a tantas perspectivas de transformação imediata. Imagine, meu filho, que toda moléstia essencial do coração veicula desânimo grave, inapetência absoluta, abatimento físico, irremediável quase. Ora, você com as disposições que possui, naturalmente pode albergar elementos de perturbação fisiológica, não, contudo, do coração propriamente dito. Os fenômenos nervosos, certos fenômenos de circulação, que chegam a vocês do "continente dos Rocha", fazem resultar os sintomas de agora, mas isso não tem tamanha importância, qual a que, a determinados instantes, desejaria você atribuir. Não. O resfriado ainda veio complicar um tanto o nosso movimento e aí temos pequena perturbação, que procuraremos alijar com o auxílio divino. Você use os medicamentos alopatas aconselhados e volveremos, em seguida, à homeopatia. E não arquive as sugestões profundas de modificação do plano. Temos muito a fazer. Nem deixe que qualquer ideia de desalento, mínima que seja, assedie sua alma.

Trouxe hoje comigo um companheiro espiritual, que aplicará em seu organismo um passe reconfortante. É um abalizado especialista nessa matéria e fará a você o máximo bem. Quanto ao mais, Deus tem sempre muito a nos dar por intermédio da água pura. Você sabe. Sem fazer humorismo, mas quase todos os meus filhos conservaram certas heranças físicas dos ascendentes maternos. Questão da predominância de forças materiais. Dentro desse reconhecimento, é preciso reconhecer que a ocorrência é acidental. De outro modo, não importaria você o volume e a extensão de serviço diuturno. A mente, obedecendo à insuficiência orgânica, recuaria à esfera de repouso em si mesma. Portanto, não perca energia pensando, pensando... Tudo há que entrar no ritmo fisiológico, porque, com a ajuda de Deus, tudo vai indo em valioso ritmo espiritual. Que Deus abençoe a você, meu filho, multiplicando-lhe energias gerais. Creio que dentro de alguns dias poderá retomar o "caminho homeopático". Sigamos, portanto, desassombrados na fé e firmes no serviço, descobrindo a nós mesmos e descobrindo homens. À medida que nos apossarmos de nós mais terreno possuiremos para a compreensão da vida e mais luz para conhecer os outros. A estrada humana tem de ser assim mesmo, velho canal de almas em graus diferentes, experimentando sempre e aprendendo cada vez mais.

Temos vibrado com vocês no livro novo, pelas perspectivas do Infinito que a alma consegue descortinar à sua leitura. Como veem vocês, a visão do serviço é indescritível! Só mesmo a fé conseguirá remover tantas montanhas de necessidade geral, em todos os setores para os quais voltemos os nossos olhos. Mais tarde, com a bondade da Providência, vocês poderão receber ainda mais, no que condiz com a revelação da atividade espiritual em outros planos.[1]

Venho procurando cooperar com vocês, quanto possível, na adaptação do Roberto, em Lavras. Entrelaçaremos nossos serviços e estou convencido de que venceremos, com Jesus, encaminhando-o para o esforço digno e edificante no trabalho construtivo.

Agora, meus filhos, muito boa noite! Que o Senhor da Vida nos inspire e abençoe. Com o meu abraço diário de pai, sou o amigo de todos os dias,

Papai

---

[1] Nota da organizadora: refere-se ao livro *Nosso Lar*.

Nem só de pão vive o homem

Meus caros filhos, Deus conceda muita paz a vocês. Felizmente, meu caro Rômulo, vejo-o bastante melhorado. Você está outro! Bem mais forte e bem mais tranquilo! Há que cuidar do corpo convenientemente, com a segurança da homeopatia ou com as defesas alopatas, sem nos esquecermos, porém, das muralhas da fé viva. Chego mesmo a crer que com estas últimas alcançaremos milagres com a própria água. Maria, também, graças a Deus, vai mais forte, não sem precisar de alguma coisa, que aconselharei no fim desta. Quanto à Wanda, creio bem alvitrado um recalcificante, igual àquele do Roberto. Vai ganhar muito com essa indicação.

Procuraremos auxiliar o nosso amigo, Dr. Brito.[1] Vocês, meus filhos, podem observar nas ansiedades dele quanto é necessário o uso do pão espiritual. A fome dessa

---

[1] Nota da organizadora: refere-se ao Dr. Carvalho de Brito, antigo e estimado amigo da família Joviano. Foi Secretário do Interior do Estado de Minas Gerais, no Governo João Pinheiro, por ocasião da primeira reforma do ensino primário, reforma essa que contou com a efetiva e inesquecível participação de Arthur Joviano.

espécie é um sofrimento horrível para o coração. Na maioria dos casos, a pessoa a identifica do "lado de cá" e então o martírio moral é muito pior. Aquele conceito de Cristo - **Nem só de pão vive o homem** - é profundíssimo, porque, em verdade, o homem viverá cada vez sempre menos do pão terrestre e sempre mais do pão celestial. Doloroso o problema das almas!

Por vezes, amamos profundamente e desejamos a paz de alguém com todas as energias do coração, por vezes desejaríamos apagar a nossa lâmpada de felicidade íntima para acender a lâmpada alheia. Mas como? Há patrimônios que são intransferíveis, por mais intensa que seja a nossa preocupação por alienar semelhantes bens. Creio nada precisar esclarecer sobre o assunto. Nosso amigo é um gigante na floresta da vida. Deu galhos a muitos ninhos, forneceu madeirame a construções numerosas, estendeu facilidades e benefícios, ganhou espaço, absorvendo arbustos inúmeros, entretanto, deitou formidáveis raízes na terra, sem guardar na copa frondejante o orvalho do céu. Sua seiva é rica e abundante, mas há dentro dela mais influenciação terrena que o sopro do Alto. Mas todo o bem que o gigante espalhou voltará a ele, centuplicadamente. Simples questão de assimilar na seiva o elemento novo que lhe regenerará as energias. Continuemos prestando a ele o que estiver ao alcance de nossas mãos. Ainda que não sejamos entendidos, de todo, e embora não possamos alcançar o nosso objetivo por completo, seja ele nosso amigo do coração.

Você, Maria, use durante uns dez dias: *Bryonia Alba*, *Spigelia*, *Carbo Veg.* - 5ª.

Para Wanda: 1 a 2 vidros do *Fixocálcio*.

Para você, Rômulo, devo insistir em que use o *Iodo-Cálcio* da alopatia, até o fim da fórmula. Pode usar o *Aurum* igualmente, isto é, os nossos elementos homeopáticos. Não há contraindicação, porque o medicamento alopata imiscui-se na refeição pura e simples, sem afetar o nosso serviço nesse setor.

Agora, meus filhos, muito boa noite!

Que Deus abençoe a vocês e lhes conceda muita e muita paz. Com um grande abraço, sou o papai muito amigo de sempre,

A. Joviano

O ar atende aos pulmões, o mar, ao coração

Meu caro Rômulo, que Deus abençoe o seu coração, renovando-lhe forças para as lutas necessárias. Venho trazer a você, meu filho, minhas felicitações e agradecimentos de pai.

Felicitações pela melhora obtida e agradecimentos pela confortadora visita que fez, em particular, à sua mãe e Marcelina. Segui em sua companhia, alegrando-me o seu contentamento e rejubilando-me com o seu ganho físico. Algumas horas com o mar resolvem muitos problemas. Ali como que o reservatório de forças regeneradoras é mais acessível, mais precioso, mais belo. Parece-me que **o ar atende aos pulmões, o mar, ao coração**. Naquele infinito de águas, reservas imensas vivem concentradas. Você fez muito bem visitando o celeiro enorme. Não avalia quanto bem se originou para o seu organismo dessa excursão rápida.

Estive ao seu lado e junto de Martha, na visita à Marcelina. Intimamente, conversamos pelo "sem fio" do pensamento, analisando aquela "câmara de retificação". O espetáculo é assombroso pelos trabalhos inúmeros que evidencia. E se você pudesse ver ali os doentes e os enfermeiros invisíveis ao olhar comum, ainda ficaria mais admirado! Torna-se interessante considerar que, nesses lugares, os amigos espirituais de sentinela não podem considerar apenas o doente encamado, que receia perder o corpo. É imprescindível, na maioria das vezes, atender também aos companheiros desencarnados que rodeiam o enfermo, receosos de perder a ambientação nos fluidos carnais. O homem que não se edificou, a princípio, teme a morte física e, depois dela, receia perder o contato com os centros de energias físicas que, quando possível, convertem nas fontes de sensações novas. Esse detalhe dá para que você faça uma ideia do que seja um hospital para o desencarnado esclarecido e integrado no conhecimento das responsabilidades próprias. Lutas muito grandes se desenrolam. Trabalhos imensos convocam servidores de boa vontade e é indispensável agir sempre, sem perda de oportunidades.

Maria, igualmente, ganhou muito, entretanto, escrevendo a ela, diga-lhe não se esqueça de medicar-se com os nossos elementos homeopáticos. Fiquei satisfeito vendo-a também alegrando os nossos amigos da Boca do Mato.[1] Um filho, uma filha são flores do jardim dos pais. Que Jesus conceda a vocês muita alegria e muita tranquilidade! Tenho trabalhado pela estabilidade geral do Roberto e espero em Deus continue ele a se fortalecer física e espiritualmente. A Wanda vem trabalhando ativamente, considerando o próximo fim de ano, e é um prazer para mim compartilhar espiritualmente dos estudos e observações dela.

O nosso amigo Humberto de Campos está presente e pede agradeça a vocês pelo aparecimento do "Re-

---

[1] Nota da organizadora: Rômulo e Maria viajaram ao Rio de Janeiro em visita às famílias. Rômulo regressou sozinho. Maria ficou mais alguns dias na casa dos pais, que residiam em Lins e Vasconcelos-Meier, local então conhecido como Boca do Mato. Quando no Rio, Rômulo foi com Martha, sua irmã, visitar Marcelina, estimada e antiga servidora da família Joviano, que estava hospitalizada.

portagens".[2] Um livro é sempre um trabalho concretizado e quando esse trabalho atende à verdade e ao bem é serviço de Cristo em função de esclarecimento e conforto, amparo e iluminação dos espíritos imortais. E, felizmente, todos os de nosso grupo timbram em não falar ao homem-matéria, mas ao homem-espírito, que vai vencer a morte e transpor os séculos.

Agora, meu filho, é indispensável me retire. Continue usando os elementos homeopáticos, que lhe farão grande bem. E enchendo a casa, hoje mais vazia, com os meus pensamentos de amor, endereçados ao seu coração, pede a Deus por sua saúde e bom ânimo, o velho amigo,

Papai

---

[2] Nota da organizadora: refere-se ao livro *Reportagens de além-túmulo*, psicografado por Chico Xavier e editado pela Federação Espírita Brasileira em 1943.

A Bíblia divina da natureza

Meu caro Rômulo, que Deus abençoe a você, fortalecendo o seu espírito nos serviços de cada dia.

Cumprimento a você, meu filho, pelas boas disposições espirituais e físicas. A vontade daqueles que desejam atender à Vontade Divina constitui elemento vital de garantia no caminho da realização. Em sua viagem, estive ao seu lado diversas vezes, conversando mentalmente com você e, graças ao Pai, não faltaram recursos aos passes que venho aplicando como "específicos paternais". Estou satisfeito, identificando as suas melhoras.

O problema da Terra, meu caro Rômulo, é problema de amor, de compreensão, de vida. Você faz bem meditando-lhe a grandeza. Nunca nos cansemos de ler **a Bíblia divina da natureza**. Cada folha das árvores é uma letra, cada trecho da terra, um capítulo, cada animal, cada flor, uma gravura ilustrativa. Quantos homens se esfalfam procurando resolver incógnitas e questões insolúveis para os dias que correm empulhando bruxuleantes candeias da cultura humana? Não sabem eles que o Pai renova a lição em cada alvorada e abre os tesouros da natureza a todos os filhos, indistintamente. Quando a alma começa a sair de si própria, atravessando planícies e montes próximos, auscultando árvores e passarinhos, tentando compreender os impulsos dos animais distantes de nossos planos evolutivos, é sinal de que vai deixando a velha concha para atirar-se à grande liberdade luminosa e divina, na experiência, a pleno céu, sentindo a bondade do Senhor do Universo. Isso não é fazer poesia, é amar profundamente a vida e compreender-lhe a abundância de tesouros. Continue, pois, seu trabalho! Cada um de nós, meu filho, tem um dever diante de Deus, para o qual não temos substituto. Cumpramos nossas obrigações, atendendo à Vida.

Relativamente à Maria, nada há que possa intranquilizar seu espírito, entretanto, você telegrafe pedindo notícias. É sempre agradável receber, diretamente, a mensagem daqueles a quem amamos. Assim você não só se sentirá satisfeito, como também proporcionará a ela contentamentos sinceros do coração. Aliás, rejubilei-me com essa demora de Maria junto aos pais. Creia que os ares do mar lhe faziam falta igualmente.

Quanto aos netos, prossigo no mesmo serviço agradável de orientação, sentindo-me satisfeito com o progresso de ambos.

E agora, meu filho, deixo a você o meu abraço. Vá repousar como se faz preciso. O travesseiro é um bom amigo e não podemos dispensar-lhe o concurso, mormente na zona de atividades imediatas da Terra.

O nosso amigo João de Deus (o padre)[1] saúda-o. Como sempre veio em visita fraternal.

Que Deus o proteja, meu caro Rômulo, e com a afeição de todo dia, sou o seu de sempre,

Papai

---

[1] Nota da organizadora: refere-se a João de Deus Macário, já mencionado à página 267.

O Novo Testamento

Meus caros filhos, que Deus abençoe a vocês, concedendo-lhes muita paz aos corações e ao lar. Cumprimentos a ambos pela melhora orgânica. Você, Maria, andou muito bem inspirada, demorando-se alguns dias no Rio. Excelente medida para a saúde. Seu organismo estava necessitando, embora não desse a perceber. Graças a Deus, está novamente em forma para a continuidade de nossas lutas edificantes. Muito bem, minha filha. Agora recomendo-lhe o *Gelseminum* e o *Eupatorium*, amanhã e depois de amanhã, de hora em hora. É para o resfriado que começa e que espero seja afugentado com a presteza de desejar.

Quanto a você, Rômulo, felizmente assinalo-lhe as melhoras gerais, com imensa satisfação. Você entrou em novo tratamento de passes, com grande êxito. Que Deus nos ajude a vê-lo cada vez mais forte!

O ligeiro estudo da Bíblia, que vocês fizeram antes da reunião, nos fez muito bem. Essas páginas são tesouros espirituais que o papel do mundo oculta. E tenho prazer em afirmar a vocês que o método da leitura não é também novidade para nós.

Há algum tempo, fui convidado a uma reunião de grande vulto, onde um nobre instrutor viria orientar-me. Quero dizer-lhes, porém, que o mentor figurou **o Novo Testamento** como maravilhoso edifício, cujas torres atravessavam a extensão dos céus. Primeiramente, vimos a imagem por ele mentalizada, a pleno espaço. O palácio apresentava todas as características de templo, lar e oficina, ao mesmo tempo. Estou esforçando-me para transmitir uma idéia do quadro. Em seguida, divisamos, para acesso ao edifício, um luminoso átrio. O castelo, contudo, estava cercado de territórios extensos, profundamente extensos, a se perderem de vista. Matas sombrias, grandes expressões de continentes inexplorados... A paisagem era prodigiosa, quando ouvimo-lo demonstrar que o edifício significava o Evangelho, o átrio, os provérbios de Salomão e os territórios extensos, as sendas vastíssimas das experiências humanas, simbolizando caminhos dos profetas, representando, então, os trabalhadores diversos. Eis por que a humanidade experimenta atualmente o uso de chaves divinas como os servos antigos não possuíam. Podemos alcançar o átrio e penetrar o edifício, disse-nos o instrutor generoso, mas não podemos fugir ao serviço da experiência. Por esta razão, a leitura sagrada nos dias de hoje é mais acréscimo de misericórdia que expressão de trabalho, propriamente dita, porque os profetas ainda não haviam recebido no mundo a Estrela do Natal e nem a visão da Jerusalém libertada - princípio e fim do Novo Testamento -, lutando com as tremendas dificuldades que os seus escritos evidenciam. Subamos, pois, ao edifício da Nova Mensagem para que nosso esforço nas "terras extensas" se faça mais profícuo. Para mim constituiu o fato uma providência de utilidade inconteste, apesar de reconhecer minha incapacidade para exprimir toda a ocorrência, bem como a profundeza do ensino.

Continuo a esforçar-me pela tranqüilidade dos netos. E agora, meus filhos, muito satisfeito por revê-los juntos, abraça-os, afetuosamente, o papai muito amigo,

A. Joviano

Narcisa veio até nós como benfeitora

Meus filhos, Deus abençoe a vocês, concedendo-lhes muita paz e muita saúde.

Fiquei satisfeito com o que a nossa amiga escreveu a vocês. Podem imaginar o que é um coração afinado nas esferas maiores. Tudo, a delicadeza, a reverência à natureza e ao Senhor, a bondade e o sentimento, a luz e o amor divino! Basta lembrar que **Narcisa veio até nós como benfeitora**, atendendo à nossa solicitação referentemente à saúde do Rômulo.[1] Entretanto, ela, que sabe ler para nós o livro aberto da natureza, se esquivou a toda consideração nesse particular. Que o Pai a recompense pelos fluidos da vida e paz que trouxe a vocês.

E por hoje, filhos, boa noite! Descansem na paz de Jesus. Um grande abraço do

Papai

---

[1] Nota da organizadora: refere-se ao espírito de Narcisa, personagem do livro *Nosso Lar*, de André Luiz, psicografado por Francisco Cândido Xavier.

A união espiritual no casamento

Meus caros filhos, Deus abençoe a vocês, conferindo-lhes muita paz ao coração.

Se minha memória não está falhando, creio que hoje fazem vocês 238 meses de lar feliz.[1] Cumprimento a ambos com um grande abraço, desejando-lhes a continuidade da paz e da alegria.

A união espiritual no casamento verdadeiramente espiritual é o maior tesouro que conhecemos. Por aí afora ruge o mundo velho, com as lutas milenárias, nações contra nações, grupos contra grupos, reinados que se estraçalham, coroas que rolam para sempre no pó... Tudo - a velha questão dos velhos desentendimentos. E creiam vocês, meus filhos, que a desarmonia começa no lar. Sem organizações domésticas equilibradas, jamais terá equilíbrio este mundo. Compreendo, desse modo, a profunda felicidade de vocês, porque, ainda que lá fora se verifiquem as lutas do ódio e da ambição, ainda que os salpicos de pó ameacem a organização de vocês, sentem ambos no coração a alegria de quem caminhou à frente, valorizando as paisagens, identificando-lhes as riquezas e fornecendo notícias delas aos desesperados viajantes que se perderam ao longo dos caminhos comuns. Rendo, pois, muitas graças ao Senhor, com vocês dois, em

---

[1] Nota da organizadora: Rômulo e Maria se casaram em 27 de dezembro de 1923, portanto, até outubro de 1943, 238 meses certos.

cada pequeno aniversário da felicidade conjugal. Unamos as nossas forças e sigamos para diante, visão espiritual fixando a frente, e coração posto no Alto. A viagem é longa, as estradas nem sempre suaves, mas se consultarmos atentamente o roteiro de Cristo, que é o Evangelho divino de seu divino amor, atingiremos o objetivo essencial sem desastres ou surpresas angustiosas. Sempre que possível, distribuamos de nossa merenda farta aos que preferem ficar em determinados pontos dos caminhos, e prossigamos sem preocupações pela atitude que preferiram. Nada mais podemos fazer, senão algo que os auxilie no setor de alimentação e é só. A parte restante do problema será resolvida entre eles e o Mestre justo.

Maria, peço a você saudar os meninos em meu nome, pois não sei se conseguirei escrever antes do aniversário de ambos. Faça isso por mim, minha filha. Todas as pequenas flores de afeto que se ligarem à flor sublime do amor de mãe tornam-se mais ricas e valiosas. Assim serão os meus parabéns por intermédio de suas mãos e de seu coração.

Tenho buscado contribuir pelo êxito de Roberto e Wanda nos estudos, como me é possível. Como sabem, a luta não se poderá evitar, mesmo porque educação implica aperfeiçoamento. Estou, porém, confiante em Jesus quanto aos resultados. Submetamo-nos aos desígnios do Senhor e trabalhemos quanto nos seja possível.

Relativamente à saúde, Rômulo, você e Maria vão indo bem. A visita direta de Narcisa foi muito benéfica a nós todos. Ela continua vindo sempre, devotadamente. Creio que ela própria encontra certo prazer nesse auxílio que nos vem prestando, em vista de estar se preparando, por sua vez, para nova existência na Terra. De mim mesmo, meus filhos, sou a ela sinceramente reconhecido.

Aconselho a ambos, entretanto, a continuidade do uso da homeopatia, sendo que a Maria deve usar os que constou das últimas indicações, relativamente a resfriados. Poderá usar dia sim, dia não, durante oito a dez dias.

Agora, meus filhos, deixo-lhes o meu boa noite, muito afetuoso. Que o Senhor da Vida conceda a vocês, sempre e sempre, a árvore bendita da união perfeita na Terra. À sombra de seus galhos sublimes, vocês semearão outras árvores e edificarão muitas obras no mundo, até que, um dia, ascendendo felizes aos seus ramos, possam galgar o luminoso caminho da Espiritualidade Superior.

São estes os meus votos muito sinceros, com um abraço muito amigo do

Papai

Recordar é viver outra vez

Meus caros filhos, que Deus abençoe a vocês, conferindo-lhes muita tranquilidade ao espírito e muita saúde ao corpo.

Recordar, meu caro Rômulo, é viver outra vez, conforme a velha sabedoria popular. Toda lembrança é uma evocação e caminhando ao seu lado, nas rememorações do passado recente, penetrei nas antigas câmaras da memória, experimentando a alegria do trabalho atendido. O serviço pode ter sido imperfeito. É natural. A organização, possivelmente, apresenta, ainda hoje, expressão incompleta. É razoável. O mundo igualmente está em definitiva estruturação. Você sabe que a erosão transforma, momento a momento, a face do Globo. E sem falar de erosão, teríamos inúmeros fatores transformatórios a recordar. Que não dizer, portanto, do serviço do homem? Guardo, porém, meu filho, consoladora expressão do ideal sentido e vivido.

Lembrando o primeiro grupo escolar de Belo Horizonte, não fiz tanger tão-somente os discos de minhas reminiscências interiores, quanto à experiência última, interrompida em 1934. Não. Fui mais longe. Valendo-me da agulha que seus pensamentos traziam, voltei a velhos tempos, vividos para o mundo e sempre eternos em nossa retina espiritual. A escola foi, verdadeiramente, o meu mundo! Nesse laboratório inexprimível, analisei de perto as almas, como os anatomistas examinam os corpos. Compreendi alguma coisa da vida, auscultei o imenso reservatório das possibilidades humanas, devassei pequenos universos espirituais e, sobretudo, meu filho, aprendi muito mais que os alunos. O mérito da escola, talvez o maior, é o de alongar-nos a visão, aperfeiçoando-a. Entendamos a Terra sob novo prisma, catalogando-a como a grande escola de Jesus. Não é, porventura, o título de mestre um dos maiores que exornam o espírito divino do Filho de Deus? Tenho agora, pois, a imensa felicidade oriunda do dever bem cumprido. É verdade que não acumulei fortuna, que muitas vezes deixei passar a oportunidade de amealhar determinadas reservas, rumo ao futuro familiar. Meus negócios materiais, talvez, foram menos felizes. Fracassos de avicultura e fracassos de livraria. Lutas, reclamações, talvez, justas, de alguns companheiros do lar. Mas afianço a você que estou satisfeito. Amigos aqui esperavam-me, afirmando-me que fiz um bom negócio espiritual. Cultivei os meus sentimentos. Dei à família do sangue o que me foi possível, sem esquecer a imensa família espiritual. Não tive angústias de acompanhar, em espírito, os inventários laboriosos e as partilhas revoltantes. Não dei azo à ambição desmedida entre aqueles a quem amo e voltei sem grandes cuidados, porque, afinal de contas, ao regressar ao nosso verdadeiro país cada filho devia estar senhor de si mesmo, quanto ao ideal e à realização. Deixava-lhes a bendita herança do trabalho com os instrumentos educativos e reconheci que não era pouco. Não pode você imaginar a minha tranquilidade. Sem me desligar dos laços sagrados da família humana, entrego hoje cada problema insolúvel no imediatismo da hora presente ao poder de Deus e caminho para outros "primeiros grupos", em horizontes diferentes. A felicidade do espírito é criar mais vida e mais amor, e enquanto se adubam certos campos realizam-se semeaduras em outros. Que Deus nos ajude sempre a apagar sombras do passado e a acender novas luzes no presente. Assim agindo, o futuro ser-nos-á sempre risonho e promissor. Quem planta colherá. Desse modo, o porvir dos semeadores do bem está traçado no Infinito do mapa da vida.

Você cansou-se alguma coisa em sua longa viagem. Você propriamente não, mas o seu corpo. É o instrumento do artista que, de quando a quando, pode desafinar, ainda mesmo que o artista se mantenha dentro da impecabilidade das concepções puras. Entretanto, isso passa. Será conveniente que você use por 4 a 6 dias, alternados, *Arnica M.*, *Bryonia Alb.*, *Plumbum Met.*, isso sem que o *Nux-Vomica* sofra solução de continuidade como sempre. O resto, segundo estou certo, passará com o uso bendito do *Chá do Lar*.

Quanto a você, minha prezada Maria, o distúrbio não foi tão pequeno. Continue a usar os mesmos elementos homeopáticos, por 8 a 10 dias. Felizmente, as suas melhoras foram rápidas, todavia, as causas ainda persistem em grande percentagem. Em breves dias, porém, sua posição física estará novamente na expressão adequada.

Quero pedir a vocês não deixarem que a Wanda modifique qualquer nota de alegria e estímulo relativamente às lembranças do dia 14 de dezembro. Não se impressionem por mim. Nosso culto doméstico é devoção permanente e se vocês estiverem na companhia da neta nesse dia, apenas me causarão um prazer ainda maior, porque também eu estarei lá. É sempre melhor lembrar qualquer fato agradável com o coração e os nossos corações estão sempre unidos.

Agora, meus filhos, boa noite! Recolham-se na paz de Jesus. Que todas as suas horas de repouso físico estejam repletas de bênçãos espirituais. Com um longo abraço, despede-se o papai,

A. Joviano

A natureza é Bíblia viva

Meus filhos, Deus conceda a vocês muita paz, com saúde para o corpo e alegrias para a alma. Vimos, alguns amigos e eu, orar em plena noite. Narcisa fez a prece, lembrando a mãe de Jesus e nossa mãe igualmente na grande luta espiritual. Guardem vocês os raios de luz que desceram sobre os nossos corações. Que eles orvalhem como pétalas do céu os sentimentos de vocês, amparando-os como fazem a nós outros. **A natureza, meus filhos, é a Bíblia viva.** Cada página fala de Deus com força imperiosa de realização imediata. Grande natureza, abençoada fonte de espiritualidade! Em seus caminhos luminosos, cada coisa tem uma voz. Tudo rende homenagens ao eterno Pai! O vento, quase silencioso, conversa com as frondes verdes, os pirilampos bailam ao som da orquestra dos grilos, grandes insetos noturnos voam devagarinho, como que admirados da profunda beleza! Os próprios sapos fazem cantiga de rimar! E sob a luz discreta do céu muito azul, operários divinos, silenciosos aos ouvidos do homem, trabalham e oram, lutam e esperam também como os encarnados. Os que se envolvem nos fluidos carnais costumam esperar a noite para verificar os resultados dos esforços dispendidos no dia. Os que se desligaram da Terra costumam aguardar o dia para identificar as equações dos trabalhos efetuados durante a noite. E vamos continuando assim a nossa marcha, cheios de esperança no Eterno Poder. A nossa prece foi de sentimento e vibração, e quis trazer-lhes algum eco, embora apagado. Deus os abençoe e conceda a todos nós continuidade de paz espiritual. Estamos muito satisfeitos pelo início do novo esforço de André Luiz.[1] Que Jesus lhe permita a edificação de mais um detalhe da "construção espiritual" já mentalizada pelos que nos orientam das esferas mais altas. O trabalho educativo é muito grande nessas páginas iniciadas com *Nosso Lar*. Preparam de modo mais eficiente, gravam noções mais reais do esforço dos desencarnados. Nem inferno, nem paraíso exteriores, mas paisagens diversas dos sentimentos que cada criatura organizou para si ao longo da estrada evolutiva. O espírito de compreensão se fará mais produtivo, mais espontâneo, face a essas revelações curtas, mas singularmente expressivas! Cremos de muita eficácia essa cooperação do nosso novo amigo. Que Jesus o auxilie a vencer.

Você, Maria, está sob o domínio de resfriado forte. O *Gelseminum* é bem lembrado, podendo usá-lo com o *Bryonia*, *Aconitum* e *Cantharis*, por 3 a 4 dias. Poderá fazer gargarejos com água levemente iodada, de manhã e à noite, por 2 dias. Que Deus lhe conceda muita saúde, é o que sempre rogo a Ele, minha filha!

Agora, meus filhos, vou retirar-me, não, meu caro Rômulo, sem assinalar sua melhora física. O *Nux-Vomica* estava fazendo falta!

Boa noite para vocês.

Primeiro tive oração, em seguida, satisfação, agora tenho obrigação. Que o Pai os abençoe, concedendo-lhes muita paz espiritual e saúde. Abraços afetuosos do

Papai

---

[1] Nota da organizadora: refere-se ao livro *Os Mensageiros*.

Meu aniversário espiritual

Meus caros filhos, que Deus abençoe a vocês, conferindo-lhes muita paz aos corações. Aqui estou para agradecer-lhes a doce e consoladora lembrança do **meu aniversário espiritual**. Passei hoje o dia recapitulando recordações e descansando com vocês todos.

Em casa, a saudade em todas as reminiscências. O velho escritório de professor em perfeita harmonia, os livros bem postos, os corações vivendo comigo numa só vibração. Tive até desejos de tomar a caneta para escrever alguma coisa - se isso fosse possível na minha condição de habitante dum plano diferente! Desta vez, senti, porém, a falta de alguma coisa - a falta do passarinho, do qual se devem lembrar!...

Aqui com vocês, meus filhos, procurei haurir o néctar das recordações suaves e doces. Belas horas de repouso espiritual! Muitos amigos nossos trouxeram-me felicitações, encheram a alma de alegrias santas, mas poucas alegrias serão iguais a esta, a de lhes trazer, de maneira direta, o meu coração afetuoso na ponta de um lápis.

Como veem, meus filhos, nove anos se passaram... Que foram eles, senão dias breves? Estamos unidos nas mesmas lutas, irmanados no mesmo ideal! Creio não ter passado dificuldade alguma em que não estivesse partilhando com vocês a mesma experiência!

Relembrando o 14 de dezembro de minha partida para cá, ainda sinto a ansiedade de cada um de vocês na perspectiva de minha libertação. O corpo estava cansadíssimo e, como a casa decadente, pedia novas medidas de proteção ao morador. Confesso que também eu trazia minh'alma vestida em dúvidas amargosas. A cultura intelectual não resolvia todos os problemas do coração na hora extrema e era indispensável entrar em jogo novas forças de amparo e resistência que, aliás, constavam do patrimônio que iria retomar. Embora, porém, as lutas íntimas, uma profunda paz, se posso dizer assim, instalara-se-me na consciência. O coração do esposo, do pai, do chefe da família e do amigo estava ansioso, inquieto, mas, graças a Jesus, a consciência do filho de Deus estava profundamente tranquila. Não imaginam vocês quantos quadros nos oferecem as visões da morte. À análise de todos, funda insensibilidade dominava-me os centros de força orgânica, entretanto, não era bem assim. Minh'alma parecia estar diante dum écran diferente!

Comecei a ver todas as ocorrências de minha vida fértil de lutas. A infância estava ali, com a humildade dos trabalhos primeiros, os impulsos da meninice, os primeiros sonhos da mocidade, tudo, tudo sucedia-se ante os meus olhos espirituais, assombrados, como se houvera sido levado a misteriosas demonstrações. Em seguida, o lar, vocês todos, e nossas realizações em comum. E, graças ao Eterno Pai, meus filhos, vendo meus desastres financeiros, via também meus propósitos santos. A luta intensa vivida mostrava-se ali, tal qual era, sem sombras de fantasia. Queria chamá-los, um a um, apresentar-lhes minha descoberta, gritar o fenômeno extraordinário que se desenhava ante minha visão espantada e, sobretudo, dizer de meu conforto sublime, mas, ao tentar fazê-lo, não pude mais! A boca hirta, as mãos distendidas não me obedeciam às ordens mentais! E foi a "morte", com o seu cortejo de transições naturais. Não me refiro a essas lembranças para imprimir uma feição triste à nossa reunião, mas sim para levantar o nosso padrão de esperanças e alegrias! Sou o pai afetuoso que lhes vem repetir a inexistência dum "fim", sem razão de ser. Tudo se renova hoje, nada terminou. Todas as expressões inferiores de vida passam, mas tudo o que santifica e eleva permanece para sempre.

A "morte" é somente mudança e reporto-me ao assunto para afirmar-lhes que morrer somente não deve interessar ao homem. Importa "morrer bem", isto é, com a paz dos que batalham, com a edificação dos que pelejam, dos que vivem sempre de pé, ainda mesmo quando o corpo ameace perecer.

Não desejava escrever-lhes extensamente e diante dos amigos espirituais que vieram ver-nos preferia que outras fossem as vozes que lhes falassem aos ouvidos atentos. Entretanto, o amor foi mais forte e vendo-os, tão estreitamente unidos em nossas reminiscências, resolvi dirigir-lhes os meus melhores agradecimentos do coração. Que Deus, meus filhos, recompense a vocês pela alegria profunda que me trouxeram ao espírito. E com a minha gratidão tenho algumas recomendações de pai a fazer-lhes.

Cumprimento ao Roberto pelos bons exercícios de ordem militar, louvando-lhe o propósito de se manter na disciplina justa. Aliás, não poderá esquecer que é neto dum general e dum professor, profissões diferentes, mas que não podem ser desempenhadas com eficiência sem a ordem daqueles junto dos quais funcionam. Muito bem, meu filho, que Deus o ilumine para a continuidade de seu curso educativo. Peço-lhes igualmente felicitarem à Wanda, por mim, no seu primeiro grande triunfo. Tem ela se esforçado intensamente, chegando eu a crer ande necessitada de algum repouso mais prolongado e de justa medicação reconstituinte. Também a você, meu caro Rômulo, cumprimento pelo seu 19 de dezembro. Que Jesus lhe conceda, junto de Maria e dos netos, muita saúde, tranquilidade e força, são os meus votos sinceros de pai.

A você, meu caro Fausto, como é justo, não poderei deixar de abraçar, como faço todos os dias. Recorde, meu filho, que o "Seu Arthur" não poderia morrer. Sei a intensidade de suas lutas domésticas e de quantas dificuldades compõem as suas experiências em curso. Guarde, porém, a paciência e a coragem. Façamos de conta que ainda nos achamos em nossa velha tentativa de avicultura. Edificamos galinheiros novos, fizemos grandes aquisições, cheios de esperanças, chegaram as chuvas e os maus negócios. Nossas experiências fracassam. Mas fica sempre o desejo de recomeçar. Agora, Fausto, a nossa avicultura é de natureza espiritual. Estamos criando asas para maiores voos para Deus. Tudo aí no mundo, no domínio das lutas propriamente humanas, passa depressa. Todas as noites vou ao seu passe e à sua água fluida e por sinal que o seu metabolismo orgânico é outro. Você vai fazendo seus exames e eu vou fazendo os meus. E, felizmente, você tem andado sempre melhor e, sobretudo, mais tranquilo em si mesmo. Tenho feito pelas netas o que me é possível. A Francisca Marta é excessivamente ligada ao espírito maternal. Ambas, mãe e filha, se prendem a passado longo, mas a sua Laura Elvira já andou em nossa casa.[1] Não se recordam da irmãzinha que nos deixou tanta saudade nos corações? Nesse capítulo da paternidade, meu filho, todo cuidado é necessário. Que você continue devotado a ela, como pai e orientador, é o que peço a Jesus.

E agora, filhos meus, deixo-lhes o melhor agradecimento de meu coração. Graças a Deus, Maria, sua gripe passou mais depressa que esperávamos. Que vocês tenham muitas alegrias na festa da Wanda. Boa noite, meus filhos! Guardem o coração reconhecido do papai,

A. Joviano

---

[1] Nota da organizadora: a irmãzinha mencionada foi uma filha de Arthur Joviano, que desencarnou, ainda bebê, devido a uma queda em escada.

A estrela da grande noite

Meus filhos, que Deus abençoe a todos vocês, reunindo-lhes os corações na mesma vibração divina de paz. Antes de tudo, venho trazer-lhes os meus votos de um Natal muito feliz! Que os nossos pensamentos se unam, mais uma vez, em busca do Mestre divino, apreendendo-lhe as bênçãos imortais.

Em semelhantes ocasiões, as notas espirituais entre as esferas visíveis e invisíveis são mais belas! Algo nos faz sentir a **estrela da grande noite** no céu do coração. Esperanças mais nobres florescem-nos no espírito e santas aspirações nascem no campo de nossos ideais. É uma bênção de Jesus, meus filhos, chamando-nos à espiritualidade superior.

Cada ano é um passo na jornada. No fundo, parece que todos os passos são idênticos entre si, mas é pura impressão. Cada um marca certas aquisições, valores e possibilidades diferentes. E assim podemos imaginar a existência terrestre como jornada para o Mais Alto. Podemos até criar certas classificações para os viajantes. Os que se caracterizam pelo passo seguro e firme são os que sabem medir a extensão das oportunidades recebidas, seguindo com a devida noção das responsabilidades assumidas. Os que se embevecem totalmente na contemplação do firmamento, em sua expressão espacial, podem ser vítimas de grandes tropeços na Terra. Os que restrinjam a visão às paisagens terrenas podem ignorar os sublimes ideais da altura. Os indiferentes e absolutamente despreocupados quanto ao dever a cumprir costumam rolar desfiladeiros abaixo.

Observamos, pois, desse modo, que a melhor atitude é a do equilíbrio entre o céu e a terra, entre o ideal e a realização. Somente assim é possível caminhar com harmonia e nós sabemos, mormente o Roberto com a última experiência militar, que o passo precisa ritmo.

Que o Natal, portanto, nos reúna ainda e sempre no mesmo doce aconchego familiar. Não é simples convenção cronológica. É oportunidade de aproximação mais intensa em Jesus, cuja grandeza divina vamos compreendendo, devagarinho, à medida que dilatamos as possibilidades respectivas da mente e do coração.

Trago, hoje, em particular, meus parabéns de avô à nossa querida Wanda.[1] Estive com você, minha neta, quase em todas as suas atividades últimas no colégio. Que Deus, Wanda, conceda ao seu coração muita força para continuar. A formação espiritual com os livros é aquisição de roteiro para formação espiritual com as realidades. Prossiga, minha prezada Wanda, na sua caminhada de realizações objetivas. Que a lâmpada do seu coração seja sempre alimentada pelo óleo da razão sadia. Somente assim, minha filha, é possível jornadear com êxito no mundo. O coração não deve viver sem raciocínio. O raciocínio não deve persistir sem o sentimento. A noção de equilíbrio deve ser uma preocupação

---

[1] Nota da organizadora: refere-se à conclusão do curso ginasial, tendo sido eu a oradora da turma.

para nós todos. Por agora, descanse, refaça energias. O trabalho mental é também exaustivo, mormente considerando as suas "corridas de pensamento" para "espanar todos os conhecimentos" em fase de recapitulação geral. Felizmente, tudo correu bem e tive o prazer de ouvir a sua palavra, tecida em louvores, agradecimentos, afirmações, considerações e promessas justas. Que Jesus abençoe a você, iluminando-lhe a estrada.

Relativamente à saúde, a sua posição tem melhorado muito, principalmente em nos referindo ao seu rosto. Suas melhoras da pele são muito confortadoras para nós e dizem alto da excelência dos resultados de um tratamento homeopático. Sei, Wanda, que, muitas vezes, foi preciso que a nossa querida Maria se lembrasse de alertá-la para a medicação necessária, dado o seu desprendimento pessoal, mas creia, minha filha, que a manutenção da saúde deve ser um culto para todos nós. Felizmente, verifico suas melhoras e dou-lhe minhas felicitações igualmente por isso.

Agora, você e o Roberto repousem um tanto. O lar faz sempre bem ao coração. Cada coisa, cada situação dentro dele é uma dádiva que vem do Alto. Espero, desse modo, que continuem valorizando, cada vez mais, os dons divinos.

Quanto a você, meu caro Rômulo, vamos seguindo juntos, lutas afora. As grandes tarefas exteriores dão paz ao interior. Vamos reconhecendo gradativamente, meu filho, que a paz é uma espécie de fruto do trabalho incessante.

Chego mesmo a concluir que, na atual fase de nossa pressão evolutiva, podemos traduzir a preocupação exterior por tranquilidade interior e a ausência dessa preocupação por tormento íntimo da alma. Queremos realizar com o bem e para o bem e, por isso mesmo, temos de sofrer a influenciação do mal. É razoável. O essencial do esforço, porém, é a perseverança. Por ela, formou-se a Terra. Basta meditarmos nisso para alcançarmos grande descanso.

Aqui, Maria, veio conosco a nossa irmã Engracinha, que vem fazendo tudo pelas melhoras do Clóvis e pelo bem-

-estar da Aurélia.[2] Pede-me a nossa amiga transmitir a vocês, incluindo a nossa irmã Júlia, os seus votos de muita alegria no Natal e de muita saúde, paz e felicidade no Ano Novo de 1944.

E abraçando-os, com o afeto de sempre, reservando um braço para os filhos e o outro para os netos, sou o papai e o vovô amigo de sempre,

A. Joviano

---

[2] Nota da organizadora: refere-se à irmã de Maria Joviano, casada com Clóvis. Nesta encarnação, Clóvis padeceu de distúrbios neurológicos. Aurélia, muito espírita e dedicada, foi Túlia Cevina, personagem do livro *50 anos depois*.

Vinte anos têm sido vinte dias

Meus caros filhos, que Deus os abençoe, conferindo-lhes, como sempre, muita paz de espírito, saúde ao corpo e bom ânimo para as lutas.

Aqui estou para dar-lhes os meus parabéns pelo 27 último. Que Deus abençoe a ambos, concedendo-lhes, junto dos netos, as melhores possibilidades para a realização sublime de luz espiritual.

Como veem, **vinte anos têm sido vinte dias** de felicidade e união.[1] É que onde há manifestação do verdadeiro amor aí existe igualmente a vibração da luz eterna. Muito satisfeito, participei de nossas lembranças mais íntimas e espero em Deus continuemos fortalecidos e felizes junto dos netos.

Outro motivo também de minha visita da noite é o meu voto sincero de feliz Ano Novo a todos vocês. Rogo ao divino Mestre para que o 1944 lhes seja pródigo de bênçãos.

Cada ano de existência na Terra, meus filhos, é gloriosa oportunidade de edificação. Não me excedo nessa adjetivação. O tempo é o tesouro da alma que Deus sempre nos concede a mancheias e a tarefa terrestre é verdadeiramente santificante para os que desejem aprender com o

---

[1] Nota da organizadora: diz respeito ao casamento de Rômulo e Maria, ocorrido em 27 de dezembro de 1923.

Cristo. E aí os serviços são mais valiosos, porque o material é mais denso, o campo, mais pedregoso, as necessidades mais imperiosas. Jesus valoriza com razão o trabalho das almas fiéis na superfície terrena, porquanto, a todo instante, a realização cristã no espírito encarnado sofre ameaças de vulto. A dúvida ataca o serviço da crença sincera, o mal procura fazer sombra ao bem, a calúnia persegue a dignidade, o espinho atormenta os pés dos que avançam corajosos, a enfermidade espiona a saúde dos que trabalham, a injustiça recompensa aos maus, a má-fé concede a coroa transitória aos mais ociosos, a perseguição alcança os servidores de boa vontade, a incompreensão atormenta aos que busquem compreender os desígnios do Pai, a fim de pô-los em prática. Todos esses fenômenos são bem daí da esfera carnal. E, por isso, deixou-nos Jesus aquele ensinamento sobre "os que perseveram até o fim". Contemos com a luta e aproveitemos o tempo, agindo com o Senhor. Somente assim é possível angariar novas aquisições para a vida eterna. Que vocês todos sejam muito felizes, são os meus votos!

Para a saúde do Roberto, o receitista lembrou um preparado interessante para o organismo dele. Chama-se *Arseno Fenatose*. Ser-lhe-ia muito útil, entretanto, em se tratando de medicamento alemão, é possível encontrarem dificuldade para a compra. Desse modo, caso se positive o obstáculo, Roberto poderá usar o *Fixo-Cálcio* até que possamos encontrar o preparado referido, considerando que se a busca não será muito fácil não é impossível a obtenção. Dentro de minhas possibilidades, cooperarei no assunto. Vocês comecem a procurar, que eu ajudarei.

Quanto a você, meu caro Rômulo, será útil prosseguir nos medicamentos habituais. Creia, meu filho, que estou sempre aconselhando a você, de modo indireto, quando se trate da necessidade de permuta entre um ou outro. Felizmente, porém, você vai bem mais forte.

Agora, meus filhos, reafirmo-lhes as minhas "Boas Festas"! Que Jesus lhes dê tudo aquilo que eu, com todo afeto de pai, não tenho nas mãos para lhes dar. Peço isso ao Mestre divino com todo o coração e sei que ele nos ajudará.

Aqui estão amigos nossos que os saúdam e lhes desejam muitas felicidades para 1944. A nossa irmã Engracinha agradece à Maria, comovidamente, pelo trabalho eficiente que vem fazendo, a benefício dos cegos, e lhes deixa votos de muita saúde e venturas para o Ano Novo.[2]

Espero que vocês, nas reuniões de terças-feiras, enviem um pensamento fraterno de auxílio ao Gibraltar.[3]

Que Jesus lhes conceda tudo o que existe de bom e, com um abraço, cheio de alegria e confiança, sou o papai e vovô muito amigo,

A. Joviano

Notas da organizadora: [2] refere-se aos trabalhos de transcrição para o sistema Braille, destinado à leitura pelos cegos, levado a efeito pela Sociedade Pró-Livro Espírita em Braille, fundada pelo Gen. Mário Travassos, pela vovó Júlia Pêgo de Amorim, Luiz Antônio Mildeco Filho - cego de nascença - e pelo oficial da Marinha, Marcus Vinícius Telles - cego em decorrência da explosão de uma caldeira. Dentre esses trabalhos, destaca-se o da transcrição do *Pequeno Dicionário da Língua Portuguesa*, de autoria de Hildebrando Lima e Gustavo Barroso, que levou quatro anos de trabalho, dando, ao todo, 64 volumes, que se encontram na Biblioteca Benjamin Constant, no Rio de Janeiro. Júlia dividiu a tarefa em partes, que entregou à Maria, em Pedro Leopoldo, e a várias senhoras, no Rio de Janeiro. Esse trabalho foi organizado e coordenado por vovó Júlia, a pedido de sua tia Engracinha, já no plano espiritual, e que se reconhecia devedora dos cegos, porque, mulher poderosa em vida anterior, decretara tal pena ao chefe de insurreição surgida em seus domínios e, em o fazendo, teve como vítima o próprio filho. [3] Gibraltar foi um grande amigo da família Joviano em Belo Horizonte.

Mensagens 1944

Um velho tem prioridade

Meus caros filhos, que Deus os abençoe junto aos netos e a quantos se encontram ligados aos nossos corações.

Hoje, meus filhos, minha carta habitual é para Maria, a fim de cumprimentá-la pelo aniversário, antes de vocês todos.[1] Tenho direitos adquiridos. **Um velho tem prioridade.** Deus a ajude sempre, multiplicando-lhe as forças do coração. Ao trazer-lhe meu abraço de parabéns, formulo votos pela segurança de sua paz espiritual no caminho da vida. Prossiga cheia de confiança no futuro, minha filha! Ser esposa, ser mãe é guardar duas glórias para Deus e trazer duas tarefas pesadas para com o mundo. Entendo, Maria, a nobreza com que você encara esse sacerdócio feminino. É ele o sacerdócio da vida em si mesma. Conheço as suas noções profundas de responsabilidade perante aqueles que se uniram ao seu coração e sei os seus trabalhos nas coisas mínimas e nas grandes tarefas portas adentro do lar. O homem sempre há de cumprir o "culto profissional", mas a

---

[1] Nota da organizadora: 11 de janeiro era a data do aniversário de nascimento de Maria.

dona do lar "tem variados cultos" a atender. São múltiplos e complexos. Sem que ela presida os serviços de alimentação, da conversação, do ensinamento, dos exemplos, das atitudes, da paz doméstica, do sacrifício silencioso e outros muitos nada se faz no templo familiar. Eu sei, minha filha, quanta incompreensão, por vezes, surgiu ao seu lado, pelo feitio reto de seu espírito, no trato com semelhantes compromissos. Nunca você brincou com os dons de Deus. E é por isso que, trazendo a você as minhas felicitações, rogo a Ele, Pai infinitamente justo, abençoe a sua alma no rumo das elevadas realizações para a vida eterna. Que todas as bênçãos celestes chovam em seu caminho terrestre e que o mês de janeiro seja sempre neste lar o mês do primeiro culto festivo nas recordações dos nossos aniversários.

Que Jesus, filhos meus, esteja com vocês todos, fortalecendo-lhes a alma e guiando-lhes os passos na vida. E com um grande abraço a todos vocês, sou o papai de sempre e vovô muito amigo,

A. Joviano

O hábito da oração construtiva

Meus caros filhos, Deus abençoe a vocês todos, conferindo-lhes muita paz aos corações! Tenho sentido muita satisfação pelas ideias novas que vão recebendo acerca de nosso culto evangélico.[1] André Luiz tem sido muito exato nas informações trazidas. Diversas vezes tive desejo de explicar o assunto com essa clareza e não consegui fazê-lo. A prece, meus filhos, explicada como princípio elétrico na dinâmica espiritual é uma tese profunda. Não mais a noção de fanatismo destrutivo, mas a positivação de valores espirituais de expressão máxima na experiência terrestre. A casa que ora é diferente das que não o fazem. **O hábito da oração construtiva** representa a edificação nobre dum "porto" às aspirações divinas. Quantos desastres evitados pelo influxo magnético da prece sentida e vivida? Quantas dores anuladas, quantos obstáculos vencidos? Aqui poderemos observar a extensão das respostas. Aí no mundo das formas seria muito difícil efetuar tão vastas observações, porque, em geral, quando encarnados, vemos somente o espinho que nos fere, sem observarmos os milhares deles que a Bondade Divina afastou de nossos pés! O quadro descrito por André Luiz apresenta significação

---

[1] Nota da organizadora: refere-se ao livro de André Luiz, *Os Mensageiros*.

enorme para nós. Guardemo-nos no espírito da oração edificante! Seja ele o nosso clima diário às cogitações da alma, o alimento de nossos corações! Isso é riqueza, cujo valor cresce sempre e que só encontra justa expressão no tesouro das responsabilidades eternas. Na Terra, ou melhor, na zona inferior da Terra, os valores imediatos confundem a visão frágil dos homens. Raros têm elementos visuais para identificação dos valores divinos.

Você, meu caro Rômulo, continue com os elementos homeopáticos indicados. Creio bem lembrado adicionar você o *Lachesis*. Será excelente medida complementar no tratamento.

A gripe em início, falo no sentido coletivo e epidêmico dos dias que correm, vem recebendo muitos drásticos de "nosso lado". Há companheiros que colaboram devotadamente, benfeitores que permanecem a postos. O vírus é um problema de sérias expressões e o contágio é demasiadamente sutil e, nalguns casos, afirmam orientadores espirituais, é tão leve e imperceptível que se diria magnético. Aconselho a vocês, conforme é razoável, os pratos menos gordurosos, o uso de sais e mais água. Semelhante medida é de apreciável utilidade. Lembraria, também, o limão. Entretanto, se usarem, a dose deve ser mínima. O *Nux-Vomica*, de seu hábito, pela manhã, é ótima terapêutica. Apenas devo recordar que, em se tratando de expressão mais forte do elemento medicamentoso, a dose deve ser muito justa, sempre que seja possível, porque o organismo registra logo qualquer excesso de unidades ingeridas. Quanto ao mais, estamos a postos para o bom trabalho e esperamos que a epidemia seja breve, sem qualquer modalidade alarmante. Se existem aí médicos preocupados, os nossos benfeitores manifestam muito maior preocupação e mais interesse eficiente, no sentido de preservação geral da saúde coletiva. O aparelho gastrointestinal sempre normalizado é indício de segurança. Procuremos cautela no caso dos alimentos e o resto se fará naturalmente.

Ontem, Maria, vim reafirmar a você meus parabéns pelo seu aniversário. Que o seu dia, minha filha, se repita sempre com a nossa alegria completa!

E agora, meus filhos, deixo-lhes o meu abraço.

Com o afeto e dedicação de todos os dias, despede-se, por agora, o papai e vovô que não os esquece,

A. Joviano

O novo livro de André Luiz

Meus caros filhos, que Deus abençoe a vocês, conferindo-lhes muita paz aos corações.

Venho à nossa visita semanal, no que se refere à letra, considerada a circunstância de que nos achamos juntos quase todos os dias pelos sagrados laços espirituais. Ainda sobre **o novo livro de André Luiz**, meu caro Rômulo, as teses são as mais complexas, os assuntos, mais palpitantes.[1] É um mundo novo, creia, para a responsabilidade individual. Esse esforço foi muito estudado antes da organização que se alcança agora. Precisava-se de um nome impessoal, sem filiação a grupos pré/estabelecidos, que pudesse trazer semelhantes observações de caráter universalista. E, felizmente, atinge-se, presentemente, o objetivo. A maior dificuldade dos que ensinam o Evangelho funda-se justamente na necessidade de dinamização do conhecimento. A luz espiritual que cerca a lição gloriosa do Cristo exige visão espiritual também avançada e daí a elaboração de planos educativos que operem a transformação dessa claridade, de modo que atinja os olhos do homem comum sem que a mesma perca a pureza fundamental. Está certo que se pregue a verdade, que se concite o homem à procura do reino de Deus, que se convoque a ciência ao sublime concerto, mas é preciso também que se organizem demonstrações

---

[1] Nota da organizadora: refere-se ao livro *Os Mensageiros*.

431

instrutivas, roteiros adequados e sugestões que se liguem às experiências do campo humano. Talvez o trabalho de André Luiz não encontre uma compreensão generalizada no momento, mas podem acreditar que para a educação espiritual do indivíduo encarnado esse esforço apresenta ilações muito graves pela exatidão dos conceitos a que chegou o mensageiro, aproveitando todas as possibilidades de simplificação ao seu alcance. Vivemos numa época - a humanidade desencarnada e corporificada no mundo -, de grandes revelações interiores. Não mais a atitude de quem espera os carros celestiais em pleno céu, mas o entendimento de quem vislumbra uma nova claridade no céu do pensamento. É razoável que continuem as atividades propriamente particularistas do Espiritismo em geral, entretanto, falando-se desapaixonadamente, é imprescindível abrir as portas de uma nova oficina aos esforços da fé, de maneira que um movimento tão grande não imite o curso de determinados núcleos doutrinários em matéria de fé. Que valeria ao homem ouvir os espíritos que caminham para Deus, sem caminhar, por sua vez? Que proveito teriam as "boas novas" desaproveitadas? Não seria erro grave chamar a si o Plano Superior para que este regresse ao cultivo da inferioridade? Infelizmente, numerosos departamentos se entregaram a posições menos proveitosas. É indispensável varrer, varrer algumas nuvens e, sobretudo, chamar os companheiros ao mundo de si mesmos. A responsabilidade é nota obrigatória em todos os serviços novos. Não se pode prosseguir sem ela, nem mesmo nos serviços da bondade. Jesus não a desprezou momento algum! O Mestre não é somente grande e sublime pelo que fez, mas também pelo que deixou de fazer, atendendo à responsabilidade de sua divina missão.

     O trabalho novo especifica muito bem esses problemas aparentemente singelos. Pouco a pouco, despertará o homem para assenhorear-se de si próprio e os espiritistas, transformados em cristãos novos, deveriam formar na retaguarda dessa posse justa. Esperemos os efeitos e guardemos o florão do ensinamento no mundo que nos é particular.

Temos, Maria, auxiliado ao Clóvis, como nos é possível. Ainda agora aqui se encontra a sua avó Júlia, que afirma o carinho de sempre por vocês e notifica estar trabalhando por ele também. A prova de nossa bondosa Aurélia, sobretudo, tem sido bastante forte, mas estamos confiados no Divino Poder. O Senhor não confere trabalhos mais expressivos aos espíritos sem expressão e estamos convictos de que ela não se entregará ao desânimo, em falsa apreciação da sua dor. Longos testemunhos denotam longas possibilidades, grandes tentações falam de grande capacidade espiritual para a resistência. Lutemos, esperando em Cristo. O auxílio divino não é uma ficção.

Tenho estimado o novo esforço de Wanda e Roberto nos serviços.[2] Vão muito bem, começando tão cedo. O espírito de organização e previdência é base de felicidade certa. Espero em Jesus que o Roberto consolide, cada vez mais, os elementos da saúde física para a continuação da luta no aprendizado necessário à vida e à tarefa confiada a cada um de nós. Não se descuidem vocês dos elementos preventivos contra os surtos de gripe. É bom usar os medicamentos amigos da homeopatia, embora não haja sintomas. A preparação ajuda sempre, por muito confiantes que estejamos em nossa defesa própria.

Vocês poderão reiniciar o culto evangélico quando julgarem oportuno. Será muito útil retomar os nossos estudos. E agora, meus filhos, boa noite! Guardem minha amizade de sempre! Pedindo a Deus para vocês a saúde, a paz e a luz divina, abraça-os com muito afeto o papai e vovô muito amigo.

A. Joviano

---

[2] Nota da organizadora: eu e Roberto começamos a trabalhar como estagiários no escritório da Fazenda.

Há alimento do corpo e da alma

Meus caros filhos, Deus abençoe a vocês todos, conferindo-lhes muita paz e coragem para a luta.

Nesta noite, às saudações usuais, uno os meus votos sinceros de boas-vindas ao Caio Márcio, novamente em casa, para o abraço afetuoso de sempre. A amizade é como um jardim raro, onde as flores se reproduzem periodicamente, se bem cuidadas pelas nossas mãos. Que vocês cultivem essas "rosas sem espinhos" da ligação afetiva, recolhendo suaves perfumes espirituais para a Eternidade.

Tenho acompanhado o tratamento de sua gripe, meu caro Rômulo, desta vez algo mais forte que as anteriores. Além dos elementos da homeopatia, os passes não têm faltado a você. As manifestações dessa natureza nem sempre obedecem a causas puramente fisiológicas. **Há alimento do corpo e da alma** e, por vezes, a luta nos obriga a determinado gênero de alimentação espiritual que, positivamente, nos desequilibra de algum modo. Certas provas de natureza psíquica nos serviços comuns são bem difíceis de solução. Compelem-nos a pensamentos de ansiedade, de inquietação. Mas não pense você que isso é fenômeno privativo dos encarnados. Aqui também sucede o mesmo. O processo de redenção não se interrompe e, em certas fases, tamanhos bens espirituais se represam em nossas mãos, que os credores de outro tempo costumam surgir em massa. Há instituições de "nosso lado" que determinam pesadas reflexões àqueles que as dirigem, porque a aproximação de criaturas menos afins ou positivamente contrárias é motivo a muitos desequilíbrios e dissabores. É o campo das provas educativas, inevitáveis ao curso espiritual de visão divina. O homem no mundo gasta alguns anos para a aquisição dum simples título profissional, utiliza alguns lustros para alcançar a especialização, mas o curso do espírito na visão divina exige muitos séculos, muitas experiências e reencarnações, assim como vocês comentavam ontem, significando cada "estação de vida terrestre" como uma "árvore simbólica". O serviço é longo, meu filho! Perdura por muitos e muitos anos, com as nossas recapitulações permanentes. De outra maneira, porém, não nos tornaríamos aptos a refletir a luz do Senhor. Não seria razoável a facilidade em semelhante conquista de caráter, essencialmente divina. Prossigamos, portanto, confiados na bênção do Todo-Poderoso, fazendo o "quanto nos seja possível para termos paz em nós", segundo o belo conselho paulino. Falamos comumente de paz, entretanto, não se trata de problema de solução muito fácil. Concordo em que será útil multiplicar os votos de paz, desejá-la calorosamente, trabalharmos por exaltar-lhe os bens, mas, para "muitas toneladas" de expressões verbais, teremos apenas "poucos gramas" do precioso bem celeste. Continuemos, porém, "lavando os cascalhos da terra". O tesouro virá, paulatinamente.

O receitista é de parecer que você deva continuar com os elementos homeopáticos em uso, esperando que a medicação espiritual em curso realize a parte mais importante, referentemente à melhora que desejamos.

Lembro à Maria que lhe será muito útil o uso de *Gelseminum* e do *Eupatorium* em caráter permanente, por alguns dias. A questão do surto gripal de ordem coletiva tem sido muito grave e, não obstante a assistência invisível eficiente, as manifestações se vão alastrando insensivelmente para a maioria.

Mais uma vez, cumprimento ao nosso amigo Caio, desejando-lhe muita prosperidade nos estudos. Abraçando-o, recordo as esperanças aqui na vida espiritual, que muito esperam dele, como um continuador das realizações do Abgar.[1] Que Jesus o inspire sempre, acrescentando-lhe mais luz ao espírito e mais segurança às diretrizes de cada dia.

E agora, meus filhos, deixo-lhes o meu boa noite! Recebam vocês o meu afetuoso abraço e guardem o coração amigo do papai e vovô que não os esquece.

A. Joviano

---

[1] Nota da organizadora: refere-se a Abgar Renault, já mencionado à página 214 Foi Ministro da Educação, membro da Academia Brasileira de Letras e da Academia Mineira de Letras.

A dificuldade, o testemunho e o obstáculo

Meus caros filhos, que Deus abençoe a vocês, concedendo-lhes muita saúde, tranqüilidade e luz divina. Estimo que o culto doméstico esteja significando para nós todos um curso tão adiantado! Graças à inspiração divina temos atingido ilações muito confortadoras e, sobretudo, valiosas ao nosso progresso. O conhecimento evangélico pode ser interpretado à guisa de celeiro vastíssimo de recursos espirituais, instalado nos departamentos do raciocínio. A ciência mais difícil é aquela de afeiçoar semelhantes recursos ao coração. **Na maioria das vezes, são necessários a dificuldade, o testemunho mais forte e o obstáculo expressivo para que o coração - como símbolo do sentimento - se abra ao alimento novo.** Não perdemos em qualquer circunstância as aquisições intelectuais dessa ordem. As noções, os conhecimentos, as conclusões, as análises, os resultados da investigação psicológica aderem à nossa mente, entretanto, não ocorre o mesmo ao sentimento, fruto de nossas milenárias experiências. Sabemos a realidade, tocamo-la através das antenas conscienciais, mas adaptarmo-nos a ela, transfundi-la em nossa personalidade é curso longo, onde o esforço do estudante tem de ser verdadeiramente infatigável. A propósito, recordo o que vocês acabam de ler. Nesse capítulo de João, fala-se do "maná", que os nossos antepassados comeram "no deserto". Sim, esse "maná" é o símbolo da vida fácil, da proteção generosa que rodeia o caminho das criaturas. Noutro tempo, quando a nossa expressão racional não se achava muito distante da existência animalizada, sorvíamos largamente o vinho do menor esforço, estimávamos o "maná das vantagens imediatas". Entretanto, recebíamos as dádivas como os mendigos ociosos que pedem o pão e gastam-no para solicitá-lo de novo com importunações aos semelhantes. Com Jesus, todavia, a alimentação da alma é muito diversa. É necessário que procuremos estampar o Mestre em nós mesmos, seguir-lhe os passos, tomar a cruz. O serviço de manutenção não é tão fácil, porque se opera através de testemunhos sucessivos, salientando que em cada êxito espiritual alijamos um envoltório inferior que persista forte em derredor de nossos corações. E já que vocês falaram com respeito à "refeição" e à "mesa", convém não nos esquecermos, meus filhos, de Jesus transformando-se em "pão simbólico" para a fome de perfeição da humanidade, que se deu à humanidade na mesa da cruz. O ensinamento aqui é muito grande para a meditação.

Tenho aplicado passes em você, meu caro Rômulo, no sentido de melhorar-lhe as condições orgânicas. Graças a Deus, você vai indo bem melhor. Será útil, caso persista o fenômeno do ouvido, que você use o *Iodo-Peptona* por alguns dias. É uma sugestão para a primeira oportunidade, sem necessidade, entretanto, de qualquer aplicação imediata. Destina-se a intensificar o equilíbrio circulatório. Não preciso dizer a você, meu filho, que estamos velando.

Hoje veio comigo a Nhanhá, que visita o Caio Márcio e vocês.[1] Deixa um grande abraço a ele, por meu intermédio, desejando-lhe muitas realizações nobres, êxito nos estudos, saúde, paz espiritual e... juízo!

Vocês não deixem de usar, de quando em quando, os preventivos quanto à gripe. É medida excelente prevenir no que se refere ao assunto.

Boa noite, meus filhos! Guardem a paz de Jesus no santuário dos corações! E deixando-lhes o meu afeto de todos os dias, abraça-os a todos o papai e vovô que não os esquece,

A. Joviano

---

[1] Nota da organizadora: Nhanhá era a avó paterna de Caio Márcio.

Conversamos uns com os outros pelo verbo silencioso do espírito

Meus caros filhos, Deus abençoe a vocês todos, conservando-lhes os corações no clima da paz.

Será mesmo conveniente deixar o culto para a semana próxima, considerando que aqui nos encontramos no "culto sentido" de sempre. Quando escrevo, tenho a impressão de que **conversamos uns com os outros pelo verbo silencioso do espírito**. Às vezes, vocês me leem as frases e comumente lhes leio os pensamentos. É o culto do amor que nunca morre. Se fosse possível estendê-lo a todos os lares, fazê-lo vibrar a todos aqueles que amamos, talvez transformássemos a Terra num paraíso de sublime compreensão, porque, em verdade, para cultivar flores tão belas é necessário o esforço do coração e do pensamento. Quem não crê em nossa cooperação espiritual cerra-nos a porta do sentimento e por mais que desejemos penetrar somos compelidos a fugir de qualquer violência. Pensar na espiritualidade e na vida, conversar em seus temas divinos, seguir-lhe os movimentos evolutivos é criar um mundo novo em bases eternas, dentro de nós mesmos. É por isso que tantas vezes salientamos a necessidade dum estado de fé ativa e construtiva. A crença de ordem exterior que tudo espera dos milagres externos, sem usar as possibilidades próprias, abandona a criatura na primeira dificuldade, deixando-a sem rumo nas ocasiões de tormenta. Essa confiança que a palavra amiga e esclarecedora de Emmanuel vem ensinando é um curso de importância fundamental na vida do crente, curso de aproximação com o Mestre, de quem tanto nos distanciamos pela falsa visão dos deveres noutro tempo. Isolávamos o Senhor nos altares, banindo-o de nossos corações e, hoje, temos de nos arrimar ao bordão da fé viva, romper o cipoal de nossas criações individualistas, voltar à estrada real e ir-lhe ao encontro. Graças a Deus, vamos compreendendo essas verdades sublimes e somos infinitamente felizes por esse entendimento tão oportuno.

Todas as noites, meu caro Rômulo, tenho aplicado passes em você. Cheguei mesmo a dar-lhe a indicação de *Bryonia* e *Ipeca* e fiquei contente por haver você registrado o meu conselho. Para que nos entendamos melhor no sonho, você pode também exercitar-se. Toda a realização útil pede trabalho e, em nosso caso, esse trabalho é do pensamento. Procure imaginar nosso encontro, nossa palestra, fixando os quadros na mente, com a clareza possível, evitando, tanto mais, "pensamentos invasores", contrários aos nossos objetivos. No princípio, os quadros serão imprecisos e as dificuldades, muitíssimas, entretanto, o tempo se incumbirá de nos dar belas equações.

A sua saúde vai muito melhor e foi útil que você se restringisse quanto ao tratamento intensivo. É melhor o passo vagaroso, mas seguro.

Quanto à Wanda, pedi ao receitista indicasse alguns elementos. Auxiliá-la-ei igualmente dentro das minhas possibilidades de avô.

A todos vocês, deixo minha visita muito afetuosa. Pela primeira vez, o Gibraltar veio comigo esta noite à reunião. Está melhor e mais encorajado, e espero em Jesus esteja, muito breve, pronto a retomar o labor. O nosso amigo de outro tempo sofreu muito. A sua moléstia dos olhos foi uma luz redentora para o seu coração.

Trago para o Caio Márcio os melhores pensamentos da vovó que não esquece a família, desvelando-se ainda por todos.

E despedindo-me, por esta noite, reúne-se a todos, num só abraço muito afetuoso, o vovô e papai muito amigo,

A. Joviano

O imenso benefício da fé sincera

Meus caros filhos, que Deus abençoe a vocês todos, concedendo-lhes muita saúde e paz na luta diária.

Venho ao nosso jardim de intercâmbio espiritual mais direto, a fim de colher as flores sempre novas da afeição de vocês e trazer-lhes os meus agradecimentos do coração. É uma felicidade muito grande a nossa recompor os elos da vida, que para tanta gente continua como laços desfeitos da morte. Vocês não podem calcular ainda **o imenso benefício da fé sincera**, pura, ardente, fé que modifica sem cessar o coração, sem que nós mesmos percebamos, que nos transporta a mais altas regiões do conhecimento, sem que assinalemos as dificuldades do caminho.

Ah, meus filhos, quando observamos tanta orfandade espiritual no mundo, quando sentimos a amplitude das negações humanas nesse setor evolutivo, então compreendemos o tesouro do "fio invisível" que nos liga coração e consciência às zonas superiores, de onde procede a inspiração mais pura da vida! Nossa paz, portanto, é muito diferente da tranquilidade comum, nossa esperança é diversa da ambição vulgar. Desejamos a luz inapagável, a fortuna real, a realização eterna. Semelhante condição eleva nossa vida em qualquer plano da natureza visível e invisível aos olhos mortais. Quem medita na extensão dos necessitados "daqui" chega a conclusões de valor inapreciável para os encarnados.

Ultimamente, sinto mais de perto a luta travada no ambiente espiritual à esfera propriamente humana. Desde muito, mantemos pequeno serviço educativo em local não muito diferente daquele posto de socorro de que vocês tiveram informação por André Luiz.[1]

Semelhante oportunidade me confere mais ocasiões de estarmos juntos e de seguir, passo a passo, as tarefas em família. Mas nos tempos de calamidades coletivas, como nas epidemias, os centros de educação convertem-se em núcleos de assistência, pavilhões escolares transformam-se em enfermarias e sinto que, em semelhantes ocorrências, precisamos também transformar o coração, dilatando-o ao universalismo. Vocês me compreendem e isso me satisfaz. Quero apenas fazer-lhes sentir a enormidade de nossos serviços e a felicidade verdadeira de nossa paz e de nossa união espirituais.

Graças a Deus, meu caro Rômulo, tenho sentido de perto o auxílio de nossos benfeitores para a Marcelina. Bem o merece a nossa velha amiga! De qualquer modo, porém, ainda que a saúde física não se encontre consolidada, muito grande é a felicidade dela no dever bem cumprido e para a obrigação bem atendida haverá sempre triunfo real.

---

[1] Nota da organizadora: refere-se ao posto de socorro mencionado no Capítulo 16 do livro *Os Mensageiros*.

Tenho procurado auxiliar a vocês todos com os passes de restauração geral e não me esqueci de acompanhar o Roberto na viagem "tão alta"! Que Jesus nos dê a todos a divina oportunidade de compreender-lhe a divina bênção.

Wanda terá igualmente nossa "assistência especializada" nestes dias em que o resfriado tenta voltar. Creio que a minha neta deva usar recalcificantes sólidos para consolidar as reservas orgânicas.

No Rio, temos procurado atender ao Clóvis com a Aurélia, no que diz respeito às lutas que ambos experimentam, e chegaria mesmo a sentir a dificuldade em definir qual dos dois sofre mais! A tempestade colheu-os de modo muito imprevisto para ambos, entretanto, espero em Jesus que o "barco de união sagrada", em que testemunharam, tantas vezes, a fé e o amor a Deus, atingirá um porto calmo e seguro. Enviemos a eles os nossos pensamentos de fraternal auxílio.

Agora é a volta do Caio ao lar paterno. Que o Senhor da vida o favoreça, despertando-lhe as energias profundas na aquisição dos valores novos.

A vida humana, Caio, não é uma aventura. É um aprendizado divino para o coração de boa vontade.

Nele não basta ser fiel aos princípios terrestres mais respeitáveis. É necessário, igualmente, ser fiel a Deus no íntimo santuário da consciência. Todo dia é ocasião de aprender o bem e de praticá-lo, honrar a Deus e servi-Lo. Se guardar semelhante convicção na alma bem formada, mais fácil será para você a lição, mais limpos os caminhos. Não se perca, pois, em muitas interrogações interiores, sem sentido justo. Consolide o seu ideal de homem de bem e caminhe. Estas são as palavras que tenho endereçado ao Roberto e à Wanda, por mais de uma vez, compreendendo mesmo o incalculável das tentações que assediam a juventude.

Quanto a você, Roberto, o vovô estará ao seu lado nas lutas novas. Prossigamos com firmeza. Sejam os nossos dias de trabalho construtivo e de esperanças edificantes.

Por hoje, filhos, é só.

E creio até que a carta foi muito longa.

O coração, porém, não vê as linhas do papel e sim o infinito do amor e da dedicação.

Boa noite para vocês.

Com um grande e afetuoso abraço, sou o papai e vovô muito amigo de sempre,

A. Joviano

A sua experiência psíquica não foi pequena

Meus filhos, Deus conceda paz a vocês todos, abençoando-lhes os esforços de cada dia!

Venho trazer-lhes minha visita habitual, fixando-a de maneira particular para o Roberto e Caio Márcio, desejando-lhes muita felicidade, paz e êxito no serviço a que consagram atualmente, intensificando conhecimentos e aperfeiçoando o espírito.

Não peço a ambos para que se lembrem dum velho como eu, mas espero que não se esqueçam daquele que viveu para o bem até o fim e cuja luz ainda é a lâmpada para os velhos e roteiro para os novos.

Tenham esse pensamento na lembrança, meus caros meninos! Fará muito bem a ambos a recordação perene de Cristo na tela da consciência! Que ele os abençoe e proteja sempre!

Estive consigo, meu caro Rômulo, na visita rápida à moradia de nosso amigo. **A sua experiência psíquica não foi pequena**, pode crer. O que você notou é a expressão da verdade pura! Aquelas desagradáveis questões de dinheiro haviam enfastiado, sobremaneira, o seu espírito e, sobretudo, a distância do lar, a ausência do suprimento de fluidos familiares deram motivo à forte tensão psíquica que o colocou em posição muito anormal. Não era a vigília, nem o sono, mas um estado diferente, sem palavra que o defina, por enquanto, em que você, em desprendimento parcial, pôde fixar na consciência as observações em curso. De todas elas ressalta o fenômeno auditivo, pela nitidez com que você gravou o acontecimento. Como você observou, aquela paisagem rural está repleta de pobres criaturas desencarnadas, que a ela se vincularam desde remotos tempos do segundo Império e da escravidão. Quando os responsáveis por um trato de terra não compreendem os compromissos que os ligam ao pequeno patrimônio ou ao latifúndio, o "mato" não cresce somente nos terrenos ao abandono, mas a ignorância também se apodera do meio geral, dominando-o através de baixas vibrações. Ali se congregam centenas de "cativos" de outra época, agarrados à gleba, dentro da mesma rotina de pensamento. Não permanecem ao desamparo. Alguém está cuidando deles e lhes aproveita a colaboração, como o agricultor inteligente que se vale do concurso de uma árvore centenária. São aquelas pobres entidades empregadas nos serviços da natureza, tal qual observaram vocês em *Nosso Lar*, quando Narcisa recorre aos "trabalhadores espirituais" do campo, mas de si próprios nada possuem que os faça independer do solo a que se vincularam. E como a reencarnação vai se tornando mais difícil, amontoam-se por ali mesmo, progredindo com muita lentidão e extremos obstáculos. Vemos, assim, que não há propriamente lugar desabitado no Planeta. Cada paisagem tem a sua "entourage" e as peculiaridades que lhes dizem respeito. Infelizmente, nesse capítulo, Minas Gerais, que nos é tão estimada, está cheia de expressões desse jaez. Os mordomos da terra em nosso Estado esqueceram muitos deveres de amor para com o espírito da evolução. Muitos deles, em se desencarnando, prisioneiros dos interesses imediatos, permanecem nas fazendas, ocasionando dificuldades a quaisquer inovações. No fundo, são almas boas e simples, mas refratárias ao progresso geral pela desconfiança a que se devotaram. Você sabe: pela luta vivida entre a técnica e a prática ruralista que esse problema de antagonismo é dos mais sérios. Você fará tudo pelo bem dos proprietários rurais. Planejará, antes de tudo, a cooperação. Preocupar-se-á no gabinete. Pedirá providências à autoridade superior. Obterá com dificuldades os elementos de renovação de que as fazendas necessitam, adaptá-los-á ao meio de trabalho, formará indivíduos nobres e peças aproveitáveis ao progresso das propriedades, mas em chegando o fazendeiro à cena o esforço é muito mais rude para a sua vontade sincera de ajudar. Raros se dispõem a compreender a décima parte de sua cooperação. E disso, meu filho, notamos não só a questão material propriamente dita, mas muito mais o problema espiritual, em cujas redes a maioria dos servidores da Terra permanece atada, paralítica... Enfim, esperemos a função do tempo. A evolução não age através de precipitações. Tenhamos calma e continuemos trabalhando. Que Deus nos fortaleça em nossos compromissos.

Nas visitas de avô que hoje trouxe, Wanda, incluo você com especial atenção. Esperamos que o xarope indicado proporcione muito bem ao seu organismo. As gripes de agora tornaram-se mais pesadas, complexas e insistentes. É preciso calcificar o organismo como quem edifica resistências. Estaremos com você nestes dias de tratamento, aplicando-lhe passes.

O Gibraltar, meu caro Rômulo, tem vindo aos

nossos trabalhos espirituais. Está muito melhor e mais bem disposto. É sempre agradável ser útil aos companheiros do caminho. Noutro tempo, talvez tivesse obstáculos para entender claramente, mas hoje... Que problemas não se decidirão à luz de Cristo? Às vezes, vemos na Terra os desvios, as crises, as incompreensões, mas aqui alcançamos um padrão diferente para examinar as situações.

Ao Caio Márcio, transmito as lembranças da vovó, e desejando-lhes, a todos, muita paz, saúde e bem-estar deixa-lhes um abraço muito afetuoso o vovô e papai muito amigo,

A. Joviano

A maior sintonia proporciona maior capacidade de percepção

Meus caros filhos, que Deus abençoe a vocês todos, concedendo-lhes muita paz ao coração.

O nosso ambiente de preces está cheio de amigos que se valem da tranquilidade sublime da noite para as lembranças sagradas de Cristo. A oração chega até nós e a paz balsâmica que nos envolve os espíritos nasce desse conjunto de harmoniosas vibrações. O pensamento da Cristandade está fortemente ligado da Terra às zonas espirituais. Não somente os templos humanos se enchem de recordações. Também nós aqui participamos intensamente das vibrações dessa ordem, porque **a maior sintonia proporciona maior capacidade de percepção** e as esferas que nos ficam mais altas também se manifestam a nós outros com mais intensidade e expressão. Não lhes posso dizer, meus filhos, da sublimidade de semelhantes movimentações espirituais. Faltam termos adequados. Aí na Terra dói observar como é menosprezada a verdadeira essência das lições da cruz. Dói--nos, sobretudo, verificar a indiferença das massas, a zombaria dos escarnecedores mascarados de religiosos, entretanto, no seio desse turbilhão de antagonismos há espíritos retos e justos que são sinceros e que oram verdadeiramente unidos à bondade do Senhor. Daí a beleza das realizações que se improvisam, revelando a grandeza da Divina Proteção. Guardemos, pois, nas almas o orvalho celeste dessa paz sublimada que toca, de leve, os nossos corações.

Tenho acompanhado, meu caro Rômulo, no silêncio, as suas preocupações em matéria de serviço. É indispensável grande paciência e muita coragem para nós que temos perseverado com o verbo "semear". Uma luta constante a nossa. Quase exaustos, por vezes, só mesmo a providência de Jesus nos reergue o bom ânimo. De todos os lados surgem dificuldades sem conta. Quanto mais se eleva o trabalho, maiores tentações aparecem. Parece fatal semelhante movimentação de lutas que se entrechocam e nos desgastam as forças, mesmo porque, meu filho, devemos conhecer o preço de cada aquisição, por mínima que seja. Creio que um dos preços mais dolorosos é aquele que corresponde às tarefas da semeadura proveitosa. Semear imprevidentemente é esforço para qualquer não menos consciente e responsável, mas garantir a semente e a continuidade do seu desenvolvimento no solo, nem sempre fecundo, é serviço quase angustioso, porque a vigília, a canseira, a preocupação dominam o trabalhador em todas as circunstâncias.

Sei que a sua missão didática é muito diferente daquela que me caracterizou os serviços, mas, no fundo, meu filho, são ambas iguais. A luta para entregar a alguns alunos os bens do ensino e a dificuldade para transmitir as noções de responsabilidade e dever a alguns colegas fazem-me pensar frequentemente nos seus esforços, que não são menos rudes e ingratos. Prossigamos, porém, assim. O nosso Mestre divino é o senhor das almas no Planeta, como é senhor do solo e das coisas que nele existem. Procuremos emprestar a nossa colaboração fraternal ainda e sempre, e passemos. A inquietude pelos maus, a aflição pelos incompreensivos, a mágoa pelos ignorantes são fantasmas do caminho que devemos eliminar a golpes de bom ânimo. Enquanto o Senhor nos conceder os seus títulos de serviço, procuremos servir sem preocupações, protegendo a semente e os germens dela para o futuro infinito e nobre no amanhã que há de vir. Jesus nos inspirará os melhores meios à ação.

Você, minha neta, poderá usar o remédio que o receitista amigo indicou. O *Cloreto de Cálcio* é uma fórmula adiantada de socorro ao organismo, e das mais eficazes! Tenho notado que você, Wanda, tem sentido falta das lutas escolares - o cérebro em procura de tarefas, o coração em busca de atividades. Surpreendo seus pensamentos longos nesse particular dentro do dia, que parece a você muito grande! É que recomeçou o período de readaptação ao santuário doméstico, minha filha! Não se inquiete intimamente, até porque a sua luta não foi muito simples no Izabela e há momentos na vida em que precisamos aprender a descansar. É um período de refazimento, de reconstituição de forças e organização de programas, que você deve encher de muita alegria, confiança e ânimo firme. O menor trabalhinho de casa é também serviço divino. Não se esqueça disso. Nunca poderei esquecer das memórias de Célia quando sabia o seu coração extrair oportunidades dos problemas e questões mais difíceis. Aquele horto de Alexandria tem vivido no meu coração durante alguns séculos.[1]

Quantas vezes, Wanda, como professor, quis converter algum pedaço de terra naquele pequeno paraíso e nunca pude? Vezes inúmeras falhei na experiência! Por mais que desejasse, nunca me saiu a realização completa. É que também forçoso é reconhecer que não amei ainda quanto

---

[1] Nota da organizadora: o horto de Alexandria é mencionado ao final do livro *50 anos depois*.

amou a mensageira generosa de Cristo à sua obra terrestre. Talvez nunca dei o meu coração ao serviço como devia dar. Às vezes, estimava a perquirição mais longa, a discussão mais sutil, o pensamento mais complicado. Não aprendi a suplicar com o amor cristão, mas, creia, filhinha, que o trato da terra hostil e duro, convertido num céu de crianças e flores, ainda permanece diante do meu olhar como programa superior! E por vezes penso que ela não recebeu o terreno áspero por concessão ou por dinheiro, mas sim que o recebeu através da calúnia e da ingratidão dos semelhantes. Mais tarde, quem sabe? Quando os meus laços com certas lutas se fizerem menos densos, quando o amor divino desabrochar-me no espírito, faminto de luz, talvez nos encontremos numa obra assim, de serviço desinteressado às criaturas, santificando todos os trabalhos e todas as coisas da humanidade e da natureza para Deus. Espero que a sua saúde lucre muito com a nova aplicação.

E agora, meus filhos, desejando-lhes todo o bem, sou o papai e o vovô muito amigo que os reúne num abraço cheio de imenso afeto,

A. Joviano

O quadro de combate espiritual na Terra

Meus filhos, que Deus abençoe a vocês, conferindo-lhes a boa paz que nasce das lutas bem vividas, como a água pura emanada pela montanha, entre as rochas, porque há descanso e há bom descanso, como existem vida transitória como curso do aprendizado e vida eterna demonstrando valores positivos e definitivos no Universo.

O quadro de combate espiritual na Terra, meu caro Rômulo, é assim mesmo - anualmente, durante umas tantas oportunidades, tem você ocasião de verificar o "tempero" dos ambientes, especificando vantagens e realizações.

Nesse teatro dos interesses humanos mais imediatos, certamente encontramos os aspectos mais respeitáveis, no entanto, a intensidade de fluidos e ideias - forças oriundas do clima espiritual que lhe é próprio - impedem, como é natural, a dilatação dos olhos da alma, estabelecendo conflitos muito sérios na observação, na visão, na interpretação e nos sentimentos. É natural. Estamos hoje, vocês e muitos de nós aqui, no "vale da decisão". Não queremos descer ao abismo dos centros do vale, mas também não podemos escalar a montanha de um salto. Caminhamos subindo, sem dúvida, mas a jornada não pode ser rápida. Há problemas graves por considerar. No vale, estivemos durante muitos séculos, conhecemos-lhe as minudências, estudamos, desde muito, o seu comportamento nas estações do tempo. A montanha, porém, é uma incógnita. Figura-se-nos sozinha, desabitada, dura e terrível, mas é no seu cume que descortinaremos a passagem para os continentes eternos. E o vale para as nossas aspirações não serve mais. Cansamo-nos de observar-lhe os vaivéns e as repetições sem utilidade fundamental. Temos visto as flores nascerem e renascerem para defrontar a transformação da morte. Vestimo-nos com diversas roupagens, que se rompem, sistematicamente. Deu-nos o vale o que possuía - ele é santo, divino, venerável... Entretanto, "alguém nos chama de algum lugar". É preciso atender, dilatar, conhecer mais e melhor. A jornada, porém, começa numa subida longa e porque a montanha é desconhecida necessitamos exercitar as faculdades de caminheiros. É imprescindível trabalhar o bordão forte, estudar o mapa do monte, conhecer-lhe as variações climatéricas e como não chegamos ainda às regiões incorpóreas precisamos atentar nas provisões de alimento para o corpo necessitado... Esta a nossa fase. Estamos caminhando e subindo, mas aprendendo e observando com muita atenção, porque não desejamos regressar donde viemos e as vozes do vale são muitas e diferentes entre si. Compreende, pois, os choques quase imperceptíveis que assediam a sua mente nesses ensejos e demonstrações? É o coração cheio dos apelos do Alto, lutando com o cérebro obrigado a ouvir os sons dos planos que vão ficando atrás. Mas ambos têm razão: o cérebro e o coração. Sentimento que não vibra é potência que dorme imanifesta, raciocínio que não observa, nem escuta, é posto desguarnecido de vigilância. Desse modo, caminhemos assim mesmo, organizando e reorganizando sempre, até que a montanha nos entregue, em seu cimo, os mapas novos sobre os quais encontraremos definitiva segurança.

Vocês voltaram um tanto resfriados. A meu parecer, podem todos usar os medicamentos amigos.

Você, Wanda, é a que se encontra mais necessitada de medicação. Creio, minha neta, que você deve alimentar-se convenientemente. Não tema a "gordura". Usará o *Fitofocus*, que é bom amigo e previne contra qualquer manifestação de obesidade. O organismo, na fase de desenvolvimento em que você se encontra, precisa muitas reservas para não ser desfalcado o "armazém do cálcio". É indispensável projetar vitaminas nas fábricas das células, as infatigáveis trabalhadoras. Não se negue, pois, a essa cooperação justa. Sei que você não tem esse propósito, nem se dedica a essas "artes de emagrecer" que correm o mundo, mas lá vem uma hora em que o seu pensamento reage contra certas disposições da natureza e quando os resfriados batem à porta encontram a "casa orgânica" um tanto ao desabrigo. Não precisa ter medo de peso. Pode alimentar-se bem e garantir a sua saúde. Depois da homeopatia já indicada, use o *Fixo-Cálcio* com o *Cloreto de Cálcio*. O primeiro fixará melhormente o segundo no organismo. E não deixe também o método da água fluidificada. Você me atenderá à mesa alimentando-se bem e eu atenderei a você na água, trabalhando contra qualquer sintoma dos que você teme. E havemos de acertar.

Tenho procurado auxiliar ao Roberto nas lutas de cada dia, na pauta das tarefas que o Senhor nos reservou.

Quanto a você, Maria, é bem lembrada a medicação contra a gripe. Pode usá-la, sem receio. Que Deus, minha filha, a auxilie e ilumine sempre. Agora, meus filhos, o meu boa noite, desejando-lhes muita saúde e paz. Com um afetuoso abraço, sou o papai muito amigo,

A. Joviano

As vibrações maléficas

Meus filhos, que Deus abençoe a vocês, conferindo-lhes muita paz, restaurando-lhes a saúde física.

Segundo observam, não foram sem propósito nossas lembranças de sexta-feira última. A gripe de vocês não foi muito simples. Há mesmo, na atualidade, elementos mórbidos muito sutis na atmosfera em geral. Hora muito grave e dolorosa esta que o mundo atravessa. Todas **as vibrações maléficas** recaem sobre a própria humanidade, que as produz. Impossível retirar os efeitos amargos, sentindo a preponderância e continuidade das causas, igualmente amargosas. Estamos informados de que há um grande esforço, desenvolvido por inteligências muito evoluídas, com a finalidade de transformar, pelo mínimo, as vibrações destruidoras da guerra, no imenso laboratório da natureza planetária. Em 1942 | 43, foram utilizadas as chuvas nesta parte do Hemisfério. Em 1943 | 44, pelo que nos informam, será utilizado o frio intenso, porque estejam certos de que as missões coletivas de ódio, vingança, perseguição, pilhagem, desespero, enfermidade e morte criam nos infinitos reservatórios atmosféricos verdadeiras culturas de venenos sutis, mais especificamente definidos por "larvas potenciais", que é preciso combater com todos os recursos ao nosso alcance. Vamos ver em que fica o paciente e penoso esforço da Espiritualidade. Mesmo assim, e apesar do grande trabalho de benemerência das forças invisíveis consagradas ao bem cristão, que vêm inspirando notáveis realizações médicas no concerto das comunidades anglo-americanas, somos de opinião que a gripe trará muitas contrariedades e sofrimentos a todos. Esperemos, porém, na Misericórdia Divina.

Será útil, Maria, que você faça os gargarejos com água morna iodada. É indispensável no tratamento às zonas levemente feridas da garganta. Durante algumas semanas, use o *Cloreto de Cálcio*. Seu organismo tem necessidade dessa providência.

Wanda poderá continuar sob medicação homeopática e, em seguida, poderá usar as injeções - pelo menos duas séries de seis - de *Gluconato de Cálcio Merk*, por exemplo.

Quanto a você, Rômulo, pode confiar na água fluidificada, através da qual muito tem recebido a sua saúde, usando, porém, o *Nux-Vomica*, do costume, e um vidro de *Pulmonina*. É um preservativo excelente contra os resfriados tendentes a incomodar os órgãos respiratórios.

Agora trouxemos a vocês todos alguns recursos em passes espirituais. São remédios invisíveis a vocês, mas são eficazes. Que Deus nos ajude a vê-los restabelecidos, por completo, em poucos dias.

E por hoje, meus filhos, é só, o que não acho pouco, porquanto se encontram ainda com necessidade de repousar um tanto mais cedo para melhor "aclimatação dos remédios em uso no laboratório celular" - o que é importante, embora constitua princípio estranho à medicina comum da Terra.

Estamos velando em tudo o que nos é possível em benefício de nossa devotada irmã Aurélia, em lutas tão ásperas nos tempos que correm. Jesus a fortaleça no círculo redentor das provas purificadoras. Só o Mestre possui bastante luz divina para comunicar o fogo sagrado da fé viva ao coração humano colhido pelas tormentas da luta. Esperemos nele e confiemos em seu divino amor.

Que Deus abençoe a vocês, concedendo-lhes muita paz espiritual, são os votos do papai e do vovô que lhes deixa um abraço muito afetuoso.

A. Joviano

A casa tem sempre uma voz diferente

Meus caros filhos, que Jesus abençoe a vocês na sagrada comunhão do lar.

É sempre agradável retomar o calor doméstico.

A casa tem sempre uma voz diferente para aqueles que lhe habitam os santuários mais íntimos. Ainda bem. Precisavam regressar a esse aconchego, considerando as necessidades da saúde física. Partiram ainda mal curados da gripe uberabense e o frio, o pó, a luta generosa e santificante, enfim, não permitiram que se manifestassem todas as virtudes dos medicamentos empregados. Agora, com alguns dias de tratamento a mais, esperamos que vocês se restabeleçam como desejamos.

Viajar em serviço é sempre um belo trabalho, mais construtivo que parece à primeira vista. Os que se ausentam para repousar nem sempre alcançam seus fins. Por vezes, as leviandades alheias enchem-lhes os ouvidos de venenosas banalidades. Mas os que partem da estação sagrada do lar, observando e construindo, encontram sempre formosos

461

motivos de elevação espiritual. Você, meu filho, tem conhecido desse modo muitas sementes, diversas e variadas "terras mentais", que nem sempre se ajustam aos nobres fins a que se propõe a sua tarefa. Como acontece a você, à medida que se desenrolam as cortinas do tempo, também não creio em colheitas imediatas da semeadura em curso, mas creio profundamente na semeadura, porque o potencial germinativo procede de Deus. "O semeador saiu a semear", constante da parábola do Mestre, é uma das grandes imagens do ensinamento evangélico.[1] Ele foge ao limite, à pré-determinação, à medida prévia, para sair a semear, aos punhados, "fazendo o bem sem olhar a quem", arrebanhando trabalho sem fixar nem mesmo os preconceitos mais comezinhos do serviço. Com semelhantes observações, não viso louvar a ausência do método, mas quero exaltar a criação que o Senhor concede como privilégio divino ao trabalhador de boa vontade. Cada dia que passa, aumenta a sua experiência das criaturas e, cada vez mais, sente você a ineficiência dos homens e a eficiência de Cristo, a quase irresponsabilidade do obreiro terrestre e o profundo amor daquele que é a Sentinela da Redenção Planetária. Isso é uma fatalidade. Olhos espirituais funcionando significam mente distanciada das regiões mais baixas da vida. A espiritualidade ganha das formas primitivas, a luz vence as sombras, a compreensão atinge zonas novas. E é com esforço que o pensamento se detém, a custo, em certas paisagens, ante as quais, se não podemos sorrir, devemos guardar a carinhosa benevolência de quem está entendendo e passando. Que Deus abençoe a você na tarefa. É rude, é difícil e profundamente incompreendida, mas é a sagrada missão que o Pai confiou a você. Continue devassando o plano dos conhecimentos para quantos estejam observando o seu trabalho. E espalhe as luzes que colher. A menor informação aproveitável é semente viva de abençoado progresso futuro. Jesus não nos faltará com a energia justa.

---

[1] Nota da organizadora: refere-se à parábola do semeador | Lucas, 8: 4-15.

Pedi ao receitista aconselhe a vocês alguma coisa e aguardo as manifestações dele. Tudo passará no terreno dos resfriados, com o amparo de Jesus.

Sobre o Roberto, venho auxiliando a ele, como me é possível. Ele, às vezes, não compreende bem o carro dos estudos e nem sempre põe todas as rodas a funcionar. Cada matéria é uma roda. Quando menos espero, eis que ele atendeu muito a uma delas, com a lubrificação necessária, esquecendo, todavia, uma ou outra, que se paralisa sem o impulso indispensável. Entretanto, estou confiando sempre. Dia virá em que ele estará senhor do carro, aprendendo a harmonizar todas as peças para melhor expressão do conjunto. Esperemos o tempo e a experiência.

Agora devo colocar o ponto final. Vocês precisam recolher-se e peço para todos a bênção divina do Senhor Jesus.

Trouxemos a você, Rômulo, alguns passes de auxílio necessário à sua saúde. Há sempre que alijar certas influenciações, que vão ficando em nossa organização espiritual como o pó que vai aderindo às vestimentas fisiológicas na viagem da vida. Em tais casos, a meditação, a prece, a atividade espiritual, como muito bem diz Casimiro Cunha, constituem, por excelência, o banho da alma. Que Jesus nos ajude e ilumine sempre.

Wanda deve continuar cuidadosa, evitando os golpes de ar frio no tórax, até o restabelecimento integral.

Boa noite, meus filhos! Com um grande abraço muito afetuoso a vocês, sou o papai e vovô muito amigo,

A. Joviano

No local íntimo em que se ora

Meus caros filhos, que Deus abençoe a vocês, concedendo-lhes muita saúde e paz.

Tenho estado com vocês no desdobramento dos trabalhos de cada dia e, o que talvez ignorem, tenho feito com alguns amigos a prece das terças, estudando o Evangelho, ministrando os recursos de que podemos dispor aos nossos irmãos "daqui", mais necessitados. **No local íntimo em que se ora** vai--se formando, aos poucos, um ambiente vivo de espiritualidade superior. Naturalmente aí as vibrações de natureza elevada são mais sólidas, mais extensas, mais tangíveis e é por isso que o nosso recinto oferece possibilidades desse teor. Ainda bem. Embora não estejam presentes, fisicamente, estão ao nosso lado, em espírito, pelo pensamento, pela lembrança e dedicação. E podem crer que nunca ficam esquecidos, porque, sem que vocês registrem de modo positivo, os trabalhadores e companheiros lhes entregam, espiritualmente, as expressões sutis do nosso afeto e reconhecimento. Que Jesus lhes conserve a fé e a disposição sincera de continuar na missão do bem. É muito fácil cultivar os interesses imediatos, mas extremamente difícil conservar os dons do Pai. Há sempre facilidades para o homem que busque materializar as suas aspirações terrestres, mas muitos obstáculos se oferecem à alma que procura espiritualizar as suas esperanças e desejos. As esferas inferiores da Terra não perdoam àqueles que procurem ascender. Em geral, contemplam os degraus superiores da escada luminosa da vida, exaltam-lhe as belezas, mas nunca se decidem a subir. Isso é uma fatalidade. Os peixes monstruosos que habitam as trevas do abismo não compreendem os companheiros que se embeberam na contemplação da luz solar, na leveza do elemento mais delicado e sutil. Continuem, meus filhos, nesta caminhada a que se propuseram. É complexa, exigente, dolorosa, entretanto, as realizações mais belas da vida são de alto preço. Um dia vocês observarão de mais perto que os nossos lucros são muito grandes. Vamos andando com o Mestre! Um dia mais ativamente, outro com impulso menos forte, em vista dos óbices que nos defrontam, todavia, movamo-nos sempre para a frente. Basta o anseio de caminhar para o Cristo para que nos convertamos em ímãs de suas divinas bênçãos!

Fiquei muito satisfeito pela possibilidade que se abriu à Nhanhá, no sentido de escrever ao filho. Ela comportou-se admiravelmente! Julgava que as emoções trairiam os seus sentimentos de esposa e mãe, ainda tão vivos e fortes, mas o auxílio recebido por ela não foi pequeno e eu mesmo, quando a vi chorando, discreta, fui compelido a me aproximar para ajudar-lhe a mão indecisa a grafar a carta íntima. Que os nossos amigos saibam receber a palavra dela, são os meus votos do coração. Noto que ela terá de lutar ainda muito! Os filhos constituem-lhe a grande preocupação. Não se desligará com facilidade igualmente do companheiro, não obstante os seus gestos generosos. Contudo, não lhe faltarão a orientação superior e o auxílio direto para que não se lhe esgotem o ânimo, a consolação, a esperança.

Vocês continuem, todos os dias em que for possível, no uso dos preventivos homeopáticos da gripe - *Gelseminum, Eupatorium, Bryonia* e *Ipecacuanha*. Basta que usem dois desses preparados na fase a que me refiro. Não há necessidade dos quatro, de uma só vez, no uso comum, diário. Os ares de Belo Horizonte fizeram muito bem a vocês! Mormente a Wanda melhorou de modo surpreendente! Muito bem! A Providência Divina dispôs todas as coisas para nosso bem. Basta que sintamos a grandeza de Sua infinita bondade para observarmos essa realidade sublime.

Tenho, meu caro Rômulo, auxiliado lá em casa como posso. Se não posso escrever aos nossos através do papel, nunca falta a "palavra silenciosa" através do coração. Os resultados nem sempre aparecem, mas o tempo fará com que surjam, mais cedo ou mais tarde, dentro das graças de Deus. Esperemos. Às vezes, sinto o impulso de confiar-lhes minhas preocupações, mas para quê? Esperemos em Jesus, trabalhando na sua vontade divina, no local do serviço que a sua bondade nos confiou.

Roberto e eu vamos indo, assim, assim. Sempre melhor, com a ajuda divina. A solução do problema do progresso com o Roberto pode não apresentar característicos imediatistas, mas é segura. A construção não é tão fácil, mas organizada a base a edificação permanece sólida, confortando e atendendo na medida de nossos desejos.

E agora, meus filhos, meu abraço a vocês. Com o afeto de sempre, guardem o saudoso coração do papai que não os esquece.

A. Joviano

A alma do nosso grupo

Meus caros filhos, Deus os abençoe, conferindo-lhes muita paz aos corações.

Estou com vocês na luta diária. Nem podia ser de outra forma. **A alma do nosso grupo** ainda fala muito fortemente em mim e necessito estabelecer esse sistema de auxílio recíproco, dentro do qual tantas forças me fornecem vocês para a tarefa que o Senhor me confiou.

De coração, meu caro Rômulo, felicito os seus esforços nestes últimos tempos, em que se multiplicam os seus trabalhos e escasseiam as cooperações. É uma das fases mais úteis para a nossa alma, meu filho, essas em que nos sentimos mais sós, na organização das ideias - hábeis arquitetos que palpitam dentro de nós. Sim, reconheço a sua luta. Pode crer que ela é muito grande e a serenidade que você vai adquirindo, ao contato de homens e situações, é um patrimônio forte, invulnerável à própria passagem do tempo. O serviço do semeador de boa vontade é tarefa, por vezes, muito áspera. Sinto isso em seus caminhos, na sua consagração ao benefício coletivo. Devota-se você aos interesses de todos, anela o seu coração uma comunidade feliz, onde todos compreendam a grandeza da Terra - mãe comum e sagrada de todas as criaturas - sob as bênçãos do eterno Pai. Fez você do seu trabalho um sacerdócio. E toda consagração elevada experimenta as dolorosas surpresas do orvalho celeste tocando o pó da terra. De qualquer modo, porém, continue o seu serviço tão belo! Ainda que sobrem os desentendimentos do mundo, dilatam-se a compreensão e o auxílio dos que seguem, daqui, os seus passos. E as suas atitudes novas, criadas ao preço de grande energia própria, no sentido de lidar com os adversários e os incompreensivos, como orientador cercado de muitas crianças, é um tesouro para o coração. Tesouro, Rômulo, porque eu sei que você não é dos trabalhadores que se dão parcialmente ao serviço. Sua mente entrega-se, de maneira integral, à realidade da tarefa a cumprir. Faz você a consagração de todas as possibilidades emocionais e mentais, e para conseguir isso, sem produzir vibrações de descontentamento íntimo, preservando o corpo - instrumento abençoado da atividade terrestre - é um trabalho de grandes proporções. Estou satisfeito, porque semelhante realização é sua, pertence a você, é obra de quase dez anos de estudos mais persistentes do Evangelho de Cristo, flor de seu pensamento e fruto do seu culto particular no Livro Sagrado. Creia, meu filho, que esse é o verdadeiro caminho e a independência real. Servir na Terra sem algemar-se é um ideal alimentado por grandes espíritos daqui, que ainda sonham semelhante conquista. Sei que as suas lutas internas são ainda grandes, mas os passos que você tem dado, nesse sentido, são de molde a me inspirar os conceitos desta hora. Sabe você que para além da morte cessam nos corações qualquer propósito de estimular com a lisonja do mundo, prevalecendo em nós a franqueza terna do amigo. O que permanece no coração que ama é a verdade. E só posso falar a você com essa verdade que vibra em minha alma. Prossiga, pois, meu filho, servindo aos homens e libertando a você mesmo. Procure essa emancipação interior, que ensina o caminho dos "verdes pastos", do belo salmo de Davi. Sem independência espiritual, não há sol de Jesus no coração. É preciso que caiam as fronteiras que circunscrevem os voos dos raciocínios e sentimentos, dilatar o ser, modificar as zonas mais íntimas e, então, nascem para nós as possibilidades diferentes, que nos fazem sentir o Divino Sol. Continue nesse esforço, repito. Ele é santo, é a grande obra de nosso interesse pessoal em todas as regiões de luta, porque, em geral, nos serviços humanos, nem todos os operários aprendem o caminho da libertação individual. Quase todos, ainda mesmo os muito bem intencionados, gastam muitos anos aqui para esgotar o cálice gigantesco de certos compromissos mais fortes. Você vem alcançando esse estado interior como uma bênção, porque o seu trabalho tem sido uma fonte de alegrias para o seu espírito, mas também um manancial de sofrimentos para o seu coração. Todas as aquisições espirituais exigem dilacerações sentimentais. Não tenha qualquer dúvida! Seu caso é idêntico ao meu, no professorado. Todo trabalhador com tarefa definida, na administração ou na obediência, na educação ou na difusão da luz sofrerá esses abalos íntimos - fenômenos sísmicos do coração, destruindo e renovando, e esmagando para levantar novamente. É a lei. Não poderíamos fugir. Refiro-me a isso, nesta noite, para acentuar o meu contentamento em ver o seu espírito neste caminho. Que Deus conceda a você forças!

Hoje, meu filho, é dia consagrado ao Precursor! Lembremos-lhe o vulto humano e divino! É uma figura sublime a de João Batista, profundamente sozinho no deserto, ensinando aos que não queriam ouvir, até que lhe recompensaram o espírito de sacrifício com o cárcere e a decapitação. No grande edifício do Evangelho, tem ele uma posição destacada. A senda de pedras, o isolamento cruel foram o seu mundo, entretanto, cumpriu sua tarefa até o fim, mais com os emissários de Deus do que com os homens para cujo benefício operava. Intensifiquemos, pois, os nossos esforços, e prossigamos para a frente.

Maria, você poderá usar o *Spongia Mar.* - 5 gotas, à noite, durante uma semana. Isso lhe fará grande bem. A par disso, minha filha, convirá sempre mais ervas e menos gorduras. Quando você usar ovos, peça os ovos feitos em leite. Experimente. Fará a você grande bem. Anime o espírito do Roberto nesta hora de ameaças. Não o deixe entristecer. Diga-lhe que estamos trabalhando. Aliás, ele não pode se esquecer de que tem um avô general, cuja ficha de serviços é muito grande e muito respeitável! Com um avô na Terra e outro aqui, deve ser impossível fracassar. Tudo corre bem, mas precisamos vigiar!

Agora, meus filhos, deixo-lhes o meu boa noite!

Guarde a todos nós a paz de Deus. Com um grande abraço, sou o papai muito amigo de sempre,

A. Joviano

A subida exige esforço e suor incessantes

Meus caros filhos, Deus abençoe a vocês, proporcionando-lhes muita saúde ao corpo e paz ao coração.

Estamos aqui, como sempre. Estimei, meu caro Rômulo, a sua atitude íntima frente ao problema do ano passado, que ressurgiu, neste ano, com a presença pessoal do seu diretor. Foi muito feliz você em nada reclamar. Não é a questão de reivindicar os direitos que interessa, de maneira fundamental, mas sim a firmeza de ação nobre, ainda quando sejamos prejudicados no objeto mais caro de nossas aspirações. Nos primeiros instantes, vi como você lutou espiritualmente para adaptar-se. Em seguida, porém, venceu a sua atitude, o fantasma interior, que se foi diluindo, como a neblina ao calor do sol. No fundo, esses velhos amigos nossos são grandes necessitados! Como não recordar o Berredo nesse particular?[1] Belos corações sufocados na sombra do mundo, inteligências brilhantes, que se deixaram dominar temporariamente no instinto do bem-estar egoístico, sem minucioso exame para com os outros!... Não estou julgando, porque me falece autoridade para tanto, mas o verbo do amigo não pode ocultar-se quando chamado a esclarecer, e não estou fazendo outra coisa! E se os classifico na categoria de necessitados é que, na esfera real da vida, não possuem os verdadeiros e eternos valores, ainda, para uso próprio. Ao primeiro sinal de ventania, balouçam-se na fronde do caminho, rumo ao chão. É preciso fortalecê-los com o nosso auxílio. Não foi em vão que o divino Senhor mandou que amássemos aos que nos perseguem e ajudássemos aos que nos caluniam. Considerando, superficialmente, semelhante atitude, não é fácil, mas ninguém se libertará dos círculos inferiores com facilidade. **A subida exige esforço e suor incessantes**.

Sobre o caso em foco, que tanta impressão vem causando, não tenho outras palavras para dizer. Os perseguidores são instrutores. De todas as ciladas, sairá melhorado o espírito prudente, de boas intenções. O mundo será sempre assim. A cruz de Cristo não é símbolo ilusório. Repetir-se-á para todos que se disponham a seguir-lhe os passos. Para todo homem que se levante do plano inferior do mundo, erguer-se-á, também, o madeiro. Só os que permanecem de pé podem ser crucificados. É uma lei espiritual de profunda expressão. Como não encontrou Jesus lugar na Terra, desde o Natal, dependuraram-no na cruz do sacrifício. Os homens não lhe queriam a presença e o Senhor muito amava a sua obra para exilar-se no céu. E ficou, desse modo, a lição. Quem negar-se a si mesmo e tomar a sua cruz para seguir o Mestre encontrará essa região divina-humana do Gólgota, onde cada criatura experimentará o encontro sublime com o Pai Eterno. De qualquer maneira, porém, estaremos ao lado de todos, auxiliando no que estiver ao nosso alcance.

---

[1] Nota da organizadora: refere-se a Manoel Berredo, grande amigo de Rômulo desde a juventude de ambos.

Wanda, o remédio fará grande bem a você pela sua expressão em vitaminas. Esperemos.

E agora, meus filhos, deixo-lhes o meu boa noite! Que o Senhor os guarde a todos em sua santa paz! Abraços afetuosos do papai muito amigo de sempre,

A. Joviano

No limiar dum curso mais elevado

Meus caros filhos, que Deus abençoe a vocês, conferindo-lhes muita paz aos corações.

Estamos, de novo, no mecanismo normal do santuário doméstico, orando e trabalhando, adorando ao Senhor com os nossos espíritos, sem nos esquecermos de servi-lo com as nossas mãos. A hora é de grandes lutas. Não precisamos repetir semelhante verdade. Entretanto, meu filho, que seria do aluno sem as provas do exame? De que serviriam lições, experiências, exercícios, planos, disciplinas, utilizações de materiais diversos, se a escola nunca oferecesse ensejo ao diploma de competência? E observemos que semelhantes demonstrações não se referem ainda ao certificado final do estudo e sim à transferência de cursos. Estão vocês todos **no limiar dum curso mais elevado!** O examinador, porém, não é o mundo. Falece-lhe a competência para tanto. O mestre é Jesus e enquanto a sociedade humana confunde, perturba, grita e se escandaliza Jesus observa. Já viram por acaso o ferro prestável sem o calor dos fornos? Forjou-se alguma peça útil na Terra sem o golpe da enxó ou da bigorna? Que solo produziu sem a enxada ou sem o arado áspero? Impossível. Estão vocês num serviço desses e toda a atenção é necessária. Cuidemos da leira. Já viram insetos zumbindo em torno de frutos maduros? É o que ocorre no momento. As almas ignorantes, ou menos esclarecidas, fazem ruído em torno de realizações fecundas que não podem compreender. Alimentam-se de pequeninas parcelas sem se aprofundarem além da superfície colorida da polpa. Sim, meus filhos, ninguém construirá verdadeiramente uma obra sem suor! Os capitalistas que erguem arranha-céus não são construtores. São meros distribuidores de facilidades, porque construtores legítimos carrearam cimento e pedras, e sofreram as cargas, levantando os edifícios pouco a pouco. A ocorrência de agora é natural. É a luta, a velha e boa luta terrestre. Sem ela não há tempero à evolução necessária. Prossigamos, pois, confiantes em Jesus e fortes em nós mesmos. A tempestade parte do céu azul, ameaça a Terra, faz tremer os fracos, promete atritos e destruições, opera formidáveis antagonismos nos quadros da natureza, mas passa, e vê-se que o céu é sempre o mesmo céu. Tenhamos, pois, bastante paciência e calma, e sigamos na marcha para a frente.

Que Deus nos abençoe e fortaleça.

Vocês, Rômulo e Maria, poderão usar, por uma semana, *Ipecacuanha* e *Gelseminum*. Há grandes abalos sutis na atmosfera, grandes frios, e é preciso ajudar aos órgãos nas defesas naturais.

Wanda, graças a Jesus, vai bem, tendo melhorado bastante.

Que Deus nos ajude a todos.

São estes, meus filhos, os ardentes votos do papai, que deixa um afetuoso abraço para vocês.

A. Joviano

Não existe mal que o bem não possa vencer

Meus caros filhos, Deus abençoe a vocês, concedendo-lhes muita saúde e tranquilidade.

Continuamos a auxiliar na solução do problema em curso, com os nossos esforços. Há muitos companheiros espirituais cooperando conosco e devemos confiar no poder de Jesus. **Não existe mal que o bem não possa vencer.** E nós estamos amparados com o bem, caminhando para a frente, sem temor de qualquer natureza.

Relativamente ao Roberto, meus caros filhos, temos feito o que nos é possível por orientá-lo. A mocidade é mesmo assim - uma experiência não consolidada, requerendo, invariavelmente, muita atenção. Roberto é portador de excelente coração, repleto de sentimentos nobres, e devemos confiar no futuro. A impulsividade é uma aresta que o tempo nos retira da alma, devagarinho. Sei como lutam vocês para atender a todas as obrigações e como o nosso rapaz exige cuidados e pensamentos. Na atualidade, todavia, ele representa a planta mais delicada do nosso jardim de realizações. Precisamos cercá-la de adubos, anteparos e observar sempre a chuva e o sol, até o momento de entregá-la, com alegria, a toda e qualquer expressão climática. Ajudaremos a vocês com todas as nossas forças e muito particularmente eu mesmo, porque, embora muitíssimo ligado ao General, Roberto tem comigo laços muito fortes, que eu prezo com todo coração. Muito se há edificado em seu mundo interior. As suas aquisições são verdadeiramente notáveis para o nosso olhar, que já pode penetrar mais longe. Todavia, de quando em quando, surge um pequeno acidente sentimental, que é necessário socorrer com a nossa compreensão. Dia virá, porém, em que vê-lo-emos como a árvore gloriosa, que foi plantinha tenra, estendendo seus ramos acolhedores para a natureza de Deus, em belos impulsos criativos! Não quero dizer com isso que vocês devam permanecer impassíveis diante das necessidades espirituais dele. Semelhante atitude constituiria desinteresse. É preciso remover obstáculos, desanuviar o ambiente, oferecer ferramentas para as retificações indispensáveis e isso não se faz sem movimentos de resistência, educação e vigilância. Desejo tão-somente lembrar que não há motivos para preocupações obcecantes e mais sérias! O serviço de profilaxia espiritual contra o desânimo, dentro de nós, há de ser permanente para que a casa íntima de nosso coração permaneça arejada pelos ares do Senhor. Novo dia, nova esperança! Esse deve ser um pensamento diário em nossa cabeça e um sentimento ativo em nossos corações. Tudo, pois, vai correndo bem, a caminho do melhor! Não asilemos nem o sinal de tristeza, porque a tristeza é uma noite longa na habitação de nosso espírito.

Felizmente, apesar da intensidade do frio que vem fazendo para vocês, observo que a saúde dos três vai regular. Não digo "muito boa" para não criar excesso de otimismo, certo como estou de que o melhor caminho em tudo é o caminho do meio, com o equilíbrio legítimo de cada coisa, cada palavra e cada situação. Que Jesus nos guarde a todos em sua divina paz!

Muito boa noite para todos.

E desejando para vocês todas as alegrias que a vida pode proporcionar, abraça-os, afetuosamente, o papai que não os esquece.

A. Joviano

Estamos seguindo de perto as lutas destes dias

Meus caros filhos, Deus abençoe a vocês todos, concedendo-lhes as Suas divinas bênçãos.

Estamos seguindo de perto as lutas destes dias. É preciso que mantenham muita serenidade interior, serenidade de lago, que as pedradas não perturbem. Sabemos que isso é muito difícil, principalmente considerando que "o assédio provém de todos os lados, mas sem paz não podemos realizar obra útil". Assim como numerosas falanges de credores cobram agora as suas dívidas, há exércitos de espíritos auxiliadores amparando-lhes a ação nessa luta. É claro que o plano invisível não pode atender às exigências dos homens ignorantes, respeitáveis embora. Grande contrassenso seria uma demanda entre pais e filhos, entre o céu e a Terra.

Acaso não sobram perturbações nas famílias terrestres? Seria justo chamar os espíritos emancipados para acentuar o desespero dos que se acham nas prisões da incompreensão, da ambição, do egoísmo? Observem, pois, que atender à semelhante disparate seria a loucura máxima, para não dizermos absoluta desordem! Não. A esfera espiritual tem também a sua elegância e a sua disciplina, o seu silêncio magnânimo e a sua atitude superior. Não têm permissão, mesmo os impulsivos mais nobres, de aceitar as luvas que lhes são atiradas da esfera inferior. Para nós, os duelos inúteis ficaram na Terra, como o corpo mais grosseiro que nos serviu de templo um dia...

Dessa maneira, pois, capacitados do que é justo e razoável, estamos habilitados tão-somente a oferecer o nosso gesto gentil aos inimigos, como quem sorri a crianças! E embora seja difícil sorrir a crianças de maiores anos, transformadas em malfeitores, é necessário sorrir, esperar e passar. Esta a melhor receita para a hora presente, receita de tranquilidade e bom ânimo para o coração.

Felizmente, noto em todos vocês muito boa disposição de saúde.

Sobre o Roberto, minha prezada Maria, havemos de trabalhar. Não estão vocês sozinhos nesta grande empreitada. Estamos juntos e isso nos reconforta, porque o amor de muitos, num só objetivo, reveste-se de grande e milagroso poder. Prossigamos firmes e confiantes no êxito final.

Estivemos ouvindo a palestra de vocês sobre as bênçãos do Eterno nos problemas comuns da vida. Grata satisfação nos causou o interesse de todos pelas soluções espirituais em estudo. Com a bússola da fé, o homem, viajante do Planeta, descobre cada dia continentes novos, onde retempera o sentimento e robustece a inteligência. Ai, porém, daqueles que viajam sem rumo! A presunção é-lhes a companheira infiel de todos os minutos, o orgulho, a sua veste, o egoísmo, a sua crosta impenetrável! Não sabem ver, nem ouvir e os seus movimentos são impulsos para a morte. A fé constitui a maior luz para o cérebro e a maior bênção para o coração. Um dia, vocês verão isso com bastante clareza, quanto estou eu vendo agora.

Que Jesus ajude e abençoe a todos vocês!

E como não me é possível escrever mais, por hoje deixo-lhes um abraço muito afetuoso.

O papai que não os esquece,

A. Joviano

No aniversário da Fazenda de Pedro Leopoldo

Meus caros filhos, que Deus abençoe a vocês, concedendo-lhes muita paz e boa saúde.

Estamos em nosso culto de oração tranquila, oração de graças pelo muito que temos recebido das esferas superiores.

Felizmente, vamos todos muito bem, animados na luta que o Mestre nos designou.

As suas recordações de **aniversário da Fazenda**, meu filho, foram igualmente partilhadas por mim.[1] Lembrei seu entusiasmo, seu ideal, sua confiança na grande quantidade de programas dos primeiros dias, considerando não só a necessidade regional, mas o espírito coletivo de toda Minas.

---

[1] Nota da organizadora: Rômulo foi nomeado, em Comissão, por Portaria de 25 de julho de 1919, Encarregado da Estação de Monta da Granja Riachuelo, em Pedro Leopoldo, Minas Gerais. Posse e exercício em 25 de agosto de 1919, quando, portanto, a Fazenda "nasceu".

Os anos passaram, aliás, bem poucos anos, e vejo quanto lucrou você no desenvolvimento do trabalho e na execução do idealismo. Muitas realizações foram edificadas, sem que você mesmo tenha conhecimento. O lavrador ativo não pode, em tempo algum, acompanhar o curso das sementes que produziu. Pode, é certo, controlar o desdobramento das plantas que desabrocharam sob seu olhar, mas investigar o curso lógico das sementes arrebatadas a outras terras é impossível. A felicidade dele, porém, está na verificação da abundância geral. Isso já é recompensa no mundo, sem nos referirmos à lei das compensações, que tem sempre mais elevados serviços a confiar ao trabalhador fiel e mordomo vigilante. Externamente, na sua própria obra isolada, pode você sentir certa insatisfação nos serviços feitos em mais de 20 anos, mas, interiormente, você pode e deve agradecer ao Senhor pelas bênçãos numerosas. As tempestades, as sombras, os espinhos, as pedras foram em grande número, entretanto, isso é inevitável na tarefa nobre que se movimenta! E digo com muita propriedade "que se movimenta", porque nobres tarefas estagnadas estão em toda parte! Apresentam belos planos, fazem promessas vastíssimas, arquitetam edificações formidáveis, todavia, não caminham. Ainda aqui vemos que pensamento e ação precisam conjugar-se, se desejamos, de fato, realizar. Você é muito feliz podendo colher a compreensão de vários espíritos no seu caminho de amor à terra. Verá você, um dia, que a lavoura espiritual, como nos dizia D. Engrácia, é muito mais importante e consistente que a lavoura material, reconhecendo-se que esta depende daquela, e lhe é consequência imediata. Idealizar, fazendo o que é possível, é dos mais belos serviços que se possa executar no círculo da humanidade.

Também eu dividi com você, ou, mais propriamente, também você dividiu comigo as lembranças do Berredo. Excelente amigo! Seu drama é uma advertência silenciosa aos que possam ver e ouvir espiritualmente. Não se lembram das referências de André Luiz sobre o pai? Era ele homem de grande valor social, entretanto, as companhias exigiram-lhe pesadas cotas de sofrimento. O nosso amigo, cansado e vencido como se acha, é uma cópia idêntica daquela situação. Quantos a conhecem, identificam-lhe a continuidade da inteligência, da amizade, do humor invejável, do poder de observação, mas o sentimento, o coração, estes se encontram algo estragados, necessitando retificações, talvez tristes. Enfim, que Jesus o proteja!

Relativamente ao nosso Roberto, repito a vocês o pedido de muita calma. A árvore útil, antes da produção, exige cuidados numerosos. Prossigamos, dando a ele a nossa melhor cooperação, com muita paciência e serenidade. As vergônteas vão crescendo devagarinho, mas vão crescendo e, um dia, a colheita dos frutos nos dará muito prazer! Aliás, Roberto não tem feito pouco, se pudessem vocês examinar o passado. Somente agora encontrou mais disciplinas, mais elementos de reconsideração pessoal, espiritualmente falando. De outras vezes, era muito mais senhor de si, mais voluntarioso e menos permeável às sugestões edificantes. Desse modo, não é difícil explicar as lutas presentes. O que se não deve perder é o bom ânimo e serenidade maior. Tudo assim irá muito bem!

Sobre a saúde de vocês, é útil que usem, regularmente, embora sem rigorismo, os elementos antigripais. Há grandes desequilíbrios atmosféricos e convém trazer sempre o instrumento bem afinado, ante as rabecadas da natureza ambiente.

Que Deus nos ajude a todos! E com o meu abraço afetuoso de todos os dias, sou o papai que não os esquece,

A. Joviano

O Evangelho é a nossa fonte

Meus caros filhos, Deus abençoe a vocês, enchendo-lhes o espírito de coragem e paz no caminho de luta purificadora.

Continuemos em nossa comunhão com o Cristo, através de nosso intercâmbio espiritual - **o Evangelho é a nossa fonte**.

Não creiam que vivamos aqui sem preocupações intensas e fortes. A fadiga que nos surpreende, por vezes, não é bem o cansaço que derruba as forças do espírito encarnado, mas é também exaustão, esgotamento, necessidade de energias novas. Grande é a luta e só o Evangelho é a fonte regeneradora. As surpresas aqui são de molde a espantar os próprios espíritas, no tocante a trabalho e realização. Ai daqueles que não trazem, pelo menos, a alfabetização primária do espírito em serviço!

É cruel encontrar-se o homem desencarnado sem ideal, sem bússola, sem instrumento, sem roteiro! Por isso, aceitem as lutas como bênçãos! A criatura muito favorecida pelas facilidades atrofia-se espiritualmente muito depressa. A tempestade saneia, a dor corrige, o trabalho educa, a perseverança aprende, o sofrimento agravado purifica sempre. É preciso levar esses ensinamentos em conta para sabermos como extrair os tesouros da experiência.

Aqui também, onde estamos, o serviço não é diverso. Em toda parte defronta-nos o estado evolutivo de cada um. O ignorante não é mau deliberadamente, mas porque não sabe. O fraco recua nos grandes momentos, porque lhe falta forças. O infeliz se revolta, não por perversidade, mas porque é pobre de confiança e fé. Não é muito mais feliz o que sabe, o que se fortalece e o que espera, compreendendo as bênçãos de Deus? Não será felicidade conhecer o local escuro, onde se demora este ou aquele irmão, no sentido de lhe ser útil de alguma sorte? Um dia, vocês verão isso aqui com uma intensidade de pasmar aos homens mais experientes! Creem que posso exercer meu ministério de educador modesto, junto das entidades ignorantes, sem tolerar-lhes a condição inferior e ouvir-lhes os remoques? Impossível! A paisagem é bela e divina no Mais Além, no lar espiritual a que me recolho para renovar forças, mas no plano de movimentação e utilidade imediata dos conhecimentos adquiridos os problemas são os mesmos, e talvez ainda mais fortes!

Imaginemos uma escola frequentada por carvoeiros estranhos à organização familiar e às noções de higiene. Precisamos alcançar resultados que animem, necessitamos começar, é imprescindível semear a luz, mas não podemos fazê-lo à distância dos quadros relativos ao carvão. A posição dos alunos é ponto de partida na obra educativa. Cada lição tem seu dia, como cada fruto, o seu tempo. Seria desarrazoado ensinar, por exemplo, os dez mandamentos a dez esfomeados, em desespero. Primeiramente, há que lhes dar algum pão. Essa é a situação de quem se propõe a qualquer serviço edificante na Terra. Não se fará se exigirmos que todos os beneficiários do serviço sejam reconhecidos e compreendedores. A maioria é terra por desbravar. Sem levarmos em conta a ignorância e a enfermidade espiritual da maioria dos homens, torna-se impossível servi-los. Por essa razão, nunca será lembrado sem proveito o ensinamento do"perdoai setenta vezes sete". De minha parte, as minhas recapitulações ultrapassam, de muito, o número, e cada recapitulação na vida humana significa sublime concessão do Senhor ao devedor em dificuldade. Jesus é o modelo. Se o seu pensamento orientador e divino ainda é repelido por tanta gente, por que criarmos idolatria com o mínimo que já conseguimos? Entreguemos a ele o nosso trabalho! Ele saberá tudo dispor.

Relativamente à viagem, meu filho, não deixe de levar os seus remédios. É sempre útil conduzir conosco esses bons amigos das "fábricas celulares". São indispensáveis à boa ordem. Não deixe de incluir o *Lachesis*.

Maria e Wanda vão bem, todavia, de vez em quando, devem usar os preventivos da gripe. Ganha-se muito.

Por hoje, não me é possível ir mais longe. Que o Senhor abençoe a vocês, são os votos sinceros do papai que não os esquece.

A. Joviano

O corpo não separa os pensamentos

Meus caros filhos, que Deus abençoe a todos vocês, conferindo-lhes muita paz aos corações.

Estamos novamente mais juntos no lar para a continuidade dos mesmos serviços edificantes de sempre. Digo mais juntos, porque nunca nos encontramos sem união espiritual. **O corpo não separa os pensamentos**. Chegará o dia em que vocês observarão que o templo físico é, de fato, templo, casa sagrada, que se reserva a cada personalidade encarnada para a celebração da vida, através dos atos divinos do amor, do trabalho, da fraternidade, da preparação. À medida, porém, que o homem se eleva torna-se mesmo na Terra quase que totalmente livre dos invólucros do templo. Sua alma é quase que independente para aprender, servir e confabular com os que lhe são maiores na vida eterna. Esta a fase de vocês, com o auxílio divino - para a maioria das criaturas humanas o templo é ainda muito circunscrito e sobremaneira fechado, não oferecendo passagem espiritual aos ocupantes. São estes que encontram a cadeia, a prisão, o abismo e o cárcere. Para eles, como é natural, as portas estão cerradas, porque não seria lícito dar uma chave preciosa, de tesouros preciosos, a crianças inconscientes.

Quanto mais crescerem vocês no conhecimento do Evangelho e na experiência da vida, na prática do bem e na redenção pessoal, mais se lhes abrirá o horizonte e poderemos comungar, mais intensamente, da afetividade de tantos séculos, através do intercâmbio permanente nos domínios do espírito. A felicidade íntima, a esta altura da compreensão, é infinita pelos doces mistérios do amor que nos vibram nas almas. Os que anseiem pelo reencontro daqueles que os antecederam no túmulo têm de começar, aí mesmo na Terra, o serviço da marcha, como quem deseje penetrar os céus precisará começar por edificá-los na própria consciência - condição única para a aquisição do bilhete de ingresso. Como vemos, a nossa edificação não é pequena. Parece sem importância o ato de se reunir uma pequena família para a comunhão com o plano invisível, tantas horas por semana, em torno de serviços mais simbólicos que tangíveis, no campo expressional dos pequenos acontecimentos domésticos, entretanto, semelhante reunião é fundamental! O homem alimenta-se quase que exclusivamente de coisas invisíveis e impalpáveis. É aí dentro, na esfera do sentimento e do coração, que estão situadas as nascentes do rio da paz. Sem o coração atendido, o cérebro falseia atormentado. Sem alimento da alma, a nutrição do corpo é deficiente e precária. Louvemos, pois, ao Senhor, que nos encheu de valores positivos nesse terreno! Nossa conquista é de grande expressão. Bendita seja a fé que vocês cultivam! Repousarão, mais tarde, à sua sombra, e comerão de seus frutos substanciosos para continuar no mesmo caminho de ascensão.

Acompanhei vocês, quase sempre, quando se encontravam à distancia do lar. Felizmente, vejo-os bem dispostos e tranquilos.

Pelo Roberto, venho fazendo quanto me é possível. Jesus há de fazer por ele sempre mais, protegendo-lhe o idealismo de renovação, sob o qual está a semente sagrada da redenção pessoal para a Eternidade. O serviço de reconstrução é sempre o mesmo. Aqui é preciso desfazer para restaurar, aí é necessário material novo, acolá é indispensável examinar com cuidado as peças antigas para serem substituídas com êxito. Na obra de Deus não há destruição total - há renovação, reajustamento e corrigenda para a Eternidade. Nesse prisma, o serviço vai muito bem, oferecendo-nos ensejos a muitas esperanças novas e sólidas.

Quanto à Wanda, sinto-me satisfeito observando-lhe a movimentação entre preparar-se para um bom concurso destinado à carreira funcional de expressão. O serviço é a dignidade da alma em todas as situações. É claro que o ambiente doméstico está repleto de trabalhos, os mais urgentes e construtivos, mas cremos oportuna, na atualidade terrestre, uma boa preparação para a luta edificante da vida, em todos os setores nos quais essa luta se nos apresente.

Agora, meus filhos, é preciso dar boa noite! Estaremos sempre unidos pelo "fio" do coração. Que o Senhor da Vida nos abençoe a todos. E que vocês estejam sempre bem dispostos nos trabalhos de cada dia, são os votos do papai,

A. Joviano

Benditas as bocas que amem a conversação construtiva

Meus caros filhos, Deus abençoe a vocês, concedendo-lhes muita paz espiritual e saúde física. Estamos juntos para o culto familiar. Que o Senhor da nossa vida conceda aos nossos corações bastante capacidade de fixação da luz divina!

Benditas as bocas que amem a conversação construtiva, os sentimentos que vibram em uníssona fé, vigorosa e santa!

A Terra aparece agora, aos nossos olhos, como um campo tenebroso de batalha. Muito amarga é a hora política das nações.[1] Eis por que um lar - nação sublime de algumas almas - erguido em alicerces cristãos, é tesouro cada

---

[1] Nota da organizadora: refere-se à Segunda Guerra Mundial.

vez mais raro, divina riqueza para a Eternidade. Se todos os homens soubessem o valor do cultivo da espiritualidade, se todos apreendessem a grandeza das verdades que nos aguardam além da morte física, não faltaria o culto do espírito em cada residência isolada. Os benefícios são imensos! Não nos referimos tão-somente aos de ordem invisível. Todavia, muito mais aos de natureza tangível no próprio mundo terrestre. A saúde orgânica, a harmonia doméstica, a diretriz na vida comum, a lâmpada do pensamento esclarecido, a possibilidade das explicações recíprocas a caminho da realidade, a meditação edificante, a oração iluminada em conjunto, a consolação interior, o bom ânimo, a esperança sem fim, a fé sólida, a confiança santificadora, a força de desprezar o mal e esquecê-lo, o amparo moral para a jornada terrestre, o otimismo sadio, o verbo sábio, a inspiração salutar, a sombra do conforto quando se elevam em torno da luta individual, as chamas do incêndio do mundo e o calor amigo da crença mais alta quando o gelo da indiferença procura cristalizar a nossa ação, a verdade cristianizadora e a luz para a tarefa diária não são artigos de aquisição nos mercados com base no ouro terreno, mas sim valores adquiridos nos mercados do espírito, através do culto sincero nas lições de Jesus, com início no templo do lar. Eis por que, meus filhos, nunca nos cansaremos de louvar semelhantes trabalhos.

Referentemente à saúde de vocês, felizmente, tudo vai com a Vontade Divina. Estou satisfeito com o modo pelo qual vão observando, na pauta do possível, as indicações relativas à alimentação. O Rômulo tem tido a nota excelente no problema da carne. Maria, igualmente, vai muito bem! Todavia, sempre que em hotéis, observo o natural constrangimento em que se encontra para submeter-se ao regime diferente do ótimo programa de casa.

Vejo também o caso da Wanda com muito otimismo. A par do *Fitofucus*, que trouxe a vocês tão grandes esperanças, será também interessante, de quando a quando, os passeios, mormente a pé. É um exercício salutar, que deixa sempre os melhores resultados. Estou comentando o assunto não com a solenidade com que se costuma receber as palavras de um desencarnado, mas como o pai amigo de vocês e que tão de perto conhece as questões referentes à saúde de cada um.

Estou satisfeito, porque, mesmo em matéria de gripe, a situação corre muito regular. Que Deus ajude a vocês a cultivarem as boas atitudes espirituais e a fazerem os pequenos sacrifícios da mesa, como vão fazendo, com tanto êxito.

Reporto-me à Wanda, porque indiquei há tempos para ela a ausência desses sacrifícios, que a minha neta estava convertendo em "holocausto à elegância". Não convém que Wanda deixe o regime em curso, porque o seu organismo está em desenvolvimento pleno e não é útil cercear-lhe a marcha para a consolidação geral do plano de crescimento vital.

Feito esse parêntese, rogo a Jesus por todos vocês para que lhes conceda cada vez mais luz e paz. Com esses votos, despeço-me por agora. Com um grande abraço, sou o papai de sempre,

A. Joviano

Guardem, pois, a bússola da fé viva

Meus caros filhos, que Deus abençoe a todos vocês.

Apenas algumas palavras destinam-se a trazer-lhes a minha lembrança afetuosa pela passagem do 27, em quarta-feira.

Que Jesus abençoe a vocês, em cada novo dia, transformando-lhes todas as lutas em bênçãos, todas as dificuldades em luzes novas.

É verdade que o oceano da vida tem seus escolhos, mas quem se habitua a receber os sinais do farol divino, que é o ensinamento, não pode perturbar a marcha. **Guardem, pois, a bússola da fé viva**, da confiança fervorosa. Jesus estará com vocês em todos os dias da grande viagem! É o que desejamos a vocês, com os nossos melhores pensamentos e sentimentos. Que o Pai abençoe a todos, concedendo-lhes bastante esclarecimento e energia para a jornada, até a plena integração de nosso espírito em seu amor divino.

Felizmente, Rômulo, você vai melhorando da gripe. Seu organismo está bem disposto e seu ânimo permanece o mesmo.

Como não posso demorar-me, deixo-lhes o meu abraço paternal.

Rogando a luz celeste para vocês todos, despede-se, com muito afeto, o papai,

A. Joviano

É muito grande a movimentação do plano espiritual

Meus caros filhos, que Deus abençoe a vocês, concedendo-lhes muita saúde e paz espiritual.

Tenho, meu filho, acompanhado suas leituras de Silver Birch.[1] São ensinamentos muito construtivos e interessantes. Não está ali, naquelas lições concisas e claras, naquelas respostas que vão ao âmago dos problemas, um "pele-vermelha" tão-somente. Nobre filósofo esconde-se naquela roupa espiritual tão humilde! Preferiu os trajes primitivistas no vasto "guarda-roupa de suas numerosas experiências" e com eles fala melhor aos corações!

---

1 Nota da organizadora: refere-se à obra mediúnica *Teachings of Silver Birch*, editada pela Psychic Press Ltd., de Londres | Inglaterra, 1ª edição em 1938.

O exemplo do nosso irmão Humberto, no Brasil, é bem típico. Revela a necessidade de nos adaptarmos a certas situações para não ferirmos aqueles a quem amamos e que não nos podem compreender ainda. Ninguém deixa de entender por ato voluntário, com raras exceções. Na maioria das vezes, são os véus que ensombram o caminho e as sombras que cercam o coração.

O caso desse mensageiro, cujos ensinamentos você tem lido, com cuidado, tem seus fundamentos no mesmo princípio a que me refiro - a família dividida e a compreensão menos generalizada. O amor nos conduzirá sempre a gestos como esses dos emissários nobres que se ocultam, cautelosos, a fim de poderem dar a verdade e o consolo aos seus semelhantes, servindo a Deus e atendendo ao próprio coração.

A perfeita sintonia entre as lições de lá e as observações daqui são, evidentemente, dignas de nota! Conforme você pode observar, **é muito grande a movimentação do plano espiritual** no sentido de articular os princípios da verdade renovadora com vistas à nova era! As páginas de André Luiz, explicando alguma coisa sobre a mediunidade, causa-nos satisfação justa. Vocês poderão ter elementos comparativos mais exatos e estabelecer normas para as observações próprias. É pena que o serviço dele tenha de ser mais lento que o de outras vezes, entretanto, todos nós formulamos votos para que continue, dando à apreciação geral um trabalho de pensamento e ponderação. É serviço dos mais valiosos, em virtude das lutas gigantescas no setor de manifestações mediúnicas e de serviço do Espiritismo em geral. Mostrar o valor da preparação é trabalho mais sólido que construir sem bases sólidas e daí o nosso desejo de que André Luiz dilate as suas definições.

Em nos referindo a ele, recordamos, igualmente, que é outro amigo vigilante e ponderado, ocultando-se quanto ao verdadeiro nome para dar com mais confiança. As lutas de nosso meio são grandes e, na verdade, quanto mais se nos acentuam as experiências mais cautelosos nos tornamos na conjugação dos verbos *revelar*, *dar* e *prometer*, importantíssimos para a tranquilidade dos desencarnados. Não somente importantíssimos, verdadeiramente substanciais! Amanhã, Wanda, estarei com você nas lembranças do colégio. Faz bem conservando esses laços sagrados. Os elos do amor e da gratidão são dos mais dignos que a Terra nos pode oferecer! O seu colégio é o seu segundo lar. Pelo menos, é assim que pensa o velho avô, que, durante muitos anos, tem repartido o coração entre a família e a escola. Você deve medicar-se bem com a homeopatia para restringir o resfriado. O *Gelseminum* e o *Eupatorium*, alternados com a *Ipecacuanha*, farão muito bem a você, sendo razoável que faça uso deles por 3 a 4 dias. Faço semelhante lembrança, porque você pretende viajar e a providência fará bem ao seu organismo.

Quanto ao Roberto, vou procurando ajudá-lo, com todas as possibilidades ao meu alcance.

Agora, meus filhos, deixo-lhes o meu boa noite! Ao despedir-me, cumprimento a vocês pelo culto de ontem. Estiveram excelentes as recordações e os ensinamentos íntimos. Conversar com o passado para valorizar o presente e esclarecer o futuro é um dos mais belos serviços de nossa alma no turbilhão das atividades de cada dia.

Que Deus abençoe a vocês todos. E com um grande abraço sou o papai que não os esquece,

A. Joviano

Cada dia no Evangelho é um novo marco

Meus caros filhos, que a paz de Jesus esteja sempre aqui e que Deus abençoe a vocês todos agora e sempre!

Rendamos louvores ao Senhor pela continuidade de nossa construção espiritual. **Cada dia no Evangelho é um novo marco** na edificação de nossas almas para a vida eterna. Gastamos muitas experiências e perdemos muito tempo para descobrir semelhante tesouro de valores espirituais. Muitas dores vencidas, muitas lágrimas derramadas, muitas sombras desfeitas constituem o panorama que ficou para trás, com a ajuda do Altíssimo. São muitíssimos, incontáveis, talvez, os companheiros que se dispuseram às aquisições que realizamos agora.

Sem dúvida, serão sempre belas criaturas, agradáveis pessoas e confortadoras afeições, mas não conseguem forças e diretrizes para se despojarem das velhas ilusões. Não conseguem enxergar coisa alguma além das superfícies materiais e, por isso, prosseguem ao sabor do vento das circunstâncias, rodopiando aqui e acolá, no plano das opiniões contraditórias e falazes, levantando-se hoje para caírem novamente amanhã.

Entretanto, meus filhos, um dia a realidade espiritual ensina como é cruel dirigir-se a criatura humana para as estações de "Parte Nenhuma" e como lhe dói a permanência nas "Terras de Ninguém". A vida é o sublime dom de Deus. Por vezes, aos menos avisados, (não vocês, com quem vivo numa experiência sagrada de realização e fé) poderá parecer que meu coração não mantém o mesmo interesse humano de ordem familiar, colhendo-se a ideia de que nos falta, neste lado da vida, maiores expressões de indagação científica e de curiosidade intelectual. Todavia, semelhante opinião se verifica em vista da ausência de maiores reflexos por parte daqueles que ainda não nos podem compreender de todo ainda. Seria contrassenso internarmo-nos pela floresta das complicações terrenas sem objetivos fundamentais para o nosso progresso e sem nenhuma expressão de serviço divino, quando o cume da montanha espiritual desafia nossa capacidade de voo e de integração com as esferas mais elevadas da vida.

É por isso que dia a dia, noite a noite, convidarei vocês a levantarem os olhos e a seguirem em frente, cônscio de que ascenderemos ao monte juntos, embora estejamos separados pelas vibrações da carne transitória.

Precisamos levantar sempre mais a nossa mente, crescer para o Senhor e seguir em sua companhia, porque a alma despreparada não atende ao trabalho divino, qual acontece com o servidor invigilante, que não realiza a tarefa no momento oportuno. Prossigamos, pois, subindo no monte do conhecimento! Temos nossas arcas cheias de pão espiritual para a jornada! E enquanto o mundo velho faz e desfaz, experimenta e torna a experimentar, através de recapitulações pesadíssimas, conduzamo-nos no caminho redentor do Evangelho, abrindo novas fontes de luz em nossos corações. Mente no Alto e coração firme, e seguiremos com Jesus para a sua obra, que é o nosso mais elevado e santo serviço, em qualquer lugar onde estivermos!

Tenho seguido, com satisfação, meu filho, as suas aplicações de força espiritual a você mesmo, com o auxílio de nosso plano.

A água fluidificada é, verdadeiramente, um "fluido líquido universal para necessidades universais", especializando-se e adaptando-se em caso isolado, porque cada um de nós é portador de possibilidades infinitas e divinas no campo imenso da vida. Continue no seu esforço e reconhecerá a beleza cada vez maior da fé viva, edificação própria da alma e tesouro intransferível, embora extensivo aos corações de boa vontade. Fico também contente por verificar você que não estamos circunscritos à mediunidade de uma terceira pessoa para que possamos trocar ideias e conversar espiritualmente. Aos poucos você vai conseguindo penetrar o nosso plano, ainda que seja de leve, percebendo com adiantada nitidez o que desejo comunicar ao seu espírito. É uma realização de grande vulto e de grande importância para a nossa vida espiritual. Meu contentamento é justificável e espero que nós ambos possamos acentuá-lo sempre mais!

Chegados a certos conhecimentos e processos da lei de reciprocidade, no que se refere às vibrações e poderes de nosso mundo íntimo, o equilíbrio pessoal vai se fazendo naturalmente, tornando-se cada vez mais independente das circunstâncias e excitações exteriores. Você tem conquistado muito em seu campo interno e deve regozijar-se, quanto se regozija o papai.

Que Deus os abençoe a ilumine sempre.

Relativamente ao Roberto, Maria, deixo as notícias para depois, porquanto, em fase de provas, a natureza do serviço, em si mesma, indica a esperança, os votos ardentes de êxito e a expectativa amorosa dos corações interessados no assunto.

Ainda neste momento, Wanda acaba de dizer que não é bom afirmar, em sentido absoluto, e sim declarar isto ou aquilo, "até certo ponto". E, "até certo ponto", estou confiante e satisfeito! Esperemos, desse modo, o mês de novembro, com a satisfação do reencontro. Esperançoso nos dias que virão, acompanharei o neto com a dedicação de sempre.

Agora, filhos, deixo-lhes o meu abraço afetuoso. Que Deus nos guarde em Sua divina paz, são os rogos do papai que não se esquece de vocês,

A. Joviano

Procurando o caminho mais certo

Meus caros filhos, que Deus abençoe a vocês, concedendo-lhes muita paz aos corações.

Nossa oração participa da calma sublime da natureza. As vozes humanas, em sentido discordante, pairam agora mais longe. Ouvem-se, tão-somente, os anseios dos nossos amigos menores, que estamos aprendendo a amar e respeitar cada vez mais. Eles também oram e conversam com o Pai. Falam, em sons que lhe são peculiares, de suas grandes e abençoadas esperanças, e se pudessem sentir como sinto agora interpretariam com mais exatidão estes harmoniosos ruídos do exterior.

Bem-aventurado seja o Senhor, que nos concedeu a lâmpada nova e acendeu-a para a nossa infinita e divina comunhão com a Sua obra!

O que realizarmos com semelhante luz estará edificado para sempre! Felizes de nós que estamos **procurando o caminho mais certo**, com o coração iluminado de fé e esperança! Que o Pai nos ajude a prosseguir sem obstáculos de nós mesmos para que a jornada nos seja sempre serena e feliz.

Relativamente ao nosso estimado Clóvis, tudo temos feito para que a luta seja menos intensa e a provação, menos amarga. O presente será sempre uma colheita do passado, como o presente é a semeadura do porvir. Quiséramos aplainar todas as dificuldades, resolver todos os problemas, sanar todas as dores e enxugar as lágrimas que há um ano rolam dos olhos daqueles aos quais amamos tanto! Contudo, se temos podido cooperar, não nos foi possível interferir na Justiça Eterna!

A dor, porém, meus filhos, será sempre proveitosa e beneficente, ainda que nos amarfanhe os corações toda vez que nos ajustarmos ao sentido da eternidade que nos rege os destinos!

Somos eternos e a nossa alma é filha da Luz Imortal! Tenhamos, pois, coragem e prossigamos. Se há pretérito a resgatar, há futuro por semear. Deixemos que a sombra se perca ao longe e não lhe cultivemos as sementes caprichosas. Transformemo-nos em Cristo para alcançarmos uma nova vida!

Temos acompanhado, meu caro Rômulo, seu interesse pelo amigo adquirido de algum tempo a esta parte.[1] Ele é bem digno de estima, consideração e amizade, e em tempo algum de sua existência foi tão oportuno o contato com os assuntos propriamente espirituais. Não podemos acreditar em fácil renovação, nem devemos esperar crescimento imediato dos pequeninos germes de ideia nova,

---

[1] Nota da organizadora: refere-se ao Dr. Louis Ensch, nascido em Luxemburgo, em 1885. Ensch diplomou-se pela Escola Politécnica de Aix-La-Chapelle, em 1920. Começou sua carreira como contramestre na Fábrica de Aço da Usina de Burbach, da Arbed, chegando a engenheiro-chefe dos altos-fornos e tornando-se um respeitado siderurgista na Europa. Chegou ao Brasil em novembro de 1927 para encerrar as atividades da usina da Belgo-Mineira em Sabará | Minas Gerais, e para fomentar novos negócios na região, com a implantação, em 1935, de uma nova usina em João Monlevade. Nessa cidade mineira, Dr. Louis Ensch proporcionou a construção de 1,8 mil residências, abriu ruas e implantou sistemas de saneamento básico (água, energia elétrica, esgoto sanitário, pavimentação), além do Hospital Margarida e de várias escolas. Trabalhou na Belgo-Mineira durante 26 anos e ocupou o cargo de diretor-geral. Desencarnou em 9 de setembro de 1953, em seu país natal, mas foi sepultado, segundo seu desejo, em João Monlevade, próximo à usina que ele construiu.

evangelicamente falando. Os envoltórios ali, naquele continente espiritual, são ainda muito densos, mas não devemos esquecer que sementes de trigo guardadas no Egito antigo germinaram com êxito na atualidade. De qualquer modo, é sempre útil plantar o bem e cultivá-lo, seja onde for.

Confidencialmente, porém, meu filho, e já que nos encontramos em "fala familiar", posso dizer que você tem visitado Nero, que hoje procura transformar as fogueiras do circo em fornos de serviço, onde o pão e o trabalho, a luz e a educação construtivos se façam para todos. É um belo espírito, consagrado ao amor das antiguidades clássicas, embora conserve os traços vivos dos gozos pessoais, taxados à conta de indispensáveis na experiência humana. Todavia, é também um amigo que penetra presentemente em fase muito aguda de sofrimentos morais, porque precisava vencer os companheiros mal-avisados de outro tempo, a fim de possibilitar a continuação do próprio trabalho, de ordem coletiva. Cercam-no verdadeiros cipoais, que lhe põem à prova a capacidade espiritual. Pedimos a Deus que conceda a ele forças para não trair os compromissos firmados no Além. Aliás, semelhantes auxílios só lhe poderão atingir o círculo pessoal de maneira muito indireta e em absoluto silêncio verbal. Segundo observa você, a vida continua e os dramas não terminam com a mudança dos atos chamados "existência" e "morte". É necessário muito tempo para que a alma se liberte. Muito tempo e muito serviço próprio.

Boa noite para vocês todos.

Prossigo trabalhando mais intensamente pelo Roberto. Esperemos.

Rogando a Jesus pela paz de vocês, abraça-os, com muito afeto, o papai muito amigo,

A. Joviano

Que os mortos enterrem os seus mortos

Meus filhos, que Deus abençoe a vocês e lhes conceda saúde, bom ânimo e alegria.

Poucas vezes meditei, como acontece hoje, no ensino de Jesus: **que os mortos enterrem os seus mortos.** No Rio, é a preocupação de ornamento exterior do túmulo que encerra cinzas. Entre nós, na oração de sempre, é o interesse pela iluminação interior para a vida eterna. Como é chocante o contraste! De um lado, flores externas que falem na tabela dos honrosos costumes sociais, é bem verdade! Noutra margem, as flores íntimas da prece, cujo perfume não será absorvido pela terra, mas se elevará perenemente pelas belezas do céu!

Num plano, saudades destrutivas. No outro, esperanças edificantes. Numa região, dor aparentemente irremediável. Em outra zona, a felicidade do reencontro conscientemente realizado.

Como deixar, portanto, esquecido, o sublime ensinamento evangélico? Respeitaremos, em todas as circunstâncias, as homenagens do carinho, as notas de amor, reminiscências, gratidão, mas ai!... Temos de convir que, na grande maioria, quase todas as manifestações exteriores de amanhã são atividades de mortos que nos são extremamente queridos! Mortos não porque estejam envergando a túnica bendida da carne salvadora, mas porque se mantêm à distância das fontes reais da vida e da consolação, conhecendo--lhes, embora, as indicações certas e os roteiros inestimáveis. Agradecerei, pois, as flores das ofertas familiares. Recolher-lhes-ei o aroma sublime no cálice do coração muito reconhecido, mas tenho de seguir ao encontro do Senhor, observando-lhe a lição inesquecível.

Deixemos para trás as questões do sepulcro. Isso pertence agora ao passado, ao dia findo, ao eco morto. Continuemos a jornada espiritual para Deus e nessa caminhada tenho hoje a alegria de abraçar Wanda e Roberto pelo aniversário próximo. É a comemoração alegre de nossos acontecimentos vivos, palpitantes!

Que Deus, Wanda, conceda a você toda a felicidade que o seu espírito merece. Mais um ano, minha neta, é outro marco de experiências novas. O vovô continua desejando-lhe todos os bens. Se trago as mãos vazias, trago a você o meu coração cheio de amor! Não se sinta nunca sem a nossa assistência.

Este ano é o primeiro em seguida ao curso do colégio, que foi para a sua alma um desdobramento do lar. Muitas vezes seu coração experimentou as pequenas diferenças de vida, mas com que alegria vejo sua constante disposição para alcançar o melhor êxito nas lutas de cada dia! Não é a mocidade feliz, minha filha, tão-somente pelos ideais imediatamente concretizados, mas muito mais pela edificação própria no serviço incessante de enriquecimento de si mesma.

O mundo inferior está repleto de quadros estranhos - pais que vivem para os filhos e filhos que se distanciam cada vez mais intensamente dos círculos do lar. Tudo isso, Wanda, é loucura dos tempos de transição que a Terra atravessa agora. Quem não plantou na meninice e na juventude as sementes fortes da compreensão e do amor no ambiente doméstico não pode exigir colheitas substanciosas no futuro. Veja, pois, em Maria sua melhor companheira e em Rômulo o seu melhor amigo.

Compreendo seus pensamentos mais íntimos, suas indagações mais profundas. A vida, minha neta, responderá a você, uma por uma, à medida que você demonstre crescimento na ciência evangélica de ouvir.

Aqui nesta fazenda carinhosa e amiga está sua alma levantando alicerces sublimes! O tempo há de mostrar-lhe sempre esta casa como um ninho de felicidade verdadeira, que ninguém pode confundir. Belos são os seus dias de juventude nesta preparação espiritual em que você se encontra. E só tenho motivos para louvar sua conduta de filha dedicada e afetuosa, rogando a Jesus muitas felicidades para o seu coração. Continue estudando, trabalhando e esperando em Cristo. Cada realização virá a seu tempo, desde que não se descuide você dessa trilogia de estudo, trabalho e esperança. Não é fazer teoria, minha neta, é falar a você com uma experiência muito grande e com um conhecimento recíproco ainda maior. Seu espírito, que tanto tem se esforçado no setor da realização, há de seguir vitorioso na batalha, muita vez ignorada de cada dia. Que Jesus conceda ao seu coração todo um jardim de bênçãos preciosas!

Sinto-me satisfeito com a expectativa da visita pessoal ao Roberto. Semelhante surpresa levará ao coração dele uma grande alegria e um apoio muito precioso neste momento de suas lutas evolutivas. A ele o meu grande abraço de velho amigo, desejando-lhe as melhores aquisições!

E para vocês, meus filhos, que tanto se desvelam pela paz deles, dos netos, as minhas felicitações pelo muito que fazem. Ser pai e mãe é partilhar de poderes da Divindade

Criadora. É por essa razão que existe um júbilo santo, somente conhecido por vocês dois nas abnegações de cada dia.

O pai é o sacerdote do lar. A mãe é o altar sublime. Quando se consagram a Deus, as bênçãos dos céus enriquecem o mundo familiar. Continuem guardando essa posição no caminho edificante da luta. O Senhor estará conosco em todos os trabalhos da experiência humana. Repetindo as velhas e belas ideias do salmo de Davi: "Ainda que estejamos no vale da sombra e da morte, não temeremos mal algum".

Que a bênção de Deus felicite a todos vocês. E despedindo-me, satisfeito, pelo nosso incessante cultivo da vida, cada vez mais distantes da morte, abraça-os, com muito afeto, o

Papai

A nutrição do físico e a da alma

Meus filhos, Deus abençoe a vocês, conferindo-lhes ao coração muita paz e bom ânimo. Agora, depois da conversação sobre os pratos culinários, vamos ao alimento espiritual. **A nutrição do físico e a da alma** deve caminhar paralelamente. A mente sã no corpo sadio, servida por um coração valoroso e terno, é programa de infinita sabedoria. Assim, pois, alimentemo-nos com os nossos pensamentos, estudos, orações. Grande trabalho é o nosso, embora não lhe vejamos, de modo geral, a frutificação magnífica nos círculos visíveis ao olhar humano. O que os olhos físicos se habituam a ver sofrerá, mais tarde ou mais cedo, modificações e alterações de vulto na lei renovadora, mas o que o espírito edifica, no campo da elevação digna, é tesouro imortal simbolizado pelo próprio Jesus, quando nos aconselhou a aquisição das "riquezas inacessíveis ao poder das traças e à cobiça dos ladrões". Estamos plantando no mundo finito para as colheitas no Infinito, construindo no seio de limitações terrestres para aproveitamento no Ilimitado.

Ah, se todos os homens pudessem fazer o mesmo! Reduzidíssima seria, desde agora, a percentagem dos sofrimentos de qualquer expressão! A permanência de vocês junto das águas trouxe também a mim saudades muito boas e recordações muito construtivas! A paisagem do Sul mineiro fala-me particularmente ao coração. Quase que passei a maior parte dos dias com vocês, desde o encontro com o Roberto, no dia do aniversário dele! E quando você, Rômulo, fez a sua experiência com as águas, fiz a comparação entre os líquidos curativos e os ensinamentos evangélicos. Como observou, há que reconhecer a necessidade do "quantum" para o organismo físico, em nos referindo às águas, e para o coração, em aludindo aos princípios renovadores do Evangelho vivido. Somente assim poderemos aguardar uma cura sólida.

Muita gente se perturba superficialmente no contato com o Livro Sagrado, porque não vai devagarinho, dia a dia, cautelosamente, e com o espírito de aplicação às suas fontes. Se para os problemas do corpo temos tanta necessidade de atender ao método, que dizer das questões profundas, referentes aos nossos interesses eternos? É indispensável muito pensamento, ponderação e aplicação sistemática.

De todos os mananciais da natureza, podemos extrair belíssimas lições. Quando você se medicou pela homeopatia, tive a satisfação de auxiliá-lo na seleção dos elementos precisos e você lucrou intensamente!

A viagem de vocês foi muitíssimo oportuna para o Roberto, igualmente.[1] Reconheço que ele necessitava desse "tônico espiritual". Transformou-se, reanimando-se para a boa luta. Criou alma nova e sentiu-se alimentado para as provas finais do ano. Felicito a vocês pela ideia e agradeço também o que fizeram por ele. E não só isso: a saúde de vocês ganhou muito!

---

[1] Nota da organizadora: refere-se à viagem a Cambuquira, no Sul de Minas Gerais.

Agora, despeço-me. Vamos tentar receber alguma coisa do Elísio para o coração paterno.[2] Segundo observa você, meu filho, a feição dos homens se modifica. Frente ao Grande Mistério da Luz - como costumamos denominar a morte por aqui -, a alma se transforma. Uma claridade diferente banha o coração. É o que sucede ao nosso amigo, que tem chorado muito nos últimos tempos, colhendo realidades dolorosas, embora o prazer intransferível de haver criado tanto serviço e tanta bênção de progresso, com o seu ideal de trabalhador!

O realizador partirá do mundo com êxito, cheio de anotações de atividade renovadora, mas o pai não sairá nas mesmas condições. Suas alegrias estarão cheias de lágrimas, entretanto, isso devia ser fatal, mesmo porque quase todos nós devemos gastar "várias vidas", a fim de concretizar totalmente os programas gerais estabelecidos.

Por hoje, boa noite! Que Deus guarde a vocês todos, concedendo-lhes muita saúde e paz. Um grande e afetuoso abraço do

Papai

---

[2] Nota da organizadora: refere-se a Elísio Carvalho de Brito, filho do Dr. Carvalho de Brito, grande amigo da família Joviano, mencionado à página 395.

Continuamos em nosso culto de oração

Meus filhos, Deus abençoe a vocês, conferindo-
-lhes muita paz ao coração.

Continuamos em nosso culto de oração, escalando os degraus de luz. No mundo não há visão para identificar essa marcha silenciosa e constante do espírito, mas o
mundo, também, na sua expressão inferior, não sabe donde
vêm os seus habitantes, nem sabe para onde se destinam.
A multidão coletivamente considerada é profundo potencial
de energias, mas que exige pensamento orientador. É por
isso que quando mais nos integramos no conhecimento espiritual, mais de perto sentimos a enormidade da nossa importância como indivíduos.

Cada um de nós é portador de patrimônios e experiências próprios, senhor de tendências peculiares ao nosso
passado remoto, interessado em realizações diversas entre si.
E cada coração guarda paraísos e zonas a serem corrigidos,
lutas e sombras, conhecimentos e ausência de conhecimentos, em condições especialíssimas para cada um. Daí, meus

filhos, procede o valor da vida de espiritualidade, embora o campo exterior seja de materialidade. Somente assim consegue o homem atravessar as regiões que o separam dos planos superiores, pelos quais suspiramos há tantos séculos. Isso não quer dizer que devamos cultivar atitudes estranhas às justas exigências da Terra para com as nossas almas. Não. Quer dizer simplesmente que desejamos adquirir mais luzes para vencer mais sombras, alcançar conhecimentos mais elevados para esclarecer a ignorância mais baixa, porque no reino do espírito só o que sabe pode auxiliar com eficiência aos que se precipitaram nos abismos.

Orar, edificando o pensamento, no círculo das ideias sagradas, é tarefa de valor inexprimível nas palavras terrestres. Desse modo, prossigamos no estudo doméstico das leis espirituais. Conhecendo-as, estaremos traçando mais valioso conhecimento de nós mesmos e servindo a outrem. Seja recebendo noções mais altas, seja veiculando-as no ambiente de nossa vida, crescemos no serviço da vontade de Deus, encaminhando-nos para a felicidade suprema.

Todas as nossas especializações de tarefa na Terra não representam mais que experiências mais completas, em cada setor de serviço, para que nos integremos, de fato, no todo das atividades divinas, em qualquer situação e em qualquer parte.

Estamos satisfeitos pelas apreciações mais nobres a que vocês vão chegando relativamente à prece.

Quando costumamos recomendar a vocês a oração, em favor de A ou B, isso não significa que vocês nos auxiliam tão-somente com as palavras, ou mesmo com a exteriorização de forças do momento. Representa muito mais! Depois da oração, vocês nos acompanham como bons amigos e trabalhamos para os mesmos fins. A prece serviu de bússola para a viagem espiritual de socorro. Nesse mister, não são poucas as vezes em que vocês têm ido conosco visitar o Clóvis e a Aurélia. Incontestavelmente, não podem guardar as recordações nítidas dos acontecimentos. O cérebro físico não comporta. Precisariam viver uma existência de absoluta absorção nos assuntos transcendentes para que pudessem reconstituir tudo na memória comum. Contudo, temos aqui instrutores que nos asseveram poder o espírito encarnado realizar semelhante prodígio quando for mais adiantado o estágio de evolução do discípulo.

O que estão lendo agora, portanto, não é, em tese, uma novidade para vocês. Mas a descrição educativa de André Luiz prepara as energias mentais de quem o lê para ir organizando chapas sensíveis de gravação mental, onde a memória física de cada dia possa saborear, novamente, as sublimes emoções vividas pela alma em contato com a Espiritualidade. Como veem, grande é o campo de serviço e o Senhor, sempre magnânimo, dá sempre de acordo com as possibilidades de aproveitamento do trabalhador.

Há alguns anos vocês não poderiam receber essas informações com a naturalidade desejável. Hoje, porém, graças ao esforço diário no campo de autopreparação espiritual, muito grande e valiosa é a bagagem de material divino que já possuem. Que Jesus nos abençoe!

Maria, estamos cuidando de sua saúde com o nosso concurso de sempre. Procure continuar observando seus bons métodos no campo da alimentação usual e nos condimentos comuns. Não use excitantes. Seu organismo entra na fase de recomposição de determinadas forças físicas e há que prosseguir assim com a sua exatidão na escolha dos melhores elementos de nutrição e medicação. Não deixe o uso da água fluida, que o nosso concurso por intermédio dela é, como sempre, muito eficaz, e pode ficar tranquila! O *Hidrastis* aconselhado vai fazer muito bem às suas energias gerais. Não há motivos de preocupação!

Quanto à Wanda, vai indo muito bem e pode cultivar o sono noturno que ele só lhe poderá fazer muito bem. É sinal de que já consegue se desvencilhar mais facilmente das energias corporais para colaborar aqui conosco. Nem sempre poderemos relacionar a expressão dos serviços que realizamos juntos, mas conforta-nos a certeza de que estamos trabalhando sintonizados na mesma tarefa.

Agora, meus filhos, despeço-me. Guardemos todos nós as bênçãos de Jesus, que se traduziram em oportunidade de reunião, oração, serviço e realização espiritual. Que ele ilumine sempre vocês, concedendo-lhes muita paz.

E recebam o apertado abraço do papai muito amigo de sempre,

A. Joviano

Bem-aventurados os minutos despendidos neste trabalho

Meus filhos, Deus abençoe a vocês, concedendo-lhes muita saúde e paz.

É o momento de nossa oração, instante divino para a nossa vida espiritual, no qual a escada da prece nos oferece possibilidades idênticas para a sublime ascensão a Deus. **Bem-aventurados os minutos despendidos neste trabalho** santificante. Podem crer que as tarefas em tais ocasiões são muito grandes e que vocês cooperam significativamente conosco.

Sigo de perto o interesse que vocês manifestam frente às revelações fraternais de André Luiz. Serviço muito meditado e medido, esperamos que as mensagens desse nosso amigo possam acordar a muita gente que dorme.

O mundo pede observações concretas para o culto individual da fé em cada homem. A extensão dessas necessidades é francamente incomensurável. Hora muito grave para as instituições terrestres, as que o mundo atravessa, porque sem base religiosa a criatura não consegue progredir e viver dignamente. Poderá, sem dúvida, vegetar na "flora" das situações cômodas da Terra ou "irracionalizar-se" na "fauna" dos seres de sentimentos embrutecidos.

Para elevar-se a Deus, escalar montanhas do ideal santificante, sofrer pelo bem coletivo, aprender a servir o próximo, somente o caminho religioso pode colaborar eficazmente. Daí a necessidade de esforços desse setor, chamando cada discípulo de Cristo para dentro de si mesmo, indicando--lhe a descoberta de forças divinas de que é portador, embora a quase ignorância dentro da qual tem vivido. Vocês podem observar um fenômeno interessante no Espiritismo - é o da intensificação da procura de fé. Verdadeiras multidões acercam-se dos núcleos de serviço espiritual, trazendo doenças, problemas, angústias, ansiedades várias... Todos pedem remédios, socorros e soluções! É o que eles solicitam, mas, no fundo, não é o que necessitam. Os amigos espirituais, por sua vez, quanto é possível, atendem e ajudam. Mas sabem igualmente que estão apenas movimentando recursos provisórios para situações passageiras. Entretanto, se vêm, se atendem, se colaboram, é que, no fundo, também eles trazem a esperança de acordar o germe microscópico das possibilidades sublimes que dormita em cada coração e em cada consciência.

Lutam, trabalham e, por vezes, perdem realizações e tentativas, que gastaram grandes potenciais de esforço e tempo. Mas renovam a experiência nas tarefas do bem quantas vezes sejam necessárias para levantar, no mundo, o verdadeiro conhecimento espiritual da vida. Nesse ponto, eles se assemelham aos técnicos do Morro Velho, que retiram alguns gramas de ouro do centro de muitas toneladas de pedra bruta. Carreiam-se cascalhos, lavam-se detritos, arquivam-se elementos venenosos para estudos, mas algum ouro sempre ficará.

Agora, porém, o mundo necessita desse "metal divino do conhecimento", em maior quantidade e em mais apurada qualidade. Desse modo, vocês têm razão saudando intimamente o aparecimento desses trabalhos novos. Muitos não se encontram habilitados a compreendê-los e, como é natural, preferirão o terreno da ironia, da indiferença e das observações ingratas, mas é preciso respeitar-lhes a posição evolutiva, como devemos respeitar e auxiliar a um animal promissor e útil. Dentro dessas normas, tudo se processará de acordo com as nossas necessidades no campo de execução da vontade de Deus.

Relativamente aos sonhos, muito teríamos a dizer, mas será conveniente esperar que se passem mais dias. De uma verdade podem vocês estar convencidos: quanto mais elevada é a atitude da alma na vigília mais elevação deve esperar no serviço que lhe será conferido nos trabalhos do sono físico, repouso aparente, repleto de atividades múltiplas para todas as criaturas.

Aí, porém, é que seremos defrontados cada vez mais pelo marcante individualismo na obra divina. A vida espiritual de um homem depende exclusivamente dele. Na vigília, poderá adaptar-se a situações nem sempre verdadeiras. Mas na experiência de espiritualidade que faz cada noite, no plano invisível, cada qual se mostra tal qual é. Daí a necessidade de maiores serviços de autoexame, quando um sonho estranho venha ferir a sensibilidade. Alguma raiz do passado distante da expressão divina permanece no "solo profundo do subconsciente", raiz que é preciso arrancar como o lavrador opera depois da derrubada e da queimada, antes do plantio.

Semear elementos divinos em promiscuidade com certas "plantas de nossas paixões" não é de bom aviso. Limpemos a "terra", arroteemo-la como se faz necessário, pois somente assim haverá felicidade na semeadura. Assim, digo, porque aqui também, onde estou, temos sono e temos sonho. Cada qual de nós tem experiências que nos são próprias no lar de eterno amor, que nos é comum a todos. Esta é a fórmula com que defino a nossa situação presente.

Tenho cooperado em auxílio do Roberto, como me é possível. Esperemos.

Peço à Maria continue no uso dos medicamentos, que a sua melhora tem sido grande. Caso surja a dor da garganta, pode acrescentar o *Eupatorium* por dois a três dias.

E agora, meus filhos, desejo-lhes muito boa noite. Vocês trabalharam, agiram e oraram. Agora descansem. Guarde-os Jesus em sua divina paz.

E reunindo-os num grande e afetuoso abraço, deixa-lhes muitas lembranças o papai muito amigo,

A. Joviano

Homenagem ao Professor Joviano

Nem sempre o que lutou
ganha a palma de luz,
Nem sempre o que sofreu
vence a guerra do mal.
Todo aquele, porém, que ensinou com Jesus
sobe do vale escuro ao píncaro imortal!

Abílio Machado

Oração a João de Barro

Ao Professor Arthur Joviano

João de Barro, passarinho
Fiel e trabalhador,
Sai da casa pequenina,
Vem saudar o Professor!

Toma o teu livro sublime
E vem, alado aprendiz,
Cantar quem cantou teu nome
Nos cérebros infantis...

Traze, no bico, uma estrela
Do firmamento a brilhar!
E entre as flores do caminho
Traze as bênçãos do teu lar!

Convida as errantes brisas,
Que sopram sem direção,
A partilharem conosco
Dos júbilos da oração!

Vai buscar os pirilampos,
As borboletas de anil
E as cigarras que descansam
Na noite primaveril!

Traze todos, João de Barro,
Nas asas da gratidão,
A fim de glorificarem
A festa do coração.

E onde houver risos da infância,
Meninos, mestres, lições,
Recolhe o mel da alegria
Que vibra nos corações!

E trazendo o mel sublime
No cálice do Senhor,
Vem unir a tua prece
às preces de nosso amor!

João de Barro, vem tranquilo,
Não há sombras de escarcéus!
Recorda que o nosso amigo
Faz anos hoje nos céus!

Casimiro Cunha

Dez anos

Em homenagem ao Prof. Arthur Joviano

Dez anos - dez primaveras,
Ao sol do Infinito Amor,
Em lição edificante,
No templo do Professor,

Generoso, diligente,
Sempre mais sábio e melhor,
O educador invisível
Reflete o Mestre maior.

Não se agasta, não se irrita,
Não vai à perturbação...
Se passamos distraídos
De novo torna à lição.

Agindo sem palmatória,
Sem exigência ou rigor,
Educa e edifica sempre,
Abrindo o livro do amor.

Em seu código de ensino,
Sublime, santificado,
O vocábulo "impossível"
Nunca foi observado.

Às crianças, aos adultos,
Auxilia sem alarde.
Na escola do Professor
Sempre é tempo, nunca é tarde.

Na execução de seu lema
"Para Jesus, com Jesus",
Não discute, não protesta,
Apenas acende a luz.

Dentre os verbos favoritos
Que se alegra em conjugar,
Na lição de cada dia
Destaca-se o verbo "dar".

Servo fiel do Evangelho,
Em tudo exalta o dever.
Benfeitor abnegado,
Sabe ser sem parecer.

Dez anos - dez primaveras,
Ao sol do Infinito Amor,
Que o nosso Pai santifique
O templo do Professor.

Casimiro Cunha

A prece

de recordação

Meus amigos, que as forças do bem nos guarde as almas para sempre.

Era minha intenção fazer convosco **a prece de recordação** em voz alta, mas a emoção era e ainda é grande, e não conseguiríamos nosso objetivo. Orei, desse modo, aqui, com os nossos irmãos, que vieram em grande número, e pedi ao Pai conceda ao nosso irmão Arthur as Suas graças divinas, iluminando-lhe cada vez mais as estradas do saber e dos sentimentos.

Não vos posso exprimir a alegria de todos!

Um amigo nosso, de mais altas esferas, foi portador de vossas flores para amigos nossos, que se encontram em plano superior.

Agradeço-vos as que me dedicastes com o grande carinho que vos caracteriza o coração. Um jardim é um oásis. E muitas vezes buscamos as rosas de sentimento que plantastes no coração. Rujam tempestades da existência humana, corram os tempos, modifiquem as formas passageiras, precipitem-se no solo as edificações de pedra do mundo, conservai-vos de pensamento no Alto, rumo ao império divino do espírito, onde viveis nas orações fiéis.

E encerrando as nossas alegrias, se é que podemos encerrar o que não tem fim e nem mudanças, rogo a Jesus, em nome de todos, nos conserve em seus caminhos, guardando-nos os corações contra o mal, certos de que, como disse o Evangelho em vosso culto do lar, nesta semana, nós estamos procurando Jesus, o que foi crucificado.

Que ele nos dê forças e bênçãos para cumprir-lhe, aqui na Terra ou seja onde for, a divina vontade.

Emmanuel

Festa espiritual

Meus amigos, que o nosso Jesus conceda a vocês todos muita paz!

Nós viemos trazer ao nosso irmão Arthur as nossas felicitações e cumprimentamos a vocês todos pela **festa espiritual**. O nosso recinto de orações, Maria, está cheio da luz de todos os corações que agradecem a cooperação de um amigo desvelado.

Insistimos com o Professor para escrever. Ele, porém, sente que não pode, que as lágrimas lhe embargam a voz e que a emoção não lhe concede elementos expressivos à ideia.

Muitos amigos trouxeram-lhe lembranças, mas ele quis guardar, em primeiro lugar, as flores que o afeto de vocês lhe ofereceu.

"Oh, amigos, como são belas as rosas sem espinhos dos corações que se amam!", diz-nos ele, feliz! Benditas flores! Elas irão conosco, embora o recinto material lhes encerre a forma passageira. Irá conosco o perfume, em suas delicadas corolas de amor e luz!

Que Jesus, meus filhos, conceda a vocês longos dias de paz, com o santo trabalho espiritual de aperfeiçoamento divino. Sempre esta sala tem notas de luz, mas hoje até eu mesma chego a chorar! Casimiro Cunha trouxe uma bela ave, semelhante ao passarinho que o Professor tomou para símbolo em suas relações com as crianças. E ele, humilde, leu os versos e disse: "Oh, possa eu, como o João de Barro, fazer minha casa espiritual acima do solo da Terra!"

Mas o que nos impressiona a todos é um coração iluminado que desceu do Alto e irradia sobre todos as suas luzes!

Grande e sublime estrela do Senhor, de alma genuflexa, nós te respeitamos! Ensina-nos a guardar as tuas bênçãos, vigia os nossos passos, mantém os nossos caminhos abertos para as montanhas da redenção, ajuda-nos ainda, apesar de nossas fraquezas, e, embora permaneças tão alto, recebe as nossas flores! Elas te fazem sentir o aroma de nossos afetos ainda presos entre as hastes da Terra! Estrela soberana, agora e sempre, espalha sobre nós os teus divinos raios! Ensina-nos a ciência do amor, da luz e do infinito perdão! Auxilia-nos! E, ainda que estejamos caídos, dá-nos tua luz!

Aqui, meus filhos, também nós fazemos ponto final. Nossas lágrimas falam de nosso reconhecimento e de nossa emoção! Para que as palavras? Entendamo-nos no grande silêncio do coração!

Que Jesus abençoe a vocês todos.

Lembranças da velha tia,

Engracinha

Verdadeiro amigo

Meus amigos, que ele, nosso **verdadeiro amigo**, continue a amparar-nos nas grandes lutas, e que meu espírito, valendo-se dessa luz, possa prosseguir nos caminhos novos rumo à sublime compreensão da espiritualidade.

Gibraltar

O orvalho bendito

Meus amigos, que o poderoso Pai guarde vocês todos. Nunca nos esqueçamos desta sagrada hora de paz e construção espiritual no Infinito! Também nós comungamos na alegria de vocês!

Bem-aventurados os que choram de agradecimento e de júbilo. Nossas lágrimas desta noite são **o orvalho bendito** do amor para a Eternidade!

Boa noite! Que Jesus derrame sobre o Professor Joviano a sua bênção divina, são os votos sinceros de meu coração,

Helena Maia [1]

---

[1] Nota da organizadora: amiga da família Amorim, já mencionada à página 336.

Semeador de luz

Hoje, meus amigos, nós estamos comemorando com vocês um acontecimento inesquecível!

Se a morte não existe para ninguém, para os que ensinam ela é uma porta de luz ainda mais viva!

O mestre é o amigo real de Jesus, o Mestre divino por excelência!

Semeador de luz na alma da infância e da mocidade, Arthur Joviano nunca morreu, nem mesmo nessa morte convencional que vigora para os espíritos menos avisados da sociedade humana. Seu lar ainda é o templo da claridade divina, seus filhos perpetuam-lhe o esforço, seus discípulos sentem-no cada vez mais vivo e mais alto!

Oh, amigos nossos que a fé coroou de felicidade imortal desde a Terra, cultivai a memória do semeador, agora chamado a expressões mais altas da vida! Guardai-lhe as sementes de amor na colheita farta da atualidade! A árvore de seu pensamento enobrecido floresce e frutifica nas obras de quantos se ligaram ao seu esforço e ao seu nome! Lembrai a raiz divina! Essa raiz é o seu espírito grande e forte, sereno e bom, convocando os amados à união no dia novo. Que a Providência vos conceda a continuidade da colheita divina. Colhei e aplicai, imitando o semeador, que continua de pé, semeando leiras novas.

Nossos votos de paz aliam-se aos vossos. Que o Senhor abençoe o Seu emissário no devotamento às crianças e aos jovens do nosso país. E que as flores de nossa lembrança possam fazer-lhe sentir quanto o amamos, no altar de nossa amizade e de nossa admiração!

Humberto de Campos

Dez anos de vida verdadeira

Meus caros filhos, que Deus abençoe a todos vocês, concedendo-lhes muita saúde e paz nos corações. Antes de tudo, quero agradecer-lhes a comovedora noite de 14 último. Foi um acontecimento de elevada significação para mim, que não mereço tantas bênçãos. Que Jesus me faça digno da confiança que em mim depositam e me auxilie a consagrar as melhores forças de meu espírito à execução de sua divina vontade.

Nossos amigos todos fizeram-me sentir, numa formosa assembleia de amor, quanto é bom o nosso Mestre divino! O nosso recinto de trabalhos evangélicos estava cheio de claridades benditas, que nos envolviam a todos em celestes vibrações de vida eterna. A lembrança de Casimiro Cunha falou-me profundamente ao coração! Joviano, Mariquinhas e quantos amigos nossos abraçavam-me sensibilizados! **Dez anos de vida verdadeira** no plano espiritual, em que, pela graça de Jesus, não permaneci inativo.

A nossa irmã Engrácia convidou-me a falar ou escrever, mas... a emotividade era grande e preferi o silêncio com a oração de agradecimento e júbilo sinceros.

Entretanto, meus filhos, estou falando demasiadamente de mim, quando apenas desejava registrar a minha gratidão espiritual e o meu contentamento íntimo. Que Jesus recompense a vocês sua noite de luz e amor. Agradeço as lembranças de todos, acrescentando que das flores trazidas retirei o perfume do carinho e da dedicação de vocês, tesouro esse que guardarei comigo para sempre.

Agora, Rômulo, quero dar-lhe os meus parabéns por mais um ano de lutas. Meu novo aniversário é vizinho do seu. Entre o 14 e o 19 de dezembro, a distância é de reduzidas horas. Seja feliz, meu filho, com as suas preocupações e com os seus trabalhos. No ideal construtivo do sentimento afeiçoado a Jesus, é preciso suportar as dificuldades do caminho áspero. Não olhe para trás como quem encontra "claros", que talvez pudessem ter sido preenchidos nos primeiros tempos da mocidade. Se contemplar o passado, não retire dele senão o "pólen" das experiências para fecundar as novas ideias de hoje. Cada criatura escolhe o pano de fundo de sua vida. Alguns preferem o das saudades lamentosas, outros, porém, mais avisados no terreno da fé, escolhem o pano luminoso da esperança. Esteja certo, em seu novo roteiro de cristão, que os melhores tempos são os de agora. A luta vai desfazendo dificuldades, a experiência vai dissolvendo enganos e, em verdade, o homem que adquire os valores que você está catalogando sente-se cada vez mais sozinho no mundo. Não é a solidão "física", se podemos dizer assim, mas a soledade das ideias, dos pensamentos, dos ideais. Console-se, meu filho, pensando que Jesus teve igualmente as suas fases de deserto, não obstante estar sempre ligado à multidão de coisas, deveres e pessoas. Isso é um imperativo para todo o aluno que aprende a lição. No princípio do curso, o desconhecimento reúne todos os companheiros e, no curso dos trabalhos educativos, a camaradagem afetuosa irmana todos os aprendizes. Mas com a lição organizada, absolutamente adquirida, a fase é bem outra. Converte-se a conquista em preocupação, porque toda experiência elevada incorpora-se ao patrimônio de seu possuidor, reclamando concretização. Este é o tormento dos donos do pensamento: eles sabem, conhecem, identificam os valores, mas não encontram possibilidades. Isso, porém, aconteceu com o próprio Cristo. Ninguém melhor que ele conhecia o estado, as necessidades e as probabilidades do mundo, mas começou a fase conhecida por "cristianismo" há vinte séculos, enfrentando os maiores tropeços para realizar a vida eterna com eterna alegria para todos. Também ele conheceu a solidão e não lhe escapou nem mesmo nas horas finais. Desse modo, meu filho, continue o seu trabalho mesmo assim. Não faço melancolia, absolutamente. Meu espírito está vibrando de júbilo! Desejo apenas falar de seus trabalhos interiores, fortalecendo a sua resistência e incentivando os seus valores de confiança em Deus, e em si mesmo. Seria uma catástrofe se todas as coisas da Terra viessem imediatamente ao encontro de nossos desejos, sem a integração indispensável, na verdade, do serviço no bem. A luta do homem no trabalho cede essas características em todos os tempos e ainda as terá, na Terra, por muitos anos. Aqui poderemos falar de evolução por afinidade, mas aí na superfície do Planeta a lei é diferente, a evolução opera-se através de contrastes e desarmonias aparentes. No seu aniversário, portanto, não tenho uma lembrança material para trazer-lhe, mas ofereço a você o meu coração amigo. Esteja certo de que o meu carinho é invariável. Que Deus o abençoe sempre e encha de luz as suas estradas de redenção!

Agora, meus filhos, desejo reuni-los num grande abraço, com os meus votos de Natal feliz, esperando que o ano novo de 1945 seja portador de muitas venturas e boas realizações para vocês todos. Na grande noite, Jesus há de conceder-lhes, como sempre, a sua divina bênção, para que, como vaso sublime, possa o coração de cada um cultivar-lhe as plantas celestiais de amor e luz, bom ânimo e esperança. Confiemos sempre e sigamos sem medo. Esse deve ser o lema de nossas almas em todas as horas do aperfeiçoamento que a luta nos oferece.

Ainda não cumprimentei o Roberto, particularmente, o que faço, agora, desejando-lhe felicidades nos estudos de matemática. As ciências exatas, Roberto, são tormentos dos homens, mas enquanto não lhes resolvemos os problemas não conseguimos a libertação do cativeiro de situações inexatas. Muitas reencarnações enfrentarão nossas almas até aprender a matemática divina dos sentimentos em Cristo. Isso, contudo, não impede o esforço intensivo de nossos espíritos para ganhar cada vez mais tempo e terreno. Em vista disso, espero que você não esmoreça. Estude e prossiga. A existência terrestre é uma carreira.

Relativamente à saúde, vão todos regularmente, entretanto, lembro ao Rômulo o uso de *Ipecacuanha* com o *Lachesis*. Está ligeiramente resfriado e esses elementos lhe farão bem.

E agora, meus filhos, renovando-lhes o meu reconhecimento, deixo-lhes todo o meu afeto. Que o Senhor conceda a vocês um Natal cheio de saúde do corpo e paz do espírito - os dois grandes dons pelos quais devemos insistir sempre, trabalhando e cumprindo as divinas leis. Guardem o abraço muito afetuoso do papai que não os esquece,

A. Joviano

Estou satisfeito, meus filhos

Meus caros filhos, que Deus abençoe a vocês, conferindo-lhes muita paz aos corações.

Hoje é o dia de aniversário do casamento de vocês, dia de recordações sublimes, em que a alma se senta para rememorar as alegrias, recapitulando as belezas emocionais das grandes esperanças, sempre renovadas no reencontro.

Estou satisfeito, meus filhos, sentindo-lhes a felicidade tranquila. Trazendo a vocês as minhas felicitações, rogo ao eterno Pai abençoe o nosso propósito de prosseguir, sob as bênçãos de Seu infinito amor para a frente e para o Alto.

Nesse dia, Roberto, você e Wanda acompanhavam, de mais Alto, a alegria que nos caracterizava os corações e, embora em outro plano, faziam ambos propósitos superiores e construíam ideais para o futuro. Rômulo e Maria marchavam para o desconhecido e vocês igualmente não pretendiam outra coisa no sentido de enriquecer o patrimônio das experiências e consolidar valores no caminho evolutivo.

E vocês, com a bênção divina, vieram como hóspedes muito amados de um lar de trabalho, de esforço, realização e iluminação. E os anos correram uns sobre os outros e parece um milagre vê-los tão fortes e crescidos, aqui, recordando as criancinhas quase mirradas de Ponta Grossa. É o mistério da bondade de Deus, que se processa diariamente em nossas vidas.

Em todos os planos, o Senhor nos concede a felicidade do crescimento. Quando vocês dois vieram, os pais inexperientes imaginavam os processos difíceis do desenvolvimento de cada um. Entretanto, vocês estão quase que totalmente preparados para concorrer nos grandes movimentos da vida humana. Recordo-me de semelhantes quadros para pedir a vocês dois que nunca se esqueçam do lar que os viu crescer. É o ninho onde emplumam agora as asas do conhecimento. Tecê-lo não foi obra tão-somente de alegrias e sonhos, mas de serviço paciente do esforço diário, onde, muitas vezes, a dificuldade apareceu como fantasma ambulante. Nesta tranqüilidade interior, estufa bendita onde os corações de vocês dois se alimentam como flores da vida para enfrentar, mais tarde, o sol das experiências terrestres, há uma construção sagrada: é a edificação de cada dia, na qual os pais aprendem a corrigir amando e a ensinar renunciando sempre, com a alma, por vezes, cheia de preocupações, como um céu cheio de nuvens.

Meus netos amigos, nunca se esqueçam desse quadro para que possam fixá-lo na moldura das próprias experiências. Ainda que vocês, na meditação ligeira da juventude, não saibam interpretar todos os acontecimentos e ensinos, guardem no coração a incapacidade de entendimento, à espera do tempo, grande mestre de nossas vidas. As grandes equações da fé religiosa, as profundas e santas diretrizes espirituais, como os alicerces de grandes edifícios, pedem igualmente amplitude de bases. Esperem sem desesperar, aguardem sem impaciência. Nunca se esqueçam de que a experiência humana está passando e que, ao renascerem, com os amigos queridos de outras eras, receberam vocês uma bênção de Deus, com respeitáveis e sublimes oportunidades para a edificação da vida eterna.

E a vocês, meus filhos, trago, como sempre, o melhor sentimento que possuo no coração. Que o Senhor os ajude em todas as circunstâncias, concedendo-lhes a "graça de andar sempre unidos". Esse é um dom muito raro, que raras almas humanas aprendem a cultivar. As flores da paz e da realização florescem-lhes nos caminhos. O orvalho do amor divino ajudará vocês a conservá-las, com bendita multiplicação. Que essas flores continuem desabrochando sem espinhos, agora e sempre, no canteiro do lar e do coração.

Todos os nossos amigos espirituais presentes saúdam vocês, desejando-lhes muita felicidade! Além de ser hoje o 27 de dezembro, a noite assinala a reunião última do ano de 1944. Todos nós desejamos a vocês um feliz ano novo, esperando que colham no 1945 trezentos e sessenta e cinco dias de vontade de Deus, com todas as venturas da luz divina no país da alma consagrada ao Senhor. Que ele nos ajude e ilumine a todos, como sempre.

Maria, sua gripe vai passando. Vai, graças a Deus, muito melhorada. Caso haja mal-estar na garganta, não deixe de usar aqueles antigos gargarejos nos cozimentos de folhas de tomate. Todos vocês podem usar os preventivos contra a gripe. A onda em curso está muito forte.

Agora, meus filhos, na mesma harmonia de nossas orações, reúno-os no meu abraço. Que o céu conceda a todos muita paz, saúde e alegria, com bom ânimo para todas as tarefas diárias.

Recebam, pois, o abraço afetuoso do papai e do vovô que não os esquece,

A. Joviano

Mensagens 1945

Distribuindo o pão do entendimento

Meus caros filhos, que Deus abençoe a vocês, conferindo-lhes muita paz.

Saudando os nossos irmãos presentes, que vieram enriquecer as alegrias do lar, venho trazer a você, Maria, as nossas felicitações pelo 11 de janeiro, que assinala o seu novo Natal. Não temos palavras para exprimir-lhe nossos votos. Mas a prece de amor e gratidão que elevamos a Deus pela sua saúde, felicidade e paz diz bem alto do nosso carinho e de nossa confiança, em que Jesus traduzirá para nós os parabéns da noite em bênçãos de harmonia, bom ânimo e contentamento para que você prossiga em sua missão sublime e árdua. Continue plantando, minha filha! Não lhe deem cuidado as ventanias da discórdia, as tempestades da incompreensão, as forças desintegrantes das sombras. Mantenha o seu espírito reto.

Todos nós rendemos homenagem ao seu espírito de equilíbrio. Continue dentro dele, **distribuindo o pão do entendimento** com aqueles que o Senhor enviou ao seu coração. O devotamento materno é o núcleo central da paz na família. Sei que seu esforço é muito grande para continuar a obra de edificação e que esse esforço nem sempre é compreendido a distância. Mas que importa a apreciação dos que não entendem? Que preço pode ter a palavra dos que não cooperam no mesmo serviço?

Maria, para ser como você conseguiu ser, é preciso ter feito muito. Várias almas já possuem, como a sua, a sagrada noção da harmonia equilibrante. Semelhante realização é fruto multissecular de experiências numerosas. Acentue, portanto, as suas qualidades de alma fiel ao dever até ao fim. Deus, minha filha, mora no supremo trono do Universo e reside também nas nossas consciências. E você é muito feliz com a doce aprovação íntima do Senhor ao seu campo de realizações, ações, atitudes e pensamentos.

Que o seu aniversário, pois, seja outro marco de luz assinalando sua tarefa atual. Que Jesus encha de estrelas o céu de seu coração e que todas as bênçãos que você tem semeado voltem multiplicadas ao seu jardim interior, glorificando seu país íntimo, onde a luz do Senhor não foi acesa em vão.

Boa noite, meus caros filhos, que a paz do Alto venha sobre nós, sustentando-nos para sempre.

Com um afetuoso abraço, sou o papai que não os esquece,

A. Joviano

As reuniões familiares

Meus caros filhos, Deus abençoe a vocês todos, ao lado de nossos estimados amigos de sempre.

O lar, em sua expressão superior, é sempre a divina instituição do espírito. **As reuniões familiares** são sempre inspiradas e belas. Falam do passado, iluminam o presente e prometem a felicidade do futuro. Que Jesus os abençoe a todos, facultando-lhes a continuação dessas oportunidades benditas de reaproximação no templo doméstico.

Felizmente, amigos nossos têm se manifestado relativamente ao problema que mais nos preocupa no momento - a questão do nosso amigo Clóvis, em difíceis fenômenos de prova retificadora.[1]

Com a graça do Alto, vão observando que não lhe tem faltado assistência de nosso plano. São muitos os familiares desencarnados em missão de auxílio junto dele

---

[1] Nota da organizadora: Clóvis, cunhado de Maria, casado com Aurélia, esteve em dolorosa prova de alienação mental por longo tempo.

não somente, mas também ao lado da esposa, credora de nossas melhores atenções. Problema de curso laborioso, peçamos a bênção divina para o coração de nosso amigo, a fim de que não lhe faltem forças. Quanto a nós, prosseguiremos auxiliando-o com as nossas possibilidades e recursos daqui. Esperemos em Jesus.

Hoje, Roberto, venho muito especialmente falar a você, com respeito às provas que se avizinham. Eu sei que, no íntimo, você não alimenta uma confiança perfeita nos elementos que dirigirão o assunto, mas tenha muita calma e coragem para a luta. Reconheço a idiossincrasia de certos professores no trato com as matérias e com os examinandos de segunda época e justifico, de algum modo, certas observações pessoais que você vem efetuando. Todavia, meu filho, urge levantar o padrão de suas energias morais para enfrentar a luta. Valha-se de todos os recursos presentes para acentuar as suas possibilidades. Não perca tempo no caso de aquisições dos valores de que necessita, mesmo porque, no momento, não vemos um ambiente superior ao de Lavras para a consolidação de seus estudos a caminho dos estudos maiores e das lições diretas para o profissionalismo sadio.[2] Faça um esforço, meu filho, e adapte-se quanto estiver ao seu alcance às disciplinas. Admiro Lavras pelas bases morais ali oferecidas aos jovens, o que talvez não tenhamos, com tanta defesa, em outros campos de Minas, em nos referindo a círculos universitários. É possível que outros ambientes ofereçam determinados valores no terreno imediatista, em plano superior ao que se verifica na organização do grande educador que fundou a vida educativa da cidade a que você foi conduzido. É possível que em outras regiões haja professores mais liberais e talvez mais afeitos ao conhecimento de determinados fatores condizentes com o bem-estar dos discípulos, entretanto, uma base espiritual legítima e pura

---

[2] Nota da organizadora: Lavras, cidade do Sul de Minas Gerais, onde Roberto estudou, no Instituto Gammon.

vale mais que as facilidades do momento que passa. Nunca fui professor tão-somente de cérebros. Sempre me rejubilei com as oportunidades de construir no coração dos alunos para que "a torre do conhecimento subisse em direção da cabeça". É sempre melhor "começar pelo princípio" e até hoje não posso aplaudir os que represam o raciocínio de teorias, deixando o sentimento vazio de edificações sérias. Este, meu filho, é o seu problema de hoje. Enfrente-o, porém, com serenidade, sem inquietação e sem displicência. Escolha o caminho do equilíbrio e siga-o confiante. Não desanime na sua edificação pessoal. Ceda ao mais velho, ajude ao presunçoso com a sua compreensão, aproveite o tempo, harmonize-se com o bem, resigne-se diante das dificuldades aparentemente insuperáveis, tomando a atitude da conformação que trabalha e se esforça incessantemente até a vitória sobre os obstáculos, conformação que, a rigor, se chama persistência no deliberado propósito de adquirir a colheita visada. Não guarde expectativas ansiosas. Recorde as palavras de Cristo: "Vai e não temas". No que seja possível, colaboraremos com os seus esforços. Faça quanto esteja em seu campo de possibilidades e faremos a viagem para a edificante experiência. Que Deus abençoe seus serviços e pensamentos, na atividade interior que você vem desenvolvendo frente às necessidades em curso.

Para o seu resfriado, meu caro Rômulo, não deixe de usar o *Gelseminum* com o *Ipecacuanha*. Aliás, o *Gelseminum* isoladamente é ótimo preventivo para todos. Há grandes modificações de temperatura em razão da umidade. E hoje vocês vão compreendendo mais extensamente o valor do corpo físico. Não é a corrente que prende aves do paraíso nos rochedos da Terra, à maneira dos antigos símbolos mitológicos, é instrumento divino do qual se deve utilizar com atenção e zelo, igualmente divinos. Hoje sei que todas as criaturas poderiam, na maior parte dos casos, prolongar por mais tempo as benditas experiências da Terra.

Notificamos aos nossos irmãos que Dinari está presente e saúda carinhosamente aos tios.[3] Também nossa irmã Marta aqui se encontra, ao lado de nossa irmã Júlia, desejando-lhes muita paz e felicidade.[4] Nossa amiga Engrácia tem estado mais contente e cumprimenta a sobrinha muito amada pela sua conduta superior no círculo das tarefas e lutas presentes.

Agora, meus amigos, deixo-lhes as minhas lembranças afetuosas. E deixando-lhes, meus filhos, o meu abraço de sempre, sou o papai que não os esquece,

A. Joviano

Notas da organizadora: [3] sobrinha de Aurélio. Desencarnou queimada, em decorrência da explosão de um fogareiro a álcool em que cozinhava. [4] Marta Pernambuco, afilhada de Júlia.

Um avô pode dar o braço ao seu neto

Meus caros filhos, Deus abençoe a vocês, conferindo-lhes muita paz aos corações.

Escrevo-lhes, meu caro Rômulo, para assinalar as suas melhoras e desejar boa viagem ao Roberto. O resfriado, meu filho, foi violento, mas não se impressione. Estimo sua atitude de libertação íntima, ainda mesmo em face das circunstâncias orgânicas mais difíceis. Creia que isso é uma riqueza espiritual de elevada expressão. A chuva prolongada modificou seus hábitos no decurso de várias semanas. Não foi possível oferecer aos campos celulares o ensejo de suor a que você os habituou desde longo tempo. Daí procedeu o choque orgânico, que se caracterizou expressivamente no sistema nervoso, de maneira geral. Graças a Deus, porém, a sua posição vai melhorando gradativamente. O receitista fará indicações para que você não perca a oportunidade de medicar-se na viagem de serviço que pretende efetuar.

Prossigamos confiantes e otimistas. Quem não conhece o desânimo interior caminha com mais facilidade para o êxito. O desalento é sempre uma pedra de lamentação, que acentua as lutas daqueles que lhe concedem guarida no campo espiritual.

Quanto a você, meu caro Roberto, vá com serenidade e confiança. Estaremos juntos para a prova. É verdade que não lhe darei a "cola", mas **um avô pode dar o braço ao seu neto** em quaisquer circunstâncias. Vá e não se desanime. Dê asas ao seu próprio valor e confie em Deus, e em você mesmo. Em todas as épocas de nossas experiências, devemos ser defrontados pelos obstáculos. A luta é um incentivo santo para a humanidade inteira. Os atletas das realizações espirituais devem habituar-se a muitos exercícios na "barra das dificuldades". Somente nesse campo de treinamento efetivo é possível recolher os valores da virtude e da edificação íntima. Seja cada prova, por mais difícil, um estímulo novo para o seu coração. Guarde sua calma, confiança serena e ardente. Que Jesus o abençoe.

E desejando-lhes uma noite estrelada de paz e alegrias íntimas, deixo-lhes as minhas saudações afetuosas, com um abraço de amigo, de pai e avô muito grato,

A. Joviano

A fé no futuro é a saúde do espírito

Meus caros filhos e meus amigos, Deus nos ajude a todos para que saibamos conservar as Suas bênçãos divinas. Antes de tudo, Maria, quero visitá-la de novo, em particular, pelo êxito de seu tratamento. Estivemos preocupados em vista da região ofendida, mas, com a graça de Jesus, você melhorou rapidamente, colocando-se fora de quaisquer consequências desagradáveis. Tudo transcorreu pela melhor maneira e, agora, ao invés de pomadas, aconselhamos a você a aplicação de algumas compressas de água quente com linhaça. Basta fazer isto em dois dias: tratamento dia sim, dia não, para desintoxicar os tecidos. Felizmente, assinalamos o seu restabelecimento com grande satisfação! Que Jesus conserve a sua saúde, minha filha, dando-lhe harmonia orgânica, coragem espiritual e alegria de viver.

Agora, meu caro Rômulo, vamos ao caso do nosso Roberto. Muitas foram as nossas intercessões para que ele conseguisse os "louros da passagem", não somente de nossa parte, mas muito especialmente assinalo o esforço de cooperação do seu devotamento paterno. É verdade que a "segunda época" não foi propícia ao meu neto, mas as nossas expressões intercessórias não se perderam. Roberto recebeu-as como novos elementos de renovação de ideal. **A fé no futuro é a saúde do espírito.** E ele renovou a fé na realização do porvir.

Um ensinamento valioso, Roberto, você colheu na experiência laboriosa do 1944. Refiro-me à questão do professor. Eu conheço a extensão de seus motivos particulares para emitir uma apreciação sincera e sei que seu argumento não é destituído de razão, mas peço a você, meu caro neto, muita paciência e tolerância. Não abra luta, mesmo silenciosa, com os que forem chamados à responsabilidade de ensinar no campo educativo. Nem todos os professores estão à altura da missão que recebem, entretanto, meu filho, mesmo para com estes devemos cultivar o melhor espírito de entendimento e afabilidade, quando não seja para com as pessoas, deveremos guardar semelhante atitude para com a posição a que foram chamados. Como homens no mundo não podemos, é certo, reverenciar todos os que dirigem as lutas do progresso no setor da personalidade, mas devemos rigoroso respeito aos princípios. Eu sei que você não faltou à veneração para com os valores justos e reconheço que as suas palavras de análise obedecem a observações criteriosas e incontestáveis. No entanto, não é útil despertarmos nos outros os elementos inferiores de que são mensageiros. Convém que prossigamos carregando seus fardos, até que a própria vida, em nome de Deus, se incumba de destrui-los. O seu professor não demonstrou compreensão, mas não espere pelo entendimento dele. Procure compreendê-lo sem bajulação, na atitude digna da mocidade que conhece o próprio rumo. Todos nós, quando atravessamos a juventude terrestre, costumamos ser ardorosos e apaixonados. Abusamos da saúde e da força, da confiança e das situações. Sei, por experiência própria, o que acontece presentemente a você. Mas, meu filho, o poder é grande coisa, mas o saber é melhor e maior! Tenha muita calma e serenidade. Acima de sua possibilidade, que é incontestável, coloque a sabedoria, que é prudente. Às vezes, é preciso usar o silêncio em grande escala para que a verdade fale de si mesma. Não argumente com os professores, além do que seja estritamente necessário, porque sempre é preciso dizer alguma coisa. E no setor das conversações não perca a sua harmonia verbal, ainda mesmo que os companheiros entusiastas se derramem através de afirmações categóricas para eles, mas menos acordes com a realidade da luta. Ainda agora, em que se processam tantas renovações sociais, observa-se que os jovens das escolas superiores oferecem mão forte às discussões. Fuja delas, meu filho! Temos realizações a fazer e não contendas para perder. A luta de todo homem é grande, quando o homem sabe vivê-la. Poder atravessá-las todos podem. Senti-las e aproveitá-las é prerrogativa de alguns. Sinta intensamente o seu programa e ponha-o em prática. Você, resumindo, ganhou muitíssimo com a perda aparente. O que você perdeu no exterior lucrou no íntimo, e esperamos que você aproveite a experiência no máximo. Quanto ao mais, meu filho, não se desanime. Seus pais sabem consagrar ao seu coração o melhor tesouro que possuem - o do amor verdadeiro e imortal -, e naturalmente, quanto acontece comigo, esperam de seu esforço a correspondência fiel. Você está iniciando a construção das lutas mais sérias, prepara-se a edificações mais elevadas e todos nós partilhamos sua esperança. Você é o nosso viajante, que saiu a caminho de um porto maravilhoso e cada aventura, cada experiência de seu coração em viagem nos toca de muito perto. O que sucedeu agora foi uma ventania forte, trazida talvez com funções de atordoar o seu objetivo e o seu ideal, mas passou a tormenta e a jornada prossegue. Dia virá em que o veremos, em plena segurança, na praia, que colocará seu espírito em contato com o infinito continente de suas iniciativas e edificações próprias. Apenas recomendamos a você, para seu próprio benefício, muito cuidado com as ondas traiçoeiras do mar, cheio de rochedos pontiagudos e sereias cantantes, conforme a velha simbologia. Estamos, porém, possuídos da mais bela esperança. Não se desanime, meu filho, e vamos lutar.

Estão presentes diversos amigos nossos, que saúdam a todos por meu intermédio. Que o Senhor conceda a todos nós a continuação desta paz e desta confiança viva de hoje. Guardem a fé e seremos felizes para sempre.

Nossa irmã Engrácia está ao lado de nossa irmã Júlia, pedindo a Jesus pela sua felicidade pessoal.

O Joviano, igualmente, Rômulo, veio hoje em companhia de Mariquinhas e deixa-lhe afetuosas lembranças.[1]

Pedindo a bênção divina para todos nós, despede-se, com um grande e afetuoso abraço, o papai, vovô e amigo de sempre,

A. Joviano

---

[1] Nota da organizadora: Joviano e Mariquinhas - parentes de Rômulo pelo lado paterno.

Muito sofre quem muito ama

Meus caros filhos, Deus abençoe a vocês e lhes conceda, junto de nossos amigos, muita saúde e paz espiritual. Acompanho-lhes as atividades com o carinho de sempre e, embora as reuniões "em letras" se verifiquem a determinadas noites, a verdade é que nos encontramos invariavelmente juntos em todas as circunstâncias.

Roberto, meu caro, estamos nas vésperas de reencetar a luta preparatória. É o caminho do homem de bem, meu querido neto, este que se desdobra ante os seus olhos, através das experiências com os livros, professores, aulas e amigos. Procure valer-se de tudo o que seja útil, alijando o que se afigure indigno de acolhimento e imitação. Sei, de perto, as suas lutas íntimas, menos conhecidas. Entretanto, é preciso anular todos os complexos de inibição espiritual e marchar à frente das suas realizações. Um grande ideal é um grande objetivo a atingir. Não perca o seu de vista. Aprenda a dominar-se e a ceder em tudo que seja digno do caráter bem formado. A personalidade é uma conquista nobre da criatura, no entanto, é indispensável não transformá-la em prisão que nos isole dos "outros mundos mentais", que nos rodeiam em todas as seções do progresso infinito. Tenha muita calma e fé, paciência e perseverança.

Relativamente à matemática, creio que você deve dedicar-se a ela sem prejuízo das outras matérias, compreendendo que o seu campo é imprescindível à sua formação.

Não pense que se trate de aquisição desnecessária. Não. Você está começando a luta e, como bom soldado da realização, precisa assenhorear-se de todas as armas. Nesse sentido, se você encontrar dificuldade, peça a Rômulo e à Maria o concurso do explicador. Não hesite, meu filho, e considere o carinho dos pais que o amam tanto! Urge melhorar o seu quadro nesse campo de ciências exatas e não deve surgir qualquer indecisão de sua parte para que essa colaboração seja mantida. Reconheço que se trata de um departamento mais ou menos ingrato para os alunos, entretanto, na base de um edifício os serviços mais duros são os mais eficientes à garantia da construção. É indispensável não esquecer isso para que o seu tempo se enriqueça de luz e realizações edificantes. Que Jesus abençoe o seu coração nesta nova etapa com o 1945. Creia que o vovô é o seu amigo de sempre e não esquece os laços de amor que lhe unem o coração aos netos queridos.

Quanto às suas notas de serviço, meu caro Rômulo, a estrada do mundo, por vezes, oferece tapetes de serpes inesperadas. O bom lutador, porém, conhece-as de perto. Identifica-lhes os golpes traiçoeiros e os venenos letais. Mas não lhes entrega o tesouro de suas forças e confia em Cristo para o combate até a vitória final.

Muito sofre quem muito ama e toda a nossa dificuldade reside em não ultrapassar essas fronteiras do amor, atendendo ao mal que provoca, sempre e invariavelmente, longe ou perto. Por isso mesmo é imprescindível muito senso de equilíbrio para que o sofrimento dessa natureza não nos aniquile as melhores esperanças. Cada trabalhador receberá por suas obras. Nesta grande verdade, todas as meditações serão pequenas, porquanto se o servo fiel recebe a colheita da dedicação, o mau servo não encontra ao fim do labor senão os espinhos que semeou inadvertidamente.

Semelhantes pensamentos conferem-nos grande paz ao espírito. Estamos diante de campos infinitos e em cada experiência edificante começamos a jornada em grande número e, sem exceção, termina-se o serviço de determinado setor em solidão espiritual, como aconteceu ao próprio Cristo.

As reuniões iniciais do Evangelho na Galileia eram verdadeiras assembleias de milhares!

O trabalho era promissor e as partes interessadas pareciam, como ainda hoje o são, sem fim! Para Jesus, porém, que era o trabalhador divino da experiência, a massa de companheiros se foi reduzindo, reduzindo, até a soledade suprema na cruz. Os interessados na lavoura espiritual do reino continuaram trabalhando e procurando, corrigindo e aperfeiçoando através de novos tentâmens e de redobrados esforços, como se verifica ainda hoje, mas, incontestavelmente, o genuíno benfeitor do serviço, que era Jesus, ficou só. Esse pensamento oferece muito conforto, porque no campo da espiritualidade superior as possibilidades e experiências novas são ilimitadas. Assim me expresso para dizer a você que os seus pensamentos me pertencem também.

Relativamente à sua saúde, ouvi o receitista que aconselhe a você usar por uma semana *Ruta*, *Tuia* e *Nux-Vomica* (de 5ª), porque seu organismo está necessitando. A sua viagem física foi longa e exige essa compensação para o campo celular.

Quanto à Maria, felizmente vemo-la melhor, recomendando-lhe continue com os diuréticos, que lhe vêm fazendo grandes benefícios de modo geral.

Temos trabalhado, meu filho, pelo seu amigo.[1] Grandes lutas, as dele! Esperemos em Cristo que a sua luz o bafeje, levando-lhe à alma generosa paz e esperança!

Está presente a nossa irmã Engrácia, que deixa um abraço para a sobrinha, que lhe é particularmente querida. Todos os amigos, e nós também, nos sentimos contentes com as melhoras de nossa irmã Júlia, melhoras do ânimo de que tanto carecia para retemperar as forças gerais. Rendemos graças a Deus e esperamos que ela consolide essa restauração espiritual a benefício do seu ministério, que é verdadeiramente sempre maior.

Agora, meus filhos, e meus amigos, despeço-me com um abraço muito grande. Jesus nos guarde a todos!

Ainda algumas palavras: quero referir-me à situação política que os cerca para solicitar muita serenidade a todos. Menos palavras quando o silêncio deva ser interrompido. A situação do país é muito delicada e quanto mais se aproxime o fim da guerra externa mais difícil se tornará a garantia da paz interna.[2] Esta é a grande verdade do momento, sobre a qual nos referimos para observarem conosco quanto precisamos trabalhar para que a tranquilidade seja garantida quanto possível. Peçamos a bênção de Jesus para o coração da Pátria.

Boa noite a todos. Conceda-nos o Senhor o seu amparo e auxílio de sempre.

Um abraço muito afetuoso do papai, vovô e amigo de sempre,

A. Joviano

Notas da organizadora: [1] refere-se a Raphael Chrisóstomo de Oliveira, desencarnado em 3 de março de 1945, no desastre com seu avião particular, ocorrido na Fazenda da Pedra, Campos | RJ. [2] A Segunda Guerra Mundial terminou em 2 de setembro de 1945, com a assinatura da Rendição Japonesa.

O templo das células é divino

Meus caros filhos, que Deus abençoe a vocês todos, conferindo-lhes muita paz aos corações. Antes de tudo, agradeço à estimada irmã Júlia o carinho que dedicou às cartas imperfeitas e pobres.[1] Jesus distribua com vocês todos as suas bênçãos, fortalecendo-lhes o coração na luta de cada dia.

Você, Rômulo, não precisa entrar em maiores preocupações. Bastará o cuidado, sem a inquietude. A pequenina inflamação não tem maior importância e esperamos que a lembrança do receitista faça o maior bem ao campo orgânico. Quanto ao mais, você sentiu o que era preciso - mais cuidado contra os golpes de ar frio no peito, principalmente nas costas. Isso é necessário, porque a melhor medicina é a que prevê. Quanto à sua viagem, havemos de auxiliá-lo em tudo o que estiver ao nosso alcance, recomendando a você prevenir-se contra os "frios", porquanto, em ocasiões e situações de calor, a tendência, invariavelmente, é a procura do gelo. Creio que será conveniente evitar, em vista da necessidade de manter os órgãos respiratórios isentos de choques violentos de temperatura. O seu trabalho é sagrado, mas o

---

[1] Nota da organizadora: Júlia, mãe de Maria, enquanto permanecia em férias na Fazenda, em Pedro Leopoldo, em diferentes anos, copiou à máquina todas as mensagens de Arthur Joviano, de 1935 a 1952.

seu corpo ainda é muito mais, porque sem ele não há possibilidade de completar o trabalho estabelecido no plano de luta, onde estagiamos. Por isso, meu filho, é que lembramos os cuidados precisos, antes de qualquer expressão inquietante. Jesus ajudar-nos-á a todos, como sempre.

Atenda aos seus compromissos e auxilie aos que necessitam de sua experiência e orientação. Todavia, não sacrifique suas forças. Atenda calmamente, sem aflições e, de quando a quando, ensaie a cooperação de outros servidores do mesmo campo, nos lugares do serviço, para que não pese sobre a sua vontade firme de servir os trabalhos de todas as zonas do Estado. Você tem sido um tanto sacrificado nessa parte (refiro-me simplesmente à saúde física, porque bem sei que os prejuízos oriundos das perseguições de ordem moral honram as suas realizações na tarefa que se propôs a cumprir) e somos de parecer que não deve chamar ao seu coração todos os serviços. Bem sei que surge a dificuldade: confiar a quem? Reconheço-a, mas reafirmo o meu ponto de vista de pai, porquanto **o templo das células é divino** e não podemos deixar de defendê-lo, enquanto nos sobrem energias nos círculos da encarnação.

Tudo vai bem, graças a Jesus! O amor previne, não contraria e, por isso, bem sei que o nosso entendimento espiritual faz sempre bem. Esperamos que o medicamento seja encontrado, mas se houver dificuldade indicaremos outro em ocasião oportuna.

Agora, meus filhos, deixo-lhes o meu abraço. Esperamos que os nossos amigos sejam muito felizes na volta ao Rio. Que Jesus multiplique sobre todos nós as suas bênçãos de infinita bondade. Deixando-lhes o meu carinho de sempre, abraça-os, mais uma vez, o papai que não os esquece,

A. Joviano

Sem a paz íntima, é difícil curarmo-nos

Meus caros filhos, Deus abençoe a vocês, conferindo-lhes muita paz aos corações.

Rômulo, venho assinalar, com muita satisfação, as suas melhoras da saúde. Sua posição melhorou muitíssimo, posso dizer assim. Quase nenhum processo inflamatório, mais equilíbrio e vizinhança crescente da normalidade. Estou confortado com a modificação do plano que se esboçava para o seu trabalho pessoal no mês de abril. Foi excelente solução a que se chegou, porque, para falar a você com franqueza, estava preocupado com a expectativa de uma excursão tão longa para o seu campo físico, qual a de Montes Claros para a frente. Seria arriscar, de algum modo. Se necessidade premente houvesse, não só no setor do serviço, como também na esfera dos compromissos de ordem moral, creio que deveria você prosseguir até o fim, ainda que os sacrifícios da saúde chegassem a perigosas consequências. Mas, como observamos, todo o processo de modificação obedece a fatores naturais, que não deixam qualquer fundo de preocupação em seus pensamentos. Esperemos.

Assim você tem encontrado mais tranquilidade interior para contribuir nas melhoras. Não obstante a medicação iniciada, sua nova situação apenas começou quando sua mente alcançou o repouso para desligar-se dos compromissos mais fortes no caso. É também um ensinamento: enquanto estamos inquietos dentro de nós, quando na carne, não oferecemos concurso eficiente às forças curadoras e libertadoras que nos cercam. **Sem a paz íntima, é difícil curarmo-nos** de qualquer mal.

Graças à Providência Divina, contudo, a paisagem é outra. Que Jesus abençoe os seus propósitos de serviço e as suas boas disposições no ministério confiado ao seu coração e às suas mãos.

Agora, meus filhos, cerquemos a situação do Roberto com as defesas precisas. Em toda a correspondência dirigida a ele, falem-lhe da necessidade de se equilibrar nas diversas matérias do curso, procurando acentuar-se na matemática e, no segundo semestre, convém ministrar-lhe a colaboração de um explicador nesse sentido. Como sabemos, Roberto é portador de algumas necessidades de luta um tanto fortes e esses conflitos no campo dos estudos lhe constituem verdadeiras provações. Que estas existem é inegável. Mas temos de enfrentá-las de ânimo sereno e sentimento forte, vencendo-as com a nossa fé em Deus e perseverança no esforço, dentro das tarefas assumidas. Neste ano, seja a nossa política amorosa com base na advertência vigilante. É difícil falar aos moços, mormente quando os jovens, como o nosso, possuem um caráter bem formado e um espírito varonil. Entretanto, ainda assim é preciso aconselhar sempre, porque temos uma experiência maior e as palavras da prudência doméstica representam luzes no caminho dos que partem à procura das realizações legítimas da evolução. Trabalhemos confiantes em Deus.

Assinalamos com prazer o bem que receberam os nossos amigos na permanência última entre vocês. Principalmente D. Júlia precisava retemperar-se. O General, por certo, é dono de um belo coração, dado ao sentimento e ao carinho, mas é homem, e um homem, na altura de nossa civilização, detém obrigações muito diferentes da mulher. Há para ele horizontes sempre variados, enquanto que para a mulher, mormente para a que se ergueu em mãe devotada e heroica, o quadro de lutas exige mais dores, renunciações e sacrifícios. No mundo, necessitamos, muitas vezes, do refúgio do reconforto. É uma necessidade a que nenhum encarnado pode fugir.

Que Deus conceda a possibilidade de ser a "praia acolhedora", oferecendo aos companheiros de luta os elementos de serenidade e reparação.

Agora, despeço-me.

Recomendamos à Maria e Wanda o *Gelseminum* e o *Eupatorium*. Parece incrível que haja tanta necessidade dos preventivos contra a gripe, mas o momento de tantas instabilidades na temperatura assim exige.

Boa noite, meus filhos! Que a paz de Deus guarde vocês em Seu infinito amor. Um abraço muito afetuoso do papai e vovô de sempre,

A. Joviano

Na continuação de nossas preces

Meus caros filhos, Deus abençoe a vocês, conferindo-lhes muita saúde e paz espiritual.

Na continuação de nossas preces, encontraremos o caminho da luz redentora. No prosseguimento de nossos trabalhos, descortinaremos os vastos horizontes da vida eterna. Louvemos a Deus trabalhando e busquemos servir rendendo graças ao Senhor! Este o programa cristão de nossas estradas novas.

Estamos muito satisfeitos com o término do novo esforço de André Luiz.[1] Essas páginas são toques de alarme espiritual, despertando corações e consciências. Muitos amigos espirituais prestaram a ele o concurso de que podiam dispor, a fim de que o seu livro fosse terminado e entregue à circulação das ideias renovadoras. Com tempo, à medida que vocês fizerem a releitura, observarão as vivas claridades que jorram dessa fonte. As narrativas de *Nosso Lar* e os esclarecimentos de *Os Mensageiros* constituem como que um curso de introdução ao entendimento das atividades do ho-

---

[1] Nota da organizadora: refere-se ao livro *Missionários da Luz*.

mem além do túmulo, que, nesse esforço, foram destacadas com muito critério e observações legítimas. Aí veem vocês que a existência terrestre não está limitada às operações do dia e que as nossas noites, quando encarnados, estão cheias de serviço benéfico e construtivo. A morte deixa de ser o ponto terminal do caminho para ser a continuação da luta edificante do espírito eterno. É muito confortador para nós contribuir para a formação de um novo campo de estudo e realização dentro do Espiritismo comum. André Luiz ensina aos companheiros de experiência humana que há lugar para todos, que o além-túmulo não é região privilegiada dos que sabem fazer formosas orações e sim a zona para a qual a vida se transfere com os seus cuidados e bênçãos, preocupações e alegrias, lutas e tréguas, risos e esperanças, onde a alma, insaciável obreira de Deus, prossegue amando e trabalhando, enriquecendo a si mesma e atendendo ao próximo. Leiam, relendo, as páginas dele, meditando... meditando...[2] Vocês observarão que extraordinários caminhos se desenham para o pensamento, abrindo-lhe esferas novas de serviço salvador.

Também me alegro muito, meus filhos, e peço a Deus para que vocês estejam sempre a postos no bom trabalho, extraindo da presente oportunidade todos os recursos de edificação e aproveitamento. Não é fácil conjugar na Terra os recursos espirituais para os trabalhos metódicos e edificantes, na posição atual do mundo. Por isso, louvamos o interesse que vocês colocam nesse cometimento e pediremos a Jesus para que os abençoe.

Tenho acompanhado, meu caro Rômulo, suas preocupações no setor do trabalho quanto à melhoria das suas condições de administrador e servidor do bem público.

---

[2] Nota da organizadora: a maioria dos livros recebidos por Chico, de 1938 a 1952, foi escrita à máquina no gabinete destinado a esses trabalhos, no andar térreo da residência de Rômulo e Maria. As páginas recebidas, a cada dia, eram depois levadas pelo Chico para o gabinete de Rômulo e eram lidas à noite pelo casal, que aguardava, com muito interesse, as do dia seguinte, qual bendita novela. As páginas eram todas arquivadas por Rômulo, que, ao final de cada livro, as remetia à Federação Espírita Brasileira (FEB), no Rio de Janeiro.

Creio, meu filho, que você não deve sobrecarregar a mente com as expectativas e providências necessárias, mas acredite que será útil movimentar suas possibilidades a serviço da promoção que o momento apresenta, embora de longe. Mobilize seus recursos oficiais e afetivos, como se sente no direito de solicitar a atenção dos superiores hierárquicos, porque, consciencialmente, esse direito é uma propriedade sua. Movimente os valores referidos e espere na sua posição de trabalhador devotado ao seu campo de ação. Apenas recomendamos a você não considerar o assunto como essencial para que os sofrimentos sutis e inesperados não colham o seu coração feito. Atravessamos, coletivamente considerando, uma situação tão anormal, que os maiores absurdos administrativos, procedentes dos altos bastidores humanos, não admiram, nem surpreendem. Tempos difíceis, muito difíceis! Pesam sobre a mentalidade dos homens não preparados espiritualmente verdadeiras nuvens de incompreensão, egoísmo, insensatez e indiferença. É necessário muita serenidade para permanecer com a justiça sem sofrimento, em épocas calamitosas quanto esta. Há quinze anos ninguém o diria, mas hoje é impossível discutir advogando a supremacia da razão sobre a força. A revolução brasileira trouxe experiências amargas que golpeiam fundo o espírito dos que pensam e trabalham com a visão maior da realidade. Em vista do que comentamos, defenda o seu direito, reclamando a atenção da autoridade coletiva. Quando o veneno atinge a cabeça, é difícil pensar em probabilidades de saúde nos outros órgãos. Caminhemos com Cristo. Esse é o melhor "slogan". Que ele nos ajude e proteja.

Wanda, os comprimidos *Paulinia* que o receitista aconselhou para você têm base de guaraná e farão muito bem ao seu sistema nervoso. Essas dores imprecisas que você tem experimentado têm origem nervosa. Você pode começar o uso quando for possível.

Sua saúde, Rômulo, melhorou muito nos últimos dias. Os passes, as massagens, as emissões de energia mental deram extraordinária força aos elementos medicamentosos. As longas viagens de automóvel, o aumento de peso costumam impor alterações à pleura. Foi o que aconteceu. Agora, porém, seu organismo está quase na posição normal. Pode continuar, todavia, com o *Cardos Cardum*, que está fazendo muito bem às suas forças, de maneira geral.

Agora, meus filhos, despeço-me.

Para você, Maria, aconselho ainda as mesmas indicações anteriores alusivas à preservação contra os resfriados. Há "neste mundo daqui" um serviço enorme para defender a humanidade contra a epidemia do após-guerra. Há homens e espíritos interessados na conservação da paz e há legiões de trabalhadores estudando a maneira de preservar a saúde dos povos. Enquanto houver movimento bélico, a fazer-se acompanhar de vibrações e deslocamentos atmosféricos, será possível contemporizar, mas cessado o ruído dos canhões o lodo expelido voltará a pousar no fundo. Então só Deus pode permitir a sua extinção, sem maiores perigos. É o que imensas fileiras de trabalhadores estão fazendo, cooperando ativamente com os seus valiosos trabalhos para que os companheiros encarnados recebem essa graça divina.

Boa noite, meus filhos! Guarde-nos a paz de Jesus. Com um afetuoso abraço, sou o papai e vovô muito amigo de sempre,

A. Joviano

Cooperando nos passes

Meus caros filhos, que Jesus conceda a vocês a sua bênção, conferindo-lhes muita paz ao coração.

Estamos ouvindo a palestra de vocês e acompanhando o assunto referente à prova de nossos amigos. É bem grande, evidentemente, porque a ausência de equilíbrio mental apresenta um combate constante da alma para manifestar-se no instrumento. A loucura é sempre o desequilíbrio que obscurece a razão, mas que não a extingue. É por isso que os casos dessa natureza prendem-se a ascendentes muito dolorosos do pretérito e requerem muita fé naqueles que os acompanham. Não faltará, porém, ao enfermo o concurso preciso e nem a cooperação à nossa amiga para que esteja sustentada na grande luta. A provação é amarga, mas é redentora. Saibamos confiar no Poder Divino.

Rômulo, meu filho, você pode continuar com os elementos medicamentosos em uso. Farão grande benefício ao seu organismo, de maneira geral. O ponto dolorido vai desaparecendo e com o seu desaparecimento desejamos remover também a causa, em suas raízes, para que fique livre dessa "zona nevrálgica" no campo das forças físicas.

Os seus estudos de passe são muito confortadores para nós. Prossiga experimentando, aprimorando seus conhecimentos nesse particular e aplicando-os quando seja possível. Tenho satisfação em conversar com você, sem palavras faladas, relativamente ao proveito de sua experiência nova. De fato, meu filho, conforme as conclusões a que temos chegado no silêncio, as atividades construtivas da Terra são belas e respeitáveis, mormente quando se conjugam aos nossos ideais e vocação de serviço, entretanto, são sempre patrimônios terrestres. Conheço a extensão de seu amor às realizações do momento atual, como você conheceu meu devotamento à escola. Ambos não nos importamos com os tropeços, dificuldades, em se tratando da edificação de nossos projetos de trabalho. Ambos sofremos o assédio dos preguiçosos de todos os tempos, que atacam a colmeia da realização edificante, através da calúnia, da má-fé. Por isso mesmo, provados na mesma experiência de amor ao serviço, embora em especializações diferentes, estamos habilitados ao entendimento mútuo das situações. E a verdade, meu filho, é que, não obstante feliz pelo dever cumprido, tive de deixar, como já deixei muitas vezes, a biblioteca de educador, o gabinete de estudos, o plano de lições, o pequeno mundo das crianças ou dos aprendizes de qualquer idade ou condição, que eu muito amava. Continuei a tarefa na parte espiritual de minha ligação com a obra pedagógica. Valeu-me o ideal de ensinar e servir, acima da competência de formar os valores meramente intelectuais. Se eu apenas informasse o raciocínio dos alunos, não teria conseguido as facilidades que o amor de instruir me ofereceu aqui. E vou reconstituindo minha banca de trabalho, ensinando em nome daquele Mestre dos mestres. Agora que seu entendimento se liga a outros planos de ideal, posso dizer, portanto, de minha satisfação, porque, desse modo, você encontrará aqui, mais tarde, facilidades de que eu não consegui dispor nos primeiros tempos. Bom é trabalhar na Terra, honrando as nossas obrigações, mas é muito melhor trabalhar na Espiritualidade desde aí, unindo os valores do mundo material e da esfera espiritual na mesma vibração de construtividade. O estudo do magnetismo com as aplicações que lhe são consequentes, no plano do bem, traz uma felicidade enorme ao coração! Você imantará seu idealismo de trabalhador em prodigiosas fontes de força e, além dos amplos benefícios que você poderá distribuir com os encarnados, conseguirá oferecer muito recurso à influência dos benfeitores daqui. Não desanime e continue. Há um campo enorme esperando cooperadores com essa especialização, do qual as necessidades dos espíritos encarnados são a parte mínima. Neste lado em que nos achamos, ao qual as almas doentes e perturbadas aportam, aos milhares, diariamente, é que vemos a necessidade dos conhecedores das leis magnéticas da vida, a fim de que os serviços da fraternidade se desdobrem com presteza e eficiência. A sua experiência com o enfermo na última reunião havida foi coroada de pleno êxito e você, por ela, pode avaliar a importância de uma colaboração desse teor. Quanto maior a sua serenidade maior o potencial em posição de ser utilizado pelos benfeitores de nosso plano. Ajude e coopere, meu filho, e esteja certo de que sempre que você der algo de construtivo você mesmo será o primeiro beneficiado no feito. Seu cuidado com os animais encontrará também, com o desenvolvimento dessas novas energias, novos rumos de edificação, não talvez para agora, nos dias que correm, mas para aqui, onde os amigos dos seres inferiores - crisálidas de consciência - encontram vasta oficina de recursos para auxiliá-los na subida da evolução, através da espécie. Deus o abençoe por essa aquisição nova, da qual você receberá apenas informes de nossa parte e que pertencerá a você, exclusivamente. Maria, se você tornar a sentir dor, não tenha receios. Continue usando os elementos indicados. E lembre-se de que **o Rômulo, agora, tem novos recursos nas mãos, através dos quais poderemos fazer chegar os nossos.** Tudo seguirá bem.

Wanda, você deve resguardar-se contra os resfriados, evitando as correntes de ar no tórax. Depois do *Agrião*, use 1 a 2 vidros do *Anemoglan Cálcico*. Fará muito bem a você.

Agora, meus filhos, apresento-lhes os meus votos de boa viagem. Esperemos amanhã o curso das providências a serem tomadas. Quanto ao mais, em tudo recordem o Evangelho de ontem: Jesus ensinando todos os dias.

Recebam um grande abraço do papai e vovô muito amigo de sempre,

A. Joviano

Materialização em Uberaba

Meus caros filhos, Deus abençoe a vocês, concedendo-lhes muita saúde física, luz divina e paz espiritual.

Foi uma admirável experiência a que fizemos no campo da tangibilidade. Peçamos a Deus possamos repeti-la com tamanho êxito!

Considero a dificuldade que vocês experimentam, tentando transmitir a outrem, o relatório verbal das ocorrências. Para o homem comum, ainda que esse homem seja nosso companheiro de luta diária, se não possui um curso de compreensão que anteceda os fatos, a experiência havida é inacreditável. Também, para dizer a vocês a real expressão do que sinto, não me aventuraria à **materialização**, se o caso não fosse entre nós. É necessário trabalho, tempo de estudo, despesa de emoções e energia para o alcance do entendimento preciso. E nós não temos, no círculo da família, no momento, outros corações habilitados à tarefa, com exceção do Fausto, que me identifica com prazer. Por isso, meus filhos, fiz quanto pude para fazer-me sentir.

Frequentei a sociedade daqueles amigos durante uma semana inteira, obedecendo a instruções dos orientadores para levar-lhes a minha mão amiga, por alguns momentos. E o serviço foi regiamente compensado. Éramos ali grande número de trabalhadores. A casa sofreu, durante dez horas, vários serviços de limpeza espiritual, se podemos dizer assim, porque vem sendo habitada por entidades de má intenção. O trabalho preparatório foi de grandes proporções e, além do médium Garibaldi,[1] todos os presentes forneceram energias magnéticas de cooperação, excetuando duas pessoas, que não deviam ter estado na reunião.

O diretor do serviço é uma entidade de elevada hierarquia e facultou-me o que era possível para que eu cumprimentasse você. Por algumas noites, estivemos com o médium fora do corpo físico, ensaiando a experiência. É um bom amigo, a quem fico devendo o prazer que me deu. Os orientadores da casa, mantendo-se na expectativa quanto aos resultados da reunião, esforçaram-se para que me materializasse em primeiro lugar. Tomei a forma parcial e somente pude materializar os braços e as mãos com eficiência. Não estava preparado a reconstituir outras partes no esforço de materialização que cabe ao interessado. É muito difícil fazer uma experiência dessa, com êxito, depois de dez anos de renovação, se o nosso setor de serviço não se desdobra na técnica desses fenômenos. Desejava, porém, organizar apenas as mãos. E isso consegui, com alegria infinita! Ao sair do gabinete fluídico, câmara improvisada tendo o médium por centro das forças, estava vacilante. Cumprimentei os amigos que se postavam nas vizinhanças da organização mediúnica, porque o orientador que me guiava me recomendou não abraçá-los em primeiro lugar. Poderiam sentir choque de consequências imprevisíveis antes de ouvir elucidações prévias. Ao passar perto de Maria, tive receio de faltar-me as forças. Grande era a minha emoção! Por isso, entendendo quanto se encontrava comovida, e quanto me achava emocionado, arrastei-me quase até o Rômulo para dar-me a conhecer. Ele compreenderia mais depressa quando me

---

[1] Nota da organizadora: médium de efeitos físicos, que, em Uberaba, nos proporcionou a visita materializada do vovô Arthur, aqui descrita.

apertasse a mão nas suas e se viesse a desmaterialização imediata pela nossa emotividade teria alcançado o meu objetivo. Entretanto, orei muito e não nos faltaram energias. Pude cumprimentá-lo, ouvir-lhe as palavras que me identificaram e bati-lhe no ombro como dantes, mormente depois de uma discussão mais acalorada, quando minha alma de velho não podia desfazer de todo o seu idealismo de rapaz. Senti uma das maiores alegrias desde 1934! Vocês recebem sempre o meu pensamento e as minhas palavras, mas eu sempre desejei fazer-me sentir a vocês de modo concreto.

Em seguida, quis deixar alguma recordação para a Wanda, todavia, minhas mãos estavam vazias. Se eu fosse uma entidade habituada a serviços de transporte, teria trazido alguma curiosidade de algum lugar, mas urgia aproveitar o minuto. Dei-lhe, então, um disco que não me pertencia. Mas o presente, minha neta, era simbólico. Queria dar a você a prece à Maria Santíssima para que você trabalhe no mundo de coração e alma voltados para ela, nossa Mãe Celestial. Em seguida, quis cumprimentar Maria e, consoante o plano traçado, deveria entregar-lhe a flor em nome de alguém que vive muito alto! Não consegui senão acariciar-lhe a cabeça, como fazia noutros tempos! A emoção era tanta! Faltou energia e recorri à bengala para suster-me por mais alguns momentos, tentando continuar. A bengala não é somente um aparelho sinalético para os assistentes. É também um condensador de energias para nós outros. Escorei-me na bengala, tentei prosseguir, mas não pude. Ajudaram-me à desmaterialização imediatamente para que outro tomasse o lugar. Ainda assim pedi a um dos grandes instrutores do círculo fizesse a entrega da flor à Maria, em nosso nome, o que ele cumpriu, com grande satisfação para mim. Como aconteceu ao disco, a flor também não nos pertencia, em sua expressão física, mas nas suas pétalas materiais, sem vida e sem perfume, foi colocada uma luz e um aroma que vocês absorveram para sempre com os sentidos sutis da alma. A lembrança também encerra um símbolo de amor e de afeto constantes. Foi uma experiência sublime, repito. Que Jesus recompense os trabalhadores que no-la possibilitaram.

Estou muito grato a Deus e espero que vocês compreendam como fomos agraciados pela Providência Divina. Nunca esquecerei nosso abraço de reencontro, até que possamos nos rever aqui, onde estou, frente a frente. A certeza de que nos encontramos juntos perdurará até o fim da luta e da separação, e rendo louvores ao Alto pela alegria que baixou sobre nós.

Boa noite, meus filhos! Hoje não posso ir mais longe. Guardem o agradecimento e o júbilo do papai muito amigo de sempre,

A. Joviano

Maria ainda não tinha vindo

Meus filhos, Deus abençoe a vocês, concedendo-lhes muita saúde e paz.

Vocês fizeram muito bem visitando o nosso velho amigo no festivo crepúsculo da sua luta material. Recordo o tempo que se foi, não muito distante, em que sabiam cultivar com mais carinho a flor de nossa amizade desinteressada e sincera. Nada morre. Tudo vive sempre para reviver dentro de nós. **Maria ainda não tinha vindo** cumprir o seu ministério de amor, junto de nós, orientando e organizando os problemas! Bem me lembro. Os passeios a cavalo, a alegria da gente moça pela manhã, cheia de sol! Os quadros passaram, mas a fotografia deles ficou no meu coração.

Pena, meu caro Rômulo, que o Cristiano não conseguisse acesso à fonte da verdade espiritual.[1] Do grupo, é um companheiro que destaco, satisfeito. Senhor de patrimônio intelectual muito sólido, coração votado à arte, à ciência e ao bem, com sincero pesar não o vemos dono da

---

[1] Nota da organizadora: refere-se ao amigo Cristiano Ottoni, que visitaram no dia de suas Bodas de Ouro.

verdade quanto desejaríamos. Entretanto, o futuro é nosso bom amigo de todos os tempos. Grato a vocês pela satisfação que me proporcionaram indo até lá. Que Jesus conceda ao nosso velho amigo a paz e o bem-estar imprescindíveis à alegria permanente da alma.

Hoje, minha querida Maria, quero significar a você a minha visita muito particular, em razão da gripe complicada que se abateu sobre o seu organismo. A sua melhora de hoje é considerável e verifico-a com grande contentamento! No último sábado à noite, e no domingo, tivemos com você um serviço completo de passes espirituais para que as consequências do mal fossem atenuadas. As suas vias respiratórias achavam-se sob pressão forte. Felizmente, o perigo passou, mas quero pedir-lhe abstenção de gelados e conservação do agasalho sobre o peito, até que se consolide o restabelecimento geral. Em vista de anunciarem-se determinadas transformações orgânicas para você, o sistema nervoso sofreu alguma coisa. Foi preciso consumir certas reservas vitaminosas de vulto. Pedi ao receitista uma opinião e ele é de parecer que você use o *Oral Bevitona* (comprimidos vitamínicos B), durante 15 a 20 dias. Não será preciso mais. Apenas o necessário para suprir as perdas. Com a restituição natural, através da alimentação sadia, esperamos que tudo se processe tão bem quanto desejamos. O corpo, minha filha, é sagrado templo que precisamos preservar sempre. Sinto uma grande alegria com o entendimento de vocês nesse sentido. Compreensão espiritual da vida e observação do método necessário representam 75% de todas as curas, segundo a opinião de um amigo nosso daqui. Ainda bem. Tudo segue de acordo com as nossas necessidades.

Relativamente ao Roberto, lembremo-nos de que junho está às portas. Aconselhem a ele muita observância dos programas e cultivo das matérias regulamentares. De julho ou agosto em diante deve socorrer-se do explicador nos pontos mais difíceis, mormente no que se refere à matemática. Tenho procurado ajudar a ele e espero em Jesus que ele nos auxilie com a sua adesão plena aos nossos propósitos.

Que Deus, meus filhos, conceda a vocês muita saúde e paz, alegria e bom ânimo no campo doméstico. O trabalho dos pais e das mães nem sempre é compreendido integralmente nos momentos da luta, mas chega sempre o dia do entendimento, da compensação legítima.

Deixo-lhes o meu abraço muito afetuoso, rogando ao eterno Pai nos fortaleça e ilumine sempre. E com o carinho de sempre sou o papai muito amigo que não os esquece,

A. Joviano

Não daremos a você um manual

Meus caros filhos, Deus abençoe a vocês, concedendo-lhes muita saúde e paz. Felizmente, Maria, as suas melhoras são positivas! Você hoje está bem melhorada, com as energias em restauração franca! O medicamento tem feito muito bem ao seu organismo, renovando-lhe as disposições gerais. Rendemos graças a Deus e esperamos que você continue fortalecida e bem disposta! A estação fria agravar-se-á e é preciso ter cuidado, conservando o tórax ao abrigo das rajadas de vento. Quanto ao mais, você melhorou muito e conserva-se em boa atitude natural para as reações precisas. Esperemos na Providência. Deus dá sempre. Que saibamos receber para nosso benefício real é o que devemos desejar no íntimo do coração.

Meu caro Rômulo, tenho ouvido suas considerações interiores sobre os serviços magnéticos de auxílio. Estamos muito satisfeitos com a sua disposição de servir e movimentaremos todos os recursos ao nosso alcance para que não lhe faltem possibilidades, assistência e inspiração.

Não daremos a você um manual daqui, vazado em letras humanas, porque seria, de fato, inútil. É preciso aproveitar as bases dos conhecimentos já catalogados pelas autoridades no assunto e desenvolver a sua capacidade receptiva no desdobramento dos trabalhos, porque com a experiência você aprenderá que não existem dois enfermos iguais. A necessidade de auxílio é sempre a mesma, todavia, as manifestações são diversas em cada necessitado. Nuns é preciso atender com mais atenção ao campo físico, noutros é necessário especializar a assistência às zonas do psiquismo. E assim, pouco a pouco, você verá descortinar-se um campo infinito de trabalho, onde cada caso bem examinado representa uma surpresa e uma revelação. Você pode manifestar a sua boa vontade, cheio de confiança. Muitos amigos virão auxiliá-lo. Não tenha receio. Quando o corpo não estiver em condições de receber a dádiva, a alma guardará o benefício. Não deseje resultados patentes das ações curativas ou confortadoras no plano do imediatismo comum. Espere a passagem do tempo. Quanto seja possível, atenda ao conselho evangélico que manda "curar e pregar o reino de Deus", simultaneamente. A palavra de bom ânimo é o melhor elemento fixador do magnetismo irradiante do bem. Quando não aparecerem resultados à tona de seu esforço, recorde que o próprio Jesus não curou a todos perante os olhos dos homens. Em todas as ocasiões, o divino Semeador plantou o socorro, o bem e a verdade, mas a criatura não tem "olhos de ver", sem que haja procurado, de fato, obter a visão eterna. Desse modo, ainda mesmo diante dos casos gravíssimos, desde que alguém procure os seus serviços nesse novo setor, atenda confiante, porque a mesma ciência que ajuda o corpo físico a manter-se de pé auxilia-o também nos momentos finais para que a alma se desvencilhe e ressurja feliz. Assim me expresso para que você repare sempre a essência divina do trabalho a fazer.

Relativamente aos passes a distância, recordemos que eles podem e devem ser praticados sempre que for possível dispensar-lhes tempo e atenção. Não precisa preocupar-se em demasia quanto às fórmulas. Em regra geral, somos de parecer que esses serviços devem ser levados a efeito quando solicitados e no caso do auxílio magnético a distância o necessitado, desse modo, concorre com 50% na realização. Será conveniente, pois, entre o auxiliador e o auxiliado, haja prévia combinação sobre o tempo que gastarão na iniciativa. Nesse caso, terá você um fenômeno idêntico ao da sintonia dos aparelhos radiofônicos. Entre o emissor e o receptor estabelece-se a harmonia e o trabalho se realiza. Este é o mesmo princípio que rege o concurso pela oração a desencarnados. Quando pedimos por alguém, induzimos o interessado a sintonizar-se com vocês para o serviço de intercâmbio. Como vê, os casos são naturais. Quando você, porém, desejar concorrer a benefício de alguém que não pede a colaboração em exame, então aí verifica-se o empreendimento aconselhado no Velho Testamento - "atira o pão na água". Algum dia voltará nas mesmas correntes, dando a ideia da grandeza da Misericórdia Divina. Nesse campo, todavia, o serviço é feito pela metade e as probabilidades são incertas quanto ao tempo. Mesmo assim, todavia, você deve e pode auxiliar sempre. Não importa que o necessitado esteja esquecido de si mesmo. Procuremos auxiliá-lo em silêncio. Jesus não fez outra coisa quando veio à Terra despertar a alma humana para a verdade e para o bem. Deu-nos quanto podíamos receber e há quase dois mil anos estamos no esforço de contribuir com a nossa parte no setor do entendimento e da aplicação. O que posso dizer a você, meu filho, é que essa esfera de serviço é fascinante pelas edificações que proporciona no silêncio, sem ruídos e sem dúvidas. Mais tarde, observará de modo mais concreto a preciosidade, o valor e a extensão do serviço. "Batei e abrir-se-vos-á." Continue na tecla do esforço. A insistência mais simpática que bate à porta da Revelação Divina é aquela que roga auxílio para poder auxiliar aos outros. Nesse sentido, pois, a sua atitude de trabalhador há de encontrar o prêmio certo. Procuremos com Cristo e acharemos em companhia dele. Grande é a bondade do Senhor, nunca nos cansaremos de repetir.

Para você, meu filho, e Wanda, aconselhamos o *Eupatorium* e o *Ipecacuanha* por 4 a 5 dias. Trata-se de providência natural de proteção às vias respiratórias.

O nosso amigo recentemente desencarnado encontra-se bem cuidado, embora ainda sinta as tremendas consequências do desastre.[1] Continuem auxiliando-o com as orações. Far-lhe-ão imenso benefício.

Boa noite, meus filhos! Que a paz de Jesus nos guarde a todos. Reunindo vocês num grande e afetuoso abraço, deseja-lhes bênçãos divinas o papai muito amigo de sempre,

A. Joviano

---

[1] Nota da organizadora: refere-se a Raphael Chrisóstomo de Oliveira.

Felizes os que organizarem seus caminhos

Meus caros filhos, Deus abençoe a vocês, concedendo-lhes muita paz ao espírito e saúde ao corpo.

Acompanhamos a palestra e sentimo-nos felizes observando o sabor da vida eterna. Estas são as boas conversações que edificam, as que esquecem as sombras do mundo para admirar a vida eterna da alma e recordá-la sempre.

Enquanto a criatura não se renova no calor dessas verdades benditas pode haver muita teoria de crença nos raciocínios, mas escassa fé nos sentimentos. Lá fora, os antigos companheiros de luta emitem os julgamentos precipitados, fanatizados, circunscritos a uma ideia única. Entretanto, é preciso apiedarmo-nos deles e passar avante. **Felizes os que puderem organizar seus caminhos** para a realidade vindoura! Também eu, não obstante aparentar, muitas vezes, o contrário, preocupo-me por todos aqueles que amamos. É impossível o desligamento de vez. Como cessar em alguns dias o entrelaçamento das raízes afetivas, que perduram há alguns milênios? Oh, um século, meus filhos, aqui onde nos encontramos é um prazo irrisório! Cem anos para quem acorda nas verdades espirituais representam alguns dias de período infantil! Como poderia eu, em dois lustros apenas, alijar tudo? Impossível. Por isso, sinto prazer em ouvi-los. A palestra espiritualizada renova-me a esperança, dá-me forças. Quem sabe mais tarde? Poderíamos então congregar os corações em derredor de uma mesa muito mais vasta! Cada coração querido teria o seu lugar!... Isso, porém, é realização ainda distante. Ainda temos de construir muitas estradas, destruir impedimentos, vencer obstáculos, edificar pontes sobre os abismos para atingir, como desejamos, o continente sagrado da união divina. Entretanto, tudo parece tão fácil! Aos menos avisados não faltariam tentativas de palavras, mas nós sabemos hoje que o nosso serviço exige muito mais silêncio que ruídos do mundo, porque reconhecemos que a harmonia desejada é de corações e cada coração vive em seu país, na autarquia do "eu" e, às vezes, demora a receber a mensagem de Deus. Mas vocês, que tiveram a felicidade de ouvi-la, recebê-la e estendê-la, sejam abençoados! As testas coroadas não têm tanta ventura como a que vocês possuem, porque aos poucos vocês se apossam da herança eterna. Para nós, hoje, a dor é um aviso santificado, o sofrimento é estímulo, a dificuldade é um desafio benéfico, a vida é uma continuada revelação de belezas imortais, porquanto o nosso dia está repleto de trabalho e luz, edificação e esperança. Que Deus, meus filhos, lhes abençoe os passos, ajudando-os na verdadeira e real vitória, que é a do bem e da verdade, realizados em nós mesmos.

Relativamente aos serviços de passes, meu caro Rômulo, vemos o seu esforço com alegria. Continue trabalhando. Os trabalhos dos amigos espirituais para as reuniões, nesse sentido, são, deveras, relevantes. Acredite, porém, meu filho, que a fonte doadora está sempre no Mais Alto. Basta que anunciemos a boa vontade e o pensamento-apelo eleva--se às regiões competentes, se podemos nos exprimir assim. Por isso, o homem que serve é sempre o maior beneficiado, porque, constituindo-se em veículo de socorro, ele recebe esse socorro em primeiro lugar para atender com eficiência. (Para fazer-me mais claro, recordo o caso do nosso país diante das necessidades da guerra defensiva. Ele dispôs-se a cooperar de boa vontade e os países mais poderosos conferiram-lhe o auxílio para esse fim. Atendeu aos seus propósitos elevados, colaborou com eficiência pela oportunidade de sua adesão à defesa e, cessado o movimento, guarda ele o patrimônio quase intacto dos recursos que recebeu para auxiliar. Se souber guardá-lo e desenvolvê-lo, naturalmente chegará a ombrear--se com as grandes potências em pouco tempo, eliminando muitas atividades e movimentações inúteis. Assim também ocorre com o amigo que adere espontaneamente aos serviços do bem. Quando sabe reter os benefícios que lhe ficam nas mãos e no coração, cultivando-os com a eficiência e vigilância precisas, então conquista muito tempo e elimina muitos óbices para atingir a posição dos espíritos benfeitores.) É o que desejo a você com o meu coração de pai. Atenda ao seu novo setor, cheio de boa vontade e confiança. O Senhor não nos faltará com a sua bênção. Quanto ao mais, cultuemos a fé e o esforço todos os dias. Não se renasce senão para esse grande e abençoado serviço de educação e resgate para a vida eterna. Nossos amigos despertarão um dia. O sono deles é profundo, meu filho. Creio que se tocássemos todos os sinos das muitas igrejas de Minas para acordá-los, não alcançaríamos o desejado fim. Primeiro é preciso que passe a noite da indiferença. Aquela cena do "posto de socorro", que tanto tem preocupado a você, é bem certa e aplicável também ao círculo dos encarnados. Quantas vezes outras almas, tão belas e tão nobres como a de Ismália,[1] oram, socorrendo os que dormem, intentando levantá-los da hipnose em que se encontram, mas nada se consegue de momento!... É necessário esperar o tempo, embora, e prosseguir no esforço de colaboração fraternal e fiel. O coração está rígido, a inteligência está paralisada, os raciocínios estão mecanizados em pontos fixos, as ideias não se levantam da posição horizontal, mas ajudemo-los, ainda assim! Quem sabe falta apenas uma leve gota de boa vontade para que se opere o reerguimento? Outras almas já oraram também sobre eles. Há serviços preparatórios completos. Assim nos cabe servir e ter esperança.

Wanda, você pode usar os elementos indicados, convicta de nosso concurso espiritual. Em seguida, ensinaremos algo de alopatia para você.

Quanto a você, Maria, o passe, minha filha, foi muito oportuno. Creio que seria útil a continuação. A melhor medicina é a que prevê e serão de excelente efeito novas aplicações magnéticas, pelo menos na zona da garganta.

Que Jesus ampare a vocês todos e lhes encha o coração de bom ânimo, paz e alegria.

Boa noite, meus filhos! Que Deus nos fortaleça no cumprimento de nossas tarefas. Que Ele, nosso Pai de Infinita Bondade, seja glorificado para sempre, pelo muito que nos tem dado, são os votos do papai que lhes deixa um carinhoso e apertado abraço,

A. Joviano

---

[1] Nota da organizadora: personagem mencionado no Capítulo 17 de *Os Mensageiros*, livro de André Luiz.

A amizade é uma flor com perfume eterno

Meus caros filhos, conceda-nos Jesus a sua paz, abençoando a vocês todos.

Cumprimentamos, com muito prazer, o nosso amigo Guimarães, presente às nossas preces.[1]

A amizade é uma flor com perfume eterno e esperamos que vocês a cultivem para sempre no jardim do coração. No lar da Eternidade, os laços afetivos tornam-se cada vez mais belos, elevando-nos para Deus, a fonte sublime de todo amor.

Rômulo, meu filho, pode você prosseguir satisfeito em sua conquista nova - o dom de curar, em nome daquele divino Médico, que, até hoje, é a luz de nossos destinos.

---

[1] Nota da organizadora: refere-se a Francisco Guimarães, residente em Belo Horizonte e amigo da família há longo tempo.

Não se preocupe demasiadamente com os detalhes. Não é modéstia, meu filho, de minha parte, mas estou com você nas experiências. Estou a preparar-me para elas, desde algum tempo. E não nos faltará alvitres do Plano Superior sempre que se esgote o nosso estoque de improvisações, em vista de nossas possibilidades limitadas de criaturas humanas, mas cheios de vontade fiel. Os pormenores do trabalho serão decididos por nós com a assistência das esferas elevadas, pouco a pouco. Sempre que eu sentir necessidade de falar-lhe, nesse particular, expressar-me-ei com franqueza. Assim é que peço a você, sempre que voltar do serviço de passe, faça uma pequena concentração, em prece, durante 3 a 5 minutos, na qual darei passes em suas mãos, por minha vez, alijando estes ou aqueles resíduos que ficarem entre seus dedos. Isso pareceria muito estranho aos magnetizadores baseados nos princípios puramente científicos. Entretanto, eles não conhecem tudo e não podem ver a parte mais útil do trabalho. Um médico pode usar luvas no trato das enfermidades, mas um instrumento vivo da Vontade Superior prejudicaria o serviço, aplicando qualquer material de isolamento sobre a epiderme. Ainda que pudéssemos encontrar matéria precisa ao serviço da transmissão, o mundo impressivo do doente reagiria contra o auxílio e a capacidade de recepção e não sintonizaria com a emissão salvadora. Toda vez que um médium atende aos casos de necessidade espiritual submerge-se naturalmente no "local" dessa necessidade. Muito grande é o trabalho dos espíritos auxiliadores que ministram cuidado ao assunto e é por isso que o serviço das permutas se realiza sem desastres para o que dá. Você sabe que um homem em se afogando sofre o instinto de arrastar consigo a mão que busca salvá-lo.

No trato com os necessitados de toda sorte, o princípio é o mesmo. A mente obcecada pela ideia de doença cultiva os princípios mórbidos no campo mental com eficiência assombrosa e passa a contagiar o ambiente com naturalidade. Falará quase que somente de assunto alusivo aos seus males orgânicos, ocupará os pensamentos no caso grave de que se julga vítima e a mente torna-se, de fato e indiscutivelmente, muito mais enfermiça que o corpo. Desse modo, o doador dos benefícios toma contato direto com o meio e precisa de socorro dessa natureza. Quando você estiver fora de casa, impossibilitado de recolher-se à oração para essa atividade de assepsia fluídica, não se incomode. Farei o trabalho, independentemente da obrigação a que me refiro.

Apenas faço alusão ao assunto para que você se integre aos poucos no conhecimento pleno do novo departamento de realização espiritual que você está penetrando. Também recomendo a você que esses esclarecimentos são filhos da nossa amorosa confiança, porque muita gente se riria de nós, porquanto não se conhece com generalidade a lei das permutas. Quando você ministra o passe, está dando algo e recebendo alguma coisa, por sua vez. Os amigos do Plano Superior, porém, aproximam-se e quanto mais você der de si mesmo mais forças concederão a você, impedindo que o elemento inferior seja absorvido por sua organização perispiritual. Onde ficam, então, poderá perguntar, os elementos que o enfermo emitiu? São queimados por energias de nosso Plano, que os inutilizam de uma vez. É por isso que os trabalhos dessa ordem devem ser invariavelmente orientados por intenções sagradas de servir em nome de Jesus. Quando a confiança dos magnetizadores dispensa o auxílio do Alto, então ninguém pode prever o que lhes acontecerá no exercício da lei das permutas. De modo geral, acabam sempre desanimados à distância do serviço que se iniciou com otimismo e esperança. Quanto ao serviço de socorro aos ausentes, pode fazer como das últimas vezes. Deixe os nomes dos pacientes junto de você na noite de orações consagradas ao trabalho. Quando for preciso, levaremos você e suas forças no local de serviço, algumas vezes. Quando estiver em concentração, nos casos menos importantes, mas nos processos efetivamente sérios, esperamos que o sono conceda ao seu espírito de trabalhador a oportunidade necessária. Por duas vezes, você já foi conosco auxiliar o seu amigo desencarnado para quem seu coração tem rogado luz divina e paz espiritual. Na primeira, você guardou algumas recordações, quando sonhou com aqueles brasões de MIJ JMI. Na segunda, o seu cérebro não pôde registrar coisa alguma. A máquina impressiva do aparelho nervoso é muito pobre para assinalar tudo. Além disso, há os controles imprescindíveis. Se vocês guardassem a totalidade das experiências noturnas, talvez nunca pudessem atender aos deveres diurnos. É indispensável manter a lei do equilíbrio. Esperemos o tempo das realizações maiores, operando e cooperando nas realizações do momento presente.

Permito-me dizer ao nosso amigo Guimarães que ele está perfeitamente habilitado a começar. Entretanto, cremos de utilidade a intensificação de suas leituras e meditações, referentemente aos serviços de auxílio de magnetização. É indispensável também que perca o receio da responsabilidade frente à tarefa. O primeiro fator de êxito é a confiança em Deus e em si mesmo. Mais algum tempo no ministério da iniciação e poderá passar ao ministério da ação prática. São muitos os amigos que auxiliarão a sua boa vontade, nesse particular.

Agora, meus filhos, é preciso deixar-lhes o meu adeus da noite. Guardem o abraço muito afetuoso do papai que não os esquece,

A. Joviano

Amem, filhos, o trabalho que o divino Mestre lhes confiou

Meus caros filhos, Deus abençoe a vocês, concedendo-lhes muita saúde e paz espiritual.

Venho de casa, meu caro Rômulo, onde fui abraçar espiritualmente o Albino[1] e peço, antes de tudo, a Jesus nos conceda a sua bênção divina, enriquecendo-nos o patrimônio para a vida eterna. Que ele conceda a vocês boa viagem, com excelente proveito espiritual em cada dia no desempenho das obrigações necessárias.

Há uma alegria oculta em cada dever bem cumprido. E quem atende ao apelo divino, na execução da vonta-

---

[1] Nota da organizadora: Albino, terceiro dos filhos homens de Arthur Joviano. Fazia anos no dia 12 de junho.

de do eterno Pai, realiza generosas semeaduras no espaço e no tempo, que só a modificação da existência e o curso dos anos podem revelar com precisão em seus detalhes edificantes.

Amem, filhos, o trabalho que o divino Mestre lhes confiou. Nele encontrarão abençoados mananciais de alegria e iluminação. É muito triste, repetimos ainda hoje, observarmos amigos à distância da edificação necessária, perdendo o tempo sagrado em estéreis lamentações. Que vocês prossigam confiantes. A existência não vale pela tabela dos anos que o corpo suportou no clima planetário, vale pelos serviços feitos no domínio da edificação íntima para a vida eterna. "Aquele que mais possuir lhe será dado": é antigo ensinamento do Mestre divino. Os homens possuídos, estes chorarão as oportunidades perdidas por se haverem entregue aos caminhos menos dignos diante de Deus, mas os que possuem, de fato, a vida com seus valores imperecíveis conhecerão a glória do acréscimo sublime de revelações sempre novas, em plena eternidade. Que vocês possuam a vida, é o meu voto, porque nessa posse vocês conhecerão estradas iluminadas pela claridade imortal!

Relativamente à sua saúde, Maria, use ainda 2 vidros do *Oral Bevitona* e continue, quanto seja possível, sob o tratamento dos passes magnéticos e Wanda poderá usar 2 vidros do *Emultona*, repositório de vitamina A e de forças reconstituintes, que lhe fará grande bem ao organismo, de modo geral. São conselhos do nosso facultativo amigo, que transmito a vocês, confiantemente.

E vejo com muito prazer a perspectiva de irem ao Rio, pois os ares do mar, por alguns dias, farão muito bem à saúde de todos. Você, Rômulo, não só no que se refere às necessidades de seu caso pessoal, em serviço, mas também no que concerne ao ar da praia, ganhará muito, passando uns dias a respirar o iodo natural dos ventos marítimos. Deus o abençoe, meu filho, em seus estudos novos. Vá buscar os "passes" da grande Mãe Natureza. Ela, como nenhum de nós, sabe infundir fluidos vivificantes e restauradores, sob as bênçãos sublimes do Criador. Na sua viagem, leve os elementos homeopáticos como sempre acontece. Por alguns dias, use o *Lachesis* com *Ipecacuanha*. E não deixe o seu tratamento novo de "passes próprios". A "autovacina", no campo das forças magnético-mentais, é o grande recurso do futuro. O autos-socorro movimenta energias profundas, que só o beneficiado consegue compreender, porque atinge a organização viva da alma, que dá modelos e forças reconstrutivas às células do corpo. Não é somente você que está ganhando muito com os esforços novos. Eu também estou progredindo, maravilhado com as bênçãos! Mais tarde, à medida que se desenvolver o nosso serviço, nos entenderemos ainda melhor e mais intensamente, com respeito ao assunto.

Por hoje, meus filhos, é só. Tenho acompanhado o Roberto, como de outras vezes. O segundo semestre está à porta. Cerquemo-lo com os nossos pensamentos de cooperação para que ele se equilibre no campo das aquisições intelectuais. Roberto é uma planta querida de nosso jardim espiritual. De quando a quando, a tempestade, o sol, o vento ou a enchente determinam modificações no serviço, mas é sempre agradável observar que a planta cresce e está cada vez mais viva para cumprir os desígnios do Senhor.

Boa noite para vocês, com os meus votos sinceros de excelente viagem! Que vocês cultivem sempre o bom ânimo e o otimismo, a confiança em Jesus e em si mesmos, em todos os dias da vida. São os votos do papai que lhes deixa um abraço muito afetuoso, cheio de saudade e gratidão,

A. Joviano

A cultura da amizade

Meus caros filhos, que Deus abençoe a vocês, concedendo-lhes muita paz e saúde, reconfortando-lhes o espírito na luta diária.

Novamente de regresso, meu caro Rômulo, será conveniente atacar o resfriado que persevera com o *Eupatorium*, *Aconitum* e *Gelseminum*, amanhã e depois de amanhã. Essa providência, aliada aos recursos magnéticos naturais que você vem compreendendo e aplicando, com muita oportunidade, fará o maior bem ao seu organismo. Convém usar os gargarejos de ordem alopata, caso se façam indispensáveis. Foram fornecidos como elemento de reserva, em caso de necessidade imprescindível. Igualmente, o remédio destinado aos olhos tem a mesma observação de nosso cuidado afetuoso. Atendamos aos casos de luta pelo restabelecimento orgânico a confiarmos na vontade e bondade de Deus.

Relativamente aos nossos problemas de assistência doméstica, no Rio, estamos fazendo tudo que é possível.

Aguardemos a vinda do Roberto, com satisfação e encorajamento. Sejam os dias próximos ensejos de incentivo e fortalecimento a ele. Convém falarmos ao seu coração da necessidade de aproveitamento máximo dos meses próximos. Espero que a sua mocidade esteja mais experiente no trato com os professores e nas relações com os colegas, entretanto, é útil que vocês falem disso, recordando-lhe a oportunidade da calma, da serenidade, da tolerância neste período de sua formação para a vida prática. Os conselhos do lar são para ele verdadeiramente básicos para que os valores intelectuais se fixem na sua organização mental, com êxito preciso. Sem essas bases, não conseguiria fazer tanto na presente encarnação. Que lhe sejamos férteis de realizações úteis e edificantes. Esperemos cheios de fé.

Quanto a você, minha querida Wanda, esperamos para breve a sua entrosagem na máquina de serviço construtivo, iniciando uma luta nova.[1] Deus a abençoe e proteja, minha neta! Nesta nova fase, mantenha o seu coração sempre vigilante. A cultura da amizade é, talvez, a questão mais difícil na "botânica espiritual". É preciso guardar sempre o coração, porque onde o colocamos aí reside o nosso tesouro. Não digo isso a você como quem aconselha, mas como avô carinhoso que previne. Geralmente, no jardim do trabalho, há sempre detalhes que mais nos chamam a atenção. Isso é natural e fatal. É da luta humana e do quadro da vida. É necessário, porém, permanecer o nosso espírito em posição de vigilância para que não soframos e nem estacionemos, aqui ou ali, porque, mesmo para nós outros, que já nos afastamos das fronteiras da carne, prevalece o imperativo de "não parar no caminho para o Mais Alto", nem mesmo ao lado dos mais belos chamamentos.

Assim, pois, minha neta, vá ao seu trabalho nobre e digno, e fortaleça-se cada vez mais no cumprimento dos seus deveres. Falando assim a você, felicito a Rômulo e à Maria pela medida, porque seu espírito ganhará muito

---

[1] Nota da organizadora: refere-se à prova de habilitação para a função de Praticante de Escritório da Tabela de Mensalistas do Ministério da Agricultura. Fui nomeada em 1 de agosto de 1945.

e preparar-se-á, convenientemente, a caminho do futuro, cada vez mais belo e melhor. Meu grande abraço pela sua decisão e meus votos para que suba aos mais elevados cargos e não se esqueça de ir se preparando para concursos que proporcionem a você mais satisfação e alegria de trabalhar e servir na obra dos homens de bem, que é a obra de Deus.

Ficamos, Rômulo, muito satisfeitos com a prudência que adotaram em Leopoldina, referentemente ao movimento de Espiritismo, junto dos companheiros de crença. A hora, meu filho, pede muita vigilância, nesse particular, em virtude dos debates abertos à opinião pública, em função de política que amesquinha, ao invés de engrandecer. E não falta o espírito calunioso nas grandes cidades que vocês visitam, na qualidade de servidores dos encargos pelos quais são responsáveis, razão pela qual será útil manter essa atitude de expectativa e mesmo de retraimento para que não se confunda o trabalho com perturbação. Estamos muito contentes e esperamos que não lhes falte a orientação necessária no campo de luta. Há sempre que contar com os espíritos, embora só devamos acreditar nas flores e aguardar os frutos sadios. Daí a necessidade de preparação e compreensão do agricultor frente às estações diversificadas.

Agora, despeço-me. Desejo-lhes uma noite feliz!

O seu amigo Raphael ainda sofre muito, embora se encontre amparado. Pense nele quando você meditar. Isso o ajuda, transmitindo-lhe forças.

Na hipótese de se reunirem os amigos em seu lar, amanhã, não será conveniente oferecer-lhes a "hora espiritual". Se eles pedirem, é outro caso. Estarão no dever de aceitar o que lhes for trazido. Refiro-me à necessidade do não oferecimento, porque não podendo citar nomes, devo dizer que somente um deles está preparado para o caminho. Os outros ainda não possuem os "pés" para este solo que agora pisamos juntos e têm de criá-los ainda, não obstante haverem desenvolvido outras qualidades superiores, que os tornam pessoas respeitáveis e amigos muito dignos em serviço de Jesus na Terra, em outros setores diferentes do que relaciono aqui nestas despretensiosas palavras de pai.

Boa noite, meus filhos! Que a Divina Paz lhes guarde o coração, agora e sempre, é o voto ardente do papai muito amigo que não os esquece,

A. Joviano

Roberto

Meus caros filhos, que Deus abençoe a vocês, conferindo-lhes muita paz aos corações.

Maria, minha filha, estamos sempre ao lado de vocês na luta diária. Que Jesus fortaleça o seu espírito no desdobramento das tarefas de esposa e mãe.

Tenho estado com o Rômulo no trabalho e agora venho visitar particularmente o **Roberto**, buscando revigorar-lhe a força espiritual na aquisição dos títulos universitários.

Inicia-se amanhã, Roberto, o período de estudos mais intensos. É o segundo semestre, que exige sempre a recapitulação do primeiro e pede as realizações integrais do ano de lutas escolares. Tenha muita calma e esforce-se com bastante método no caminho diário. Faça o possível por harmonizar-se com as mais difíceis situações. Alie a confiança em Deus com a confiança em você mesmo e não tema! Creio, meu filho, que não deve perder tempo algum nos meses próximos, a fim de que a vitória nos felicite o trabalho, com a abertura da abençoada porta de acesso às experiências mais elevadas. Procure manter-se completamente alheio aos atritos de opinião, em matéria de pontos de vista religiosos. Bem sabe você como são visados aqueles que conseguem a ventura de crer sincera e confiantemente na sobrevivência da alma. Os nossos amigos do campo sectário não conseguem compreender o programa confraternizador da verdadeira fé. Sabem, tão-somente, por vezes, disputar apaixonadamente ou jogar com o cabedal da simpatia exclusivista. Entretanto, Roberto, nós sabemos certas verdades que eles ignoram. Divisamos determinados horizontes que eles ainda não conseguem ver. Daí a necessidade de cedermos pelo entendimento construtivo, respeitando os princípios veneráveis que representam. Um professor pode possuir ideias pré-concebidas neste ou naquele setor do pensamento religioso, mas é sempre um benfeitor por oferecer a mão amiga e conselheiral aos mais jovens. É por isso, meu filho, que peço a você muito esforço e muito devotamento às lições para que possa contar consigo mesmo nos momentos oportunos. Estude, acenda a luz de sua mente, use-a no campo do aprendizado e não receie coisa alguma!

Espero que o 1945 seja mais compensador ao seu trabalho de aluno aplicado ao serviço. Examine atenciosamente as matérias do curso e faça uma distribuição equitativa de suas possibilidades entre todas, sem permitir o desequilíbrio na aquisição de cada uma. Para isso, aproveite um bom explicador, que oriente os seus passos, acentuando as suas energias e possibilidades. É sempre útil tomar a cooperação de alguém que já conheça o caminho quando nos aventuramos a grandes jornadas. E um curso, meu filho, é sempre uma viagem grande, cuja meta é o exame anual. Cada dia de lição é um período de marcha. E observando o seu esforço sincero não será lícito deixá-lo sem conselhos, sem orientação. Vamos para a frente! Farei o que puder por você na hora de conclusão do trabalho, mas preciso que você me ofereça bases em que me apoie no capítulo do auxílio.

O nosso receitista aconselhou o *Kola Phosfatada* para a sua saúde, com muita oportunidade. É medicação para o colégio, a fim de que suas energias estejam a postos para o "segundo páreo". Tenhamos confiança e prossigamos.

Relativamente aos seus companheiros, estimo a sua prudência atual e formulo sinceros votos para que você a consolide cada vez mais! O mundo está cheio de jovens que forçam as casas de educação simplesmente, buscando apenas um meio de matar o tempo com elegância. É necessário fugir da influência deles, porque geralmente falam muito bem e agem de maneira indigna diante das leis de Deus. Você nunca perderá por esforçar-se, trabalhar, respeitar, cooperar e obedecer. Digam o que quiserem os tolos do mundo acerca da disciplina. Sem ela, a Terra voltaria à barbárie, à dominação animal, ao primitivismo! Que a sua obediência não se misture ao servilismo, mas que constitua sempre um elemento construtivo e digno na sua edificação espiritual. Vejamos os dias que hão de vir. Pode contar comigo como contarei com você.

Maria, você poderá usar os seus remédios confiadamente. O resfriado, felizmente, está cedendo em suas consequências. O *Nux-Vomica* fará muito bem ao seu organismo.

Você, Wanda, poderá usar o *Eupatorium* por 3 a 4 dias. Será muito útil à sua saúde.

Agora, meus filhos, deixo-lhes o meu boa noite! Que Deus os abençoe, concedendo-lhes as Suas bênçãos divinas, cheias de luz e paz. Recebam o afetuoso abraço do papai e vovô muito amigo de sempre,

A. Joviano

Nota da organizadora: Roberto, acompanhado sempre pelo amor e disciplina do avô Arthur e dos nossos pais, formou-se em Medicina Veterinária, tendo ocupado cargos de diretor técnico em empresas particulares e oficiais. Foi, ainda, socioproprietário de uma firma de consultoria técnica.

Não se atormente diante de tão pouco

Meus filhos, Deus abençoe a vocês, conferindo-lhes muita saúde, paz e luz divina.

Consagrei o dia de hoje ao José, na prova de reparação que lhe fere o coração de pai.[1] É natural que ele sofra. A criança é extremamente ligada ao seu coração e a sua visita ao lar dele durante a existência curta representa algo de muito significativo para a sua evolução. O tempo esclarecerá todos os problemas. Esperemos a passagem dos anos.

Foi muito útil o tratamento antidiftérico nas outras crianças. Estamos acompanhando as ocorrências, prestando os serviços no setor em que lhes podemos ser úteis.

Você, Rômulo, disse bem quando asseverou que um acontecimento como esse tem sempre uma fileira de outros acontecimentos em relação ao passado. O romance da redenção é divino e o drama da evolução é eterno. Caminhemos tranquilos pela confiança na Providência Divina.

---

[1] Nota da organizadora: José era filho de criação de Arthur Joviano e Francisca. Desde muito cedo começou a trabalhar com Rômulo na Fazenda.

Peço a você, meu filho, não conservar no coração os resíduos da luta mental dos dias últimos. **Não se atormente diante de tão pouco.** No serviço de um homem, e ainda mais de um homem chamado à responsabilidade da mordomia, os atritos de opinião constituem alguma coisa de inevitável. O que não seria justo seria fugir perante os seus companheiros, ocultando o que você sentia, em verdade, no coração e no espírito. O problema da indignação justa foi previsto no Evangelho, quando Jesus encontra a casa de oração do Pai convertida em mercado de negociantes ávidos de ganho fácil.

Eles, os sacerdotes, e Jesus guardavam estreitos pontos de contato. O Mestre trazia o pensamento novo da renovação evangélica. No entanto, naquele momento, só a Lei os identificava uns com os outros. Mesmo assim, porém, o Cristo não ocultou o que sentia e, embora lhe doesse separar-se dos que defendiam a Lei antiga, considerou a necessidade do esclarecimento com a sua clara explicação dos fatos. Não falo aqui como pai, que se arvora em advogado sentimental, mas na qualidade de companheiro de luta e de amigo sincero. Assim digo, porque, interpretando você o serviço que lhe foi confiado, como edificação espiritual da mais alta importância, não consegue harmonizar-se com os colegas que traduzem o trabalho como filão de vantagens e facilidades pessoais. Creia que essa característica de seu espírito será acentuada cada vez mais. À medida que se efetue a sua iluminação espiritual mais intensa, mais dificuldade experimentará você nesse campo de interesses materiais. Não tenha dúvida. A sensibilidade do discípulo do Evangelho é diferente do sentimentalismo do mundo em geral. Não sofre pela incompreensão que sofre de outrem e sim pela incompreensão com que os outros encaram o bem geral. É aí que você encontrará uma série de lutas, cada vez mais árduas, porque na esfera dos negócios materiais da época tudo tende à supremacia, não dos mais eficientes, mas dos mais hábeis. Digo "hábeis" porque não podemos apelidar os nossos amigos de oportunistas ou desonestos. São hábeis, porquanto ainda não alcançaram a iluminação além do raciocínio. São pessoas de ideias prontas, desejosas de se impor ao senso dos demais. É situação da época e esses caracteres são frutos do tempo calamitoso que a humanidade atravessa, a caminho de grandes renovações. Você sabe que uma casa velha, para ser restaurada, precisa acentuar a decadência e precipitar-se. A civilização do momento é essa casa velha. Para reconstrui-la, é necessário que os fenômenos dessa ordem se verifiquem. Confie, pois, no seu trabalho e prossiga. Na verdade, seria útil não contender o nosso coração com pressa alguma. Entretanto, vocês ainda são habitantes da esfera onde a luta é "pão de cada dia para a alma". Sorrir sempre não é acertado nos caminhos que cruzam. Só o indiferente pode alcançar a impassibilidade e só os homens excessivamente velhacos afirmam que já se realizaram. Os espíritos sinceros conhecem a extensão do trabalho e entregam-se a ele, conscientes de que permanecem num curso onde há muita matéria a ser aprendida e muita experiência a conhecer. De outro modo, a liberdade espiritual seria um mito e o tempo deixaria de ter qualquer significação. Se o salvacionismo do mundo dependesse apenas da proteção de Jesus, a Terra desde muito seria um paraíso!

Agora, meus filhos, deixo-lhes o meu boa noite! Depois continuarei. Preciso ver o José e os filhos. Não devo demorar-me. Que Deus os abençoe. Deixa-lhes um abraço o papai que não os esquece,

A. Joviano

O lar em sua expressão espiritual

Meus filhos, Deus abençoe a vocês, conceden-do-lhes muita paz e saúde.

Ontem edifiquei-me também com o estudo evangélico que levaram a efeito. Aquelas noções de lar que recolheram, sob a orientação do nosso amigo João de Deus, são, simplesmente, magistrais! **O lar, em sua expressão espiritual**, é das bênçãos mais formosas que recebemos do eterno Pai. Que o Seu amor nos ensine sempre a cultivar essa dádiva sublime, valorizando-a ao infinito.

Rômulo, meu filho, estamos colaborando na restauração de suas forças orgânicas. Hoje à noite, quando você estiver aqui de algum modo (agora já podemos conversar mais), auxiliá-lo-ei com mais segurança. Você vai compreendendo a complexidade dos choques fluídicos. O corpo perispiritual comunica ao organismo denso todas as desarmonias recebidas. Quantas vezes adoece alguém, buscando, em vão, a procedência? É bem difícil, de fato, localizar as origens de certos sintomas. Situá-los seria fugir à caridade fraterna e subtrair a pessoa querida ao combate evolutivo que deve sustentar até a vitória final. De uma ilação não podemos ter mais qualquer dúvida: se os fluidos auxiliam e curam, há também fluidos que prejudicam e adoecem. Se existem contatos reconfortadores e que atendem à provisão de energias magnéticas por algumas horas, verificam-se igualmente contatos que molestam a criatura por algumas horas ou por longo tempo. O magnetismo é uma força universal, inerente a todos os seres, em sua expressão positiva ou negativa. Jesus empregava o magnetismo do amor no serviço de edificação humana. Um ditador dos últimos tempos usou o magnetismo do ódio para seduzir uma grande nação e orientá-la para a destruição do mundo. Isso nos grandes círculos coletivos. Em nossas atividades sociais, nos campos menores, a lei é a mesma e os efeitos são iguais. Há pessoas que criam, através de energias simpáticas, outras que aniquilam, através de energias aviltantes, embora sem propósitos deliberados. Os conhecimentos que conquistamos presentemente nos induzem a certas conclusões como estas, das quais não é possível fugir. Assim, continue seu trabalho, construindo com o espírito cristão.

Atualmente, você está chegando a uma região de sagrado compromisso, de uma de suas promessas na reencarnação atual. Comprometeu-se você num serviço de assistência a enfermos e infortunados da sorte. Não tomou semelhante obrigação em virtude de uma dívida, porque aqueles que o ajudam e amam não são cobradores, de modo algum, mas sim em obediência a sentimentos novos que lhe nasceram no coração e agora são reavivados. Atenda ao seu impulso de ajudar e siga o seu roteiro de serviço magnético aos semelhantes necessitados. Você não aprendeu isso aqui no mundo. A aquisição vem de longe e você, que recebeu as sementes, deseja, instintivamente, espalhá-las em outras sortes de "terra espiritual". Seja feliz em seu esforço. Este vem de Deus e pertence a você inteiramente.

Use o *Ipecacuanha* combinado com o *Lachesis* para auxiliar em seu tratamento.

Maria e Wanda igualmente podem usar *Gelseminum*, pelo menos uma a três doses diárias. Recomendamos o tratamento preservativo da gripe com mais repetição, em virtude da época de grandes perturbações da saúde coletiva em geral.

Os pequenos do José têm merecido nosso especial carinho. Não indicamos remédios, porque o organismo deles está pedindo repouso. Ser-lhes-á útil, porém, o tratamento através da alimentação fortificante, como seja a que se constitui de refeições suplementares em gemadas, fosfatina, etc.

Que Deus, meus filhos, ajude a vocês e nos ampare sempre.

Acompanho com simpantia a viagem que projetam, isto é, acompanho os planos que se formam. Conceda-lhes Jesus muito êxito e alegria, saúde e paz.

Boa noite, com os nossos votos de muito bem-estar. O nosso amigo tentará escrever pelo menos uma frase.

Guardem o coração muito afetuoso com um abraço do papai que não os esquece,

A. Joviano

O destino da terra brasileira

Meus caros filhos, Deus abençoe a vocês, conferindo-lhes muita paz aos corações. Rômulo, meu filho, de fato vocês têm razão no exame detido dos fenômenos políticos. A Pátria vive momentos de expectativa dolorosa. Ânimos exaltados, planos ingratos, lutas inglórias, lastimáveis conflitos!... Nas horas mais torvas da guerra europeia, em processo final, o Brasil não causou tão grandes preocupações à esfera espiritual, onde nos encontramos. O atrito das ambições e personalismos, da vaidade e do capricho constitui uma série de gigantescos choques no organismo coletivo da vida nacional. É a época cheia de renovações e deslocamentos. Sempre as recapitulações políticas, provocando abalos renovadores. É triste o quadro, porque semelhantes reformas não anunciam tranquilidade e continuação de programas edificantes. É a paisagem do hiato, a voragem entre dois caminhos. Por esse motivo, toda a ponderação é necessária.

Estimei sua atitude para com os nossos velhos amigos desta cidade. Excelentes corações, amizades generosas e fiéis. Todavia, não se acomodam muito com a prudência e com a vigilância. Eles próprios, no fundo, permanecem indecisos e desorientados. Há muita dificuldade para estabelecer opiniões, muita névoa na estrada, não deixando perceber as diretrizes. Você procedeu bem, recordando o passado de mais de vinte anos. Não pode olvidar que o nosso "instrutor" de 1920 continua fortalecido, cheio das mesmas paixões! Perdoe-me a não referência de nomes. Você hoje sabe que um inimigo gratuito é sempre um instrutor. Desse modo, compreendamos a sombra que envolve as criaturas e elevemos os nossos corações bem alto para Deus.

Infelizmente, as lutas políticas do Brasil serão cada vez mais fortes nos anos vindouros. É uma fatalidade compreensível num país jovem como o nosso, cuja estrutura não está devidamente consolidada. Os embates serão talvez duros, porque os acontecimentos necessários à evolução de uma nacionalidade são, mais ou menos, análogos aos fatos que regem o progresso de um indivíduo. A princípio, o berço acolhedor, a proteção dos pais, a defesa doméstica, o prado risonho, a escola acolhedora, os estudos edificantes e depois... o duelo com as circunstâncias desfavoráveis, o ar pleno da vida, a experiência da liberdade, a consolidação da madureza emocional. Este **o destino da terra brasileira**, tão moça ainda, tão moça que ainda não despertou para a grandeza dos dotes que a Providência Divina lhe confiou. Reporto-me a essas considerações para dizer a você da delicadeza do momento. Quem administra necessita não só de recursos para mover o patrimônio do trabalho, mas de tato delicadíssimo para "perceber" as situações antes de tocá-las. Compreendendo as lutas formidáveis que se processam nos setores da renovação, ergo, com você, os meus votos a Deus por um Brasil não só mais forte, todavia mais consistente de si mesmo, mais conhecedor das possibilidades próprias. Quando chegará? Não sabemos. Mas confiemos na ação edificante e redentora do Cristo. O presente é nosso para que construamos com vistas ao porvir, mas o futuro, de fato, pertence a ele, nosso Mestre e Senhor.

Maria, esperamos que as indicações lhe façam grande bem. Se os elementos receitados hoje não atenderem integralmente às suas necessidades, o nosso facultativo vai indicar para você um bom específico homeopático, que contrarie, de início, certas manifestações "pré-reumatismo". Esperamos, porém, que as exteriorizações algo dolorosas desapareçam já.

Vamos acompanhando o Roberto na luta, considerando de muita utilidade a visita que pretendem fazer-lhe em breve. Isso reforçará as providências de que necessita para assegurar a aquisição dos valores precisos no fim do ano. O exame pessoal do assunto por parte de vocês far-se-á acompanhar de muitos benefícios para ele.

Seus serviços de passes, meu caro Rômulo, vão indo muito bem. Creia que não chegaram fora de tempo. Você está alcançando uma zona de muita alegria espiritual, porque essa realização é um degrau que você estava precisando para continuar a subir.

Boa noite, meus filhos! Que Jesus conceda a vocês muita saúde, felicidade e paz espiritual.

E esperando que as bênçãos de Deus habitem permanentemente este lar de ventura cristã, amparando os seus corações no trabalho da construção divina de cada dia, abraça-os com muito afeto o papai de sempre,

A. Joviano

Na data da nomeação para a Granja Riachuelo

Meus caros filhos, Deus abençoe a vocês, concedendo-lhes muita paz aos corações.

Os nossos amigos receberão os valores intercessórios da palestra. Que eles aproveitem a luta de agora para encontrar o equilíbrio que lhes é necessário, são os nossos votos ardentes.

Acompanho, interessado, as providências da viagem. Deus conduza vocês, semeando bom ânimo e alegria em seus corações.

Talvez, meu caro Rômulo, não se recorde você de que estamos precisamente **na data do aniversário de sua nomeação para Encarregado da Estação de M. Riachuelo**: 25 de julho de 1919, se não me falha a memória.

Creio que estou lembrando acertadamente. São 26 anos de labor ativo, dos quais você deve orgulhar-se. Não estou computando o tempo inicial de seu serviço de criação, instalação e organização do estabelecimento. Faço menção especial do fato para justificar e incentivar a sua necessidade de melhoria no capítulo da compensação de trabalho. Não falo aqui por sua pessoa, nem me refiro à sua condição de meu filho muito caro! Faço referência à sua personalidade doméstica de esposo e de pai, e destaco o servidor consciencioso e devotado. E se não me prendo a considerações do presente com estas lembranças, estou vigilante para com o futuro. É por isso que você deve esforçar-se, no máximo, com respeito à obtenção da promoção provável. Movimente seus amigos, peça o reconhecimento de seu trabalho, insista junto daqueles que mantêm nas mãos as chaves políticas.

Em 1943, senti-me no dever de pedir ao seu coração absoluto desprendimento por qualquer defesa de seus direitos, observando que a situação era presidida por criaturas pouco permeáveis ao espírito de reconhecimento dos próprios erros. Mas agora a posição é de pleito digno, num campo de franqueza fraternal, em que um homem de bem solicita o que lhe é devido. Em razão disso, faça seus movimentos nesse setor, despreocupado de você. Lembre--se do instituto doméstico. Não estará reclamando direitos de Rômulo Joviano, estará defendendo o seu lar, cujas bases seguem para a frente, para o futuro infinito. Sinto-me na obrigação de ser bem claro, nestas páginas, porque conheço quanto repugna ao seu espírito a solicitação de melhorias ou vantagens pessoais. Entretanto, como vê, não se trata de você só. O assunto envolve a organização familiar e pede seu bom ânimo. Vamos à luta! Se a promoção não vier, estaremos contentes conosco, porque teremos feito o que se encontra em nossa esfera de possibilidades. Há ocasiões em que o homem necessita converter-se em soldado, transformado em franco atirador, não para defender a si mesmo, nem destacar-se, mas preservando o patrimônio que fica à distância das trincheiras. Este o caso. É desagradável a competição e a luta, um tanto ou quanto indesejável, mas é preciso experimentá-las.

Estamos muito satisfeitos com a sua evolução

nos serviços magnéticos de auxílio. Continue, meu filho, e verá os horizontes cada vez mais belos que se desdobrarão aos seus olhos.

Relativamente à saúde, o nosso receitista amigo aconselha para a Maria: *Ruta* 5ª, *Ipecacuanha* 5ª, *Hydrastis* 5ª, *Spongia Mar.* 5ª, durante 8 a 10 dias.

Para a Wanda: *Gelseminum* 5ª, *Bryonia* 5ª, *Eupatorium* 5ª, durante 4 dias.

Pedi a ele estas indicações em face das necessidades da viagem.

Você, meu filho, leve consigo a pequena bagagem com os elementos que nos são familiares. Não preciso enumerá-los.

Uma coisa peço a você, Maria: quanto lhes seja possível, visitem a praia e façam ambos ginástica respiratória, por alguns minutos, com os ares iodados do mar. Há de fazer-lhes grande bem esta providência. A atmosfera marinha possui maravilhosos recursos para melhorar o sangue e deve ser aproveitada por todos aqueles que já recebem as bênçãos da natureza e de Deus.

Que a divina paz os acompanhe. Por onde estiverem, sentirão a minha presença espiritual, porque ultimamente tenho trabalhado mais pelos nossos familiares do Rio e isso me facilita segui-los de mais perto.

Boa noite! Que Jesus os abençoe e ilumine sempre. Com um abraço muito afetuoso, sou o papai de sempre,

A. Joviano

Lavoura bendita

Meus caros filhos, Deus abençoe a vocês, concedendo-lhes muita saúde e paz espiritual no caminho diário. Voltam às nossas reuniões materializadas no papel com grandes valores novos. Digo "reuniões materializadas" porque das verdadeiramente espirituais, no templo da prece, do pensamento e do coração, nunca nos separamos. E formulo votos a Jesus para que possamos cultivar sempre esse intercâmbio na meditação, porque, em geral, quando vocês se lembram de nós é que quase sempre estamos juntos, permutando ideias e apreciações mentais. Fazem bem atendendo a esta **lavoura bendita**, porque a árvore não se alimenta propriamente através das folhas visíveis e sim da raiz invisível, da seiva oculta. A existência do homem no campo do mundo é a expressão transitória na esfera das coisas mutáveis. A espiritualidade da criatura, porém, é a sua fonte vital. Nela haure forças, compreensão, faculdades, poderes, aquisições, com que se projeta na tela movimentada dos círculos materiais. Os filhos da fé alimentam-se de energias benéficas e sublimes, e ganham a saúde da alma eterna, ainda que todas as circunstâncias lhes sejam contrárias, e os filhos da ilusão, enquanto se entregam aos enganos materiais, recebem a alimentação envenenada de seus ideais, muita vez criminosos, e transformam-se em doentes pelo desequilíbrio a que se devotam.

Felizes de vocês que pensam e oram! Neste mundo de lutas purificadoras no cadinho dos contrastes, o ganho é quase imperceptível, mas depois dessa jornada que estão fazendo há esta em que me encontro, onde observarão como é belo edificar no plano íntimo, valendo-se do material de Jesus.

Sinto-me satisfeito, identificando-lhes a continuidade emocional nos serviços de fé e rejubilo-me com o arquivo que vão fazendo no coração.

Rômulo, meu filho, acompanho seus conflitos interiores, suas dificuldades sentimentais ao contato das resistências de ordem humana, ao seu ideal de bem servir. Algo reafirmo a você: é a necessidade do convívio com o Cristo, o Solitário divino. À medida que amontoe dentro de você os valores do entendimento espiritual, mais lutas encontrará à sua frente. Isso é uma fatalidade nos domínios do espírito, como as afinidades químicas no domínio da matéria. Você tem conseguido muito nesse setor de libertação íntima, em face das negações da estrada terrestre, mas peço a você ainda mais para que a sua tranquilidade seja preservada.

Aproximamo-nos de lutas enormes. Agradeci a Deus a possibilidade da ida de vocês ao Rio para que tivessem uma pequenina demonstração da hora perturbada. Há incompreensão e dor por toda parte. Por vezes, abençoados amigos nossos daqui escrevem para o mundo páginas comoventes, referindo-se às angústias do presente que, no meio limitado, quase se perdem como meras interpretações religiosas de caráter profético, pura e simplesmente. É preciso entrar nas grandes "babilônias" da multidão para formular-se um juízo seguro. E note-se, meu filho, que é o princípio de lutas imensas. Não tenhamos dúvidas. Ainda que nos pareça remota a revelação do que ocorre, não deixa de ser uma realidade. E, infelizmente, os países de formação católica romana, como o nosso, sofrerão muito mais! Houve descuido clamoroso no campo educativo das massas. E agora, à frente de um mundo novo, transformado em suas bases por fenômenos sociais de consequências imprevisíveis, as nações que atrasaram o movimento religioso da compreensão mais clara da vida são chamadas a reajustamento, que se lhes afigura doloroso. Para nós, os daqui do plano espiritual, a situação é a mais lógica possível. Entretanto, coloco-me na posição de vocês para reparar a paisagem e expressar meu juízo. É por isso que peço a você encher-se de serenidade diante dos fatos em desdobramento na tela político-social do país, a que nos sentimos presentemente ligados pelo coração, serenidade para com o exterior e liberdade para dentro de você mesmo, sem que seja necessário qualquer recordação da prudência. O ambiente invisível do mundo é muito sério e a situação coletiva, muito grave. Não se trata de uma renovação de golpe instantâneo, mas de um movimento gradativo que se vai acentuando, dia a dia, sem que vocês se apercebam. É por essa razão que lembro a vocês a continuidade da prece e do cultivo da paz interior como problemas fundamentais do momento que passa. A onda libertária que corre de norte a sul do Brasil é um acontecimento mundial, sob pressão do plano invisível. Há uma incompreensão muito grande na maioria das consciências encarnadas e requer de todos os corações amadurecidos uma atitude paternal e cristã, porque o mal está trabalhando ativamente em quase todos os setores do progresso terreno, exigindo do bem, por isso mesmo, mais intensa vigilância e maior soma de amor. Que Jesus se compadeça da humanidade nestes anos de acerto de contas seculares e milenárias.

Do que existe por aqui o nosso irmão Guilherme,[1] que vocês anotaram, pode ser um vivo testemunho. Quase que setenta por cem de pessoas desencarnadas estão na posição do pobre amigo demente. Veem mil sombras, lidam com mil assuntos mentais de uma só vez, enfrentam dificuldades sem conta para a mente em desequilíbrio e gritam e choram e lamentam-se, sem que nós possamos providenciar imediato alívio. "Há necessidade de esgotar o cálice",

---

[1] Nota da organizadora: penso que seja alguém para quem foi solicitada a inclusão do nome em trabalhos de passe no Centro Espírita Luiz Gonzaga.

dizem os nossos maiores e temos de esperar que os interessados se fortaleçam e aprendam a valorizar a bênção de Deus, menosprezada em outro tempo. Há sempre débitos de "outro tempo", segundo o nosso cabedal de expressões, mas, em verdade, nós somos os mesmos filhos de Deus de todo o tempo, no presente infinito, dentro do qual é preciso efetuar a redenção, alijando-se tudo o que constitua carregamento inútil no barco da vida.

Assim me manifesto a vocês, nesta noite, para comentar com realismo os quadros que se vão esboçando. É claro que confio e confiarei na Misericórdia Divina, reconheço que há bastante amor no céu para que todas as dores e obstáculos, sombras e dificuldades da Terra sejam suavizados, mas não podemos descrer da justiça e a justiça traça neste século um vasto programa de ação na estrada coletiva das multidões.

Maria, você adquiriu muitas vantagens para a saúde no Rio. Que Jesus conceda a você elementos com que conservá-las para que o otimismo e a alegria permaneçam em seu espírito. A visita do Rômulo ao professor de matemática foi muito benéfica: para o mestre e para o aluno. Espero que os benefícios continuem a ser dilatados. A irmã Engrácia está presente e pede a você cumprimentar por ela a D. Júlia no dia 15 próximo, enviando-lhe um grande abraço.

Escrevi o bastante, pois há diversas páginas cheias. Creiam, porém, que a nossa linguagem espiritual continua a ser articulada de coração a coração.

Boa noite, meus filhos! Deixando-lhes um grande abraço, sou o papai muito amigo de sempre,

A. Joviano

A família é um relicário

Meus caros filhos, Deus abençoe a vocês, concedendo-lhes muita saúde e paz espiritual.

Maria, estamos cooperando pela restauração do Roberto nestas horas de luta. Eu sei como é grande o trabalho, isto é, quão intenso tem sido o esforço de vocês, seguindo-o de perto no serviço de redenção. É belo o trabalho que você e o Rômulo desenvolvem a benefício dele, porque, em verdade, minha filha, semelhante tarefa aqui, no mundo carnal, é simples fase do ministério da vida eterna, dentro do qual Roberto está colhendo, junto de vocês, as sementes do bem e do amor para plantar no solo de sua própria alma.

A família é um relicário de misterioso e sublime poder, onde as energias divinas operam em nome de Deus para que todos os horizontes se dilatem na direção do aprimoramento final. Compreendo o campo em que vocês se esforçam tanto, não só por vê-los nesse mister, mas também pela minha experiência própria.

Ultimamente, venho consolidando o meu serviço de pai-amigo-irmão nas horas em que a noite oferece possibilidades e entendimentos do espírito. Graças ao Cristo, venho conseguindo modificar a paisagem doméstica, onde, como vocês sabem, a minha lavoura não é pequena, nem reduzida. Em casa, quase todos chegaram a certas equações de ordem material, que constituem "uma chegada" aos objetivos anteriormente desejados. O trabalho premia a todos, de modo que a necessidade imediata é problema facilmente resolvido, mas a saudade e o conhecimento da solidão espiritual tem crescido muito entre todos. Na aparência há uma alegria grande em todos os lábios. No entanto, os corações se sentem a sós. Mas sem essas dores não há caminhos para a elevação. Quando a alma experimenta a soledade e a incompreensão, nas zonas mais íntimas, cria um novo desejo e se entrega a novo ideal, ascendendo a novas eminências da jornada espiritual.

É o que vem acontecendo. A saudade doméstica me possibilitou uma nova cooperação, embora oculta. Depois que as vozes infantis se apagam na escola da Martha,[1] em seguida ao serviço das filhas nas repartições, quando a mesa cumpriu seu derradeiro dever em cada dia, reúno-as em outra mesa maior para o serviço da compreensão mútua. Creiam, meus filhos, que este meu trabalho não se verifica fora de tempo. Com a ajuda do Altíssimo, vou conseguindo renovar concepções e verter um bálsamo de coragem e esperança no coração de todos. Inegavelmente, o campo da consciência espiritual arquiva o meu esforço, a traduzi-lo em gestos inesperados e em movimentos de entendimento novo. Deus é a misericórdia suprema e o nosso ideal de união prossegue vivo. Por vezes, é preciso estabelecer, como acontece hoje, o hiato temporário nas movimentações de ordem humana. Todavia, a tarefa redentora continua sempre. Refiro-me a esses trabalhos para que vocês prossigam sempre serenos ante os problemas do Roberto, sejam quais forem as lutas que devem ser vividas.

---

[1] Nota da organizadora: Martha, uma das filhas de Arthur Joviano, orientada por ele fundou e trabalhou no primeiro colégio infantil, pré-primário, no Rio de Janeiro.

No vasto mundo que nós chamamos Terra, verdadeiro universo no Universo maior, as estradas se bifurcam, se dividem, se ampliam, se modificam. Observando minhas preocupações de trinta anos passados, vejo que tudo seguiu um curso diferente do que eu previa para os que amo. Não se modificou tão-somente o meu ideal de seguir avante no desejo de cumprir os meus propósitos seculares, graças a Deus! Refiro-me a isso não para criar uma situação de superioridade para o meu idealismo, mas para comentar com vocês que nós, nós mesmos somos o "único terreno", onde podemos traçar um programa exato. Todos os filhos, inclusive o José, tiveram suas linhas próprias. Aproveitaram, graças à Providência Divina, as bênçãos que o céu nos confiou, em maior e menor percentagem. No entanto, cada qual teve o seu rumo individual, em obediência ao passado espiritual, a influir sempre e fortemente na balança do presente. Felizmente, nossos campos de trabalho de dignidade espiritual, de realização humana, são sempre motivos de alegria, mas mentalmente, em suas personalidades eternas, cada um vive as tendências e ideais próprios, sem que eu, por mais que os ame e por eles me devote, possa imprimir modificações de vulto em seu modo de ser. Agora que nos reunimos mais frequentemente, na esfera espiritual, sinto que a paisagem vai-se esclarecendo, mas isso não constitui a modificação essencial a que me referi. A alma vai ganhando, com o tempo e com a experiência, os elementos de sua própria renovação. É isso que vem acontecendo, em momento oportuno, dando ensejo a melhores esperanças aos nossos espíritos interessados no bem de todos. Prossigamos, pois, na edificante luta humana.

A humanidade terrestre está nos dois planos. Vocês de um lado, nós de outro. Junto de todos nós passa o rio da vida eterna. Nas dificuldades daí e nos esforços daqui erguemos um edifício divino, o edifício de nossa própria felicidade, fruto de muito trabalho e de muita dor. Abençôo, desse modo, os obstáculos que temos encontrado. Os obstáculos ensinam fixando a lição, o que nem sempre acontece com as simples palavras, que objetivam ensinamento. Continuemos a tarefa em serviço da boa vontade, em atitude da vigilância e na firmeza e confiança da oração. Por aqui, nos caminhos de luta, estamos nós, mas no fim está Deus. Esse pensamento deve ser portador de muita paz para as nossas almas.

Rômulo, você pode continuar com os elementos homeopatas ultimamente indicados, principalmente o *Plumbum Met*.

Para Maria, aconselhamos o *Eupatorium* e o *Bryonia* por alguns dias (5 a 6).

Wanda poderá continuar com os medicamentos aconselhados.

Que Jesus proteja e abençoe a todos vocês, conferindo-lhes muita paz aos corações, são os votos que ergo aos céus. E desejando a bênção divina para cada um de vocês abraça-os, muito afetuosamente, o

Papai

Três de outubro

Meus caros filhos, Deus abençoe a vocês, conferindo-lhes muita saúde e paz espiritual.

Antes de tudo, quero dizer-lhes que, precedendo a nossa prece da noite, já nos reunimos aqui, em caráter extraordinário, enviando um voto de reconhecimento, paz e amor ao grande missionário que foi Allan Kardec. O **três de outubro** recorda-lhe o reingresso na carne, com especial mandato do Mestre, e que ele cumpriu fervorosamente, consagrando-se à doutrina consoladora e construtiva, de que foi o codificador. Agora, em que vocês recebem a vibração de minhas humildes palavras, colheremos o pensamento amigo e grato de vocês, associando-o aos nossos para que, entrelaçados, possam constituir nossa lembrança afetuosa e agradecida ao inesquecível organizador da "batalha contra a morte".

Feita a preliminar, passo a recordar igualmente, meus filhos, o três de outubro de três lustros passados. Lembremo-nos, observemos a luta da vida e guardemos no coração a experiência que ficou. Não temos comentário algum no que se refere ao setor da coletividade. Relativamente a este, temos dito o bastante em cartas passadas. Desejo apenas rememorar a sua vitória individual naquelas horas difíceis. Agora compreendo melhor o porquê. Há problemas cuja solução só pode ser recebida pela alma depois da passagem do corpo físico. Acontecimentos e situações existem que somente o amanhã pode explicar com as minudências que desejamos. Um marco de libertação assinalou você, não resistindo à violência.[1] Um grande ponto escuro do pretérito foi lavado pela sua serenidade no aceite da vontade de Deus. No momento da prova, bem sei que o seu espírito, no santuário mais íntimo do ser, reagia contra a rudeza dos que o feriam sem causa, entretanto, a lição veio de sua disciplina emotiva a impor silêncio ao verbo e tranquilidade às mãos.

Rômulo, meu filho, o caminho do mundo é largo e longo! Você deve vangloriar-se de haver entregado os adversários gratuitos a essa estrada vastíssima da experiência. E ainda hoje, voltando em espírito ao passado, abençoe àqueles homens truculentos e ingratos. O fel dos que fornecem fel é muito mais amargoso. Como vemos, a maldade não impediu a continuidade de sua tarefa, tarefa escolhida por você mesmo, antes da reencarnação presente, perante a grande e divina natureza terrestre. Por mais que se afaste você da paisagem que o cerca no quadro geral das coisas mais simples, sentirá sempre a sedução desse campo de lutas, onde você procura entender o animal, a água, a árvore do caminho... Esses elementos terão para o seu coração uma linguagem que outros não ouvem. É a linguagem da resposta à sua dedicação permanente. Acompanhá-lo-ão sempre, até que finde os seus compromissos presentes e ainda após eles seguirão você com carinho, oferecendo-lhe os seus segredos, porque para o trabalhador fiel nunca há extinção de trabalho na casa infinita de Deus. É a linha de luta traçada por nós, meu filho. Comigo, é a escola cheia de crianças "novas" e "velhas". Ainda hoje essa escola permanece dentro de mim, ofertando-me novos mapas de realização. Você com o campo, e eu em companhia dela, temos recebido bons impulsos ministrados pelos maus. No entanto, creia que a nossa ri-

---

[1] Nota da organizadora: cumpre esclarecer que, com a vitória da Revolução de 1930, Rômulo, como todos os funcionários que ocupavam cargos de chefia no governo anterior, foi destituído e preso. Leon Renault, casado com Nhanhá, sobrinha de Arthur Joviano, e seu filho Abgar Renault, atendendo à solicitação das respectivas esposas, a quem Maria recorrera, em momento de angústia, conseguiram sua libertação.

queza espiritual reside na capacidade de entender a pobreza dos que nos perseguem gratuitamente, proporcionando-lhes recursos para que se enriqueçam também, através de nossa serenidade e testemunhos de serviço. Que Jesus santifique o seu trabalho e conceda à sua mente a luminosa coroa da alegria pela obrigação bem cumprida.

Quanto a dificuldades comuns do caminho edificante da experiência humana, é preciso compreender que a pedrada é sempre oferecida à laranjeira coberta de frutos e que os vermes só comparecem onde efetivamente exista substância palpável para o seu único serviço de devotamento. Árvores vazias e terrenos infecundos não sofrem assédios de forças destruidoras. O deserto é o deserto. Por isso mesmo, todo obreiro sincero aguarde os assaltos. Isso é quase uma fatalidade no ambiente humano, onde a aprendizagem das leis divinas é de curso muito lento entre as criaturas. A alegria de sua consciência é um prêmio que decreto algum da Terra pode proporcionar. Seja, pois, feliz e continue cooperando no bem com todas as forças de seu coração.

Hoje vieram aqui dois amigos: o Virgílio Machado e o Sócrates Alvim.[2] Estão presentes e fazem orações conosco, desejando-lhes felicidade e paz.

A irmã Engrácia também veio e agradece o esforço de Maria,[3] dizendo-lhe que ela e outros cooperadores estão colaborando em favor de D. Júlia para que as tempestades não lhe façam vergar o ânimo e para que o seu coração sensível esteja forte diante das provas purificadoras do mundo (não convém dar à D. Júlia ciência desse carinho mais direto, poderia causar-lhe preocupação).

Felizmente, tudo vai indo bem no curso de nossos trabalhos, porque prevalece neles a vontade de Jesus e não a nossa. Convém continuarem todos com cuidado no

---

Notas da organizadora: [2] vovô referia-se a dois amigos que passaram à Espiritualidade. [3] Refere-se à transcrição de trabalhos para o sistema Braille.

que se relaciona com a gripe e com os resfriados. Um dos piores inimigos da saúde humana é o vento pelas frestas das costelas, assevera um amigo daqui e dou-lhe plena razão.

Agora, meus filhos, devo despedir-me. Não sem dizer-lhes que estamos trabalhando pelo Roberto.

Que o divino Mestre nos abençoe a todos. E que a paz dele possa estar sempre com vocês é o desejo ardente do papai que não os esquece e que lhes deixa um abraço afetuoso,

A. Joviano

A nossa oração é uma fonte de fortaleza

Meus caros filhos, Deus abençoe a vocês, concedendo-lhes muita paz espiritual e saúde física. **A nossa oração é uma fonte de fortaleza.** Abeberarmo-nos em sua divina corrente é aproximarmo-nos Daquele que constitui a luz de nossos destinos.

Neste mundo, onde trocamos ideias e fora dele, a prece, meus filhos, será sempre para nós o bendito manancial de renovação da energia. Vocês, naturalmente, no decurso rápido das lutas diárias, não podem inventariar as invocações, os chamados, as rogativas que os círculos inferiores lhes dirigem a cada hora. Toda criatura, e principalmente quando essa criatura está em pleno crescimento espiritual, com o amadurecimento da razão, recebe súplicas e apelos de variada natureza. São as vozes inarticuladas da organização doméstica, dos interesses privados, da vida social, dos que se encontram indiretamente ligados aos seus caminhos, dos que lhes observam os passos, dos serviços diversos a que se dedicam, das "entidades fragmentárias" da natureza, enfim, de todos os círculos por onde cruzam os pés. Se essa criatura não possui a escada luminosa e invisível da oração, a fim de confiar ao Pai de Infinita Misericórdia as suas preocupações e problemas, muito dificilmente atenderia a qualquer tarefa verdadeiramente edificante.

É necessário aprender o caminho de Deus para que as sendas dos homens, muitas vezes em labirintos ingratos, não nos perturbem a mente. Observam, certamente, como é complexa e esmagadora a existência de companheiros nossos encarnados que, até hoje, se afastam da estrada real e divina da oração. Inegavelmente, eles vivem, todavia, raramente constroem algo de bom nos círculos a que foram chamados a viver. Guardem vocês essa lâmpada incessantemente. A prece fiel do coração indicará sempre o rumo acertado. E que Jesus abençoe a organização espiritual a que se consagram, no mais íntimo da alma, são nossos votos ardentes! Os outros virão depois. Não existem "dois caminhos" nesse setor. A confiança em Deus, com aproveitamento dos valores divinos nas lições de cada dia, é a única estrada de acesso às regiões superiores da vida. As experiências variam, estruturam-se as portas de variadas maneiras e em diversos materiais, entretanto, "o rumo" será sempre o mesmo para todos.

Estamos satisfeitos com a possibilidade aberta a novo trabalho de André Luiz.[1] Esse amigo, atendendo a solicitações de companheiros daqui, fará a descrição possível de alguns detalhes do Umbral (ou zona inferior), a que a quase totalidade dos encarnados aportam nos primeiros dias no Além. Agora que completamos justamente dez anos de intercâmbio sempre incessante, é muito interessante para mim convidar a atenção de vocês para os quadros que se seguirão, pelo menos, nos capítulos próximos. Descreverá ele o que for possível, porque autoridades superiores determinaram em contrário aos nossos desejos de narrativas mais detalhadas dos sofrimentos purgatoriais. Convém que os apren-

---

[1] Nota da organizadora: refere-se ao livro *Obreiros da Vida Eterna*.

dizes da verdade recebam o ensinamento com dosagem e calma. Refiro-me ao assunto, porque também fui abrigado em organização similar a que o autor passará a descrever no capítulo a iniciar-se. Semelhantes valores informativos são preciosos por nos renovarem as concepções referentes à "esfera próxima". Comentamos os fatos em caráter construtivo para acentuar as nossas lições e fixá-las no espírito. Que Jesus nos abençoe!

Maria, você e Wanda deverão mesmo usar o *Pulmonina* por mais dias. Os "resíduos gripais", arquivados nos órgãos respiratórios, especialmente na pleura, causam distúrbios e sensações doloridas. É o que ocorre a ambas. Rômulo também poderá fazer o mesmo. O corpo físico é também como a casa física. Muita gente revolta-se pelo fato de necessitar medicação continuada, prolongada e incessante, esquecendo que a residência da Terra requisita providências de higiene e reconforto diariamente. Para nós aqui é acontecimento dos mais naturais vê-los preocupados em se medicarem convenientemente. Trata-se de medida das mais lógicas, porque também nós aqui somos compelidos a recursos relativos à mesma finalidade, embora sob outros prismas.

No que for possível, meu caro Rômulo, cooperarei com você em sua luta presente na esfera do trabalho funcional. Esperemos, trabalhando. Paulo de Tarso foi instrumento do grande ensino de "que tudo coopere para o bem dos que amam a Deus". E nós faremos quanto esteja ao nosso alcance pela sua paz. Vamos trabalhando pelo Roberto. Será uma alegria para nós todos se o êxito escolar vier como desejamos. Rendamos graças ao divino Mestre por todas as bênçãos recebidas. E que ele esteja sempre em nossos corações, norteando-nos as atitudes no caminho da vida, são os votos do papai que lhes deixa um abraço muito afetuoso,

A. Joviano

Leitura mental

Meus caros filhos, Deus abençoe a vocês todos, concedendo-lhes muita saúde e muita paz. Não preciso comentar a nossa tarefa em curso. Estamos colaborando com o Roberto, como é possível, no setor de lutas em que se encontra. Vamos trabalhar e esperar os resultados. O lavrador não faz outra coisa. Prepara o solo, lança as sementes, garante os cuidados à germinação e espera a manifestação de Deus no tempo e nas situações circunstanciais do serviço. Os pais humanos são lavradores celestes em ação na Terra. Vocês têm feito o que é possível pelo nosso estudante. Agora, meus filhos, acompanhemos a atividade dos exames. E dizemos bem, referindo-nos a exames, porque a colheita verificar-se-á mais tarde no curso do tempo.

Estou muito satisfeito com as noções que vão recebendo, relativamente às ordenações de trabalho, logo após a morte do corpo físico. Esse novo esforço de André Luiz abre muitas clareiras no assunto obscuro do além-túmulo e define questões, focalizando problemas individuais, de alta relevância. Vocês agora presenciam o que seja uma sessão de **leitura mental**. Muitas vezes, em nossos círculos, para prestar socorro eficiente a amigos, precisamos mobilizar tal recurso. Muito difícil não colher resultados imediatos. É que cada um de nós traz o fio invisível de tudo o que foi pensado e realizado na existência. De uma vida para outra há intervalos que não são interrupções do "fio". Simplesmente processos de esquecimento temporário em operações magnéticas, que deixam fundos marcos na vida consciencial. Quando o espírito se liberta, de fato, é possível renovar-lhe a lembrança indefinidamente, através de várias existências sucessivas, todavia, quando a alma se escravizou em demasia aos sentidos físicos ou estacionou no campo das sensações fisiológicas, a "sessão de leitura mental" estará circunscrita, relacionando apenas as ocorrências da "vida última". É o caso de Domenico e da maioria dos que aporta nos grandes países do Invisível.[1] A princípio, não suportamos senão o relatório dos fatos que organizamos e partilhamos na existência derradeira. Esses trabalhos, porém, falam sempre muito alto dentro de nós e precipitam as renovações benéficas e salvadoras. É admirável, porém, para nós, criaturas humanas propriamente ditas, a magnitude da lei divina, condensando em cada consciência a história que lhe é peculiar. Como o "fio do minúsculo produtor de seda", também nós apresentamos o nosso, que é bem um "filme" de expressão indefinível ainda no quadro de nossa presente conceituação das coisas e dos seres que nos rodeiam, mas que se projeta sempre em torno de nós, revelando a olhos mais iluminados as mais íntimas histórias de nosso campo pessoal, que muita vez desejaríamos manter à distância do alheio conhecimento. Naturalmente, em nossa esfera de ação, prevalece, invariavelmente, divino respeito aos atos de cada um no culto do livre-arbítrio que nos rege os destinos. Entretanto, quando a rebeldia se opõe ao serviço intercessório, a leitura da mente é a maior medida que se processa a benefício dos interessados. Então o espírito desencarnado crê, efetivamente, na justiça do eterno Pai e rende-Lhe a vassalagem devida. Com Nosso Lar, vocês viram uma paisagem festiva de trabalho compensado e de esperanças sublimes a caminho de santas realizações na Terra ou nos círculos mais elevados. Com Os Mensageiros, observaram uma das facetas do esforço gigantesco dos

---

[1] Nota da organizadora: padre mencionado no Capítulo 6 de Obreiros da Vida Eterna, livro de André Luiz.

espíritos sábios e benevolentes para auxiliar os homens revestidos de carne. Em *Missionários da Luz*, reconheceram a entrosagem das peças desse serviço de assistência e carinho, na lição de responsabilidade inalienável da criatura ante os seus veículos preciosos de manifestação na crosta da Terra e agora veem de mais perto o que vem a ser a tremenda paisagem que recebem os desencarnados do mundo em maioria. A realidade de semelhante plano é angustiosa. Muito difícil desprendermo-nos do corpo em posição elevada. Quase sempre saímos como os "balões cativos", e o plano que nos recebe há de ser humaníssimo em suas mínimas expressões. Desse modo, considero muito valioso o ensinamento novo, que vão recebendo e guardando. Armazená-lo na mente é preparar boa provisão de luz espiritual para o caminho. Agradeço a Deus e desejo que vocês possam extrair muito proveito.

Wanda, você não deixe de usar o *Pulmonina* ainda por alguns dias. Será muito útil aos seus órgãos respiratórios.

Maria, se for possível, não deixe, você e o Rômulo, de visitar o Roberto no aniversário. É um plano, por enquanto. Não sabemos se vocês poderão realizá-lo e nem eu mesmo posso dizer. Apenas exprimo um simples desejo. Esperemos os dias e que Deus os abençoe.

Adeus, meus filhos. Você, Rômulo, continue observando cuidado contra o frio no tórax. Tenho estado com você e estimei a sua experiência última com a cobra.

Boa noite para vocês. Guardem o coração do papai que não os esquece,

A. Joviano

Missionário da ordem política

Meus caros filhos, Deus abençoe a vocês, conferindo-lhes muita saúde à organização física e muita paz aos corações.

Acompanhamos vocês na expectativa cheia de orações pela paz de todos os que se abrigam sob céus brasileiros. Grandes modificações nos defrontam e estamos formulando votos ao Mestre e Senhor para que a luz se projete sobre os responsáveis pelo progresso e organização da ordem política, econômica e social do Brasil, a fim de que o fermento do separatismo, do ódio, da discórdia não tenha acesso em seus pensamentos. Esta é uma grande hora que vivemos, não tanto pelo que deixamos de ver, mas pelo que poderemos ver ainda. Confiemos em Cristo, endereçando a ele nossas súplicas e, embora considerando as perturbações profundas que os últimos anos infundiram na mente nacional, em virtude da influenciação de patrícios nossos dominados pelas ideologias estrangeiras, enviamos um pensamento de simpatia ao **missionário da ordem política**, que tentou a melhoria das condições do povo, numa ditadura que, de fato, lançou muita incompreensão e muita indiferença na alma nacional, mas dentro da qual procurou ele, no íntimo, agir patriarcalmente, numa hora angustiosa do mundo, que durou desde 1935 até agora. Para ele, um pensamento de paz e agradecimento pelas intenções com que buscou praticar o Governo, não obstante as fórmulas inadequadas de manifestação. Em verdade, a censura, a perseguição, a denúncia, a leviandade, a dúvida, o processo calunioso muita vez imperaram, no círculo destes três lustros que vencemos agora, mas, no fundo, ele tentou a benevolência e buscou um sentido de continuidade administrativa que nos era indispensável nos anos derradeiros, atravessados pelas nações mais cultas, sob grandes desvarios da autoridade. Que Jesus o proteja e ilumine, e que os filhos da grande pátria, que tanto amamos, tenham serenidade e paz, isenção de ânimo e sadia cooperação para colocarem o Brasil na galeria democrática da humanidade.

Para a obtenção desse desiderato, há imensas legiões operando deste lado da vida, procurando atenuar o calor das paixões e limitar os impulsos da personalidade. O momento caracteriza-se por transcendentais problemas que, por agora, não podemos enumerar, nem comentar. Muita vez é necessário confiar ocorrências ao tempo, como entregamos certas questões ao travesseiro. Esperemos.

Pelo que se vai fazendo, porém, já contamos com justificado regozijo entre nós, e trabalharemos, com toda alma, para que a hora presente se transforme no início de um novo ciclo de prosperidade e bem-estar coletivo, o que, por enquanto, não é realização consolidada. Vamos com prudência e observação, através dos caminhos.

Wanda, venho cumprimentá-la pelo natalício. Que Jesus conceda ao seu bom coração, no próximo dia 4, muitas venturas e alegrias, saúde e bom ânimo. Cada ano, minha neta, é, de fato, uma flor da primavera da alma, quando sabemos viver a existência. Flor de aprendizado divino, cujo perfume perseverará em nosso ser para sempre. Na manhã de seu aniversário, quero ser o primeiro a beijar sua mão. Antes que você torne ao corpo (veja lá nossa linguagem de agora), serei o velho avô que não a esquece, o primeiro a felicitá-la. Deus faça brilhar em sua estrada humana as estrelas da fé viva, da tranquilidade construtiva, da esperança fiel. Satisfeito com as suas edificações interiores, rogo ao Mestre multiplique os seus valores e dons no campo da eternidade.

Rômulo, meu filho, ainda com vistas à situação política nacional, é interessante recordar que os fatos se repetiram quinze anos depois, com precisão matemática. Como vemos, cada situação, cada acontecimento possuem reflexos no tempo. Louvamos o homem bem intencionado, mas estudamos o quadro geral do assunto. Isso é uma necessidade. Mais uma vez, verificamos como é grande a iniciativa de todo aquele trabalhador que sabe ver, antes de tudo, a vontade divina. Lembro-me de haver lido, certa vez, que Napoleão, em Santa Helena, nos belos tempos de meditação, concluiu que os homens são usados por Deus nas posições do trabalho, da vitória, da inteligência, da fortuna, do poder e da glória, até quando este mesmo Criador deseja utilizá-los em outros setores mais simples da Sua obra. O ditador, então, asseverava que não valia desesperar-se ou rebelar-se porque, se essa era, efetivamente, a vontade do Senhor, os mais fortes e invencíveis guerreiros eram transformados em fragmentos de papel. A ciência da felicidade, pois, está em entender os desígnios supremos e praticar o bem, onde quer que formos chamados. Que o Cristo, Médico das almas e das multidões, inspire a todos os que, como nós, se consagram tão intensamente a este pedaço de terra do Cruzeiro do Sul.

Como ponderávamos na passada reunião, a viagem a Lavras tornou-se mais difícil. Não desejo que, a meu pedido, enfrentem vocês obstáculos sem maior razão se ser. A alegria doméstica pela reunião de todos não pode tardar muito.

Sobre o seu tratamento, meu caro Rômulo, continue com as aplicações magnéticas. São portadores de incalculáveis benefícios para as suas células na região em tratamento. Use os remédios aconselhados, mas não interrompa os passes e, quanto seja possível, sempre à mesma hora, pela manhã. O progresso que se vai verificando é muito reconfortador e promete o reajustamento em breves dias.

Agora despeço-me, deixando-lhes um afetuoso abraço. Que Jesus permaneça conosco e que possamos permanecer, agora e sempre com ele, são os votos do meu coração de pai e velho amigo,

A. Joviano

10º aniversário do Grupo Doméstico Arthur Joviano

Meus caros filhos, Deus abençoe a vocês, conferindo-lhes muita saúde e paz íntima.

Comemoramos ontem, com vocês, **o décimo aniversário do grupo doméstico** - dez anos de consagração - deste gabinete à Espiritualidade Superior, não só do gabinete na sua expressão física, mas também da zona espiritual de oração e realização divina, no compartimento sagrado do coração de vocês mesmos.[1] Sentimo-nos muito felizes e esperamos que a existência terrestre lhes corra tranquila e rica de bênçãos, como neste último decênio, em que vocês reforçaram as bases da construção espiritual que lhes cabe na vida eterna. Cultivem o santuário interior do otimismo sublime, perante Deus, haja o que houver, aconteça o que acontecer,

---

[1] Nota da organizadora: em 13 de novembro de 1935, Arthur Joviano transmitiu a primeira mensagem no lar de Rômulo e Maria. As anteriores foram transmitidas no lar de Chico Xavier.

nos círculos da luta humana. A prece, com o desejo firme de adaptação à vontade divina, constitui abençoado altar do espírito, onde o coração - peregrino a caminho da luz perfeita - se retempera na longa e áspera jornada. Sejam felizes, meus filhos, é o que desejo a vocês de todo o coração!

Parece-me estar novamente em nossa primeira reunião familiar. Lembro-me de que o General, D. Júlia, Fausto, o médium e vocês estavam presentes comigo. Diversos companheiros haviam vindo. Eu, pobre de mim, ainda era incipiente aprendiz no intercâmbio com a esfera que havia deixado. Fato é que a "pequena assembleia" da noite constituía como que a "pedra fundamental" de grande trabalho, que a mim tem feito enorme bem. Que Jesus conceda a vocês, como sempre, a força da compreensão límpida e pura, a fim de que a obra de nossa redenção prossiga para a nossa felicidade no plano imortal.

Abençoamos os dez anos findos e amigos nossos recomendam-me agradecer a fé viva que vocês empenharam na travessia destes 120 meses de edificações, que jamais esqueceremos. É sempre fácil começar as obras, todavia, é sempre muito difícil dar-lhe seguimento. Por tudo o que vocês trouxeram ao nosso humilde esforço espiritual, rogamos ao Senhor os recompense.

Rômulo, meu filho, achei excelente sua viagem! Trará frutos benéficos a nós todos. Estive em sua companhia junto do Roberto, animando-lhe os propósitos, perante a luta de formação espiritual. Fiquei satisfeito com a alegria que você experimentou ao contato com ele e considero que foi muito acertada a providência quanto à viagem. Maria e Wanda não deviam expor-se a uma posição incômoda por mais de seis horas, considerando as sensações de dor que ambas sentiram na região da pleura. Não seria acertado arriscar as melhoras obtidas. Quanto a você, felicito as suas realizações no campo magnético. Tem conseguido extraordinariamente no setor da circulação, prejudicada, de alguma sorte, pelos fenômenos de desarmonia do sistema nervoso.

Esperamos que você obtenha sempre mais! Os elementos medicamentosos foram muito bem indicados, mas manda a verdade que se proclame o mérito de seu esforço nas aplicações metódicas de automagnetização dos agrupamentos celulares. Continuemos trabalhando, atentos à vontade do Pai. É sempre uma nota de júbilo para o coração a consciência do dever bem cumprido. Peço a Jesus para que você continue edificando nesse particular. Um dia verá você a oportunidade desses conhecimentos e práticas. O campo de serviço na vida eterna é infinito. Semeie incessantemente o bem e a colheita recompensará mecanicamente o seu trabalho. Não se trata de faculdade a completar-se com escasso tempo de exercício e aplicações benéficas. Trata-se da aquisição de qualidades imperecíveis que passam a formar no patrimônio indestrutível da alma. Recordemo-nos do culto da noite passada e procuremos dar o "depoimento" coerentes com os desígnios do Senhor. Somos seus cooperadores e servos humildes. Que ele nos conceda a sua administração e nos indique o trabalho a fazer. Dentro desse espírito de solidariedade com o programa do divino Mestre, jamais nos faltarão energias. Prossigamos.

Hoje veio conosco a Helena Maia, que cumprimenta a vocês com muito carinho e amizade. Também ela se recorda, grata, do início do trabalho e rende graças a Deus, deixando-lhes sinceras felicitações.

Adeus, meus filhos, que a paz do Todo-Poderoso abrigue o coração de vocês no santuário da confiança e da alegria em Jesus Cristo. Presentemente, nada possuo com que lhes possa significar meu contentamento, a não ser o coração reconhecido e feliz. Recebam-no com os meus votos de muitas felicidades, saúde e harmonia. Que o Pai de inesgotável bondade abençoe vocês para sempre, são os votos do papai que não os esquece,

A. Joviano

O contentamento do espírito

Meus caros filhos, Deus abençoe a vocês, concedendo-nos a todos muita saúde, paz e luz divina.

Ontem comunguei na alegria da noite comemorativa. Como não? E senti-me feliz com as belas elucidações de João de Deus, tão bem acolhidas e transmitidas por vocês. **O contentamento do espírito**, no trabalho do Senhor, torna o coração mais dócil à sua vontade. A alegria que trouxeram ontem ao culto era divino pão espiritual, que nos reconfortou a todos. Que Jesus lhes conceda, meus filhos, longos e abençoados anos de felicidade e união, é meu voto ardente!

Fiquei satisfeito com a tranquilidade e o júbilo que manifestaram, porque eu sabia que, no fundo, as notícias de Roberto não haviam sido alegres. Esforçaram-se, porém, para relegar o assunto a plano secundário, e fizeram muito bem.

Na encarnação presente, a data simbólica de 27 veio antes dele. Justo que o vinho sagrado da satisfação doméstica não se transformasse em vinagre de preocupações.

Este serviço da alma, dia a dia, colocando cada coisa e cada ocorrência em lugar próprio, forma a realização divina a que se referem, muitas vezes, os nossos maiores na esfera superior. Conceda-lhes o Mestre seus preciosos ensinamentos, cada dia, enchendo-lhes o caminho terrestre de edificações concretas no terreno do espírito eterno para a vida imortal. Passando, em seguida, ao campo diferente, reafirmo-lhes o meu propósito de velar sempre pelo neto que me é tão caro. Sei que vocês se contrariam, com razão, à frente de experiências que não desejávamos, entretanto, reduzamos, quanto possível, a quota dos dissabores. A época está repleta de elementos perturbadores. Quase impossível a completa imunidade da juventude. Aqui os companheiros levianos, acolá as mil seduções da estrada, sob aspectos multiformes, na região da política e da fantasia. Precisamos improvisar recursos de compreensão para que os vulgares acontecimentos não se gravem como devem ser gravados os bons acontecimentos. Além do mais, ainda mesmo que persistam em nosso altar interior a imagem do nosso rapaz como adorável criança, perante o mundo é agora um homem quase feito, com quem precisamos criar a atmosfera de sadio entendimento. Grande é a luta, bem sei. Todavia, as armas se modificam. Hoje, o argumento silencioso e indireto, o conselho fraternal, a observação sem rumo, a prece, a cooperação espiritual representam o material da batalha. Tenhamos, pois, coragem sem desânimo e prudência calma para que a semeadura frutifique a seu tempo.

Não descreio do porvir, mesmo porque, em semelhante idade, não consegui apresentação muito melhor e como professor, velho, tive inúmeros "filhos espirituais" que me deram mais fortes e violentos motivos para perder a serenidade e a confiança. Vocês, porém, não têm estado em contato com a turba de maus alunos e, naturalmente, sofrem muitíssimo. Encerremos, todavia, o assunto e quanto a vocês comentem-no, ainda mesmo em plano mais íntimo, quando estritamente necessário.

Rômulo, vou acompanhando sua luta com as manifestações das últimas semanas e louvo seu esforço laborioso. O fenômeno é natural, a quem, como você, não recebe responsabilidades simplesmente para entretenimento. Ultimamente, o assédio das vibrações adversas cansa-lhe o sistema nervoso com mais intensidade, estabelecendo desequilíbrios reflexos em órgãos de importância fundamental. Não tenho elementos técnicos para expor o quadro psíquico (porque não posso dizer físico) da situação, mas não posso sintetizá-lo, lembrando que, como professor, daria a você a nota máxima em trabalho, não podendo fazer o mesmo em descanso. Você, agora, vai aprender essa arte importante e séria. Para conquistá-la, não recorrerá à indiferença, à insensibilidade diante do dever a cumprir e sim criará uma noção vigorosa de "balanço interior" para que não se mortifique por aqueles que estão semeando espinhos para si próprios. Recordo, nesse sentido, os estudos da esmola material. Você sabe que não devemos dar recursos a quem, deliberadamente, os menospreza e ante as situações menos definidas guardaremos expectativa prudente antes de dar. Assim é o sentimento também. Não o disperse, supondo fazer bem, em favor daqueles que não o compreendem, ainda mesmo quando estes nos sejam muito estimáveis. Façamos o possível por eles, sem dispêndio excessivo de forças, porquanto a esmola costuma prejudicar os que a recebem, sem consideração pelo seu valor. Também o nosso sentimento ativo, dispensado em benefício dos que não se encontram preparados para recebê-lo, com proveito, pode ser nocivo aos que servimos e amamos. Digo isso porque você merece os meus cuidados nesse setor e não os expressaria aqui se não o visse preparado devidamente para acolhê-los com utilidade para nós ambos. O organismo suporta as vibrações a que demos guarida até certo limite e não desejo vê-lo dispondo de patrimônio tão sagrado por outros que desconsideram a dádiva.

Não sei se consegui explicar-me como desejava, mas entender-nos-emos no silêncio, quando estivermos mais a sós. Continue com a sua medicação e, sobretudo, com as aplicações magnéticas. Será enorme proveito.

Agora, devo recordar o "ponto final" no papel. Prossegue a conversação em outra esfera.

Maria, a você e à Wanda os meus afetos.

E reunindo-os num só abraço muito afetuoso sou o papai muito amigo de sempre,

A. Joviano

Situação política do nosso país

Meus caros filhos, Deus abençoe a vocês, como sempre, são os nossos votos, desejando-lhes muita saúde e paz, extensivas ao nosso caro Chico Guimarães.[1]

Seguimos, com interesse, o comentário de vocês relativamente à **situação política do nosso país**, situação repleta de problemas intricados e complexos em face da onda de renovação.

Desde 1939, o Brasil esteve como um "grande lar", sagrado e acolhedor, porém fechado por defesas magnéticas do plano espiritual que somente se abriram agora, em 1945, em se modificando a posição europeia. Fez-se o possível por defender o santuário doméstico da pátria e preservá-lo, contudo, agora, requisita-se dos companheiros encarnados o preciso coeficiente de cooperação.

---

[1] Nota da organizadora: refere-se a Francisco Guimarães, grande amigo da família Joviano, residente em Belo Horizonte, já mencionado na mensagem da pág. 586.

O país permanece, frente à frente, com as mil e uma novidades que a última grande guerra trouxe em seu bojo monstruoso. Hora de modificações supremas, de renovação dos caminhos, de revisão dos roteiros. E podem crer que o serviço ainda é de análise, sem ser o trabalho das aplicações práticas que apenas poderá sobrevir encerrada a fase experimentalista. É lastimável a perturbação geral oriunda do nosso excesso de bem-estar. As exigências atuais não nos colhem na situação de esgotamento ou de pauperismo. Não vimos o infortúnio de perto. A necessidade não nos humilhou a economia física. E na zona espiritual do conhecimento estivemos a distância como enorme núcleo infantil bem protegido, mercê da Providência Divina. É por isso que não estamos sabendo estabelecer o equilíbrio necessário. Agraciados pela Sublime Misericórdia, ignoramos como aplicar os dons e dádivas recebidos. Daí os primórdios da luta política que se esboça em paisagem aparentemente calma. Continuará nossa esfera de ação cooperando pela tranquilidade brasileira, através de todos os recursos ao nosso alcance. Entretanto, cessada a organização defensiva em outubro último, por força das circunstâncias inelutáveis, a maior quota de serviço e concurso estará afeta aos homens responsáveis.

O descontentamento, contudo, é grande. Pelo fato de não possuirmos "infelicidades mesológicas" ou "sociais", importamos as que flagelam outros países. Adquirimos as questões proletárias da Rússia, compramos desvarios políticos da França, buscamos influências dogmáticas de Portugal e da Espanha e, agora, para extirpar enfermidades coletivas que procuramos, com as próprias mãos, pelo gosto da moda, a nação experimentará, talvez, dificuldades de vulto. Por nossa vez, avisamos a todos vocês, nossos amigos mais íntimos, para que estejam a postos, a fim de que a segurança espiritual lhes constitua porto legítimo de vida pacífica e construtiva. Há tantas feras observando as portas que outra atitude não nos deve preocupar acima da noção de vigilância de nossa própria paz.

É bem amargo comentar a paisagem atual do Brasil com semelhante aspereza de conceituação, todavia, a sinceridade deve imperar entre aqueles que podem senti-la e aproveitá-la. Sofreremos muito ainda para consolidar os alicerces da verdadeira democracia. Aliás, isso é natural. Os países mais idosos na experiência do "governo do povo, pelo povo e para o povo" foram compelidos a pesados esforços coletivos para ambientá-lo.

Creiam que, considerados de nossa posição no plano dos desencarnados, os poucos anos que correram de 1889 a esta parte são frações mínimas de tempo. Adicione-se a isso o impulso inato de liberdade dos brasileiros, de liberdade de direitos com limitação de deveres e reconheceremos que nos resta fazer muito na ossificação do "gigante" nacional. Em razão disso, encaremos as questões com a preocupação justa, mas sem trair a serenidade que nos deve orientar. Em tais sucessos, é indispensável cultivar o desapego com noção de responsabilidade individual como planta predileta do espírito. De outro modo, seria afrontar a ventania arrasadora, entregue à intempérie, sem abrigo de qualquer espécie nos círculos de atividade espontânea da natureza.

Foi possível reduzir ao mínimo a quota de sangue do Brasil no grande conflito internacional, mas o país sofrerá todas as modificações em curso nas outras nações do globo. Ondas destruidoras e reedificadoras entrecruzam-se, desde o Atlântico ao Pacífico, desde o Brasil ao Japão. É a enorme luta evolutiva! Chegam devagarinho, insensivelmente, como todas as ordens de Deus. Ao fim de certo tempo, contudo, agigantam-se para ser utilizadas com êxito em nosso campo individual. Prossigamos lutando, dividindo o tempo entre a construção das mãos e do coração. Corpo e espírito, materialidade e espiritualidade, hoje e amanhã.

Felicitamos o Chico Guimarães pelo seu início nos estudos aplicados de magnetismo curador. Acredite, meu amigo, no bem que pode fazer. Lembre-se de que Jesus não o aposentou e que os seus esforços podem beneficiar a muitos. Estimamos a sua cooperação na obra do Abrigo Jesus e admitimos que o seu quadro de possibilidades é extenso e valioso.[2] Que Deus o fortifique e o conduza. Agora, despeço-me. Consola-me a certeza de que, em se tratando de política, não o fiz senão com o objetivo de alertá-los. Nosso candidato ainda e sempre é o Cristo, o Supremo Governador, isso, naturalmente, com o devido respeito ao nome do homem digno, em quem vocês e nós acreditamos encontrar as melhores qualidades para dirigir o país. É preciso não esquecer que vocês ainda se encontram na Terra e necessitam encontrar a sintonia com aqueles espíritos mais elevados, a quem o Senhor conferiu o mandato da administração em seu nome. Que ele nos ajude e inspire sempre.

Recebam o carinhoso abraço do papai muito amigo que não os esquece,

A. Joviano

---

[2] Nota da organizadora: entidade beneficente sediada em Belo Horizonte.

Cada dia tem a sua mensagem

Meus caros filhos, Deus abençoe a vocês, concedendo-lhes muita saúde e paz.

Venho cumprimentar o Roberto, de volta ao lar. Ele é bem o nosso "expedicionário" em luta áspera por obter o futuro melhor. E a batalha que sustenta é contínua - combate no setor social, no campo educativo, na esfera individualista.

Sim, Roberto, compreendemos seu trabalho e pedimos a Jesus para que a Divina Inspiração derrame em sua mente e em seu coração bênçãos renovadas de luz e paz, de maneira que você possa construir seus caminhos sem maiores dificuldades. Desejamos a sua saúde, excelente estágio no círculo doméstico e que o seu organismo se refaça. Para a frente e para o alto, deve ser o nosso tema. Não estacione, meu filho. Prossiga sempre. **Cada dia tem a sua mensagem** particular, cada prova, a sua lição. Nem sempre sabemos aproveitar todos os dias e nem sempre correspondemos à prova a que somos conduzidos pela Providência. Com a atitude do viajante corajoso, porém, o caminho ser-nos-á mais luminoso, mais aberto, oferecendo acesso às divinas fontes da vida. Creia que estou em sua companhia sempre que posso. É o determinismo do amor construtivo, que vigia e opera com regularidade invariável. Sobretudo, Roberto, conserve serenidade e destemor. Entendemos a extensão e a complexidade do esforço conferido ao seu espírito jovem, mas contamos com o seu equilíbrio nas manifestações diárias da luta, induzindo-o a inclinações injustificáveis. Cultive a oração, ainda mesmo que os obstáculos pareçam insuperáveis a você. Cultive-a e receber-lhe-á os frutos substanciosos. Com semelhante luz, as obscuridades se dissiparão. Não esqueça da lanterna bem acesa, com luz bem viva, porque a noite escura vem sempre em seguida ao dia brilhante para conferir-nos as aquisições. Deus o abençoe, meu neto, enchendo-lhe as férias de paz edificante e saúde equilibrada.

Rômulo, você poderá prosseguir com os seus medicamentos e aplicações. Os benefícios são grandes e você mesmo pode medir-lhes a extensão. Quanto ao esgotamento súbito de forças que o assedia de vez em quando, terminada a tarefa de socorro magnético, em caráter coletivo, estamos estudando um meio de colocá-lo a salvo de semelhantes perturbações, que se verificam, embora, pelo mínimo. O fenômeno passará.

Quanto a você, Maria, use os elementos homeopáticos - *Gelseminum* e *Bryonia*, durante cinco dias. Farão à sua saúde grande bem! Estamos auxiliando o seu organismo através de passes, movimentando recursos do nosso plano de ação.

Agora retiro-me, porque o Elísio Carvalho Brito veio comigo trazer alguma coisa ao coração paterno. Escreverá uma pequena carta ao velho amigo.

Boa noite para vocês todos! Guardem o coração muito afetuoso e grato do papai,

A. Joviano

Lembrança

Ao grande amigo Arthur Joviano

A ti, meu Professor,
meu venerando amigo,

Nesta noite de paz
de saudade e oração,

O grande e velho amor
que deixaste comigo

No eterno altar em luz
da eterna gratidão!...

Abílio Machado

Como "vivo"

na Eternidade

Nos júbilos memorativos dos "mortos", enchem-se sepulturas de flores custosas. Resplandecem luzes nos jazigos. Diferenciam-se as cruzes que assinalam o último pouso. Para os "mortos" do mundo de carne, as convenções mais pesadas não terminam. O cemitério está cheio de fronteiras como linhas divisórias, marcando as figuras que passaram. Aqueles, porém, que triunfaram da morte, aqueles que sobrepairam ao dogmatismo passageiro, recebem homenagens diferentes. Recebem as flores do carinho sincero, as luzes do coração, as palavras quentes de amor. Bem-aventurados os "mortos" que não continuaram sepultos nos desvãos da existência terrestre. Para eles, a bênção da saudade é lágrima celeste balsamizando o coração para sempre. O amor não é utopia, a esperança não ilude, a fé prossegue firme.

O Professor Joviano rejubila-se com justiça. Recebe a homenagem dos vivos **como "vivo" na Eternidade**.

Que o Divino Doador das bênçãos lhe acrescente a paz, a sabedoria e a felicidade.

São os nossos votos,

Irmão X

A melodia de júbilo

Meus amigos,

Cheios de alegria invocamos as bênçãos celestes para os vossos corações.

Desça sobre o Professor Joviano, nosso amigo e servo do Senhor, as irradiações do amor soberano e augusto de Deus, iluminando-lhe a estrada de realização para a vida eterna. E que todos nós lhe sigamos as pegadas, valendo-nos de sua claridade para aproveitar o caminho, são os votos muito sinceros do vosso amigo e servo humilde, que aqui encerra **a melodia de júbilo** desta noite!

João de Deus

Os sóis da fé imperecível

Meus caros,

Deus os abençoe!

O perfume das flores da saudade volta ao coração dos queridos amigos com os eflúvios de nossa gratidão. Que a noite de amor consagrada ao nosso companheiro benemérito permaneça sempre na lembrança de vocês, repleta de astros brilhantes - **os sóis da fé imperecível**, indicando a pátria divina, onde teremos o nosso lar de união, sem lágrimas e sem morte.

Samuel [1]

---

[1] Nota da organizadora: personagem do livro *Renúncia*, foi pai de Cirilo Davenport | Rômulo Joviano.

Missionário em ação

Comparecendo aqui, rendo graças a Deus pela possibilidade de reafirmar minha gratidão ao grande amigo.

Do Professor Joviano continua recebendo pão do espírito aquele que lhe recebeu das mãos do mundo pão do corpo e da alma para o cérebro e para o coração.

Seja permitido a mim, humilde aprendiz, unir minha voz àquelas que hoje se levantam bendizendo o orientador, o amigo, o protetor e pai.

Rogo a Deus ilumine a sua grande alma, semeando estrelas de paz no caminho do abnegado **missionário em ação**. E que todos nós possamos continuar recebendo dele os mais valiosos exemplos e ensinamentos, é o que pede ao Altíssimo o pobre amigo,

Gibraltar

Festa de felicidade espiritual

Meus caros, que a bênção de nosso Senhor Jesus esteja sempre conosco.

Participamos dos júbilos da noite e rendemos graças ao Todo-Poderoso pelas dádivas desta hora. O Professor Joviano, cercado de amigos, contém a emoção de alegria escutando a oração do Rômulo. Que felicidade, Maria! Você pode imaginar como nos sentimos! São muitos os irmãos que vieram trazer--nos o seu voto de paz e, francamente, não sei como traduzir meu reconhecimento a Deus.

Dessas **festas de felicidade espiritual**, raras se verificam na Terra. Por isso mesmo, imploramos ao Altíssimo para que o lar de vocês possua sempre este bendito santuário de oração e de amor, onde possamos colher o doce alimento da compreensão legítima no trabalho com o Senhor.

Estas pobres palavras destinam-se apenas a registrar minha visita e meu agradecimento.

Que o Mestre conceda ao nosso iluminado aniversariante de hoje inesgotáveis recursos no espaço e no tempo, a fim de que prossiga valoroso em seu apostolado de amor.

Afetuosas lembranças da tia muito amiga,

Engracinha

Rocio bendito

Meu amigo, paz a todos nós!

Tuas palavras foram ouvidas longe e, sobretudo, gravaram-se no coração daquele benfeitor paternal, recordado nesta noite.

Sua alma generosa chora de alegria! É o jardineiro orvalhando com lágrimas as flores queridas do seu coração.

Rocio bendito! Cai de um firmamento longínquo, perdido no ilimitado dos séculos! E ele responde às tuas palavras com o silêncio expressivo do pai vitorioso, responde amando e bendizendo, trabalhando e sentindo, louvando ao Pai eterno e agradecendo aos filhos muito caros.

Fazemos coro com a tua prece de reconhecimento. Ouça-nos o Senhor da Vida, derramando, sobre quem tanto tem cooperado no bem e na verdade, a Sua infinita luz, cheia de sabedoria e misericórdia.

Emmanuel

Os meus sinceros parabéns ao Rômulo

Meus caros filhos, Deus abençoe a vocês, conferindo-lhes muita saúde e paz aos corações.

Antes de assinalar os meus agradecimentos pelo carinho que me ofereceram a 14 último, trago a você, Rômulo, **os meus sinceros parabéns** por mais um dezembro, mais um natal, cheio de obrigações bem cumpridas e de júbilos familiares.

Desejava, francamente, significar ao seu espírito minha alegria e gratidão pela passagem de seu natalício. Entretanto, de coisa alguma disponho agora para materializar os meus sentimentos. Em compensação, trago-lhe o meu afeto imperecível, com os reiterados votos de paz e bom ânimo ao seu coração.

Faz bem descansar a alma durante algumas horas para acordar caminhos percorridos. Os espinhos vencidos, as pedradas ao olvido, os dissabores a distância fazem-se sentir de modo especial no coração, erguendo-nos o padrão de esperança e otimismo sagrado. Siga, meu filho, seu caminho de realização. É possível que o entendimento exterior seja tardio, provável que as circunstâncias terrenas sejam adversas, crível que a solidão venha muitas vezes visitar suas cogitações mais íntimas. Entretanto, algo não faltará: a Bondade Divina que nos suprirá de recursos, de acordo com as nossas necessidades. Atenda ao seu dia, cultivando a lavoura do serviço e edificando o castelo da paz, a fim de que a harmonia presida os seus movimentos. Haja o que houver, haverá sempre luz e realização, pão de luta benéfica e água viva da fé, solucionando seus problemas de trabalhador dedicado e sincero.

O esforço persistente a que se entregou, "garimpando" as gemas da sabedoria nas letras evangélicas, não é vão. No mundo de agora, você não achará bolsa para operar nesse comércio de valores definitivos, mas, de fato, é melhor que assim seja. Suas reservas do "lado de cá" serão maiores, seus títulos obterão maior rendimento. Apenas se pede ao depositante desse "ouro divino" que não haja esmorecimento, que prossiga em tarefa incessante e metódica nas águas do "rio sublime", porque os tesouros são efetivamente infinitos e as possibilidades, sem conta. Não tenha dúvida. Sob o ponto de vista do imediatismo, não pode você aguardar o coroamento de seus esforços na crosta da Terra. A tarefa por aí ainda é de "desbastamento", de "derrubada", de "limpeza" e de "preparação". Estamos construindo alicerces com o Cristo, que lançou a pedra fundamental do reino de Deus entre os homens de carne há quase dois mil anos. Entretanto, à medida que sofrer com o seu ideal, mais claro se fará sentir o caminho para o futuro e não devemos permutar luzes por sombras, valores eternos por votos efêmeros. Continuemos no serviço da edificação necessária. Esta, meu filho, a lembrança amiga de seu pai no 19 que passa. Que Jesus conceda a você longos e abençoados anos de realização para a vida eterna, na oficina do serviço, no santuário do lar, no templo da fé viva!

Muito agradeço a vocês pelos júbilos da sexta-feira finda. Os amigos fizeram-me tamanha demonstração de apreço que eu mesmo, surpreendido e preocupado, pedi a Jesus me faça digno de tantas considerações afetuosas e reconfortadoras! Assinalo aqui a vocês meu infinito reconhecimento. O altar da prece estava tão belo no interior como no exterior. Sensibilizou-me o carinho da exposição de ternura entre as flores com que me presentearam. A figura do João de Barro, no livro, avivou-me reconfortantes reminiscências. Não faltou nem mesmo o "in memorian" dos nossos amigos. Muito grato, meus filhos, pela noite consagrada à recordação e à prece que me dedicaram. Estou satisfeito e feliz. Que poderia desejar mais que isso? O afeto de vocês é minha riqueza, "que as traças não destroem". Tanta traça me atacou os patrimônios do passado que este sagrado depósito me enche de luz, alegria e satisfação. Agradeço ao Casimiro Cunha os versos trazidos. Ainda não tenho escola, nem templo. Sou aprendiz do Evangelho na igreja universal do Cristo Jesus. Mas agradeço a lembrança e faço votos para que a nossa alegria se repita para a minha edificação.

Você, Wanda, está com um resfriado de vulto. Durante estes dias, evite o vento no tórax, protegendo-se como convém. Com os remédios indicados, porém, você melhorará depressa, com o auxílio divino. Se surgir alguma dor, na zona do peito, use o *Pulmonina*. É bom preventivo. O *Anemoglan* destina-se a melhorar as suas reservas de cálcio.

Boa noite para todos vocês!

Mais uma vez, meu caro Rômulo, deixo a você um apertado, grande e afetuoso abraço.

Feliz Natal a todos! Que Jesus, na grande noite, lhes encha o coração de júbilos celestes! Estarei com vocês de coração a coração! Que Deus os abençoe e proteja sempre, são os votos do papai que lhes deixa carinhosas lembranças,

A. Joviano

Felicitações

Ao nosso amigo e irmão Rômulo Joviano

Psalmo: - 1
Emmanuel

Filipenses: - 1: -2-3-4-5
Casimiro Cunha

I Tessalonicenses: -1: -2-3-4-5
Seggie

II João Evangelista: -1: -8
III João Evangelista: - 1: -4
II João Evangelista: - 1: -12
Arthur Joviano

Gálatas: - 6: -18
João de Deus Macário

Despedidas do 1945

Meus caros filhos, que Deus abençoe a vocês, concedendo-lhes muita saúde e paz espiritual.

Encontramo-nos aqui para nos despedirmos, literalmente falando, do 1945, fértil de boas experiências e úteis realizações. Um ano é sempre a síntese da existência - primavera, outono, verão, inverno, estações de florescência, de frutificação, de preparo, de impulso renovador. Que Jesus conceda a vocês longos anos de luta terrestre! Não temam dificuldades, caminhos ásperos, invernias longas. Todo o labor é serviço de abençoada realização para a alma. Toda a solução de problema, por mínima que seja, traz consigo nova luz.

Segundo a palavra evangélica da carta de felicitações ao Rômulo, na semana finda, eu não tenho maior alegria que a de ver os meus filhos trilhando os caminhos da verdade. Isso pode parecer visão unilateral do assunto, como menosprezo infinitamente as obrigações que os nossos cumprem no mundo convencional, atendendo a todos os deveres que a vida de relação exige. O trabalho honesto, a aquisição respeitável, o ideal de serviço, o amor à tradição familiar, a ligação afetiva, tudo isso constitui abençoados valores aos meus olhos. Entretanto, há que pensar na construção do futuro, há que ponderar na continuidade, porque todos os empreendimentos humanos não se circunscrevem aos escassos dias terrestres. Por isso, sinto-me satisfeito em repetir aquele versículo de João Evangelista na epístola terceira. Com as orações e trabalhos metódicos do culto que vocês instituíram no lar, devo sentir uma alegria maior. Não é exclusividade, nem egoísmo afetivo. É a verdade para que o horizonte de todos os demais se abra a seu tempo. O serviço da iluminação familiar é também como o cultivo de determinado campo. O pai do agrupamento doméstico enfrentará sol e chuva para que o progresso coletivo se faça sem impedimentos de vulto e aqueles filhos que o ajudam, de mais perto, interessados no mesmo esforço, por certo, receberão maior quota de alegria em comum. Por isso, eu espero que vocês me compreendam semelhante contentamento. Atendamos ao campo que o Senhor nos concedeu. Peçamos a ele forças e inspirações, e prossigamos para a frente. Os anos terrenos com Jesus são também laços daquele "jugo suave" e "expressões milagrosas" daquele "fardo leve" a que se referem as lições evangélicas.

Com os meus votos de paz e felicidade no 1946, deixo igualmente a vocês o meu grande abraço pela data de amanhã. Que o Mestre divino abençoe, cada vez mais, e mais intensamente, a sagrada união de vocês no instituto da família. Estarei com todos no júbilo do agradecimento e pedirei como sempre à Providência Divina luz e paz, alegria e bom ânimo para a santa jornada que empreenderam com o 27 de dezembro.

É sempre doce recolher as flores das recordações queridas que surgem. As almas não lapidadas ignoram a beleza das reminiscências carinhosas e doces. Aderem ainda em demasia à crosta do mundo como os diamantes que dormem no leito de cascalho bruto, mas os que já refletem a claridade divina, no ideal, na esperança, no amor de servir, conhecem as alegrias puras que vocês aprenderam a celebrar na intimidade edificante do santuário doméstico. Que o Mestre nos abençoe a todos!

Maria, o seu resfriado tomou expressão bem forte. O receitista amigo aconselha a você o uso do *Eupatorium*, *China Of.*, *Beladona* e *Ipecacuanha*, durante 3 dias. Rômulo, felizmente, vai bem melhorado e mais forte, graças a Deus! Esperamos que o ano novo encontre cada um de vocês em boa posição de saúde orgânica e espiritual. O novo remédio do Roberto lhe fará grande bem. As suas perdas de fosfato não foram pequenas e, de algum modo, afetou as reservas. Este o fenômeno da expulsão de elementos vitais que lhe fazem falta ao organismo, de modo geral. Felizmente, vai se refazendo como se fazia necessário e auxiliá-lo-emos com os nossos recursos, dentro de todas as possibilidades ao nosso alcance. Somos muito felizes, meus filhos, e rendamos graças ao supremo Senhor pelo carinho com que temos sido agraciados pelas forças dos céus. Nosso cântico de louvor será sempre inexpressivo, atentos à quantidade das bênçãos e dádivas que descem até nós. Sejamos, pois, venturosos em nossa fé, erguendo a Deus, nosso Pai, o voto constante de nossa gratidão nas notas de alegria com que devemos respirar a atmosfera dos trabalhos de cada dia.

Wanda, você, graças a Deus, vai indo bem mais forte, mas pode continuar na medicação amiga.

Não estranhem tantas recomendações e recados referentes à saúde. A harmonia do vaso orgânico representa muito para o divino Oleiro. Necessitamos atender com a perfeição possível a esse setor das necessidades que nos são comuns, mesmo porque, embora diferente, possuímos também aqui o nosso "vaso de manifestação".

Boa noite, meus filhos! Que o 1946 seja para todos vocês novo emissário do céu, trazendo-lhes as trezentas e sessenta e cinco mensagens de trabalho, alegria, paz e amor nos 365 dias de que se constitui. E que o Pai nos congregue sempre os corações na festividade permanente do culto evangélico, com a luz da verdade e o pão do amor, são os votos do papai muito amigo de sempre,

A. Joviano

660

Mensagens 1949

No dia de Célia

Meus caros filhos, Deus abençoe a vocês, conferindo-lhes muita paz e alegria aos corações.

Quero agradecer-lhes, muito particularmente, as orações íntimas com que comemoraram no lar a passagem do **dia 18 de junho** corrente. O abnegado coração a que nos ligamos pelas dívidas do reconhecimento e do amor guardou-lhes as vibrações de carinho com a mesma ternura de todos os tempos.

Agora que vocês recolheram certas noções da vida espiritual, com André Luiz e com os trabalhos de materialização que têm seguido atenciosos, poderão compreender a descrição singela que lhes farei da homenagem simples que lhe consagramos na noite em que vocês oraram lembrando também a mensageira da luz.

O grande espírito, chamemo-la assim, possui naturalmente vasta comunidade de ligações e de amigos, encarnados e desencarnados, em planos menos evoluídos, que permanecem temporariamente adormecidos. Ela naturalmente se lembra de todos, mas de nossa região comum são poucos aqueles que lhe podem, de pronto, recordar a figura angélica.

Não estive com vocês naquele dia, porque os poucos que poderiam encontrá-la e eu achávamo-nos em preparação adequada. Esses poucos, na maior percentagem, aqui me refiro aos desencarnados que poderiam se elevar até uma esfera X, são companheiros nossos da instituição campista com Nina Arueira à frente.[1] Preparamo-nos todos em círculo próximo e fomos ao seu encontro numa paisagem onde a luz e o perfume das esferas mais elevadas da Terra podem chegar. Sabíamos que a missionária, desde a manhã, estaria com atenção voltada para a zona da crosta planetária, em trabalho que não me é dado penetrar, nem descrever. Creio que terá vindo em visita a diversos lugares e a vários corações, que lhe são sumamente queridos, mobilizando serviços, que não me é permitido ajuizar, acreditando que dessas atividades se destacam certos problemas relativos à reencarnação do companheiro, que não precisamos nominalmente mencionar. Sabíamos, porém, que depois da meia-noite voltaria ao seu domicílio celestial e, para abraçá-la, congregamo--nos todos num templo natural de uma cidade sublimada, que designarei pelo nome de "Portas de Ouro".

Acolhidos por benfeitores que nos conheciam o plano de alegria e reconhecimento, associamo-nos a outras entidades que residem em círculos muito mais altos que aquele onde me encontro, e que vinham com os mesmos objetivos. Éramos, então, quase dois mil companheiros, numa festividade de amor. Tudo foi maravilhosamente bem disposto. Crianças e jovens, guardando flores, cantavam hinos que a minha emotividade nunca permitiria descrever em palavras humanas, e amigos veneráveis compunham correntes de oração e de forças benéficas.

Cem amigos, convertidos em doadores de "matéria radiante", se postaram em grupo para fornecer-lhe recursos à pequena demora entre nós, porque a deteríamos, naturalmente, como vocês já conseguem deter por alguns minutos, ou mesmo horas, um espírito materializado, com as energias dos instrumentos humanos.

---

[1] Nota da organizadora: espírito vibrante e evoluído, foi a inspiradora da criação da Escola Jesus Cristo, de Clóvis Tavares, em Campos | RJ. Sua biografia está no livro *Novo céu e nova Terra*, organizado por Flávio Mussa Tavares, em 2005, e editado pela Editora Scortecci, São Paulo.

Ela vinha só, como um astro luminoso que amasse a solidão e o silêncio, apagando, por amor, a própria grandeza, quando a surpreendemos com a nossa manifestação de afetividade e carinho. Momentaneamente "materializada" ou "revigorada" para estar conosco, abraçou-nos com a ternura de todos os séculos e de todos os minutos. Eu, antes, havia pedido em preces que me alijassem do coração qualquer ideia de devoção exclusiva para compreender nela não uma bênção viva ligada pessoalmente às nossas vidas, mas por um "dom celeste" pertencente a todos e a todos ligada pela herança de amor universal que Jesus nos legou. Em vista disso, conservei-me na mesma posição dos seus devedores, admirando-lhe a nobreza e a santidade, mas isso não impediu que o amor nos desse oportunidade à palestra carinhosa e inesquecível, em que todos os nossos assuntos foram recordados. Através de processos que não posso ainda perquirir, conhece todas as particularidades dos nossos destinos e a posição atual de todos os componentes de nosso grupo familiar. É desnecessário que eu diga a vocês qualquer coisa do espírito de ternura com que lhe acompanha a trajetória e só posso dizer-lhes que o seu sublime devotamento nunca perdeu um til na ligação divina existente entre ela e cada um de nossa "assembleia em redenção".

Choramos e rimos. Como podia ser de outro modo? Os anjos possuem problemas talvez mais vastos que os enigmas dos homens e a lágrima não pode ser banida do trono paternal da Providência Divina, enquanto o amor não celebra nos filhos do céu a sua divina vitória.

Quando todos os presentes ofertaram-lhe lembranças queridas, a se traduzirem nas mais variadas formas, eu, por minha vez, entreguei-lhe, com todo o meu coração, um exemplar do *Alvorada cristã*, estruturado em matéria de nossa casa espiritual. Expliquei-lhe que muitos daqueles contos me recordavam antigos entendimentos nossos, no tempo em que estimávamos dar escola aos meninos escravizados. E com bondade recordou que a escola está viva e que a escravidão ainda não foi realmente exterminada no mundo, exigindo muito esforço dos espíritos de boa vontade em favor de sua abolição no imo das criaturas.

Música divina coroou-nos a manifestação de ventura espiritual e, francamente, estimaria poder exprimir-lhes o meu contentamento em rever antigos laços, não somente da comunidade europeia mais antiga, mas outros de climas e posições há muito distanciados no tempo.

Só lhes posso trazer palidamente estas notícias breves, asseverando-lhes, ainda e sempre, que vale a pena sofrer e lutar sempre, com elevação de vistas, com valor moral e com espírito de sacrifício. O encontro dos mensageiros de Cima desperta em nós energias novas. Estou infinitamente feliz!

Vamos trabalhar e seguir para diante! Nossa meta é o amor divino vitorioso e nossa embarcação é o serviço permanente aos semelhantes. Nunca nos faltará o socorro celeste. Como temer a dor, se os anjos também lutam e choram? Como repousar, por espírito de fuga, aos compromissos assumidos, se o próprio Jesus ainda está crucificado no coração humano? O que deve apelar para as nossas almas é o presente em favor do amanhã triunfante, com bastante renovação interior que nos habilite a recolher maiores dádivas da Bondade Divina.

Sinto-me contente por poder transmitir-lhes essas informações. Que vocês recebam, quanto eu, o santo incentivo que essa experiência me trouxe, e que o Senhor nos abençoe. Que Jesus nos ampare a todos, fortalecendo-nos para o serviço, em suas diretrizes santificadas e justas. Pedindo a ele, nosso Mestre e Senhor, para que vocês estejam muito encorajados no abençoado trabalho de cada dia, deixa-lhes afetuoso abraço o papai muito amigo de sempre,

A. Joviano

O continente, a embarcação, o cais e o porto firme

Meus caros filhos, que Deus abençoe a vocês, concedendo-lhes muita paz

Rendo graças ao Senhor por haver terminado tranquilamente o novo esforço, muito particularmente destinado aos nossos núcleos familiares de estudos evangélicos. Sinto-me sinceramente satisfeito e agradeço feliz a colaboração e o apoio que vocês me proporcionaram.

Uma embarcação qualquer não consegue, senão com extremos riscos, beneficiar um continente, sem o amparo do cais. O porto há de ser sólido e firme para que o navio consiga desempenhar as funções que lhe cabem.

Desse modo, exprimo a vocês o contentamento e a gratidão que me transbordam do espírito, rogando a Jesus converta em flores de felicidade todas as bênçãos de carinho e reconforto com que me cercam.

Há sempre júbilo sincero de nosso lado quando um novo livro se prepara à longa viagem através das mentes e corações de milhares de leitores. É sempre a mensagem condensada de nosso ideal sublime que se movimenta acordando companheiros novos para a construção do reino de união com o Cristo, que hoje desejamos concretizar na Terra. Em vista disso, compete-me expressar-lhes todo o reconhecimento que me vai no ser. Bendita seja a *Sementeira de Luz*!

Falo aqui, não por mim, mas por todos aqueles que nos ajudam de esfera mais alta, inspirando-nos a ação no caminho extenso do progresso espiritual.

Alvorada cristã foi realmente para mim um novo dia, porque variados centros de atividade edificante me abriram novos ensejos de trabalho educativo e vocês não avaliam quanto bem me fazem os apelos à personalidade de Neio Lúcio nos setores da fé viva![1]

Lidamos com ideias na posição em que nos achamos, tanto quanto vocês lidam no mundo com a plantação indispensável à mesa farta! É preciso alimentar as inteligências despertas para horizontes mais vastos e o livro é o companheiro silencioso, o amigo sereno, o enfermeiro sábio e, sobretudo, o mestre tolerante e esclarecido que conversa com o pensamento sem alarde, imprimindo-lhe direção mais nobre, sempre que inspirado nos princípios que nos regem os destinos para o bem.

Agora, com esse novo canteiro, penso que minha lavoura no Espiritismo evangélico do Brasil crescerá de vulto, oferecendo-me novas portas de cooperação fraternal que, no fundo, é a resposta aos anelos do meu coração. Agradeço-lhes, pois, com muita alegria! Por mais de dez anos observei a atitude dos nossos, a fim de verificar se o Professor Joviano poderia seguir adiante, com o desejado desassombro na luta, mas, depois de dois lustros de meditação e esforço mudo, concluí que o professor mineiro não devia sobreviver,

---

[1] Nota da organizadora: primeira obra literária ditada pelo espírito Neio Lúcio, psicografada por Chico Xavier em 1948.

pelo menos por enquanto, nos círculos da mente infantoju-venil de nosso pátrio lar. Mas Neio Lúcio poderia disputar essa posição de cooperador e, com a graça de Jesus, alcancei o meu objetivo! Sentindo a felicidade de permanecer em companhia de vocês, precisava adquirir mais trabalho na es-fera em que se acham e, presentemente, não são poucas as criaturas na estação da juvenilidade que me procuram para a modesta contribuição espiritual de que posso dispor. E a minha satisfação é enorme, podendo confiar-me à abençoa-da luta! Que Jesus seja louvado e que vocês todos recebam o salário de sua bondade e de sua luz! "Grande é a seara e poucos os ceifeiros." Prossigamos alimentando a alma famin-ta da multidão nos rumos do porvir!

Meu caro Rômulo, sinto bastante, contudo, a nossa jovem enferma de Pedro Leopoldo não nos parece ha-bilitada a conservar os bens recebidos. Durante dez dias, foi mantida em seu lar a câmara fluídica de socorro para que os benefícios transmitidos por seu intermédio fossem consoli-dados, naturalmente, pelo trabalho comum dos interessados. Todavia, retirados os nossos apetrechos de auxílio provisório, a "falange tenebrosa" foi novamente evocada pela doente e pelos seus familiares. Acham-se, quase todos os seus com-ponentes, na posição anterior de muitos desequilíbrios e as consequências são imprevisíveis. A corte doméstica da en-ferma, por outro lado, não favorece a equação do problema nos menores aspectos, e a luta foi restabelecida. Continuare-mos, espiritualmente, a fazer o que couber ao nosso círculo de possibilidades estreitas. Contudo, não convém a sua volta agora ao cenário, a não ser através de requisição muito es-pecial dos interessados. Faço a você o presente aviso, consi-derando a extensão do caso em nosso plano de ação. Valha--nos, porém, o conforto que, de nossa parte, tudo foi feito em favor do reajustamento geral, com ampla demonstração do quanto pode a boa vontade humana quando conduzida sob a Proteção Divina. Não se preocupe. A sua tarefa foi muito bem cumprida com o auxílio do Alto!

Noto a nossa querida Wanda agradavelmente inclinada a estudos mais intensivos do nosso campo de espiritualidade e isso para mim constitui uma feliz observação. Pode crer a minha neta que os seus dotes mediúnicos são apreciáveis e alcançarão proveitosa amplitude em momento oportuno. Convém-lhe, porém, mais acurado trato com as leituras desse "reino" para melhor adaptar-se aos imperativos da tarefa. O contato com os livros e publicações de ordem espiritualista lhe fará grande bem nas atividades preparatórias. Suponho, outrossim, que a sua frequência ao culto das terças, naturalmente com a permissão dos pais, ser-lhe-á de real utilidade. Aqueles que se propõem à realização de uma grande viagem não podem prescindir dos primeiros passos. Comece, minha neta, a lavrar o seu campo e verá milagrosas florações e colheitas ricas de luz imortal em seu caminho.

São estes os pontos essenciais de minha carta paternal nesta noite - um agradecimento, um aviso e um estímulo. E, por último, expresso-lhes a minha gratidão pelo atencioso telegrama à irmã Julia. Receberam o meu desejo com efetiva lealdade. Ficamos muito satisfeitos com a iniciativa que levaram a efeito sob nossa inspiração direta. Gratíssimos!

E desejando a vocês todos um mundo de alegria e paz, a fim de que continuem trabalhando na sementeira e na seara do bem com o Cristo, abraça-os muito afetuosamente o papai saudoso e amigo de sempre,

A. Joviano

BIBLIOGRAFIA INDICADA

TAVARES, Flávio Mussa. *Novo céu e nova terra*. Ditado pelo espírito de Nina Aruei-ra. São Paulo: Scortecci, 2005.

XAVIER, Francisco Cândido. *Alvorada cristã*. Ditado pelo espírito de Neio Lúcio. Rio de Janeiro: Federação Espírita Brasileira, 1948.

XAVIER, Francisco Cândido. *Cartas do Evangelho:* poesias mediúnicas de Casimiro Cunha. Ditado pelo espírito de Casimiro Cunha. São Paulo: LAKE, 1947.

XAVIER, Francisco Cândido; JOVIANO, Wanda Amorim; LEMOS NETO, Geraldo (Orgs.). *Deus conosco*. Ditado pelo espírito de Emmanuel. 4. ed. Belo Horizonte: Vinha de Luz, 2014.

XAVIER, Francisco Cândido. *Há 2000 anos...*. Ditado pelo espírito de Emmanuel. Rio de Janeiro: Federação Espírita Brasileira, 1939.

XAVIER, Francisco Cândido. *Missionários da luz*. Ditado pelo espírito de André Luiz. Rio de Janeiro: Federação Espírita Brasileira, 1945.

XAVIER, Francisco Cândido. *Nosso lar*. Ditado pelo espírito de André Luiz. Rio de Janeiro: Federação Espírita Brasileira, 1944.

XAVIER, Francisco Cândido. *Obreiros da vida eterna*. Ditado pelo espírito de André Luiz. Rio de Janeiro: Federação Espírita Brasileira, 1946.

XAVIER, Francisco Cândido. *Os mensageiros*. Ditado pelo espírito de André Luiz. Rio de Janeiro: Federação Espírita Brasileira, 1943.

XAVIER, Francisco Cândido. *Parnaso de além-túmulo*. Ditado pelo espírito de Em-manuel. Rio de Janeiro: Federação Espírita Brasileira, 1932.

XAVIER, Francisco Cândido. *Paulo e Estêvão*. Ditado pelo espírito de Emmanuel. Rio de Janeiro: Federação Espírita Brasileira, 1941.

XAVIER, Francisco Cândido. *Renúncia*. Ditado pelo espírito de Emmanuel. Rio de Janeiro: Federação Espírita Brasileira, 1944.

XAVIER, Francisco Cândido. *Reportagens de além-túmulo*. Ditado pelo espírito de Hum-berto de Campos. Rio de Janeiro: Federação Espírita Brasileira, 1945.

XAVIER, Francisco Cândido. *50 anos depois*. Ditado pelo espírito de Emmanuel. Rio de Janeiro: Federação Espírita Brasileira, 1940.

LEIA TAMBÉM

2019 –
O ÁPICE DA TRANSIÇÃO PLANETÁRIA

Marlene Nobre e Geraldo Lemos Neto reuniram nesse livro as predições de Jesus, os escritos de Allan Kardec e as revelações de Chico Xavier acerca da data-limite do Velho Mundo, advertindo sobre a manutenção da paz na Terra como condição essencial para os bons sucedâneos da atual transição planetária de mundo de expiações e de provas para mundo de regeneração. Como verdadeiro apóstolo do Cristo no planeta, Chico Xavier deixou um legado repleto de ensinamentos, induzindo-nos ao compromisso com a prática legítima do Evangelho de Jesus com a coletividade humana. Cada um de nós tem a liberdade de optar entre o bem e o mal, seguindo o melhor ou o pior caminho. Cabe a cada coração a alternativa da paz ou da guerra. Qual é a sua escolha?

MARLNE NOBRE E GERALDO LEMOS NETO

RÉSTIA DE LUZ

Primeiro livro editado pela Vinha de Luz Editora, lançado por ocasião do bicentenário de Allan Kardec (1804|2004) e dos 140 anos da primeira edição de *O Evangelho segundo o Espiritismo* (1864|2004). Traz mensagens recebidas de espíritos diversos, psicografadas pelo médium Geraldo Lemos Neto, que interpretam as lições de *O Evangelho segundo o Espiritismo*, nos indicando os caminhos mais certos da vida no permanente convite de nosso Mestre e Senhor Jesus.

ESPÍRITOS DIVERSOS
PSICOGRAFIA DE GERALDO LEMOS NETO

IGNÁCIO DE ANTIOQUIA

Uma viagem ao tempo da simplicidade e da pureza do Cristianismo, em sua mais bela e genuína expressão. Obra mediúnica repleta de episódios históricos do Cristianismo primitivo, que resgata para a memória da humanidade a vida e a trajetória de um dos seguidores mais valorosos de nosso Senhor Jesus Cristo.

PELO ESPÍRITO THEOPHORUS
PSICOGRAFIA DE GERALDO LEMOS NETO

DEUS CONOSCO

Deus conosco é o livro que dá sequência às revelações espirituais inéditas da psicografia de Francisco Cândido Xavier, trazidas a lume pela prestimosa organização de Wanda Amorim Joviano, com a colaboração de Geraldo Lemos Neto. As mensagens, recebidas em sua maioria no culto doméstico do Evangelho no lar da família Joviano, nas décadas de 30 a 50, na Fazenda Modelo, em Pedro Leopoldo | MG, são de autoria de Emmanuel, o espírito responsável pela materialização da extensa bibliografia que tanto esclarecimento e consolação verteram da Vida Maior para a face da Terra, através das abnegadas mãos de Chico Xavier. Deus conosco nos traz de volta ao convívio os memoráveis discípulos do Cristo, ligados desde priscas eras, cuja missão foi a da revivescência do Cristianismo puro e simples dos tempos apostólicos, no coração humilde e generoso das terras pacíficas do Brasil.

PELO ESPÍRITO EMMANUEL
PSICOGRAFIA DE FRANCISCO CÂNDIDO XAVIER
ORGANIZAÇÃO DE WANDA AMORIM JOVIANO E
GERALDO LEMOS NETO

MILITARES NO ALÉM

Dentre os tesouros guardados por Wanda Amorim Joviano, MILITARES NO ALÉM, da lavra de Chico Xavier nos anos de 36 a 52, no mínimo surpreende pela atualidade das mensagens em torno da paz que a humanidade do século XXI tanto anseia. Fruto da sua ingente dedicação no desdobre das tarefas mediúnicas no culto do lar realizado durante muitos anos pelo *Grupo Doméstico Arthur Joviano*, na Fazenda Modelo, em Pedro Leopoldo | MG, esse livro relata, na perspectiva espiritual de muitos servidores da pátria, a realidade consoladora do *outro lado*, onde o trabalho pelo bem não cessa e a esperança é sentimento que inspira a vitória do amor preconizado por Jesus.

ESPÍRITOS DIVERSOS
PSICOGRAFIA DE FRANCISCO CÂNDIDO XAVIER
ORGANIZAÇÃO DE WANDA AMORIM JOVIANO

ILUMINURAS

ILUMINURAS é a primeira publicação de bolso da Vinha de Luz Editora. É composta de pensamentos e frases extraídos do livro *Deus conosco*, do venerável espírito Emmanuel, psicografado por Francisco Cândido Xavier nas décadas de 30 a 50, durante o culto cristão no lar do Dr. Rômulo Joviano, na Fazenda Modelo, em Pedro Leopoldo | MG. A riqueza dos ensinamentos evangélicos apresentados na obra fala por si só e atesta o amparo de nosso Senhor Jesus Cristo à divulgação da Doutrina Espírita, codificada pelo apóstolo Allan Kardec.

PELO ESPÍRITO EMMANUEL
PSICOGRAFIA DE FRANCISCO CÂNDIDO XAVIER
ORGANIZAÇÃO DE CEZAR CARNEIRO DE SOUZA

SEMENTEIRA DE PAZ

Volume que dá sequência ao roteiro de revelações espirituais do espírito de Neio Lúcio, que em última romagem terrena envergou a personalidade de Arthur Joviano, pai de Dr. Rômulo Joviano, diretor da Fazenda Modelo em Pedro Leopoldo | MG, onde Chico Xavier trabalhou por largos anos. As mensagens nele contidas surgiram espontaneamente pela psicografia de Chico Xavier a partir de 1935, na residência da família Joviano, na própria Fazenda Modelo, durante o culto do Evangelho no lar do *Grupo Doméstico Arthur Joviano*, a que Chico prazerosamente se dirigia depois de findos os seus trabalhos diuturnos, dando a *Deus o que é de Deus* após dar a *César o que é de César*. Recebidas por Chico Xavier de 1946 a 1948, as mensagens de Neio Lúcio foram batizadas de SEMENTEIRA DE PAZ, sendo esse novo livro, organizado por Wanda Joviano, dedicado ao centenário de nascimento de Chico Xavier (1910-2010), o *medianeiro do amor*.

PELO ESPÍRITO NEIO LÚCIO
PSICOGRAFIA DE FRANCISCO CÂNDIDO XAVIER
ORGANIZAÇÃO DE WANDA AMORIM JOVIANO

PÉROLAS DE SABEDORIA

Compulsados do livro *Sementeira de luz*, organizado por Wanda Amorim Joviano, as frases e os textos apresentados no livro *Pérolas de sabedoria* foram coletados e reunidos por Braz José Marques com o propósito de engrandecer o aprendizado de todos nós nos estudos evangélicos do dia a dia. As pérolas da Espiritualidade — aqui incrustadas na condição de joias valiosas — são fundamentais para o esclarecimento daqueles que delas se valerem, expositores ou não da Doutrina Espírita.

PELO ESPÍRITO NEIO LÚCIO
PSICOGRAFIA DE FRANCISCO CÂNDIDO XAVIER
ORGANIZAÇÃO DE BRAZ JOSÉ MARQUES

CHICO XAVIER — O PRIMEIRO LIVRO

Vinte anos antes de sua desencarnação, Chico Xavier revelou que sempre guardou no íntimo o desejo de publicar as belas produções mediúnicas que os amigos espirituais escreviam por seu intermédio, nos idos dos anos 20. Curiosamente, Chico confeccionava, com suas próprias mãos e com grande esforço, alguns exemplares com a finalidade de despertar os amigos para a possibilidade de um livro. Em face da pobreza material com a qual vivia, ao médium restava a esperança de que algum desses amigos se interessasse pelo tema e, talvez, movimentasse os recursos necessários para uma publicação. De suas primeiras produções manuais, contendo, inclusive, a sua sensibilidade artística no desenho e na ilustração das mensagens, Chico conseguiu guardar durante toda a sua vida um único exemplar, que ao final de sua existência terrena entregou ao seu sobrinho-neto, Sérgio Luiz Ferreira Gonçalves, que no-lo apresentou para a devida divulgação. Esse é então, de fato e de direito, o primeiro livro de Chico Xavier, que a Vinha de Luz Editora da Casa de Chico Xavier de Pedro Leopoldo trouxe a lume, com a alegria de presentear o amado amigo Chico com a edição de seu *primeiro livro* no ano de 2010, ano de seu centenário de nascimento.

ESPÍRITOS DIVERSOS
PSICOGRAFIA DE FRANCISCO CÂNDIDO XAVIER
ORGANIZAÇÃO DE GERALDO LEMOS NETO E
SÉRGIO LUIZ FERREIRA GONÇALVES

LUZ NA ESCOLA —
CHICO XAVIER NA ESCOLA JESUS CRISTO
DE CAMPOS | RJ

Esse é um livro de Francisco Cândido Xavier, com mensagens psicografadas por ele durante visita de quatro dias à Escola Jesus Cristo, em Campos | RJ, em 1940. Contém comentários de seu organizador, Clóvis Tavares, testemunha ocular de todos os fenômenos ali ocorridos. Os textos desse volume representam uma reedição da sua primeira, pequena, única e esgotada edição, feita também em 1940, publicação de caráter doméstico da Escola Jesus Cristo, agora reeditada pela Vinha de Luz, que desempenha hoje um papel ímpar no resgate histórico da produção mediúnica de Chico Xavier.

ESPÍRITOS DIVERSOS
PSICOGRAFIA DE FRANCISCO CÂNDIDO XAVIER
ORGANIZAÇÃO DE CLÓVIS TAVARES E FLÁVIO MUSSA TAVARES

COLHEITA DO BEM

A autoria deste livro pertence ao professor Arthur Joviano, o estimado benfeitor espiritual que todos nós conhecemos com o nome de Neio Lúcio, personagem do romance *50 anos depois*, de quem recebemos valiosos ensinamentos dirigidos ao espírito imortal que vai vencer a morte e transpor os séculos. Chico Xavier psicografou as mensagens do livro durante o culto do Evangelho no lar da família Joviano, na Fazenda Modelo em Pedro Leopoldo, onde trabalhava. No *Colheita do bem* estão as páginas recebidas nos anos de 1949 a 1952, sendo, portanto, as últimas psicografadas na Fazenda Modelo, uma vez que em 1952 a família Joviano transferiu definitivamente sua residência para a cidade do Rio de Janeiro. *Colheita do bem* finaliza a série iniciada com o livro *Sementeira de luz*, seguido pelo *Sementeira de paz* — formando uma verdadeira trilogia da luz, da paz e do bem maior, que a todos nos une no carreiro da evolução espiritual para Deus.

PELO ESPÍRITO NEIO LÚCIO
PSICOGRAFIA DE FRANCISCO CÂNDIDO XAVIER
ORGANIZAÇÃO DE WANDA AMORIM JOVIANO

VIAJANTES —
A ESPIRITUALIDADE ILUMINANDO SUA MENTE E SEU CORAÇÃO ATRAVÉS DE CHICO XAVIER

Primeiro audiolivro da Vinha de Luz Editora, que reúne 20 mensagens de espíritos diversos, psicografadas por Chico Xavier ao longo de seus 75 anos de labor mediúnico. Com um sugestivo título-tema e trilha sonora de rara beleza, VIAJANTES, organizado e interpretado por Fernando Peron, é um incentivo ao estudo sério e aprofundado de tão extraordinário patrimônio filosófico, científico e religioso legado a nós pelas mãos operosas e abençoadas de Chico Xavier.

ESPÍRITOS DIVERSOS
PSICOGRAFIA DE FRANCISCO CÂNDIDO XAVIER
ORGANIZAÇÃO E INTERPRETAÇÃO DE FERNANDO PERON

LIÇÕES PARA ANGELITA

Quando Chico Xavier tinha apenas 20 anos, dois personagens importantes surgiram para marcar a sua vida: a menina Angelita e sua mãe extremosa. Esse livro contém vinte mensagens repletas de ensinamentos preciosos, repassados de mãe para filha a partir do dia a dia que ambas vivenciam, e também das perguntas que a menina faz sobre os mais diversos temas acerca da existência. São lições para todas as pessoas. A receita segura para a construção do homem de bem – meta que todos nós devemos buscar.

PELO ESPÍRITO JOÃO DE DEUS
PSICOGRAFIA DE FRANCISCO CÂNDIDO XAVIER
ORGANIZAÇÃO DE JOÃO MARCOS WEGUELIN

CHICO XAVIER —
A AURORA DE UMA VIDA ENTRE O CÉU E A TERRA

As mensagens aqui apresentadas foram psicografadas por Chico Xavier e publicadas no jornal espírita *Aurora*, dirigido por Inácio Bittencourt, entre julho de 1928 e abril de 1933. Nesses primeiros anos, Chico era ainda muito jovem, não sabia quem eram os espíritos que se comunicavam por meio dele, e era praticamente desconhecido fora das terras mineiras. A lucidez do jovem Chico Xavier ao comentar, ele mesmo, alguns trechos doutrinários sobre os postulados espíritas surpreende e seja em verso ou em prosa, sobre os mais variados temas, o leitor encontrará nesse livro preciosas lições de vida, ora nos ensinando a aceitar e a bendizer o sofrimento e as provas diárias, ora nos ensinando a viver uma vida verdadeiramente cristã e espírita, mostrando, por fim, quão breve é a existência terrena perante a eternidade do tempo.

ESPÍRITOS DIVERSOS
PSICOGRAFIA DE FRANCISCO CÂNDIDO XAVIER
ORGANIZAÇÃO DE JOÃO MARCOS WEGUELIN

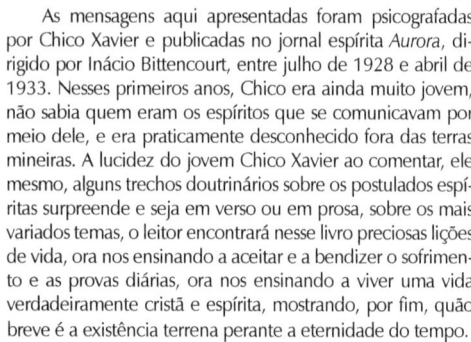

DEPOIS DA TRAVESSIA

Mais um volume da psicografia inédita de Chico Xavier, por espíritos diversos. A sua primeira parte é originária da fase do médium em Pedro Leopoldo, na Fazenda Modelo, na qual, após o serviço, frequentou o culto do Evangelho no lar do *Grupo Doméstico Arthur Joviano*, levado a efeito, semanalmente, pela família de Dr. Rômulo Joviano. Já a segunda parte é fruto da última fase da psicografia do médium em Uberaba, onde, nas sessões públicas do Grupo Espírita da Prece, recebeu o espírito da irmã, D. Luiza Xavier, em diversas oportunidades, a partir de 13 de julho de 1985. Permeando as comoventes mensagens desses espíritos sobre a própria sobrevivência além-túmulo, há fac-símiles de mensagens de Emmanuel e de Bezerra de Menezes, fotografias e escritos inéditos de Chico Xavier ilustrando as épocas e as personalidades citadas. A obra é, pois, instrutivo volume contendo valiosas informações sobre a vida espiritual depois da travessia dos umbrais da morte do corpo físico, a induzir-nos o espírito distraído no mundo a uma mais ampla reflexão sobre a imortalidade, patenteando-se-nos a real significação das palavras de Jesus, nosso Senhor e Mestre: "A cada um será dado segundo as próprias obras".

ESPÍRITOS DIVERSOS
PSICOGRAFIA DE FRANCISCO CÂNDIDO XAVIER
ORGANIZAÇÃO DE GERALDO LEMOS NETO E
WANDA AMORIM JOVIANO

MILITARES COM JESUS

As lições deste livro são de autoria de respeitáveis espíritos que passaram pela Terra na difícil experiência como militares. Portadores de grandes responsabilidades no dever, na disciplina, sobretudo integrados na justiça, propugnam, com amor, pela paz e pela felicidade dos povos, e do Brasil como pátria do Evangelho de nosso Senhor Jesus Cristo. São fragmentos extraídos do livro *Militares no Além*, psicografado por Francisco Cândido Xavier no período de 1936 a 1952 em Pedro Leopoldo, Minas Gerais, selecionados e organizados no presente volume como valiosos ensinamentos dos benfeitores da Vida Maior.

ESPÍRITOS DIVERSOS
PSICOGRAFIA DE FRANCISCO CÂNDIDO XAVIER
ORGANIZAÇÃO DE CEZAR CARNEIRO DE SOUZA

Registros Imortais

Registros imortais resgata para a história da Doutrina Espírita o trabalho de desobsessão e de esclarecimento aos desencarnados levado a efeito no Centro Espírita Meimei, fundado por Chico Xavier na Pedro Leopoldo dos anos 50. Por meio da psicofonia, Chico Xavier e diversos outros médiuns receberam mensagens da Vida Maior assinadas por espíritos sofredores e em evolução, em cujo cerne encontramos o Evangelho de Jesus como alicerce seguro para a vida imortal. Complementando as obras *Instruções psicofônicas* e *Vozes do Grande Além*, editadas pela Federação Espírita Brasileira em 1955 e 1957, respectivamente, esse livro é mais um documento importante para o Espiritismo no Brasil e no mundo, testificando a ingente capacidade mediúnica e caritativa do maior médium de todos os tempos e a valiosa contribuição de todos aqueles que com ele conviveram nessas tarefas consoladoras.

Espíritos Diversos
Psicofonia de Francisco Cândido Xavier
Organização de Eugênio Eustáquio dos Santos

Obras da Fé

A Vinha de Luz tem como missão maior a publicação e a divulgação de obras inéditas da lavra mediúnica de Francisco Cândido Xavier. Esse lançamento comemora seus 10 anos de trabalho e traz para o leitor uma seleção de mensagens de espíritos diversos, psicografadas pelo maior médium de todos os tempos, publicadas em 14 livros lançados por ela na última década. São mensagens de bênçãos. Uma obra de fé, que testifica a grandeza do compromisso para com a Doutrina dos Espíritos e para com o Evangelho do Cristo, respondendo ao chamado da tarefa abençoada com o livro espírita e com a preservação e a difusão da vida e da obra de Chico Xavier no Brasil e no mundo.

Espíritos Diversos
Psicografia de Francisco Cândido Xavier
Organização de João Marcos Weguelin

PALAVRAS SUBLIMES

A partir de 1930, a história de Chico Xavier começou a ser contada pelas páginas de *Reformador*, a mais antiga publicação voltada para a divulgação do Espiritismo no Brasil. Esse livro traz mensagens de Chico Xavier localizadas em suas edições de 1933 a 1950, psicografias assinadas por espíritos de vulto, como Emmanuel, Humberto de Campos, Bittencourt Sampaio, Abel Gomes, dentre outros, sendo este mais um título da bibliografia do médium mineiro que a Vinha de Luz Editora traz a lume, com a organização do jornalista João Marcos Weguelin, para a preservação da vida e da obra do maior brasileiro de todos os tempos.

ESPÍRITOS DIVERSOS
PSICOGRAFIA DE FRANCISCO CÂNDIDO XAVIER
ORGANIZAÇÃO DE JOÃO MARCOS WEGUELIN

A SAUDADE É O METRO DO AMOR

Apresentação das seis comunicações mediúnicas de Clóvis Tavares por meio de Chico Xavier, com quem mantinha uma relação de amizade que não pode ser medida pelos padrões humanos. Na intimidade do lar, Clóvis sempre declarou que só se comunicaria mediunicamente através de Chico. Sua família manteve a fidelidade de sua amizade e reconhece nas cartas espirituais a integridade de sua personalidade. Que a obra possa transmitir a você, leitor, o valor doutrinário dessas comunicações, que não se resumem a cartas domésticas, mas a diretrizes para a vida.

PELO ESPÍRITO CLÓVIS TAVARES
PSICOGRAFIA DE FRANCISCO CÂNDIDO XAVIER
ORGANIZAÇÃO DE FLÁVIO MUSSA TAVARES

CARTAS DO ALTO

A obra contempla, e complementa, o que há de melhor na psicografia de Chico Xavier. Aqui estão o seu benfeitor Emmanuel e os amigos espirituais que o acompanharam ao longo de décadas. Entre os poetas, Augusto dos Anjos, Cruz e Souza, Olavo Bilac, Castro Alves, e muitos outros deixaram seus versos. Não faltaram as prosas elucidativas e instigantes de André Luiz e de Irmão X, além de textos doutrinários de Bezerra de Menezes, Bittencourt Sampaio e Eurípedes Barsanulfo, num compêndio de conteúdo para profundos estudos, que proporcionarão valioso aprendizado e oportunas reflexões. Esse trabalho é, para a Vinha de Luz Editora, uma conquista bastante significativa, pois encerra um ciclo de pesquisas em *Reformador*, a revista espírita mais antiga em circulação no país e no mundo. E estimula o empenho e a responsabilidade de continuar buscando em dezenas de outras publicações as mensagens que o maior médium de todos os tempos espalhou por toda a imprensa em 75 anos de tarefa psicográfica e também por todos os lugares por onde passou.

ESPÍRITOS DIVERSOS
PSICOGRAFIA DE FRANCISCO CÂNDIDO XAVIER
ORGANIZAÇÃO DE JOÃO MARCOS WEGUELIN

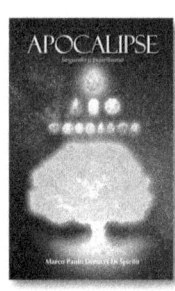

APOCALIPSE SEGUNDO O ESPIRITISMO
— UMA PROPOSTA DE ESTUDO

Em virtude da consumação de muitos dos "ais" e do derramamento de grande parte das "taças" do Apocalipse, fomos compelidos a ultimar celeremente esse trabalho em face dos atuais momentos pelos quais passa a humanidade terrestre. O objetivo dessa pesquisa é o de chamar a atenção para o papel do Brasil nos anos vindouros, uma vez que se deve considerar a hipótese de o povo brasileiro acolher irmãos de outras terras em momentos difíceis que se aproximam. O que conseguimos arregimentar por intermédio das abençoadas mãos de Chico Xavier são informações profundas e contundentes para as nossas vidas, e certamente auxiliarão na formação de uma cultura de resignação, renúncia e de vontade empenhada para o atendimento aos desígnios do Pai Maior.

MARCO PAULO DENUCCI DI SPIRITO

CHIQUITO

CHIQUITO, da autora portuguesa Julieta Marques, conta um pouco da vida de Chico Xavier em linguagem acessível e direta, num convite ao amor, à humildade e à disciplina exemplificados pelo *médium do século*. Totalmente ilustrado, CHIQUITO é o segundo título da Vinha de Luz Editora voltado à evangelização infantil, que atende, sem dúvida alguma, às *crianças de todas as idades*.

JULIETA MARQUES

CHICO XAVIER —
O MÉDIUM DOS PÉS DESCALÇOS

Chico Xavier foi, durante toda a sua vida, a personificação do bem, do amor ao próximo e da humildade. Nesse livro, Carlos Baccelli relata casos pessoais em torno do médium mineiro e registra, por meio de cartas que agora torna públicas, sua amizade estreita com o maior representante do Espiritismo no Brasil e no mundo. O autor nos coloca em contato muito próximo com Chico Xavier. É como se estivéssemos frente à frente com ele, numa conversa intimista, repleta de ensinamentos. É quase uma conversa ao pé do ouvido — em que podemos sentir de novo, e mais uma vez, a sua insubstituível presença.

CARLOS ANTÔNIO BACCELLI

CHICO XAVIER COM VOCÊ

Chico, mais que médium, era sábio. Em seus lábios, tanto ecoavam lições dos espíritos amigos quanto ensinamentos de sua própria autoria. Aqui, nessas páginas, garimpando em obras, revistas e periódicos antigos, o autor organizou uma coleção de pérolas que, sem dúvida alguma, não figuram em nenhuma outra coleção do mundo. Por isso, certamente, com esse abençoado livro você estará de posse de um tesouro de valor incalculável. Um tesouro que fará de você uma das pessoas mais ricas entre todos os homens!

CARLOS A. BACCELLI

O VOO DA GARÇA —
CHICO XAVIER EM PEDRO LEOPOLDO | 1910-1959

Esse trabalho histórico, do pesquisador pedroleopoldense Jhon Harley, que conviveu por 21 anos com Chico Xavier, é mais uma contribuição para compreender a figura humana do médium mineiro. Utilizando instrumentos e orientações do campo da História, principalmente no que diz respeito ao uso e à interpretação das fontes orais, escritas e iconográficas disponíveis, o autor transitou entre o acadêmico e o poético, fazendo uma analogia entre uma revoada de garças, ocorrida em 2 de abril de 1910, e a permanência de uma delas entre nós.

JHON HARLEY

NAS TRILHAS DA GARÇA —
CHICO XAVIER NAS MINAS GERAIS

Dando continuidade ao seu trabalho de pesquisador, o pedroleopoldense Jhon Harley, utilizando instrumentos e orientações do campo da História, identificou algumas das "trilhas" percorridas por Chico Xavier nas Minas Gerais, principalmente em Uberaba. Mesmo tendo asas, essa "garça", vivendo a sua humanidade, manteve-se com os pés no chão, de bem com a vida, com os homens e consigo mesma. Para o autor, na perspectiva histórica em que a pesquisa se desenvolve, não é um simples gesto que transforma a sociedade em que vivemos, mas a coerência entre o falar e o agir de uma pessoa, associada ao seu poder de mobilização, é que gera uma ação coletiva de proporções inimagináveis. Chico Xavier foi uma dessas pessoas transformadoras. Por isso destaca, parafraseando o biógrafo uberabense Carlos Baccelli, que Chico não foi um anjo exercendo o papel de um homem, mas um homem, do mundo e no mundo, exercendo o papel de um anjo.

JHON HARLEY

PEDRO LEOPOLDO VISTA POR
CHICO XAVIER — 1910 | 1959
49 ANOS DA PRESENÇA DO
MAIOR MÉDIUM DE TODOS OS TEMPOS

O que o menino, o jovem e o adulto Chico Xavier vislumbrou em seus primeiros anos de experiências humanas e durante o desabrochar de suas faculdades mediúnicas a serviço do Cristo e da Doutrina dos Espíritos? O que teria o seu cândido olhar registrado pela retina da convivência e da saudade? Esse livro reúne extenso material inédito sobre o maior médium de todos os tempos, com fotografias e documentos recuperados, classificados e arquivados pelo memorialista pedroleopoldense Geraldo Leão, do Arquivo Geraldo Leão, e por Geraldo Lemos Neto, da Casa de Chico Xavier, que retratam principalmente o ambiente socioeconômico e cultural de Pedro Leopoldo dentro do período em que Chico Xavier lá residiu, desde o berço, em 1910, até a sua mudança definitiva para Uberaba, em 1959.

GERALDO LEÃO E GERALDO LEMOS NETO

CÉLIA LUCIUS, SANTA MARINA —
SEMELHANÇAS ENTRE AS BIOGRAFIAS CATÓLICAS E O
ROMANCE *50 ANOS DEPOIS* DE
FRANCISCO CÂNDIDO XAVIER E EMMANUEL

CÉLIA LUCIUS, SANTA MARINA é a revivescência da vida daquela que Chico Xavier | Emmanuel descreveram no romance *50 anos depois* como "*o lírio que nasceu do lodo das paixões do mundo para perfumar a noite da vida terrestre*" e que a igreja católica canonizou no século V. Aqui, por meio do minucioso e irrefutável estudo biográfico realizado por Flávio Mussa Tavares, filho do saudoso Clóvis Tavares, de Campos | RJ, o leitor se deparará com diversos relatos sobre Célia, confirmando a veracidade da narrativa do médium mineiro nos idos dos anos 40, tal qual previra Emmanuel no prefácio da obra referenciada. Para os espíritas, a consolidação da interexistência de Chico no desdobramento do labor mediúnico a benefício da difusão da Doutrina e sua prática evangelizadora, exemplificando o amor e a humildade legitimamente cristãos. Para os demais, uma reflexão sobre as lutas transitórias da vida física e a realidade além-túmulo — a verdadeira vida de todos nós.

FLÁVIO MUSSA TAVARES

EVANGELHO PURO,
PURO EVANGELHO —
NA DIREÇÃO DO INFINITO

Seguidor inconteste da Boa Nova do Cristo, e espírita em sua mais pura essência filosófica, Martins Peralva deixou para os estudiosos da Doutrina textos de iluminada sabedoria e reflexão, que foram reunidos no livro *Evangelho puro, puro Evangelho — Na direção do Infinito*, organizado por Basílio Peralva, e que a Vinha de Luz Editora trouxe a lume numa homenagem ao centenário de nascimento do *médium do século*, Francisco Cândido Xavier (1910|2010). A obra, que congrega artigos publicados na imprensa de 1945 a 1999, é indispensável ao homem de boa vontade, abordando temas imprescindíveis a todos os corações que jornadeiam rumo ao progresso espiritual.

MARTINS PERALVA
ORGANIZAÇÃO DE BASÍLIO PERALVA

Era uma vez para sempre

Voltado à evangelização infanto-juvenil, esse livro é um compêndio de mensagens de graciosa narrativa, que enfeixa os ensinamentos do Cristo sob a ótica do Espiritismo, correlacionados a diversos assuntos de ordem espiritual e humana. Suas personagens principais — crianças sedentas de amor e de conhecimento — encantam pela perseverança no bem, sempre amparadas pela nobre e sábia Vovó Angel, que, como o próprio nome já diz, é um anjo do Senhor em suas vidas de aprendizado rumo à luz.

PELO ESPÍRITO BLANDINA
PSICOGRAFIA DE CARLOS MALAB

Isabel —
A mulher que reinou com o coração

Dois dias após psicografar as primeiras das milhares de páginas através das quais o mundo espiritual se comunicou por seu intermédio, Chico Xavier manteve um revelador encontro com uma ilustre senhora que lhe mudaria o curso de vida. Era D. Isabel de Aragão, mais conhecida como Rainha Santa Isabel, a célebre rainha de Portugal, para sempre associada ao milagre da transformação do pão em rosas. Embora em circunstâncias e contextos distintos, ambos experimentaram o poder, a riqueza, a fama e a adoração, contudo optaram por viver uma intensa vida interior feita de humildade, perdão, tolerância, paciência, compaixão e caridade como expressões do amor. Esse trabalho avança para além da vida de Isabel de Aragão, apresentando outras duas figuras históricas: Santa Isabel da Hungria e Isabel de Portugal, duquesa da Borgonha. Colocadas as narrativas das vidas das três personagens lado a lado, emergem repetições e similitudes, nas quais encontramos a essência da reencarnação. Obviamente, caberá a cada leitor fazer o seu juízo de valor perante os fatos, porém, no conjunto das três, verificamos como uma personalidade se desenvolve e se amplia nas ações meritórias, exemplificando-se o progresso próprio e incessante pela condição moral que apresenta, pois sendo as almas iguais pela filiação são diferentes pela consciência espiritual que revelam. Segundo testificou o próprio Chico sobre D. Isabel de Aragão, "ela é um dos gênios espirituais protetores da raça luso-brasileira em diversas partes do mundo para que os povos luso-brasileiros conservem a fraternidade cristã que Jesus nos legou" (Adelino da Silveira, Chico, de Francisco, CEU).

MARIA JOSÉ CUNHA

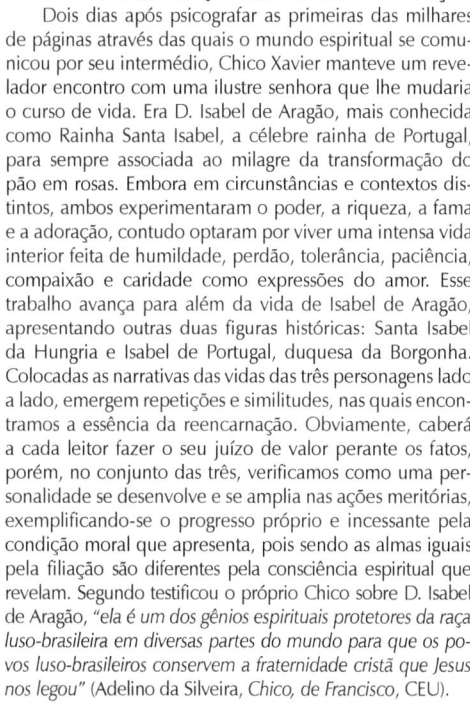

Departamento Editorial da Casa de Chico Xavier
Av. Álvares Cabral, 1777 — 20º andar — Sala 2006
Santo Agostinho | 30170-001 | Belo Horizonte | MG
(31) 2531-3200 | 2531-3300 | 3517-1573

www.vinhadeluz.com.br
informacoes@vinhadeluz.com.br

www.casadechicoxavier.com.br
informacoes@casadechicoxavier.com.br

www.saberespiritismo.com

Este livro foi composto em tipologia Zapf Humanist, corpo 11, predominantemente.
Capa impressa em papel Supremo 250g e miolo impresso em Chambril Avena 80g.